U0522998

九姓达靼游牧王国史研究
（8—11世纪）

Study on the History of Nomadic Kingdom of Nine Tatars from the Eighth to the Eleventh Century A.D.

白玉冬 著

中国社会科学出版社

图书在版编目(CIP)数据

九姓达靼游牧王国史研究：8—11世纪/白玉冬著 .—北京：中国社会科学出版社，2017.12（2018.11重印）

（中国社会科学博士后文库）

ISBN 978-7-5203-1512-8

Ⅰ.①九… Ⅱ.①白… Ⅲ.①游牧民族—民族历史—研究—西北地区—8世纪—11世纪 Ⅳ.①K280.4

中国版本图书馆CIP数据核字（2017）第294989号

出 版 人	赵剑英
责任编辑	王 茵
特约编辑	王 琪
责任校对	杨 林
责任印制	王 超

出　　版	中国社会科学出版社
社　　址	北京鼓楼西大街甲158号
邮　　编	100720
网　　址	http://www.csspw.cn
发 行 部	010-84083685
门 市 部	010-84029450
经　　销	新华书店及其他书店

印刷装订	北京君升印刷有限公司
版　　次	2017年12月第1版
印　　次	2018年11月第2次印刷

开　　本	710×1000　1/16
印　　张	21.5
字　　数	364千字
定　　价	89.00元

凡购买中国社会科学出版社图书，如有质量问题请与本社营销中心联系调换
电话：010-84083683
版权所有　侵权必究

第六批《中国社会科学博士后文库》
编委会及编辑部成员名单

(一) 编委会
主　任：王京清
副主任：马　援　张冠梓　俞家栋　夏文峰
秘书长：邱春雷　姚枝仲　刘连军
成　员（按姓氏笔画排序）：
　　　　卜宪群　邓纯东　王建朗　方　勇　史　丹
　　　　刘丹青　刘跃进　孙壮志　孙海泉　张车伟
　　　　张宇燕　张顺洪　张星星　张　翼　李　平
　　　　李永全　李向阳　李　林　李国强　杨世伟
　　　　吴白乙　杨　光　陈众议　陈星灿　何德旭
　　　　房　宁　郑秉文　卓新平　赵天晓　赵剑英
　　　　胡　滨　高　洪　高培勇　黄　平　朝戈金
　　　　谢寿光　潘家华　冀祥德　魏后凯

(二) 编辑部（按姓氏笔画排序）：
主　任：高京斋
副主任：刘丹华　曲建君　李晓琳　陈　颖　薛万里
成　员：王　芳　王　琪　刘　杰　孙大伟　宋　娜
　　　　陈　效　苑淑娅　姚冬梅　郝　丽　梅　枚

序 言

博士后制度在我国落地生根已逾30年，已经成为国家人才体系建设中的重要一环。30多年来，博士后制度对推动我国人事人才体制机制改革、促进科技创新和经济社会发展发挥了重要的作用，也培养了一批国家急需的高层次创新型人才。

自1986年1月开始招收第一名博士后研究人员起，截至目前，国家已累计招收14万余名博士后研究人员，已经出站的博士后大多成为各领域的科研骨干和学术带头人。这其中，已有50余位博士后当选两院院士；众多博士后入选各类人才计划，其中，国家百千万人才工程年入选率达34.36%，国家杰出青年科学基金入选率平均达21.04%，教育部"长江学者"入选率平均达10%左右。

2015年底，国务院办公厅出台《关于改革完善博士后制度的意见》，要求各地各部门各设站单位按照党中央、国务院决策部署，牢固树立并切实贯彻创新、协调、绿色、开放、共享的发展理念，深入实施创新驱动发展战略和人才优先发展战略，完善体制机制，健全服务体系，推动博士后事业科学发展。这为我国博士后事业的进一步发展指明了方向，也为哲学社会科学领域博士后工作提出了新的研究方向。

习近平总书记在2016年5月17日全国哲学社会科学工作座谈会上发表重要讲话指出：一个国家的发展水平，既取决于自然科学发展水平，也取决于哲学社会科学发展水平。一个没有发达的自然科学的国家不可能走在世界前列，一个没有繁荣的哲学社会科学的国家也不可能走在世界前列。坚持和发展中国特色社会主义，需要不断在实践和理论上进行探索、用发展着的理论指导发展着的实践。在这个过程中，哲学社会科学具有不可替代的重要地位，哲学社会科学工作者具有不可替代的重要作用。这是党和国家领导人对包括哲学社会科学博士后在内的所有哲学社会科学领域的研究者、工作者提出的殷切希望！

中国社会科学院是中央直属的国家哲学社会科学研究机构，在哲学社会科学博士后工作领域处于领军地位。为充分调动哲学社会科学博士后研究人员科研创新积极性，展示哲学社会科学领域博士后优秀成果，提高我国哲学社会科学发展整体水平，中国社会科学院和全国博士后管理委员会于2012年联合推出了《中国社会科学博士后文库》（以下简称《文库》），每年在全国范围内择优出版博士后成果。经过多年的发展，《文库》已经成为集中、系统、全面反映我国哲学社会科学博士后优秀成果的高端学术平台，学术影响力和社会影响力逐年提高。

下一步，做好哲学社会科学博士后工作，做好《文库》工作，要认真学习领会习近平总书记系列重要讲话精神，自觉肩负起新的时代使命，锐意创新、发奋进取。为此，需做到：

第一，始终坚持马克思主义的指导地位。哲学社会科学研究离不开正确的世界观、方法论的指导。习近平总书记深刻指出：坚持以马克思主义为指导，是当代中国哲学社会科学区别于其他哲学社会科学的根本标志，必须旗帜鲜明加以坚持。马克思主义揭示了事物的本质、内在联系及发展规律，是"伟大的认识工具"，是人们观察世界、分析问题的有力思想武器。马克思主义尽管诞生在一个半多世纪之前，但在当今时代，马克思主义与新的时代实践结合起来，愈来愈显示出更加强大的生命力。哲学社会科学博士后研究人员应该更加自觉坚持马克思主义在科研工作中的指导地位，继续推进马克思主义中国化、时代化、大众化，继续发展21世纪马克思主义、当代中国马克思主义。要继续把《文库》建设成为马克思主义中国化最新理论成果的宣传、展示、交流的平台，为中国特色社会主义建设提供强有力的理论支撑。

第二，逐步树立智库意识和品牌意识。哲学社会科学肩负着回答时代命题、规划未来道路的使命。当前中央对哲学社会科学愈发重视，尤其是提出要发挥哲学社会科学在治国理政、提高改革决策水平、推进国家治理体系和治理能力现代化中的作用。从2015年开始，中央已启动了国家高端智库的建设，这对哲学社会科学博士后工作提出了更高的针对性要求，也为哲学社会科学博士后研究提供了更为广阔的应用空间。《文库》依托中国社会科学院，面向全国哲学社会科学领域博士后科研流动站、工作站的博士后征集优秀成果，入选出版的著作也代表了哲学社会科学博士后最高的学术研究水平。因此，要善于把中国社会科学院服务党和国家决策的大智库功能与《文库》的小智库功能结合起来，进而以智库意识推动品牌意识建设，最终树立《文库》的智库意识和品牌意识。

第三，积极推动中国特色哲学社会科学学术体系和话语体系建设。改革开放30多年来，我国在经济建设、政治建设、文化建设、社会建设、生态文明建设和党的建设各个领域都取得了举世瞩目的成就，比历史上任何时期都更接近中华民族伟大复兴的目标。但正如习近平总书记所指出的那样：在解读中国实践、构建中国理论上，我们应该最有发言权，但实际上我国哲学社会科学在国际上的声音还比较小，还处于有理说不出、说了传不开的境地。这里问题的实质，就是中国特色、中国特质的哲学社会科学学术体系和话语体系的缺失和建设问题。具有中国特色、中国特质的学术体系和话语体系必然是由具有中国特色、中国特质的概念、范畴和学科等组成。这一切不是凭空想象得来的，而是在中国化的马克思主义指导下，在参考我们民族特质、历史智慧的基础上再创造出来的。在这一过程中，积极吸纳儒、释、道、墨、名、法、农、杂、兵等各家学说的精髓，无疑是保持中国特色、中国特质的重要保证。换言之，不能站在历史、文化虚无主义立场搞研究。要通过《文库》积极引导哲学社会科学博士后研究人员：一方面，要积极吸收古今中外各种学术资源，坚持古为今用、洋为中用。另一方面，要以中国自己的实践为研究定位，围绕中国自己的问题，坚持问题导向，努力探索具备中国特色、中国特质的概念、范畴与理论体系，在体现继承性和民族性，体现原创性和时代性，体现系统性和专业性方面，不断加强和深化中国特色学术体系和话语体系建设。

新形势下，我国哲学社会科学地位更加重要、任务更加繁重。衷心希望广大哲学社会科学博士后工作者和博士后们，以《文库》系列著作的出版为契机，以习近平总书记在全国哲学社会科学座谈会上的讲话为根本遵循，将自身的研究工作与时代的需求结合起来，将自身的研究工作与国家和人民的召唤结合起来，以深厚的学识修养赢得尊重，以高尚的人格魅力引领风气，在为祖国、为人民立德立功立言中，在实现中华民族伟大复兴中国梦征程中，成就自我、实现价值。

是为序。

中国社会科学院副院长
中国社会科学院博士后管理委员会主任
2016 年 12 月 1 日

摘　要

九姓达靼是10—11世纪占据蒙古高原中部地区的游牧民集团。在探讨蒙古高原主体民族由突厥语族转变为蒙古语族的历史进程时，九姓达靼不可或缺。

第一，8世纪时期，室韦（即突厥鲁尼文碑文的三十姓达靼）部落的一部分位于色楞格河中游，可勘同为 P. t. 1283 文书记录的 Ye-dre 七族与 Khe-rged 族，以及回鹘汗国突厥鲁尼文碑文的九姓达靼。当时的九姓达靼隶属回鹘左翼，可视作三十姓达靼之一部分。回鹘汗国时期，突厥语族部落与蒙古语族部落之间的交界线，并不是在通常认为的蒙古高原东部，而是更为靠西。

第二，10世纪时期，九姓达靼占据着蒙古高原核心地带——杭爱山至图勒河流域，部分部落名称与见于《辽史》的阻卜部族名称、《史集》记录的克烈部及其分族名称相关。叶尼塞碑铭 E59 哈尔毕斯·巴里碑铭（Herbis Baary Inscription）记录当时的九姓达靼被称为"九姓达靼王国"。汉籍记录的以国王、天王娘子之名朝贡宋朝的达靼，并非"河西达靼"，而是"九姓达靼王国"。"九姓达靼王国"与北宋中央王朝保持直接的朝贡关系。

第三，敦煌出土 P. 2741、P. t. 1189 等文书反映，10世纪初期，鄂尔浑河流域的九姓达靼曾深入河西地区，并与甘州回鹘保持同盟关系。同时，九姓达靼亦与沙州归义军政权保持通使关系，并与回鹘商人及其故国——西州回鹘王国保持密切关系。虽然10世纪时期河西地区存在一部分达靼人，但这些达靼人属于达靼集团中的旁梢末端，其历史学意义无法与达靼本部相提并论。九姓达靼之历史与中国西北地区密切相关，应被视为中国史的有机组成部分。

第四，汉籍记录室韦—达靼人在9世纪初期移居至阴山地区，但他们始终未能发展成该地区的主体部族。12世纪初期出现的术语"阴山达靼"不应该上溯200余年。被李克用称为"懿亲""外舍"的"阴山部落"之阴山不仅限于今日之阴山。"阴山部落"可视作追随李克用平定黄巢起义的达靼部落，当指包括克烈部在内的九姓达靼。九姓达靼与沙陀后唐保持密切关系，乃至姻亲关系。五代宋时，漠北草原的历史进程与中原中央王朝直接相关。

第五，达靼人向蒙古高原以西地区的移居，反映九姓达靼与高昌回鹘有着较为密切的关系。叶尼塞碑铭威马特第九碑（Ujbat IX）记录10世纪时期九姓达靼曾与黠戛斯有过敌对关系，xj 222—0661.9回鹘文书记录建国初期的高昌回鹘曾击溃九姓达靼。9世纪后半叶的漠北草原历史进程是，蒙古语族部落中，九姓达靼最先开始向漠北移居。约在9世纪70年代，北庭回鹘向漠北进军，九姓达靼可能与其结为同盟共同对抗黠戛斯。其结果是，九姓达靼在9世纪70年代末控制了蒙古高原核心地带，同时与高昌回鹘保持着良好关系。

第六，呼和浩特白塔回鹘文题记Text Q反映，蒙元时期曾有突厥语族景教徒在该地区活动。上述Text Q题记出自当地的景教徒汪古人之手的可能性最大。汪古人属于回鹘文字文化圈，汪古部五大代表性集团渊流均与西域有关。10—11世纪，包括景教徒在内的西州回鹘辖下粟特系回鹘商人，足迹遍及河西、陇西、漠北、契丹、宋朝内地等。景教在汪古部中的流传，与西州回鹘辖下景教徒商人的活动和景教教团势力的向东发展有着密切关系。汪古部中虽包括部分沙陀突厥人与回鹘人之后裔，但其统治阶层是出自西域的景教贵族。汪古名称可能源自回鹘语 öng "东方、前方"。

第七，《突厥语大辞典》记录的古地名 Qatun Sïnï "可敦墓"位于哈密东，纬度与哈密相同，难以勘同为呼和浩特南郊的昭君墓。上述 Qatun Sïnï "可敦墓" 视为可敦城，极具说服力。以《突厥语大辞典》圆形地图给出的于都斤的地理方位——额尔齐斯河源头为参照物，探讨 Qatun Sïnï "可敦墓" 的地理位置，其结论难言公允。昭君墓视作可敦墓，存在名称上的龃龉与逻辑思维上的本末倒置。与唐古特族发生过战斗的 Qatun Sïnï "可敦墓"，视作漠北达靼地内的镇州可敦城不悖于理。虽然漠南地区存在连接契丹与西夏、喀喇汗朝的通路，但马卫集记录的由喀喇汗朝前往契丹的交通线，是从沙州经由漠北的于都斤与镇州可敦城后抵达契丹，反映的是11世纪初期的情况。

综上，本书着重对蒙古族先人室韦—达靼人向蒙古高原核心地带与漠南地区的移居，及其之后的成长壮大过程进行了梳理与考证。其创新性成果主要体现在以下几方面。

第一，8世纪时期九姓达靼居地位于色楞格河中游，与汉籍记录的室韦部落居地相符。

第二，10世纪时期的九姓达靼，其社会发展已经达到了"王国"阶段，且与北宋中央王朝保持直接的朝贡关系。

第三，10世纪时期的九姓达靼，除契丹外，还与五代宋、甘州回鹘、沙州归义军政权、西州回鹘黠戛斯保持互动关系。

第四，九姓达靼与沙陀后唐保持密切关系，甚至于姻亲关系。

上述研究成果的出现，有望学术界能够对"阴山达靼""河西达靼"等提法重新进行定位。更重要的是，五代宋时期，九姓达靼曾归附于沙陀后唐，直接朝贡宋朝，并与河西地区保持有密切联系。这说明，当时漠北草原民族的兴衰与中原中央王朝息息相关，这一时期的漠北草原历史，是中国史的有机组成部分。

关键词： 九姓达靼　叶尼塞碑铭　敦煌文献　突厥鲁尼文　回鹘文

Abstract

The Nine Tatars was the nomadic group who occupied the central region of Mongolia plateau from the tenth to the eleventh Century. Mongolian ethnic group was the Mongolia plateau main ethnic which changed from Turkic ethnic group, in the discussion of the historical process, Nine Tatars was indispensable.

First, during the eighth century, a part of Shiwei（室韦）(i. e. the Thirty Tatars in the Orkhon Inscriptions) tribe was located in the middle part of Selenga River, can be identified as Ye-dre seven clans and Khe-rged clans in the P. t. 1283 Dunhuang Tibetan manuscript, and Nine Tatars in the inscriptions of Uyghur Khanate in Turkic Runic Script. At that time, Nine Tatars was subordinate to the Left Wing of Uyghur Khanate, could be regarded as a part of Thirty Tatars. In Uyghur Khanate period, between Turkic tribes and Mongolia tribes, the boundary was not usually thought of the eastern Mongolia plateau, but more on the West.

Second, during the tenth century, the Nine Tatars occupied the core area of Mongolia plateau, i. e. from Khangai Mountains to Tuul River valley, the names of some tribes were associated with the names of Zubu（阻卜）tribes in Liaoshi（辽史）, and the names of sub tribes of Kereit was recorded in the Jami'al-Tarikh. Nine Tatars was called "the Nine Tatars Kingdom" at E59（Herbis Baary Inscription）in the Yenisei Inscriptions at the time. In the Chinese records, the Tatars in the names of King and Tianwang Niangzi（天王娘子）(täŋri elig täŋrim, i. e. Khatun) who paid tribute to the

Song Dynasty, was not the Hexi Tatars but the Nine Tartars Kingdom. The Nine Tatars Kingdom kept the directly tributary relationship with the Northern Song central dynasty.

Third, according to the P. 2741, P. t. 1189 and other Dunhuang manuscripts, in early tenth century, the Nine Tatars in Orkhon River was deeply entered Hexi (河西) area, and kept the alliance with the Uyghur Kingdom of Ganzhou (甘州). In the same time, the Nine Tatars kept the relationship with the Guiyi Army of Shazhou (沙州), and kept the close relations with the ancient Uyghur merchants and their homeland, the Uyghur Kingdom of Qocho (高昌). Although there was a part of Tatars in the Hexi area during tenth century, but these Tatars belonged to the tip of the Tatars group, its historical significance could not be compared to the Tatars headquarters. The history of the Nine Tatars was closely related to the northwest of China, should be regarded as an integral part of the history of Chinese.

Fourth, according to the Chinese Documents, Shiwei, i. e. Tatars migrated to the Yinshan (阴山) area in the early ninth century, but they had never been able to develop into the main tribes in this region. At the beginning of twelfth century, the term of "Yinshan Tatar" should not be the inverse of more than two hundred years. "Yinshan" in the term of "Yinshan Buluo" (阴山部落) which was called by Li Keyong (李克用) "Yiqin" (懿亲) and "Waishe" (外舍) was not limited to today's Yinshan. "Yinshan Buluo" can be regarded as the Tatar tribe who followed Li Keyong to quell Huang chao (黄巢) uprising, referring to the Nine Tatars including Kereit. Nine Tatars kept close relationship with Shatuo Later Tang (沙陀后唐) dynasty, and even kinsmen by affinity. In the Five Dynasties and Song Dynasty, the historical process of the North of the Gobi Desert directly related with the Central Plains Dynasty.

Fifth, Tatars migrated to the west of the Mongolia plateau, which reflected the Nine Tatars was closely related to the Uyghur

Kingdom of Qocho. In Yenisei Inscriptions, Ujbat Ⅸ Inscription recorded the Nine Tatars had hostile relations with the Kirghiz（黠戛斯, Xiajiasi）Khanate in tenth century. The Uyghur Kingdom of Qocho had defeated the Nine Tatars in the founding of the early days which was recorded in xj 222 - 0661. 9 Uyghur manuscript. In the second half of the ninth century, the historical process of the North of the Gobi Desert was that the Nine Tatars of the Mongolian ethnic group firstly migrated to it. About 70s, Beiting（北庭）Uyghurs campaigned to the North of the Gobi Desert, and the Nine Tatars may be allied with it to be against Xiajiasi Khanate. The result was that the Nine Tatars controlled the core zone of the Mongolia plateau at the end of 70s ninth century, in the same time, who maintained a good relationship with the Uyghur Kingdom of Qocho.

Sixth, old Uyghur Inscriptions Text Q in the White Pagoda of Hohhot（呼和浩特）reported that Turkic Nestorians had appeared in the area during the Yuan Dynasty. The above mentioned Text Q was most likely wrote by the local Nestorian Onggud tribes. The Onggud Tribes belonged to the old Uyghur cultural circle, five representative groups of Onggud were associated with the Western Regions. Tenth to eleventh century, including the Nestorians, the Sogdian merchants of ancient Uyghur were ruled by the Uyghur Kingdom of Qocho, their footprints were all over the Hexi area, Longxi（陇西）, the North of the Gobi Desert, Khitan and the mainland of Song Dynasty. Nestorianism spread in Onggud, who had close relationship with the activity of the Sogdian merchants of ancient Uyghur were ruled by the Uyghur Kingdom of Qocho, and the Nestorian forces developed eastward. Although Onggud including part of Shatuo（沙陀）Turks and the descendants of old Uyghurs, but the ruling class was from the Nestorianism nobility in the Western Regions. The name of Onggud could derive from the Uyghur öng "east, front".

Seventh, Qatun Sïnï "Khatun tomb" was located in the east of Qamïl（哈密）that recorded by Dīvānü Luġāt-it-Türk, the same latitude as Qamïl, it couldn't be identified as the tomb of Zhaojunmu (昭君墓) in the southern suburbs of Hohhot. Mr. Zhang Guangda (张广达) regarded Khatun tomb as Keduncheng (可敦城) "Qatun City", this point was very persuasive. The circular map in Dīvānü Luġāt-it-Türk marked the geographical location of Ötükän, it took the source of Irtysh River as for reference to discuss Qatun Sïnï Khatun tomb's geographical position, its conclusion could hardly be fair. This point that took the tomb of Zhaojunmu as Khatun tomb, which existed discord on the name and had the order reversed on the logical thinking. It was not contrary to science that took Qatun Sïnï, which had been fighting with Tangut, as Zhenzhou (镇州) Khatun City (可敦城) in Tatars of the North of the Gobi Desert. Although there was a pathway that connected Khitan to Xixia and Qarakhanid, the traffic line from Qarakhanid to Khitan was recorded by the Sharaf al-Zamān Ṭāhir Marvazī, which was from Shazhou to Ötükän and Zhenzhou Khatun City in the North of the Gobi Desert, then arrived at Khitan. It reflected the condition in the early eleventh century.

In summary, this book focused on the Mongolian ancestors Shiwei—Tatars' migration to the core area of Mongolia plateau and the South of the Gobi Desert, carded and texted the later growth process of it. Its innovative achievements are mainly reflected in:

1. During the eighth century, the Nine Tatars located in the middle part of the Selenga River, in accord with the Shiwei tribes' residence in Chinese record.

2. During the tenth century, the Nine Tatars' social development had reached the "kingdom" stage, and maintained direct tribute relationship with the central Northern Song Dynasty.

3. During the tenth century, except Khitan, the Nine Tatars maintained interactive relationship with Five Dynasties, Song Dynasty, Uyghur Kingdom of Ganzhou, Guiyi Army of Shazhou and the Uyghur Kingdom of Qocho.

4. The Nine Tatars maintained close relations with the Shatuo

Abstract

Later Tang Dynasty, and even maintained relation by marriage.

I hope the above research results can make the academic circles reposition the Yinshan Tatars and Hexi Tatars. More importantly, during the Five Dynasties and the Song Dynasty, the Nine Tatas attached to Shatuo Later Tang Dynasty and tributed directly to the Song Dynasty, remained close relationship with Hexi area. This shows that at that time, the rise and fall on nomadic tribes of the North of the Gobi Desert is closely related to the Central Plains Dynasty, the history of the North of the Gobi Desert is an organic part of China history.

Key Words: the Nine Tatars, the Yenisei Inscriptions, Dunhuang Manuscripts, Turkic Runic Script, Uyghur Script

凡 例

1. 本书脚注所引用文献，初次出现时标明全部信息。第二次以后，只标明作者与论著名、页数。

2. 族名 Tatar 相对应的汉字有"达靼、达坦、韃靼、达旦、达怛、韃怛、达达、塔塔"等。除史料用词外，本书以"达靼"为准。

3. 引用突厥鲁尼文史料时，转写（transcription）中，:代表碑石所刻停顿符号，斜体字为见到残余笔画文字，黑体字为根据残余笔画的推定复原文字，下横线表示未被刻写的元音文字，//表示完全破损文字，大写文字与原字表示未能转写的文字。译文中，（ ）内文字为补充说明，［ ］内文字相当于推定复原部分，*表示未能判读或释清的破损文字。

4. 引用回鹘文史料时，转写中，:为原文中的停顿符号，（ ）内文字代表书写时被省略的元音，［ ］内文字为见到残余笔画文字或推测复原文字，下方加一个圆点文字表示需要改读文字。未按行录文的史料中，上标小数字表示行数。译文中，（ ）内文字为补充说明，［ ］相当于见到残余笔画文字或推定复原文字，*相当于未能判读或释清的破损文字。

5. 引用汉文出土文献史料与碑刻史料时，［ ］表示个数不明的缺损文字，□表示能够确定个数的缺损文字，□内文字为推测复原，（ ）内文字为紧前面文字的补正，未按行录文的史料中，上标小数字表示行数。

6. 相关年表与地图、图版等插于文中。

7. 年代标记，遵循如下原则：与中国史或汉文史料直接相关的，按中国史朝代年号记录，初次出现时后附公元纪年。其他以公元纪年表示。

8. 引文作者敬称一律省略。

目　录

序　章 …………………………………………………………………（1）
　一　导论 ……………………………………………………………（1）
　二　研究现状概述 …………………………………………………（6）
　三　研究意义 ………………………………………………………（9）
　四　研究思路 ………………………………………………………（10）
　五　创新点 …………………………………………………………（11）

第一章　8世纪时期的九姓达靼 ……………………………………（13）

第一节　室韦居地所见九姓达靼与三十姓达靼之关系 …………（13）
　一　三十姓达靼与九姓达靼的出现 ………………………………（13）
　二　回鹘牙帐东北面的室韦部落 …………………………………（18）
　三　鞠部落所在地 …………………………………………………（20）
　四　鞠与突厥鲁尼文碑文的Čik …………………………………（23）
　五　蒙古高原北部室韦部落之居地 ………………………………（27）
　六　九姓达靼与室韦部落的对应关系 ……………………………（31）
　七　九姓达靼与三十姓达靼之关系 ………………………………（34）

第二节　回鹘碑文所见8世纪中期的九姓达靼 …………………（38）
　一　勃兴初期回鹘的活动 …………………………………………（38）
　二　回鹘碑文所见九姓达靼居地 …………………………………（43）
　三　九姓达靼与回鹘之关系 ………………………………………（48）

　小　结 ………………………………………………………………（54）

第二章　10—11世纪的九姓达靼游牧王国……………………(56)

第一节　关于王延德《西州程记》记录的九族(姓)达靼……(57)
　　一　《西州程记》的历史学价值………………………………(57)
　　二　《西州程记》记录的九族达靼……………………………(59)

第二节　叶尼塞碑铭记录的九姓达靼王国……………………(75)
　　一　哈尔毕斯·巴里碑铭转写及译注…………………………(75)
　　二　哈尔毕斯·巴里碑铭之纪年………………………………(81)
　　三　关于"九姓达靼王国"………………………………………(85)
　　四　"河西达靼国"之质疑………………………………………(89)
　　五　"九姓达靼王国"与北宋之交往……………………………(91)

小　结………………………………………………………………(95)

第三章　戈壁通途：10世纪时期的草原丝路、
　　　　　 九姓达靼与河西地区………………………………(96)

第一节　敦煌文献所见达靼之源起……………………………(96)
　　一　达靼在敦煌文献中的出现…………………………………(96)
　　二　关于达靼驻地Buhäthum……………………………………(101)

第二节　P. t. 1189《肃州领主司徒上河西节度天大王书状》
　　　　　之达靼………………………………………………(106)
　　一　P. t. 1189藏文文书研究存在的问题……………………(106)
　　二　"肃州之印"的使用年代……………………………………(112)
　　三　归义军政权时期肃州的归属问题…………………………(116)
　　四　"河西节度天大王"之分析…………………………………(120)
　　五　于阗文Ch. 00269、P. 2741文书记录的达靼人与
　　　　仲云人…………………………………………………(122)
　　六　P. t. 1189文书的成立年代………………………………(125)

第三节　九姓达靼与甘州回鹘的关系…………………………(129)

第四节　大漠梯航：九姓达靼与沙州归义军政权之互动……(136)
　　一　与沙州归义军政权通使之达靼……………………………(136)
　　二　马卫集记录的沙州至契丹首都之路程……………………(140)
　　三　《突厥语大辞典》记录的Qatun Sïnï………………………(142)

四　沙州与契丹上京间路程之考释 ………………………………（145）
　　五　九姓达靼与沙州归义军政权之通使 …………………………（149）
　　六　九姓达靼与丝路贸易 …………………………………………（153）
小　结 ……………………………………………………………………（159）

第四章　丝路结连理：九姓达靼与沙陀后唐 …………………………（161）

第一节　室韦—达靼在漠南的移居 …………………………………（162）
　　一　室韦部落在阴山地区的出现 …………………………………（162）
　　二　回鹘那颉所据室韦部落之所在 ………………………………（164）
　　三　8—9世纪室韦部落在漠南的移居 ……………………………（168）

第二节　沙陀后唐的建国与九姓达靼 ………………………………（171）
　　一　9—10世纪阴山地区的室韦部落 ………………………………（171）
　　二　《新五代史·达靼传》考辨 ……………………………………（175）
　　三　"阴山部落"之阴山 ……………………………………………（177）
　　四　李克用的懿亲"阴山部落" ……………………………………（182）
　　五　沙陀后唐的建国与九姓达靼 …………………………………（187）
小　结 ……………………………………………………………………（192）

第五章　九姓达靼与9世纪后半叶的漠北草原 ………………………（193）

第一节　达靼向西方的移居 …………………………………………（194）
　　一　达靼移民在河西地区的出现 …………………………………（194）
　　二　草头达靼之原委 ………………………………………………（197）
　　三　达靼向中亚的移居 ……………………………………………（201）
　　四　九姓达靼与高昌回鹘之关系 …………………………………（203）

第二节　9世纪后半叶的漠北草原 …………………………………（210）
　　一　大中十年黠戛斯的来朝 ………………………………………（210）
　　二　黠戛斯的蒙古高原统治理念 …………………………………（215）
　　三　黠戛斯对蒙古高原统治的终结 ………………………………（217）
　　四　叶尼塞碑铭威巴特第九碑译注 ………………………………（221）
　　五　碑铭纪年及其记录的"敌国达靼国" …………………………（224）
小　结 ……………………………………………………………………（227）

第六章　10—11世纪的西域中亚与北部中国 ……………… (228)

第一节　丝路景教与汪古渊流——从呼和浩特白塔回鹘文题记 Text Q 谈起 ……………………… (228)
一　呼和浩特白塔回鹘文题记 Text Q 释读 ………… (228)
二　汪古部五大代表性集团渊流 ……………………… (234)
三　宋辽之际西域景教的向东发展 …………………… (240)
小　结 ……………………………………………………… (245)

第二节　Qatun Sïnï(可敦墓)考——兼论11世纪初期契丹与中亚之交通 ……………………… (246)
一　《突厥语大辞典》圆形地图所见 Qatun Sïnï 地望 … (249)
二　《突厥语大辞典》圆形地图所见 Ötükän(于都斤) … (253)
三　可敦墓即青塚说之质疑 …………………………… (255)
四　唐古特与 Qatun Sïnï(可敦墓)间战事的背景 …… (257)
五　11世纪初期契丹与中亚之交通 …………………… (260)
小　结 ……………………………………………………… (263)

参考文献 …………………………………………………… (265)

索　引 ……………………………………………………… (301)

后　记 ……………………………………………………… (305)

Contents

Preface ··· (1)

1. Introduction ··· (1)
2. Overview about Study Status ································· (6)
3. The Significance of the Study ································ (9)
4. The Study Ideas ·· (10)
5. Innovation ··· (11)

Chapter I   The Nine Tatars during the Eighth Century ············ (13)

Section I   From the Residence of Shiwei to See the
   Relationship between the Nine Tatars and the Thirty Tatars ··· (13)
1. The Emergence of the Thirty Tatars and the Nine Tatars ············ (13)
2. The Shiwei Tribes on the Northeast of Uyghur
   Khaganate's Capital ·· (18)
3. The Geographical Location of the Jü Tribe ················ (20)
4. The Jü Tribe and the Čik Tribe in Turkic Runic
   Inscriptions ··· (23)
5. The Shiwei Tribes's Residence in the North of
   Mongolia Plateau ·· (27)
6. The Correspondence Relationship of the Nine Tatars
   and the Shiwei Tribes ·· (31)
7. The Relationship of the Nine Tatars and the Thirty Tatars ············ (34)

Section II   From the Turkic Runic Inscriptions of Uyghur
   Khaganate to See the Nine Tatars during the Middle of the

Eighth Century ……………………………………………………（38）
1. The Activity of Uyghurs during the Rising Period ………………（38）
2. From the Turkic Runic Inscriptions of Uyghur Khaganate
   to See the Nine Tatars's Residence ……………………………（43）
3. The Relationship of the Nine Tatars and Uyghurs ………………（48）
Summary ……………………………………………………………（54）

Chapter II The Nine Tatars Nomadic Kingdom from Tenth
to Eleventh Century ……………………………………（56）

Section I About the Nine Tatars Recorded by Wang
   Yande's Xizhou Chengji …………………………………（57）
1. The Historical Value of WangYande's Xizhou Chengji …………（57）
2. On the Nine Tatars Recorded by Xizhou Chengji ………………（59）
Section II The Nine Tatars Kingdom Recorded by the
   Yenisei Inscriptions ………………………………………（75）
1. The Transcription and Annotation of Herbis Baary
   Inscription ………………………………………………………（75）
2. The Dating of Herbis Baary Inscription …………………………（81）
3. On the Nine Tatars Kingdom ………………………………………（85）
4. The Question on the "Hexi Tatars Country" ……………………（89）
5. The Interaction of the Nine Tatars and North Song Dynasty ……（91）
Summary ……………………………………………………………（95）

Chapter III Gobi Thoroughfare: Grassland Silk Road,
the Nine Tatars and Hexi Area during the Tenth Century ……（96）

Section I From Dunhuang manuscripts to See the Origin
   of the Tatars ……………………………………………（96）
1. The Emergence of Tatars in Dunhuang manuscripts ……………（96）
2. On the Tatar's Residence "Buhäthum" ………………………（101）
Section II On the Tatars in Dunhung Manuscript P. t. 1189
   "the Official Letter from Suzhou Lord Situ to Hexi Jiedushi
   of Guiyi Army" ………………………………………………（106）

Contents

1. On the Issue of Dunhung Manuscript P. t. 1189 ……………… (106)
2. The Dating of "Suzhouzhiyin"（肃州之印）………………… (112)
3. The Attribution Problem of Suzhou during the Period
   of Guiyi Army ……………………………………………… (116)
4. An Analysis on Hexi Jiedu Tiandawang …………………… (120)
5. The Tatars and Čungul Recoded by Khotanese
   Manuscripts Ch. 00269 and P. 2741 ……………………… (122)
6. The Dating of Dunhung Manuscript P. t. 1189 ……………… (125)
Section III The Relationship between the Nine Tatars and
   Uyghur Kingdom of Ganzhou …………………………… (129)
Section IV The Bridge of the Gobi Desert: The Interaction
   of the Nine Tatars and Guiyi Army of Shazhou …………… (136)
1. The Tatars: Interchanged Envoys with Guiyi Army
   of Shazhou …………………………………………………… (136)
2. The Route Described by Marvazī from Kashgar to
   Khitay Dynasty's Capital via Shazhou ……………………… (140)
3. Qatun Sïnï "Khatun Tomb" Recorded by Dīvānü
   Luġāt-it-Türk ………………………………………………… (142)
4. An Analysis on the Route from Shazhou to Khitay
   Dynasty's Capital …………………………………………… (145)
5. The Interchange Envoys between the Nine Tatars and
   Guiyi Army of Shazhou ……………………………………… (149)
6. The Nine Tatars and the Silk Road Trade ………………… (153)
Summary ………………………………………………………… (159)

Chapter IV The Nine Tatars and Shatuo Later Tang
Dynasty the Knot by Silk Road ………………………………… (161)

Section I The Migration of Shiwei——Tatars in the South
   of the Gobi Desert ………………………………………… (162)
1. The Emergence of Shiwei Tribes in Yinshan Area ………… (162)
2. The Residence of Shi-wei Tribes who Occupied by
   Uyghur's Najie ……………………………………………… (164)

· 3 ·

3. The Migration of Shiwei Tribes from Eighth to Ninth
   Century in the South of the Gobi Desert ······················ (168)
Section II   The Founding of Shatuo Later Tang Dynasty
   and the Nine Tatars ·· (171)
1. The Shiwei Tribes from Ninth to Tenth Century in
   Yinshan Area ·· (171)
2. An Analysis on the Biography of Tatars in New
   History of the Five Dynasties ·································· (175)
3. On the Yinshan in Yinshan Buluo "Yinshan Tribes" ············ (177)
4. The Yinshan Tribes That was Called by Li Keyong
   "Yiqin" (懿亲) ·· (182)
5. The Founding of Shatuo Later Tang Dynasty and the Nine
   Tatars ·· (187)
Summary ·· (192)

Chapter V   The Nine Tatars and the North of the Gobi Desert during the Second Half of the ninth Century ············ (193)

Section I   The Migration of Tatars toward West ·················· (194)
1. The Emergence of Tatars in Hexi Area ······························ (194)
2. The Whole Story on Caotou Dada ··································· (197)
3. The Migration of Tatars toward Central Asia ······················ (201)
4. The Relationship between the Nine Tatars and Uyghur
   Kingdom of Qocho ·· (203)
Section II   The Gobi Desert during the Second Half of
   the Ninth Century ·· (210)
1. The Tribute from Kirghiz on Dazhong Ten Year ·················· (210)
2. The Idea of Kirghiz for to Rule Mongolia Plateau ················ (215)
3. The End of Kirghiz Rule for Mongolian Plateau ·················· (217)
4. An Annotation on Ujbat Nine Memorial Inscription of
   Yenisei Inscriptions ·· (221)
5. The Dating of the Inscription and The Country of Tatars
   Enemy in the Text ·· (224)

Summary ··· (227)

Chapter VI Western Regions Centrul Asia and Northern China during Tenth to Eleventh Century ························· (228)

Section I Nestorianism of the Silk Road and the Origin of Onggud——Starting from the Old Uyghur Inscriptions Text Q in the White Pagoda of Hohhot ························· (228)
1. An Annotation on the Old Uyghur Inscriptions Text Q in the White Pagoda of Hohhot ································ (228)
2. The Origin of the Five Representative Groups of Onggud ············ (234)
3. The Nestorianism Developed Eastward from Western Regions during Song and Liao Period ····························· (240)
Summary ··· (245)
Section II Research on Qatun Sïnï, together with the Traffic of Khitan and Central Asia during the Early Eleventh Century ··· (246)
1. The Geographical Location of The Qatun Sïnï Recorded by Dīvānü Luġāt-it-Türk ································ (249)
2. The Geographical Location of The Ötükän Recorded by Dīvānü Luġāt-it-Türk ··· (253)
3. The Question on the "Khatun Tomb" Regarded as Qingzhong（青塚）··· (255)
4. The Background on the Conflict between Qatun Sïnï and Tangut ··· (257)
5. The Traffic of Khitan and Central Asia during the Early Eleventh Century ··· (260)
Summary ··· (263)

References ··· (265)

Index ·· (301)

Postscript ·· (305)

序 章

一 导论

世界上蒙古语族人口近1000万，主要分布在中、蒙、俄三国，以及阿富汗等国。其中，中国的蒙古族人口约600万，至今仍沿用着成吉思汗时代创建的畏吾体蒙古文。无疑，在蒙古族历史问题研究上，相比他国学者，中国学者更具话语权。

13—14世纪的蒙元帝国，宛如一道划破夜空的闪电——短暂的瞬间，给欧亚大陆带来了狂风暴雨及其之后的恬静。探寻蒙元王朝产生发展的轨迹，我们会一步步走到成吉思汗这位历史老人面前。13世纪初"大蒙古国"的诞生，是草原英雄铁木真一手缔造，还是历史发展的客观必然？平心而论，对这一问题，我们很难给出一个确切的答案。不过，从历史唯物史观出发，尽可能以客观公正的视角，对大蒙古国产生前夜草原社会的形态及其躁动进行剖析，相信能够为这一问题的解答提供启示。

中国北方，东端的大兴安岭、西陲的阿尔泰山、南缘的阴山、北边的萨彦岭，构成一近似椭圆形地域。弧线内的广阔高地，降水稀少，地形以草原、半草原为主，间杂有荒漠、半荒漠。现在被称为蒙古高原的这片土地，如同这里的主体民族——蒙古族依然部分保留游牧传统。历史上这里是中国北方游牧民族成长壮大的摇篮，匈奴、鲜卑、柔然、突厥、回鹘、蒙古，均是从这里走向世界。

这片广袤的高地以东西横亘的戈壁沙漠为天然地理分界线，南面的部分称为漠南，北面的部分称为漠北。以漠北草原为国家根本的游牧政权，如匈奴、柔然、突厥、回鹘，以及大蒙古国时期的蒙古，均把自己的统治核心置于杭爱山至鄂尔浑河一带。如突厥碑文言"突厥可汗住在于都斤山

（今杭爱山脉），国内无忧患"，"没有比于都斤山林再好的地方。统治国家的地方是于都斤山林"，"如住在于都斤山，你们将永保国家"。① 看来，杭爱山至鄂尔浑河一带不仅是上述这些游牧国家的京畿地区，同时也极可能是他们的精神寄托之处。毫不夸张地说，杭爱山至鄂尔浑河流域的草原地带是中国北方游牧政权最重要的历史活动舞台。本研究的剧台正是这片土地，演出的主角则是10—11世纪占据这里的游牧民集团——九姓达靼（Toquz Tatar）。

达靼（Tatar）一名，最早被记录于后突厥汗国阙特勤碑（立于732年）与毗伽可汗碑（立于734年），可以视作突厥语族民族对其东邻——蒙古语族室韦部落集团的泛称。上述碑铭中，出现两种达靼名称，即三十姓达靼（Otuz Tatar）与九姓达靼。三十姓达靼曾参加第一突厥汗国（551—629年）布民可汗和室点蜜可汗的丧礼。后突厥汗国（682—744年）建国时期，他们是突厥的敌对势力。而九姓达靼登上历史舞台的时间略晚于三十姓达靼。715年前后，九姓达靼与乌纥（Oγuz，乌古斯）部落联合起来共同反抗突厥统治。回鹘汗国（745—840年）时期，九姓达靼与回鹘保持着密切关系。当前学术界主流观点是，九姓达靼属于蒙古语族部落。

诚然，谈起蒙古族早期历史问题，对蒙古本部的研究必不可少。众所周知，唐代的蒙古部是室韦部落集团的一部，居地位于大兴安岭腹地额尔古纳河沿岸。关于蒙古部自东向西的移居问题，我们仅能了解到其先头部落在11世纪初期至中期抵达鄂嫩河上中游，② 但无法得知这一移居开始的

---

① 阙特勤碑南面第3、4、8行。主要参见耿世民《古代突厥文碑铭研究》，中央民族大学出版社2005年版，第117—118、120页；T. Tekin, *A Grammar of Orkhon Turkic*, Bloomington: Indiana University, 1968, pp. 231-232, 261-262。

② 田村实造认为蒙古部在11世纪上半叶前已抵达鄂嫩河流域。陈得芝认为蒙古部在9世纪末10世纪初抵达鄂嫩河上游一带。白石典之最初认为蒙古部的先头集团在10世纪抵达鄂嫩河流域，后又认为受11世纪开始的寒冷化影响，蒙古部才开始移居，并于12世纪上半叶抵达鄂嫩河中游，12世纪中叶抵达克鲁伦河流域。详见［日］田村实造《モンゴル族の始祖説話と移住の問題》，《東洋史研究》1963年第23卷第1号，收入氏著《中国征服王朝の研究》中册，（京都）东洋史研究会1971年版，第367—369页；陈得芝《蒙古部何时迁至斡难河源头》，《南京大学学报》1981年第2期，收入氏著《蒙元史研究丛稿》，人民出版社2005年版，第62—67页；［日］白石典之《モンゴル部族の自立と成長の契機——十一十二世紀の考古学資料を中心に——》，《人文科学研究》1994年第86辑，第42页；［日］白石典之《モンゴル帝国史の考古学的研究》，（东京）同成社2002年版，第49—51页。

确切年代。至于其移居的路线，学术界意见有所不同，① 尚有待重新考证。总之，对中国北方民族历史、对蒙古族历史研究而言，11世纪初期是一个历史分界点。原因在于此前蒙古部尚未在漠北立足，尚不足以对漠北历史施加影响。正如前文提到——占据漠北草原核心地带杭爱山至鄂尔浑河流域的游牧民集团，即为当时中国北方游牧民族的最核心代表。鉴于此点，在蒙古族早期历史问题研究上，九姓达靼的研究价值丝毫不逊于蒙古本部，甚至有过之而无不及。

9世纪30年代，经历了全盛期的回鹘汗国逐渐走向衰退，重复着游牧政权古老而荒诞的游戏。围绕汗位继承而发生的内讧，使得国家处于分裂的边缘。与叶尼塞河流域黠戛斯汗国之间的长期战争，迫使回鹘汗国尽显疲态。连年的雪灾等自然灾害彻底摧毁了回鹘人的游牧经济，回鹘国家处于风雨飘摇之中，哪怕是一点风吹草动，都会给其带来致命打击。开成五年（840），回鹘将军句录末贺勾结叶尼塞河上游的黠戛斯，引领黠戛斯十万大军，攻击鄂尔浑河畔的回鹘都城。回鹘可汗被害，国家分崩离析，部众开始了西迁及南下。

西迁的一部分，约在会昌二年（842）摆脱了黠戛斯大军的追剿，在天山东部的北庭（今乌鲁木齐北吉木萨尔县）站稳了脚跟。之后，部分继续南下，占有了高昌（今吐鲁番）、安西（今库车）等地，继而发展成为西州回鹘王国（又称高昌回鹘王国，约9世纪中期至13世纪初）。② 西迁中的另一部分在途中转而南下，投奔吐蕃统治下的唐朝旧有的河西道地区，进入额济纳河流域的草原。几近同时，大中二年（848），沙州（今敦煌）豪族张议潮揭竿而起，结束了吐蕃人在河西道将近百年的统治，创建了沙州归义军政权（约851—1036年）。此后不久，转投河西道的上述部分回鹘人开始与沙州归义军政权接触，侵扰归义军治下的甘州（今甘肃省

---

① 据前注介绍的田村实造、陈得芝、白石典之三位研究，可知三位均认为蒙古部是经由鄂嫩河流域抵达漠北。近年，孟松林认为蒙古部是经由呼伦贝尔西行，逆克鲁伦河而上抵达漠北。详见孟松林《成吉思汗与蒙古高原》，新世界出版社2009年版，第16—18页。

② ［日］安部健夫：《西ウィグル国史の研究》，（京都）汇文堂书店1955年版，第254—260页；［日］山田信夫：《トルキスタンの成立》，载荒松雄编《内陆アジア世界の形成》（岩波讲座世界历史6），（东京）岩波书店1971年版，收入氏著《北アジア遊牧民族史研究》，（东京）东京大学出版会1989年版，第198—211页；［日］森安孝夫：《ウイグルの西遷について》，《東洋学报》1977年第59卷第1号，收入氏著《東西ウイグルと中央ユーラシア》，（名古屋）名古屋大学出版会2015年版，第276—298页。

张掖市)、肃州（今甘肃省肃州市）等。约9世纪80年代，他们创建了甘州回鹘王国，直至11世纪30年代被李元昊统领的唐古特人所灭。[①] 在西迁开始的同时，回鹘可汗牙帐近旁十三部人马，在其首领乌介可汗带领下，南奔唐朝北部的阴山地区。经历与唐王朝之间长达7年的接触与冲突之后，这一部分回鹘人最终走向了灭亡。[②] 至此，回鹘人在漠北的统治画上了一个沉重的句号。

成功挑战回鹘霸权的黠戛斯，之后一个时期曾占据漠北草原。不过，因史料欠缺，其统治形态等详情不得而知。而且，黠戛斯何时何故放弃漠北草原而退回叶尼塞河本土，始终是困扰学术界多年的一道难题。辽太祖天赞三年（924），当契丹开国之君耶律阿保机率领大军侵入鄂尔浑河流域时，占据那里的是蒙古语族阻卜部落。

阻卜，是契丹人对漠北草原中心地区游牧民集团的统称，偶尔还被契丹人称为达靼。而晚唐五代宋代史料则称他们为达靼或九族（姓）达靼。北方游牧民族的兴衰史上，每当有强势的部族或政权出现，往往有一些原本不属于该集团的部落投至其麾下，阻卜的情况亦不例外。虽然因时间段的不同，阻卜内或许包含一些原本不属该集团的成员，但阻卜的核心部分始终是九姓达靼。[③] 本研究的前提，是把阻卜与九姓达靼等同视之。

---

① ［日］藤枝晃：《沙州归义军节度使始末（二）》，《東方学報（京都）》第12卷第3号，1942年，第56—59页；［日］森安孝夫：《ウイグルと敦煌》，载榎一雄编《講座敦煌2》（敦煌の歴史），（东京）大东出版社1980年版，修订稿收入氏著《東西ウイグルと中央ユーラシア》，第304—311页；荣新江：《归义军史研究——唐宋时代敦煌历史考索》，上海古籍出版社1996年版，第303—308页。

② ［日］山田信夫：《九世紀ウイグル亡命移住者集団の崩壊》，《史窓》第42辑，1986年，收入氏著《北アジア遊牧民族史研究》，第157—188页；［日］中島琢美：《南走派ウイグルについて》，《史游》1980年第2辑，第1—28页；［日］中島琢美：《南走派ウイグル史の研究》，《史游》1983年第12辑，第19—33页；M. R. Drompp, *The Writings of Li Te Yu Sources for The History of T'ang Inner Asian Relations*, Ann Arbor, Michigan: University Microfilms International, 1986; M. R. Drompp, "The Uighur-Chinese Conflict of 840–848", in N. di Cosmo, ed. *Warfare in Inner Asian History* (500–1800), Leiden, Boston, Köln: Brill, 2002, pp. 73–103.

③ ［日］前田直典：《十世紀時代の九族達靼——蒙古人の蒙古地方の成立——》，《東洋学報》第32卷第1号，1948年，收入氏著《元朝史の研究》，（东京）东京大学出版会1973年版，第249—256页；岑仲勉：《达怛问题》，《中山大学学报》1957年第3期，第141页；陈得芝：《十三世纪以前的克烈王国》，《元史论丛》1986年第3期，收入氏著《蒙元史研究丛稿》，第217—218页。

序 章

　　回鹘族西迁之后，黠戛斯人控制漠北的时间很短，这极可能与九姓达靼的势力壮大有关。契丹人虽曾在天赞三年侵入鄂尔浑河流域，但并未马上建立起有效的统治，因为他们更为关注的是南面富庶的中原地区。辽景宗保宁三年（971）设置西北路招讨司之后，契丹人才开始了名副其实的漠北征服计划。经过30多年的征讨，辽圣宗统和二十二年（1004），契丹终于在漠北中部图勒河（土拉河）流域的回鹘可敦城设置了镇州建安军。之后，契丹人开始了对漠北阻卜诸部真正意义上的羁縻统治。这正是本研究截止年代为11世纪初的原因所在。

　　黠戛斯之后，九姓达靼曾长期占据漠北核心地域。遗憾的是，到目前为止，我们尚未发现他们自己留下的任何片言只语的记录。而且，与他们进行接触交往的契丹辽王朝、五代宋王朝等邻近的强大政权，只是保留了与其自身相关的或朝贡或叛乱或出使的记录。由于史料欠缺零散，这个时期的漠北草原历史始终不甚明了，甚至可说是空白，成为中国历史与中国北方民族通史研究上的一大缺环。

　　时代在进步，我们的研究也与时俱进。近年，伴随着敦煌吐鲁番学的蓬勃发展，新发现、新出土史料的陆续公布，以及研究条件的改进与研究环境的完善，使得我们对蒙古族早期历史与10—11世纪的漠北草原历史重新进行研究与评估出现了可能。正是这一研究理念促使笔者踏入这一"歧途"。

　　本书是笔者主持的国家社科基金资助项目"9世纪中期至11世纪漠北草原历史研究——以鲁尼文碑刻与敦煌文献为核心"（项目编号为12XMZ010，成果鉴定为优秀）之研究成果的扩张版。[1] 同时，还是笔者2009年向日本大阪大学提交的博士学位申请论文《8—10世纪における三十姓タタル＝室韋史研究——モンゴル民族勃興前史として——》的修正版。主要依据笔者对突厥鲁尼文、回鹘文、粟特文、汉文等文献史料的最新解读与分析结果，力求在中国北方民族史研究上突破瓶颈，为促进史学研究的发展贡献薄力。

---

[1] 成果介绍见白玉冬《钩稽索隐 开陈出新——9世纪中期至11世纪漠北草原历史研究》，《中国社会科学报》2017年8月9日（电子版见全国哲学社会科学规划办公室主页，2017年8月9日17：35，http：//www.npopss-cn.gov.cn/n1/2017/0809/c373410-29460732.html）。

二 研究现状概述

有关室韦—达靼史研究的综合性论著，主要有日本学者白鸟库吉的《室韦史研究》、孙秀仁等四位合著的《室韦史研究》，以及张久和的《原蒙古人的历史：室韦—达怛研究》。其中，白鸟库吉的研究距今已过百年，开创了这一领域研究之先河。虽然其研究目的与方法饱受争议，但其提出的汉文史料记录的室韦即是突厥鲁尼文史料记录的 Tatar 这一看法，基本无误。而孙秀仁等四位学者的共同研究成果《室韦史研究》，在相关汉文史料的收集上独树一帜，惜因四位著者的研究观点与方法不尽相同，在相关问题的探讨上缺乏共识。张久和著《原蒙古人的历史：室韦—达怛研究》，史料偏重于汉文编撰文献，并对突厥鲁尼文碑铭、敦煌出土文献等记录的达靼亦有言及，对以往的相关研究进行了必要的补充，同时为笔者的研究提供了值得参考的平台与升值空间。上述研究的共同之处在于，对唐代史料记录的室韦与突厥鲁尼文碑文所见九姓达靼之关系未给予应有关注，对敦煌出土文献记录的达靼几无真正意义上的研究。

有关室韦—达靼部落的移居之研究，主要有日本学者前田直典的《10世纪时代的九族达靼》、亦邻真的《中国北方民族与蒙古族族源》、齐木德道尔吉的《从原蒙古语到契丹语》、韩儒林主编的《蒙古族的起源》、刘迎胜的《蒙古人的早期历史》、乌兰的《〈蒙古源流〉研究》、张久和前引论著，以及其他中、欧、日、蒙文（斯拉夫蒙古文）论文论著。前田直典与亦邻真二位为蒙古族早期历史研究提供了理论基础，齐木德道尔吉进一步丰富了这一理论。韩儒林与刘迎胜二位主要对9—13世纪蒙古语族室韦—达靼部落的移居史进行了概述，乌兰对受佛教思想影响而产生的蒙古族早期历史进行了系统研究，张久和则对室韦—达靼部落的移居历史进行了全方位研究。前田直典、亦邻真与齐木德道尔吉三位注意到了突厥语族民族与蒙古语族民族的历史渊源关系，但未进行系统翔实研究。除前田直典外，上述其他研究的共同点在于，对沙陀突厥族及其建立的后唐政权与九姓达靼之关系几无考释；对九姓达靼在中国历史与中国北方民族通史研究上所具有的历史意义与学术研究价值，估计有所不足。

有关9世纪中后期漠北草原历史研究，主要有前田直典《10世纪时代的九族达靼》、苏联学者古米列夫《探寻一个假想王国：祭祀王约翰的王国传说》（L. N. Gumilev, *Searches for an Imaging kingdom*: *The Legend of the Kingdom of Prester John*）、美国多伦普《打破鄂尔浑传统：黠戛斯纪元840年之后执着于叶尼塞地区》（M. R. Drompp, "Breaking The Orkhon Tradition: Kirghiz Adherence to the Yenise Region after A. D. 840"）、贾丛江《黠戛斯南下和北归考辨》、日本学者白石典之《9世纪后半叶至12世纪的蒙古高原》，以及其他中、欧、日文论文论著。前田直典考证出9世纪末占据漠北草原的是属于蒙古语族的九族（姓）达靼部落，这是本课题研究的前提所在。贾丛江则认为是由于遭受移居在天山东部的北庭回鹘之攻击，黠戛斯人才退出了蒙古高原。古米列夫与多伦普二位认为蒙古高原的自然条件限制了黠戛斯人在漠北草原的长期居留。除前田直典外，其他研究的共同点在于从黠戛斯与回鹘的立场出发，试图对9世纪后半叶的漠北草原历史发展进程给出一个令人信服的答案。不过，由于这些学者对黠戛斯之后占据漠北草原的九姓达靼，以及对反映9世纪中后期漠北草原历史主流的唐代诏敕文书与突厥鲁尼文叶尼塞碑铭未给予应有关注，视野被有限的史料所遮蔽，其结论有待重新验证。

有关突厥鲁尼文叶尼塞碑铭记录的 Tatar "达靼"之研究，主要有匈牙利学者希切尔巴克的《乌斯图·鄂列格斯特（图瓦）鲁尼文碑铭》[A. Ščerbak, "L'inscription Runique d'Oust-Elégueste (Touva)"]，俄罗斯学者克里亚施托尔内的《威巴特第九纪念碑》（S. G. Klyashtorny, "Девятая надпись с Уйбата"）与《成吉思汗之前的达靼人王国》（"Das Reich der Tataren in der Zeit vor Ćinggis Khan"），以及其他中、欧文论文论著。上述研究均未对碑铭上的相关原字进行细致的解读，年代断定难具说服力，未能把握碑铭所蕴含的真实的历史背景。

有关10—11世纪蒙古高原历史研究，主要有王国维的《鞑靼考》、蔡美彪的《辽金石刻中的鞑（达）靼》、陈得芝的《十三世纪以前的克烈王国》、余大钧的《阻卜考》与《9世纪末至12世纪初鞑靼与契丹的关系》、刘迎胜的《辽与漠北诸部》、刘浦江的《再论阻卜与鞑靼》、韩儒林主编的《蒙古族的起源》、土耳其学者托干的《草原结构的融通性与局限性：克烈汗国与成吉思汗》（I. Togan, *Flexibility and Limitation in Steppe Formations*: *The Kereit Khanate and Chinggis Khan*），以及前面介绍的张久和论著、前田直典论文，以及其他中、欧、日文等论文论著。其中，上述前田直典与国内众多学者的研究为本领域研究提供了理论基础。托干的研究充分注意到了丝路贸易与漠北草原游牧民之间的关系，魅力十足，惜有夸大穆斯林商人历史作用之嫌，其结论未必符合10—11世纪时期漠北草原客观历史发展轨迹。在上述研究基础上，我们完全可以鸟瞰当时的漠北草原游牧民与周边各政治势力间的互动关系，可以对当时的漠北草原社会有更深层次的了解。

有关敦煌文献记录的达靼之研究，主要有陆庆夫的《河西达怛考述》、谭蝉雪的《〈君者者状〉辨析——河西达怛国的一份书状》、英国学者贝利的《于阗语文献集》(H. W. Bailey, *Indo-Scythian Studies: being Khotanese Texts*)、上述张久和论著，以及其他相关中、欧文论文论著。上述国内部分学者主张10世纪河西地区存在一个"河西达靼（国）"，这固然可备一说，不过，其不足之处在于，对包括敦煌出土于阗语、粟特语、回鹘语等文献在内的史料的诠释缺乏说服力，未能从宏观上把握历史脉搏、微观上进行细致分析，对草原游牧民与绿洲农耕民、商业民之间积极能动的互动关系估计不足。

有关契丹文与女真文碑刻文献记录的室韦、阻卜、达靼的历史学或文献学方面的研究，主要有即实的《〈夃邻墓志〉释读》、王弘力的《契丹小字墓志研究》、刘浦江的《再论阻卜与鞑靼》、乌拉熙春的《关于蒙古九峰石壁的女真文字石刻文》("The Stone-Carved Jurchen Inscription on the Nine Peaks Cliff of Mongolia")、吴英喆的《契丹小字〈耶律仁先墓志〉补释》和《契丹小字史料中的"失（室）韦"》等以中文为主的论文论著。不可否认，契丹大小字碑刻文献是关于辽金时期中国北方民族历史研究的重要史源。惜就其解读现状而言，契丹文字资料尚很难作为成熟的史料而利用于历史学方面的研究。即便予以利用且暂有收获，但其结论难有突破，甚至多有可疑之处。

综上，在蒙古部勃兴之前的10—11世纪，九姓达靼游牧集团占据着漠北草原核心地区。他们的历史代表着这一时期蒙古语族民族的历史，同时与9世纪后半叶的漠北草原情势密切相关。而国内外关于这一领域的研究，由于关注点的不同和受史料所限，多呈分散状态，难见统括汉籍编撰文献、敦煌出土文献和突厥鲁尼文文献等多种语言文字史料的综合性研究成果。受此影响，"阴山达靼""河西达靼（国）"等叫法在国内学术界颇受欢迎，甚至，9世纪末至11世纪初期的漠北草原历史被认为是一片空白。

三 研究意义

就本书所讨论的九姓达靼游牧王国历史研究而言，相关史料可归为三大类：一是汉籍编撰文献，二是突厥鲁尼文碑刻文献，三是敦煌吐鲁番出土多语种文献。

其中，第一大类史料主要以正史北狄传中的室韦传为主，兼其他一小部分相关室韦、达靼的地理类著作、政府公文与碑刻文献。在数量庞大的汉籍文献中，这一类史料只能说是九牛一毛，微不足道。而且，百年以来，室韦—达靼历史研究更多是以上述第一大类史料为主。业已由前辈学者反复推敲利用的上述第一大类史料，其历史学方面的价值基本上已被榨干。在继承前辈学者优秀研究成果的同时，如何避免受到某些僵化武断，甚至错误的研究方法之影响，是当前利用这一大类史料的要求所在。进言之，如何获得新的视点并突破瓶颈，是充分发挥这一大类史料之历史学价值的根本与责任所在。就此点而言，第二大类与第三大类史料所具备的史学价值，某种意义而言，远远超出第一大类史料。总之，充分掌握上述三大类别史料，只能说是完成了笔者心目中的九姓达靼游牧王国历史研究的基础性工作。如何把上述璞玉雕琢成精美的器具，有赖研究者们的独特视角与匠心。

蒙古族是个跨境民族，更是中华民族的重要组成部分。在蒙古族历史问题研究上，中国学者无疑最具话语权与解释权。21世纪的今天，蒙古族历史研究需要向国际学术界展示中国人文学研究领域的软实力。弥补以往国内学术界关于突厥鲁尼文碑刻文献研究上的不足，同时充分展现出中国学者在出土文献研究上的长处，这是当前国际学术视野下的蒙古族早期历史研究所赋予我们的使命。充分注意到早期蒙古族历史研究的上述特殊性，这是本研究有别于以往相关研究的最具特色之处。其中最具创造性意义的是，对相关叶尼塞碑铭的最新解读与诠释，将证明10—11世纪的漠北草原曾存在"九姓达靼游牧王国"，其与北宋中央王朝保持有直接的朝贡关系。

近年来，国家提倡"一带一路"建设方案，能否对历史上不同时期、不同历史背景下中央王朝对西北地区经营的历史得失给予评价，从不同研究成果中汲取养分，这是个值得关注的问题。而晚唐五代宋辽夏时期，正是丝路贸易最为辉煌的时期。这一时期，南来北往的以粟特系回鹘商人为主的丝路商人活跃在大江南北、绿洲草原上。而与他们保持着商业贸易关系的草原游牧民、绿洲农耕民等，也在同时期的文书史册中留下了他们的些许印迹。本研究将活跃于草原边缘地带的游牧民和活动于丝路沿线的丝路商人作为切入点，通过对草原游牧民集团与周边地域互动景象的构筑，对前人偏离客观史实的研究范式和观点作出必要的回应与批评，进而凸显9世纪中后期漠北草原游牧势力的变迁过程，以及10—11世纪九姓达靼游牧集团社会发展的实态及其与周边各政治势力间互动本相的复杂性。由于能够综合不同地域出土的、多种语言文字第一手史料的最新研读成果，本研究可以从高处俯视10世纪时期的漠北草原及其周边地域，平实地展现漠北草原游牧民与周边地域不同群体间互动的生动画面，真实刻画出基督教聂斯脱里派（景教）和回鹘文字文化在漠北草原传播的历史背景；同时，对语焉不详的这一时期漠北草原游牧民的对外交流之历史，给出一个客观公正的答案。

总之，九姓达靼游牧王国历史是蒙古族早期历史的重要组成部分。笔者的相关研究与9世纪末至11世纪初期的漠北草原历史研究相辅相成，无疑能够弥补中国历史学界的研究空白，有助于解决北方民族史研究上悬而未决的一些关键性问题。本研究成果最具价值的是，以客观史实诠释9世纪末至11世纪初期的漠北草原历史发展进程，指明其与晚唐五代北宋中央政权息息相关，与中国西北地区历史紧密关联，是中国历史不可或缺的有机组成部分。这在中国北方民族史研究上是一个跨越性的突破，对构建中国通史与蒙古高原通史均有着创造性的意义。

四 研究思路

自回鹘汗国崩溃之后的9世纪中期，至契丹（辽）确立起统治优势的11世纪初期为止，漠北草原历史始终如雾里看花。与9世纪中后期漠北草原形势息息相关的唐代诏敕文书，以及记录了黠戛斯与达靼间互动关系的突厥鲁尼文叶尼塞碑铭中的威巴特第九碑和哈尔毕斯·巴里碑，有待重新深入解读与分析。被沙陀突厥族首领李克用视作"懿亲"的"阴山部落"之"阴山"，是否如今贤所言代指当今内蒙古的阴山？敦煌出土文献记录了10世纪的达靼人与河西地区不同地方政权间的互动与交流。回鹘文

xj 222—0661.9文书，记录了高昌回鹘与九姓达靼间的对抗与包容。而马卫集（Sharaf al-Zamān Ṭāhir Marvazī）记录的由喀什噶尔经由沙州通往契丹首都的贸易通路有待重新考证。上述研究现状，使得我们有可能在综合多种语言文字史料基础上，从漠北草原边缘地带、从草原丝路沿线物质文化交流的视点出发，描绘出9世纪中期至11世纪漠北草原历史的更为清晰的画面。

本书基于笔者对多种语言文字史料的最新解读成果，将研究对象主体设置为活跃于漠北草原势力与周边政权间，以及草原丝路沿线的群体。对突厥鲁尼文碑铭原字的重新解读，以及对其所蕴含的历史背景之剖析，是本课题有别于以往相关研究的特别之处，是其魅力所在。相辅相成的多种语言文字史料，能够使我们从高处俯视漠北草原边缘地带和草原丝路沿线地域，将活跃于不同政治势力间的群体作为切入点，以接近漠北草原内外互动的真相，透视漠北草原社会发展实相。需要说明的是，契丹大小字资料现阶段仍处于释读阶段，尚不能作为成熟史料而利用于历史学研究。鉴于本研究的严谨性，笔者将不予使用。

本书正文共由六章组成，纵贯全文的关键词是九姓达靼。第一章主要考察8世纪时期的九姓达靼，第二、三章是10—11世纪的九姓达靼史研究，第四章探讨九姓达靼与沙陀突厥之关系，第五章探讨九姓达靼与9世纪后半叶的漠北草原历史之关系，第六章是关于金元时期地处漠南的汪古部景教信仰渊源的考察，以及10世纪末至11世纪初期连接契丹与中亚之交通的考证。至于阻卜（九姓达靼）与契丹之关系，由于已经有陈得芝、于大钧二位的精辟研究，[①] 笔者不再重复。

五　创新点

本研究首要创新之处是，超越以往蒙古高原内部视角或外围王朝视角观察漠北草原历史的局限，从高处鸟瞰9世纪中后期漠北草原游牧势力的变迁，以及10—11世纪草原内外的互动及草原社会的发展。其次，有别

---

① 陈得芝：《辽代的西北路招讨司》，《元史及北方民族史研究丛刊》第2辑，1978年，收入氏著《蒙元史研究丛稿》，第25—38页；于大钧：《9世纪末至12世纪初鞑靼与契丹的关系》，中国民族史学会编《中国民族关系史论集》，青海人民出版社1988年版，第171—181页。

于以往的国内外研究，本研究首次将对突厥鲁尼文碑铭的最新自主解读成果与出土文献研究成果相结合，还9世纪中期至11世纪漠北草原社会以更完整的面貌。最后，本研究在学界首次证明，晚唐五代，漠北的九姓达靼部落与沙陀后唐保持密切关系，曾附属于后唐政权；10—11世纪时期，他们的社会发展已经达到游牧王国阶段，且与北宋中央王朝保持有直接的朝贡关系。这是本研究超越以往相关研究的核心所在，在中国北方民族史研究上是一个历史性的突破，是对史学研究发展的贡献所在。

第一章　8世纪时期的九姓达靼

后突厥汗国（682—744）与漠北回鹘汗国（744—840）时期建立的突厥鲁尼文碑文，是中国北方游牧民族以本民族语言文字书写自身历史的开山之作，其在北方民族历史研究上所应有的地位及其重要性毋庸置疑。这批珍贵文献，同时也是研究九姓达靼早期历史的核心史源，就该领域研究而言，其历史学价值远在汉籍之上。本章笔者将主要利用上述碑刻文献，就8世纪时期九姓达靼历史研究中存在的问题，给出自己的见解。

第一节　室韦居地所见九姓达靼与
三十姓达靼之关系[①]

一　三十姓达靼与九姓达靼的出现

三十姓达靼（Otuz Tatar）之名称首见史乘，是在8世纪时期的后突厥汗国与回鹘汗国碑文中。即后突厥汗国阙特勤碑（建于732年）东面第4、14行，毗伽可汗碑（建于735年）东面第5、12行[②]，以及大泽孝正确读出的、回鹘汗国磨延啜可汗（747—759年在位）纪功碑之一的特斯碑

[①] 参见白玉冬《8世紀の室韋の移住から見た九姓タタルと三十姓タタルの関係》，《内陸アジア史研究》第25辑，2011年，第85—107页。
[②] 相关内容，主要参见［日］小野川秀美《突厥碑文譯註》，《満蒙史論叢》第4辑，1943年，第289、292—293页；T. Tekin, *A Grammar of Orkhon Turkic*, pp. 232 - 233, 243, 264 - 265, 275；耿世民《古代突厥文碑铭研究》，第121、124、151、154页。

九姓达靼游牧王国史研究（8—11世纪）

（建于750年）东面第3行。① 其中，毗伽可汗碑与阙特勤碑相关内容一致。现在参考上述前人研究基础上，依据拉德洛夫（W. Radloff）早年提供的未经描改的拓片图版，② 以及特勤（T. Tekin）给出的芬兰赫尔辛基藏拓片与拉德洛夫拓片的录文，③ 给出阙特勤碑相关史料如下。

阙特勤碑东面第14行：

14 ……biriyä：tavγač：bodun：yaγï ärmiš：yïrïya：baz qaγan：toquz oγuz：bodun：yaγï ärmiš：qïrqïz：qurïqan：otuz tatar：qïtañ：tatabï：qop：yaγï ärmiš：……

……南面唐朝百姓是敌人。北面拔兹可汗、九姓铁勒百姓是敌人。黠戛斯、骨利干、三十姓达靼、契丹、奚全都是敌人。……

阙特勤碑东面第3—4行：

3 ……özi④anča：
……他（可汗）自身那样

4 kärgäk：bolmïš：yoγčï：sïγïtčï：öŋrä：kün：toγusuqda：bökli⑤：čölögil：tavγač：tüpüt：par：purum：qïrqïz：üč qurïqan：otuz tatar：qïtañ：tatabï：bunča：bodun：kälipän：sïγtamïš：yoγlamïš：antaγ：

---

① ［日］大澤孝：《テス碑文》，載［日］森安孝夫、［蒙］敖其尔编《モンゴル国現存遺跡・碑文調查研究報告》，（丰中）中央ユーラシア学研究会1999年版，第160页。需要指出的是，早年学术界认为特斯碑是回鹘第三代牟羽可汗纪功碑。实地调查特斯碑的大澤孝指出，回鹘磨延啜可汗的纪功碑希内乌苏碑（建于759年或稍后不久）东面第8行、塔利亚特碑（建于752年）西面第1行言虎年（750）2月，在于都斤山西端、特斯河源设置王座，同年夏在此度夏建碑，此处所言的碑文应即特斯碑。见大澤孝《北モンゴリア・テス碑文の諸問題》（第38届日本阿尔泰学会报告要旨），《東洋学報》第77卷第3、4号，1995年，第99—100页。
② 关于拉德洛夫未经描改的阙特勤碑相关图版，参见 D. Vasiliyev ed.，*Orhun, The Atlas of Historical Works in Mongolia*, Ankara：Turkish International Cooperation Agency，1995，p. 18。
③ 关于阙特勤碑东面第14行与第3—4行，赫尔辛基拓片录文见 T. Tekin，*Orhon Yazıtları*, Ankara：Türk Dil Kurumu Yayınları，2014所附录文第4页第27行，第5页第37—38行，拉德洛夫拓片摹写见同书Табл. 1 第3、4、14行。
④ 此处özi的-i按第三人称单数解释，据［日］铃木宏節《突厥可汗國の建國と王統觀》，《東方学》第105辑，2008年，第155页。
⑤ 关于čölögil "新罗"，参见白玉冬《鄂尔浑突厥鲁尼文碑铭的čülgl（čülgil）》，《西域研究》2011年第1期，第83—92页。

· 14 ·

第一章　8 世纪时期的九姓达靼

külüg; qaɣan ärmiš; ……

成为（命运的）必然（即薨去）。吊唁者、哀悼者——从东方日出之地的高句丽、新罗、中国、吐蕃、波斯、东罗马、黠戛斯、三姓骨利干、三十姓达靼、契丹、奚，这些百姓来哭泣，参加了葬礼。他是那样具有名望的可汗。……

上引阙特勤碑东面第 14 行中，三十姓达靼是在后突厥汗国创建者、毗伽可汗之父骨咄禄（Qutluɣ），即颉跌利施可汗（Eltäriš Qaɣan，682—691 年在位）领导突厥人民起事后，作为其周边的敌对势力而出现。而在阙特勤碑东面第 3—4 行中，三十姓达靼是在歌颂第一突厥汗国（552—630）创建者、552—553 年在位的布民可汗（Bumïn Qaɣan，即伊利可汗土门），以及其弟室点蜜可汗（Ištämi Qaɣan）功绩的文中，作为参加其葬礼的国家或部族集团之一而出现。在上述记录突厥周边国家、族群的名单中，三十姓达靼两次均出现在骨利干与奚、契丹之间。而根据同时期的汉籍史料，骨利干居地位于贝加尔湖东西沿岸，① 奚与契丹在西拉木伦河流域。据汉籍得知，同时期在骨利干与奚、契丹之间，以大兴安岭东西两侧与石勒喀河（黑龙江北源）流域为主，分布有东胡后裔、契丹类族室韦（失韦）部落集团。而且，9 世纪以降，部族名称黑车子室韦曾被记录作黑车子达怛，12 世纪的阴山室韦曾被记录作阴山鞑靼，即汉籍中室韦与达靼相通。② 据此，学术界主流观点是突厥鲁尼文碑文记录的 Otuz Tatar（三十姓达靼）即为汉籍记录的蒙古语族室韦部落集团。③

而九姓达靼之名称，首见于后突厥汗国毗伽可汗碑。④ 之后，在回鹘

---

① ［日］白鸟库吉：《室韦考》，《史学雜誌》第 30 编第 1、2、4、6、7、8 号，1919 年，收入氏著《白鸟库吉全集》第 4 卷，（东京）岩波书店 1970 年版，第 405—409 页；谭其骧主编：《中国历史地图集》第 5 册，三联书店 1992 年版，第 75 页。

② 亦邻真：《中国北方民族与蒙古族族源》，《内蒙古大学学报》（哲学社会科学版）1979 年第 3—4 期，收入齐木德道尔吉等编《亦邻真蒙古学文集》，内蒙古人民出版社 2001 年版，第 567 页。

③ ［日］白鸟库吉：《室韦考》，第 455 页；亦邻真：《中国北方民族与蒙古族族源》，第 566 页；韩儒林主编：《元朝史》上卷，人民出版社 1986 年版，第 5—6 页。

④ 东面第 34 行。主要参见［日］小野川秀美《突厥碑文譯註》，第 57 页；T. Tekin, *A Grammar of Orkhon Turkic*, pp. 244, 277；耿世民《古代突厥文碑铭研究》，第 162 页。

汗国磨延啜可汗的塔利亚特碑（又名铁尔痕碑，建于752年），① 以及希内乌苏碑（又名磨延啜碑，建于759年或稍后）中出现数次。② 下面是在参考上述前人研究基础上，依据前面介绍的芬兰赫尔辛基藏拓片与拉德洛夫拓片的图版与录文，③ 给出的毗伽可汗碑东面第33—34行相关内容及其译文：

33 ……o<u>γ</u>uz：bo**d**un//////////////////////d：ïdmayïn：tiy<u>i</u>n：sülä**dim**

……［乌古斯百姓］**********［我］为了不给********而出兵了。

34 äbin：barqïn：bu**z**d<u>u</u>m：o**γuz bodun**：toquz：t<u>a</u>tar：birlä：tirišär ärti：<u>a</u>γuda：iki ulu<u>γ</u>：sü<u>ŋü</u>š：sü<u>ŋ</u>üšd<u>ü</u>m：k<u>i</u>sisin：bu**z**d<u>u</u>m：ilin：<u>a</u>nta altïm……

我摧毁了他们（乌古斯）的营帐。乌古［斯百姓］和九姓达靼联合在一起。我在Aγu地方进行了两次大的战斗。我摧毁了他们（乌古斯）的妇女，我在那里夺取了他们（乌古斯）的国家（人民?）。

上引史料所言突厥与乌古斯和九姓达靼联军之间的战斗，发生在715年。④ 就九姓达靼与乌古斯部落联合在一起与突厥战斗而言，当时的九姓达靼已经在漠北占有一席之地，且与乌古斯部落关系密切。据碑文前面内容，突厥军队在前一年共出击乌古斯部落四次，其中的第一次是在渡过图勒河后攻击乌古斯的。之后，连续发生三次战斗后，毗伽可汗在 Amγa Qurγan（押衙墓，或 Maγa qurγan?）越冬，次年春天起继续与乌古斯作

---

① 塔利亚特碑北面第2、4行。内容主要参见［日］片山章雄《タリアト碑文》，载［日］森安孝夫、［蒙］敖其尔编《モンゴル国现存遗跡・碑文調査研究報告》，第170、173—174页。

② 希内乌苏碑东面第1、3、6、8行。内容主要参见［日］森安孝夫等《シネウス碑文訳注》，《内陸アジア言語の研究》第24辑，2009年，第12—14、35—36页；白玉冬〈〈希内乌苏碑〉译注〉，《西域文史》2013年第7辑，第85—87页。

③ 相关图版见 D. Vasiliyev ed., *Orhun, The Atlas of Historical Works in Mongolia*, pp. 31–32；赫尔辛基拓片录文见 T. Tekin, *Orhon Yazıtları* 所附录文第13页第8—9行，拉德洛夫拓片摹写见同书 Taбл. 3 第33—34行。

④ ［日］岩佐精一郎：《突厥毗伽可汗碑文の纪年》，载［日］和田清编《岩佐精一郎遗稿》，（东京）三秀舍1936年版，第203—204页。

第一章 8世纪时期的九姓达靼

战,追击乌古斯并在 Aγu 地方与其发生两次战斗。根据前面介绍的关于突厥出击乌古斯的碑文内容,可以推断出突厥军队在第一次作战时越过图勒河之后,整年是在追击乌古斯,其间在 Aγu 地方"夺取了他们(乌古斯)的国家(人民?)"。上述突厥军队的行军路线和过程,透露出 Aγu 地方不应在图勒河近旁。碑文之后介绍逃往唐朝的乌古斯部落返回漠北后,在色楞格河再一次遭到突厥攻击。而且,乌古斯部落中的回鹘原居地正是在色楞格河流域。考虑到上述两点,笔者推定 Aγu 地方大概邻近色楞格河一带。依此观察,与乌古斯联合在一起的九姓达靼的居地,似乎距此不远。王静如注意到九姓达靼名称中的"九",进而将其勘同为嫩江一带的北室韦九部,[①]难免有武断之嫌。

关于上述九姓达靼的民族所属,学术界曾有过不同意见。早年的箭内亘归为突厥语族,王国维批驳箭内观点并将其归为蒙古语族。[②]之后,小野川秀美主张属于羌族,前田直典批驳小野川,主张九姓达靼应为蒙古语族集团。[③]近年,主张其出自蒙古语族部落的观点渐已成学术界主流。[④]至于笔者关注的九姓达靼与三十姓达靼之关系,有学者认为二者各为一部,[⑤]亦有学者认为九姓达靼是指8世纪时期的达靼人集团,出自此前之三十姓达靼。[⑥]另,亦有观点认为,12世纪占据漠北核心地区的克烈王国是九姓达靼后裔。[⑦]不过,关于克烈的来源,有意见认为其是由出自不同地域、

[①] 王静如:《突厥文回纥英武威远毗伽可汗碑译释》,《辅仁学志》第7卷第1、2期合本,1938年,第19页;[日]小野川秀美:《突厥碑文譯註》,第130—131页。
[②] [日]箭内亘:《鞑靼考》,《满鲜地理历史研究报告》第5卷,1919年,收入氏著《蒙古史研究》,(东京)刀江书院1930年版,第552页。王国维:《鞑靼考》,《清华学报》第3卷1926年第1期,收入氏著《观堂集林》第14卷,中华书局1957年版;又收入谢维扬、房鑫亮主编《王国维全集》第14卷,浙江教育出版社2009年版,第250—253、258页。
[③] [日]小野川秀美:《汪古部の一解釈》,《東洋史研究》第2卷第4号,1938年,第310—313页;[日]前田直典:《十世紀時代の九族達靼》,第240—242页。
[④] 如韩儒林主编《元朝史》上卷,第11页;陈得芝《十三世纪以前的克烈王国》,第217—218页。
[⑤] [日]前田直典:《十世紀時代の九族達靼》,第244—245、248—249页;张久和:《原蒙古人的历史:室韦—达怛研究》,高等教育出版社1998年版,第156—157页。
[⑥] S. G. Klyashtorny, "Das Reich der Tataren in der Zeit vor Činggis Khan", *CAJ*, Vol. 36, No. 1-2, 1992, p. 76.
[⑦] 陈得芝:《十三世纪以前的克烈王国》,第217—218页;张久和:《原蒙古人的历史》,第156—157页。

· 17 ·

持有不同语言要素的集团组成,① 亦有学者主张其为突厥语族集团。②

二 回鹘牙帐东北面的室韦部落

《隋书》卷84《室韦传》在介绍完嫩江流域至大兴安岭一带的南室韦、北室韦、钵室韦、深末怛室韦之后,言"西北数千里至大室韦(大室韦)"③。据《旧唐书》卷199下《室韦传》,④ 室韦部落中最西与回鹘接界者为乌素固部落,其地位于俱伦泊之西南,即今内蒙古东北部呼伦湖之西南。⑤ 可见,室韦部落中的一部分,在回鹘占据漠北草原时期即已移至大兴安岭西侧。

另,《新唐书·地理志7下》收有贞元年间(785—804)宰相贾耽(805年卒)著《入四夷之路与关戍走集》,是记录唐朝通往四边交通要路的史料集。其中的"中受降城入回鹘道",记录自阴山中部的中受降城(故址在今包头市)至回鹘可汗牙帐,进而抵达回鹘东北部、北部、西北部。不过,因版本不同,相关记录有所出入。此处,在参考中华书局点校本基础上,从乾隆年间所编武英殿刊本引述相关部分。⑥

史料A 《新唐书》卷43下《地理志7下》:

a(回鹘牙帐)东有平野,西据乌德鞬山,南依嗢昆水,北六七百里至仙娥河,河北岸有富贵城。又正北如东过雪山松桦林及诸泉泊,千五百里至骨利干,又西十三日行至都播部落,又北六七日至坚昆部落,有牢山,剑水。b又自牙帐东北渡仙娥河,二百里至室韦。c骨利干之东,室韦之西有鞠部落,亦曰袜部落。其东十五日行有俞折国,亦室韦部落。又正北十日行有大汉国,又北有骨师国。d骨利干,

---

① I. Togan, *Flexibility and Limitation in Steppe Formations*, *The Kereit Khanate and Chinggis Khan* (*The Ottoman Empire and its Heritage*, Vol. 15), Leiden, New York, Köln: Brill, 1998, p. 64.
② [日] 樱井益雄:《怯烈考》,《东方学报(东京)》第7卷,1936年,第93—100页。
③ 中华书局1973年版,第1882—1883页。
④ 中华书局1975年版,第5357页。
⑤ 关于俱伦泊即呼伦湖,见[日] 白鸟库吉《东胡民族考》,《史学杂志》第21编第4、7、9号,第22编第1、5、11、12号,第23编第2、3、10、11号,第24编第1、7号,1910—1913年,收入氏著《白鸟库吉全集》第4卷,第205页。
⑥ (台北)艺文印书馆1953年版,第524页。

都播二部落北有小海，冰坚时马行八日可度。海北多大山，其民状貌甚伟，风俗类骨利干，昼长而夕短。e 回鹘有延陁伽水，一曰延特勒泊，曰延特勒那海。乌德鞬山左右嗢昆河，独逻河皆屈曲东北流，至牙帐东北五百里合流。泊东北千余里有俱伦泊，泊之四面皆室韦。

上引史料详细记录了回鹘汗国时期蒙古高原以北的民族分布情况，惜《新唐书》地理志并未介绍出处。据《旧唐书》卷13《德宗纪》与《旧唐书》卷138《贾耽传》，[①] 贾耽在贞元十七年（801）向德宗献上《海内华夷图》与《古今郡国县道四夷述》40卷。上引史料，就收录于《入四夷之路与关成走集》而言，极可能源自上面介绍的《古今郡国县道四夷述》。总之，上引史料所记录的蒙古高原以北的民族分布情况，反映的是8世纪后半叶之形势。

上引史料，共记录3处室韦部落。第1处为史料A—b所言的、自回鹘牙帐（即回鹘都城 Ordu Balïq，故址在今鄂尔浑河上游的哈剌巴剌噶孙遗址）东北渡仙娥河，即色楞格河之后200里的室韦（以下略称为室韦B）。第2处为史料A—c记录的骨利干之东的室韦（以下略称为室韦A），以及自鞠部落东15日行的俞折国。第3处为史料A—e记录的俱伦泊，即今呼伦湖周边的室韦（以下略称为室韦C）。其中，有关俱伦泊周边室韦部落的信息，可从《旧唐书》室韦传得到旁证，其可信性并无问题。此处，笔者着重关注剩余的室韦部落，即室韦A、室韦B与俞折部落。

关于上面介绍的室韦B与色楞格河间距离200里，百衲本《新唐书》卷43下《地理志33下》记作2000里。[②] 以百衲本《新唐书》为底本的中华书局点校本《新唐书》，遵循百衲本的2000里。[③] 而笔者所引史料的原文，在乾隆四年校刊的《钦定唐书》卷43下《地理志33下》，[④] 以及《景印文渊阁四库全书》史部272《新唐书》中，[⑤] 均记作200里。据百衲本《新唐书》扉页介绍，百衲本底本是日本静嘉堂文库所藏北宋嘉祐年间刊本，残损部分由北平图书馆与双鉴楼所藏宋代刊本补充。受条件所限，

---

① 《旧唐书》，第395、3784—3785页。
② （台北）台湾商务印书馆1976年版，第315页。
③ 中华书局1975年版，第1149页。
④ 图书集成印书局1888年版，第14页。
⑤ （台北）台湾商务印书馆1983年版，第651页。

笔者未能查阅宋代刊本。不过,笔者相信百衲本之前的武英殿版校订者,应该对包括嘉祐年间刊本在内的数种刊本,进行了确认与校勘。至于200里与2000里,孰是孰非,笔者稍后再做讨论。

白鸟库吉在《室韦史研究》中,按武英殿版《新唐书》叙述,把史料A—b的室韦B所在地勘定在俄罗斯布里亚特共和国境内、自东南向西北注入色楞格河的奇科伊（Čikoi）河与希洛克（Chilok）河流域。① 而谭其骧主编《中国历史地图集》第5册中,回鹘时代室韦居地被标于自嫩江流域至黑龙江上中游至鞑靼海峡、鄂霍次克海沿岸地区。② 看来,这多少受到了上面介绍的百衲本与中华书局点校本《新唐书》内容之影响。另,倡导室韦—达怛之说的亦邻真对蒙古族源进行了精辟论述,亦遵从2000里之说。③ 而且,谭其骧关于《旧唐书》与《新唐书》地理志所做注疏亦遵循2000里。④ 详论唐代交通问题的严耕望亦未注意到此问题。⑤ 在笔者看来,上引史料对讨论中唐时期室韦部落居地而言至关重要。惜有关室韦史研究的两大集成《室韦史研究》与《原蒙古人的历史:室韦—达怛研究》⑥ 对此问题并未给予更多关注。

据史料A—c可知,室韦的俞折部落在鞫部落东15日之处,即确定俞折所在地,需要以鞫为起点。如后介绍,前人多将鞫之所在地置于蒙古高原东部,其结果是,俞折所在地被置于遥远的蒙古高原东端。然笔者见解与此不同。

三 鞫部落所在地

据前面给出的史料A—c,鞫位于骨利干之东；而骨利干位置,据史料A—a,位于富贵城东北1500里之地,据史料A—d,位于小海之南。如本章开头所介绍,骨利干横跨贝加尔湖西北与东南,故史料A—d的小海可

---

① ［日］白鸟库吉:《室韦考》,第404页。
② 《中国历史地图集》,第36—37页。
③ 亦邻真:《中国北方民族与蒙古族族源》,第566页。
④ 谭其骧:《两唐书地理志汇释》,安徽教育出版社2002年版,第323页。
⑤ 严耕望:《唐通回纥三道》,载氏著《唐代交通图考》第2卷（《中央研究院历史语言研究所专刊》）,1985年,第633页。
⑥ 孙秀仁等:《室韦史研究》,北方文物杂志社1985年版,第23页；张久和:《原蒙古人的历史》,第135页。

认为是指贝加尔湖。① 那小海南的骨利干，应理解作指的是贝加尔湖东南面的那部分。如此，包括以骨利干为基点的鞠、俞折、室韦A，以及史料A—b所言色楞格河北200里处的室韦B在内，史料A中记录的所有民族的位置关系，如图1—1所示。

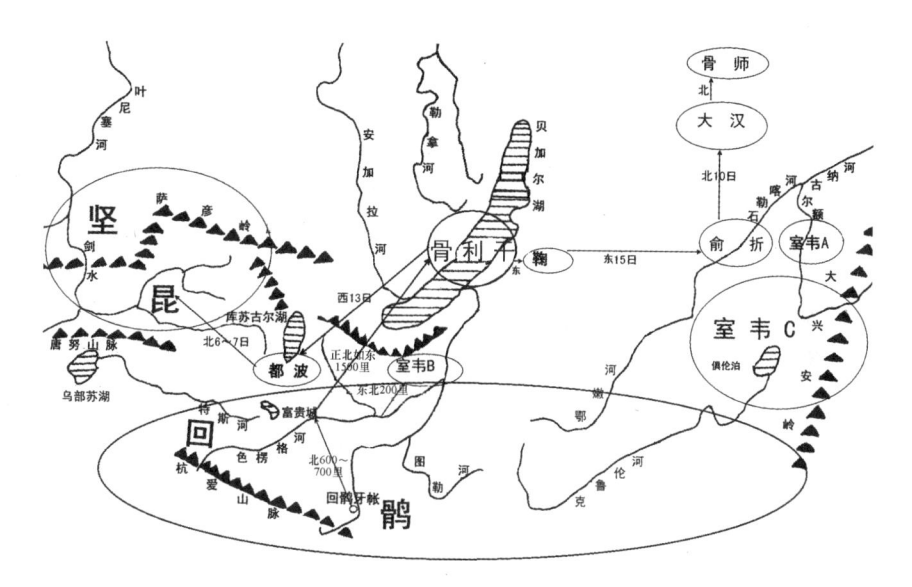

图1—1　"中受降城入回鹘道"所见北亚民族分布

注：参照谭其骧主编《中国历史地图集》第5册，香港三联书店1992年版，第75页制作。

如图1—1所示，以骨利干为起点的室韦A与以回鹘为起点的室韦B之地明显不同。而如200里为2000里，则这一问题就会得到圆满解决。不过，笔者同时注意到，在史料A中，唯有鞠与其他民族不同，不是以紧前面的叙述对象为起点，而是笼统地置于室韦（室韦A）之西，且未给出室韦A与骨利干之间的距离。而且，位于鞠之东面的俞折，其与室韦A之间的距离亦未给出。据此而言，贾耽关于鞠之驻地的推断，并不能确定是依据正确的位置关系与数据而得出的结果。故此处有必要确认一下大历元年至贞元十七年（766—801）杜佑编撰的《通典》记录的鞠之位置。

---

① 丁国范：《唐代的北海与小海》，《元史及北方民族史研究集刊》第2辑，1978年，第27—28页。

史料 B　《通典》卷199《边防15·鞠国》：①

  鞠国在拔野古东北五百里，六日行至其国。有树无草，但有地苔。无羊马家畜，鹿如中国牛马。使鹿牵车，可胜三四人。人衣鹿皮，食地苔。其国俗聚木为屋，尊卑共居其中。

  据《通典》的成书年代而言，史料 B 的年代与前引史料 A 基本相同，约在8世纪后半叶。据史料 B，可知鞠位于拔野古东北500里之地，是饲养使用驯鹿的部族。而汉籍史料记录的同时期的拔野古之地，毫无疑问是在蒙古高原东部。② 故，以白鸟库吉为首，前人多依据上述贾耽之记录（史料 A—c），将鞠之驻地置于蒙古高原东北部。③ 不过，关于鞠之驻地，另有不同记录。

史料 C　《新唐书》卷217下《回鹘传下·大汉》：④

  大汉者，处鞠之北，饶羊马。人物颀大，故以自名。与鞠俱邻于黠戛斯剑海之濒。

  毋庸置疑，史料 C 之大汉即为史料 A—c 所见位于俞折之北的大汉国。史料 C 明言鞠与大汉 "俱邻于黠戛斯剑海之濒"。这个位置与根据史料 A—c 推定得出的鞠的位置——贝加尔湖之东明显相互矛盾（参考图1—1）。那鞠之驻地，究竟孰是孰非？

  关于这一问题的解决，汉籍史料并不能提供可靠的线索。不过，记

---

① 浙江古籍出版社2000年版，第1081页。
② [日] 白鸟库吉：《室韦考》，第404页；[日] 羽田亨：《唐代回鹘史の研究》，《羽田博士史学论文集》上卷历史篇，（京都）东洋史研究会1957年版，第190—191页；谭其骧主编：《中国历史地图集》第5册，第42—43页。
③ [日] 白鸟库吉：《室韦考》，第419页；米文平：《妪厥律即今颚温克》，《北方文物》1988年第2期，收入氏著《鲜卑史研究》，中州古籍出版社2000年版，第164页；张久和：《原蒙古人的历史》，第73页；谭其骧：《两唐书地理志汇释》，第324页；谭其骧主编：《中国历史地图集》第5册，第42—43页；[日] 石見清裕：《羁縻支配期の唐と鐵勒僕固部——新出「僕固乙突墓誌」から見て——》，《東方学》第127辑，第9—10页；[日] 鈴木宏節：《唐の羁縻支配と九姓鉄勒の思結部》，《内陸アジア言語の研究》第30辑，2015年，第240—241页。
④ 《新唐书》，第6146页。

录8世纪中期内亚民族分布情况的伯希和藏敦煌出土藏文P. t. 1283文书有助于我们解决这一难题。P. t. 1283文书，是藏语称为Hor的北方某国国君派遣侦探5人对中亚和北亚民族所做的调查之报告。正因其这一特殊性质，故其调查内容中包含许多同时期汉籍史料未能记录的真实情报。这些情报历来受到内亚史研究人员关注，弥足珍贵。据森安孝夫研究，在P. t. 1283文书中可确认到，与蒙古高原东部的拔野古本部有别，在蒙古西部的唐努山至乌部苏诺尔盆地一带，有拔野古别部在活动。[①]而且，据其首领之称号而言，该集团恐怕自隋代就已存在。森安孝夫指出P. t. 1283文书记录的上述拔野古，正是以《通典》（史料B）为首的，《新唐书》《太平寰宇记》《唐会要》等记录的位于鞠之西南方的拔野古。可以认为，贾耽之所以把鞠之驻地置于骨利干之东，是把P. t. 1283文书记录的蒙古西部的拔野古别部与汉籍记录的蒙古高原东部的拔野古本部二者相混所引起。

如上所述，按森安孝夫之意见，鞠之驻地则会很容易得到确定。进言之，如将史料A记录的民族与古代突厥鲁尼文碑铭记录的蒙古高原以北的民族，以及P. t. 1283文书记录的同一地域的民族进行比较，则室韦与九姓达靼、三十姓达靼与九姓达靼之关系就会渐次得到释清。

四 鞠与突厥鲁尼文碑文的Čik

关于部族名称鞠的出现时期——8世纪时期的蒙古高原以北的民族分布情况，也可从突厥汗国与回鹘汗国的突厥鲁尼文碑文上获得线索。下面，笔者从后突厥汗国毗伽可汗碑与回鹘汗国希内乌苏碑中引用相关部分，试作讨论。

史料D 毗伽可汗碑东面第26行：[②]

---

① [日]森安孝夫：《チベット語史料中に現れる北方民族——DRU-GUとHOR——》，《アジア・アフリカ言語文化研究》第14辑增刊，1977年，第25—27页、第32页图H。
② [日]小野川秀美：《突厥碑文譯註》，第302页；T. Tekin, *A Grammar of Orkhon Turkic*, p. 243；耿世民：《古代突厥文碑铭研究》，第159页。相关图版见D. Vasiliyev ed., *Orhun, The Atlas of Historical Works in Mongolia*, pp. 31 - 32；赫尔辛基拓片录文见T. Tekin, *Orhon Yazıtları* I 所附录文第14页第16行，拉德洛夫拓片摹写见同书Taбл. 3第26行。

· 23 ·

……altï otuz yašïma čik bodun：qïrqïz：birlä yaγï boltï：käm käčä č
ik tapa：sülädim：örpäntä süŋüšdim：süsin sančdïm：……

……我（毗伽可汗）26 岁（709 年）时，[1] 鞠（Čik）族百姓与
黠戛斯一同成为敌人。我渡过剑河向鞠族进军。我在 Örpän（与敌人）
战斗了。我击败了敌人的军队。……

史料 E 希内乌苏碑东面第 7—8 行：[2]

7……ančïp bars yïlqa čik tapa yorïdïm ekintiay tört yegirmikä kämdä
……这样，我（磨延啜可汗）在虎年（750）向鞠族进军了。2
月 14 日，在剑河（河畔）

8 toqïdïm……
我击败了（鞠族）。……

据史料 D，毗伽可汗 26 岁时，突厥军队渡过剑河在 Örpän 之地，击
败了与黠戛斯一同为敌的鞠族。另据史料 E，磨延啜可汗率领回鹘军队
在剑河河畔击败了鞠族。据此而言，鞠族居地可推断为剑河流域。王静
如推定上述 Čik 族地理位置上与汉籍史料的鞠相当，不过，Čik 的 č - 与
鞠之中古音 kîuk 的词头 k - 音间有不一致之处，故 Čik 应视作葛逻禄三
部中的炽俟。[3] 相反，森安孝夫与芮传明二位则以为 Čik 应勘同为鞠。[4]
其中，前者只是一带而过，后者则基于 č - 音与 k - 音间可以互转。笔者
尚无把握断言 č - 音与 k - 音间可以互转，此处不排除汉籍的鞠是通过第
三者传入唐廷的可能。是故，笔者着重从地理位置上考察鞠与 Čik 之
关系。

据上面介绍的 P. t. 1283 文书，我们还可以了解到回鹘西北方面的某些

---

① [日] 岩佐精一郎：《突厥毗伽可汗碑文の紀年》，第 195 页。
② [日] 森安孝夫等：《シネウス碑文訳注》，第 14 页；白玉冬：《〈希内乌苏碑〉译注》，第 87 页。
③ 王静如：《突厥文回纥英武威远毗伽可汗碑译释》，第 20 页。中古音参见 B. Karlgren, *Grammata Serica Recensa*, Stockholm：Museum of Far Eastern Antiquities, 1957, p. 162.
④ [日] 森安孝夫：《チベット語史料中に現れる北方民族——DRU-GU と HOR——》，第 23 页注 83；芮传明：《古突厥碑铭研究》，上海古籍出版社 1998 年版，第 272 页注 6。

第一章　8世纪时期的九姓达靼

民族的地理学情报。此处，笔者转引森安孝夫的研究成果，①试作论述。以下所引 P. t. 1283 文书译文中，〈　〉内为依据森安孝夫的研究成果而所做的补充。

P. t. 1283 文书第 45—48 行：②

……从此处〈Gud 族，即汉籍的都波、都播〉向西北，有 Ku-ĉhu-'ur 族，国家强盛，不听从 Hor〈回鹘〉之言而经常与其战斗。其后方有 Hir-tis 族〈黠戛斯〉的两个小部族，有时与 Hor〈回鹘〉战斗，有时与其和好。从此处向北，有 Gir-tis 族〈黠戛斯〉。……

据森安孝夫解释，上文中充当起点的 Gud 族是指同时期汉籍的都波。③韩儒林指出，唐代都波的居地位于今蒙古北部的库苏古尔湖之南。④森安孝夫意见与此相同。而关于 Gud"都波"西北的 Ku-ĉhu-'ur 族，巴考（J. Bacot）最早提出是指 12—13 世纪时期位于阿尔泰山脉一带的乃蛮王国重要部族 Güčü'üt。此意见后来得到李盖提（L. Ligeti）与森安孝夫二位的赞同。⑤另，森安孝夫还指出，Ku-ĉhu-'ur 族之居地应勘同在以蒙古西部唐

---

① 有关 P. t. 1283 文书的研究成果，按年代顺序主要有 J. Bacot, "Reconnaissance en Haute Asie Septentrionale par Cinq EnvoyèsOuigours au Ⅷe Siècle", *JA*, Vol. 244, 1956, pp. 137–153; G. Clauson, "À Propos du Manuscript Pelliot Tibétain 1283", *JA*, Vol. 245, 1957, pp. 11–24; L. Ligeti, "À propos du 《Rapport sur les rois demeurant dans le Nord》", in *Études tibétaines dédiées à la mémoire de Marcelle Lalou*, Paris: Adrien Maisonneuve, 1971, pp. 166–189;［日］森安孝夫:《チベット語史料中に現れる北方民族——DRU-GUとHOR——》，第 1—48 页；王尧：《敦煌古藏文本〈北方若干国君之王统叙记〉文书》，《敦煌学辑刊》第 2 辑，1980 年，第 16—22 页；F. Venturi, "An Old Tibetan Document on the Uighurs: A New Translation and Interpretation", *Journal of Asian History*, Vol. 42, 2008, pp. 1–34. 本书所引史料，均引自最为翔实的森安孝夫译注。
② ［日］森安孝夫：《チベット語史料中に現れる北方民族——DRU-GUとHOR——》，第 5 页。
③ 同上书，第 23 页。
④ 韩儒林：《唐努都波》，《中国边疆》第 34 辑，1943 年，收入氏著《韩儒林文集》，江苏古籍出版社 1985 年版，第 558 页；［日］森安孝夫：《チベット語史料中に現れる北方民族——DRU-GUとHOR——》，第 23 页。
⑤ J. Bacot, "Reconnaissance en Haute Asie septentrionale par cinq envoys Oui'gours au Ⅷe siècle", p. 152; L. Ligeti, "A propos du 《Rapport sur les rois demeurant dans le Nord》", pp. 184–185;［日］森安孝夫：《チベット語史料中に現れる北方民族——DRU-GUとHOR——》，第 24 页。

努山脉为中心之区域。① 以此类推，我们可以轻松了解到，上文所言黠戛斯名下的两个小部族，即 Ku-čhu-'ur 族与黠戛斯间的两个部族，应是在剑河（叶尼塞河上游）上游地区（参见第 31 页图 1—3）。

据上引 P. t. 1283 文书内容，归在黠戛斯名下的剑河上游的两个小部族隶属黠戛斯，同时他们与回鹘军队时战时和。而据与 P. t. 1283 文书所反映年代一致的回鹘希内乌苏碑（建于 759 年或稍后），我们亦可了解到 Čik 族与回鹘、黠戛斯间之关系。希内乌苏碑中，作为发生在龙年（752）的事件，如下记录道（希内乌苏碑东面第 10 行）②：

……qïrqïz tapa：är ïdmïš：siz tašïqïŋ：čikig tašγarïŋ：temiš：män t ašïqayïn：temiš：……

……他（即葛逻禄叶护）派遣人员至黠戛斯处，说"你们（即黠戛斯）要出动！你们要让 Čik 族出动！"，"我（也）要出动！"。……

上文中的主语"他"，因碑文此前部分破损严重，不能辨读。不过，紧随此后的东面第 11、12 行与南面第 1、2 行，叙述回鹘军队相继击败结为同盟的 Čik 族、黠戛斯与葛逻禄。故，上文之主语，应被认为是当时的葛逻禄首领叶护。据上文，黠戛斯派至葛逻禄的使者说 čikig tašγarïŋ："你们（即黠戛斯）要让 Čik 族出动！"在针对回鹘的战争中，Čik 族接受黠戛斯命令出征，说明当时他们从属于黠戛斯政权。希内乌苏碑东面第 11 行接下来提到回鹘派遣千人队出击 Čik 族。之后，南面第 2 行介绍了这次出征的结果。

史料 F　希内乌苏碑南面第 2 行：③

……čik bodunïγ：bïŋam：sürä kälti：//////////tez bašï：čïtïmïn yayladïm：yaqa：anta：yaqaladïm：čik bodunqa：totoq：at bertim：išbaras：tarqat：anta：ančuladïm……

---

① ［日］森安孝夫：《チベット語史料中に現れる北方民族——DRU-GU と HOR——》，第 25 页。
② ［日］森安孝夫等：《シネウス碑文訳注》，第 15、37 页；白玉冬：《〈希内乌苏碑〉译注》，第 88 页。
③ ［日］森安孝夫等：《シネウス碑文訳注》，第 16、38 页；白玉冬：《〈希内乌苏碑〉译注》，第 89 页。

……我的千人队驱赶着Čik族百姓而来。＊＊＊＊＊＊＊＊我以特斯河源的我的围栅（地）为夏营地（而度过夏天）。我在那里划定了边界。我给Čik族百姓任命了都督之名号。［我］在那里赐予（Čik族）始波罗（复数形）与达干（复数形）（之称号）……

据史料F，可知回鹘派遣的千人队降服Čik族，之后磨延啜可汗赠予Čik族都督之名号，以及始波罗与达干之称号。这反映，在遭到回鹘军队攻击后，Čik族从属了回鹘。

如上，据上引希内乌苏碑东面第10行与南面第2行，我们可以了解到剑河流域的Čik族，752年时首先协同黠戛斯对抗回鹘，之后遭到回鹘攻击后进而归顺回鹘。Čik族与回鹘之间的关系，与P. t. 1283文书记录的隶属黠戛斯的剑河流域的两个小部族与回鹘之关系相仿。故，上述两个小部族勘同为希内乌苏碑的Čik族，不悖于理。① 而前一小节已经介绍，位于鞠西南的拔野古，是指P. t. 1283文书记录的蒙古西部唐努山至乌部斯诺儿盆地一带的拔野古。对这些信息进行归类分析，则发现虽然森安孝夫未进行勘定，但P. t. 1283文书记录的剑河上游的两个小部族，实际上应该位于同一文书记录的拔野古之东北方向。这一地理位置正与由史料B得出的拔野古东北方向的鞠一致。综上，剑河上游的两个小部族，可勘定为希内乌苏碑的Čik族，同时还可勘定为史料B的鞠。看来，根据居地来判断，Čik族的确应视作汉籍文献记录的鞠。总之，就结论而言，上述森安孝夫与芮传明二位的意见值得遵循。

五　蒙古高原北部室韦部落之居地

上面已经阐明，出现于8世纪时期突厥鲁尼文碑铭的、剑河流域的Čik族，可勘定为同时期汉籍史料记录的鞠。下面，笔者以此为前提，就前引史料A—c的骨利干之东的室韦A与鞠之东面15日程的俞折，以及史料A—b中的回鹘牙帐东北、色楞格河北200里的室韦B之所在，阐述己见。

---

① 包括希内乌苏碑在内，突厥回鹘汗国的突厥鲁尼文碑文并未反映同时期在剑河流域曾有过另外的部族。或许，Čik族原本是由两个次级集团构成的。

史料G　《通典》卷199《边防15·俞折国》：①

　　俞折国在鞠国东十五日行，其土地宽大，百姓众多。俗与拔野古同。少牛马，多貂鼠。

据史料G得知的俞折国与鞠国间日程，与前引史料A—c记录的二者间位置关系一致。《唐六典》卷3《度支郎中》记录唐代驿站系统中，马行一日通常为70里。② 另据荒川正晴关于敦煌出土驿站文书的分析，唐代利用驿站穿越沙漠地带，自河西走廊西端的沙州（今敦煌）至新疆东部的伊州（今哈密）时，每日约行87.5里。③ 参考这些数值进行计算，鞠国与俞折国间距离约1050里，即大约500公里。由此可推定，自剑河流域的鞠向东约500公里之地有俞折国。而据前引史料C《新唐书·回鹘传》，大汉国位于鞠之北，与鞠毗邻剑河。另，据史料A—c，大汉国又位于俞折国北10日行之地。可见，大汉国位于剑河之北，俞折至鞠之北方。这一位置，与森安孝夫依据P.t.1283文书得出的巨人国位置，即贝加尔湖西北岸至西边的安加拉河流域基本一致。同理，参照《唐六典》规定以及荒川正晴关于唐代驿站文书之研究成果，俞折国与大汉国间距离约300公里。这样，依据上面关于俞折国地理位置情报的分析，俞折基本上位于回鹘可汗牙帐之北方，蒙古北部库苏古尔湖与贝加尔湖之间。有关俞折的位置，有意见认为是在蒙古高原东北部的石勒喀河流域，④ 或是在石勒喀河与额尔古纳河的合流处，⑤ 甚至是位于呼伦贝尔地区的辽代乌古部之地。⑥ 笔者对上述意见难以苟同。

---

① 《通典》，第1081页。
② 中华书局1992年版，第80页。
③ ［日］荒川正晴：《唐朝の交通システム》，《大阪大学大学院文学研究科紀要》第40卷，2000年，第221页注3；［日］荒川正晴：《ユーラシアの交通·交易と唐帝国》，（名古屋）名古屋大学出版会2010年版，第164页。
④ ［日］白鳥庫吉：《室韋考》，第426—427页。
⑤ 孙秀仁等：《室韦史研究》，第103页；米文平：《姐厥律即今颚温克》，第164—166页；张久和：《原蒙古人的历史》，第73—74页。
⑥ ［日］津田左右吉：《遼代烏古敵烈考》，《満鮮地理歴史研究報告》第2卷，1916年，收入氏著《津田左右吉全集》第12卷，（东京）岩波書店1964年版，第104—113页；［日］箭内亙：《韃靼考》，第538页。

第一章　8世纪时期的九姓达靼

综上，既然俞折之居地已经得到确定，则前面介绍的史料 A 记录的民族之分布，并非如前文给出的图 1—1 之样，而是如图 1—2 所示。

从图 1—2 可了解到，鞠与俞折并非在骨利干之东，而是在骨利干之西。这样，据史料 A—c 得到的室韦 A，即位于鞠之东面的俞折之东的室韦 A，不敢肯定一定是在骨利干之东。不仅如此，甚至存在室韦 A 原本是指史料 A—b 记录的位于回鹘牙帐东北方向、色楞格河北 200 里的室韦 B 之可能性。是故，有关室韦 B 与色楞格河间的距离，相比 2000 里，乾隆年间武英殿版本《新唐书》记录的 200 里可信度极高。据此而言，8 世纪中叶，室韦部落集团中的一部居地业已在蒙古高原北部。

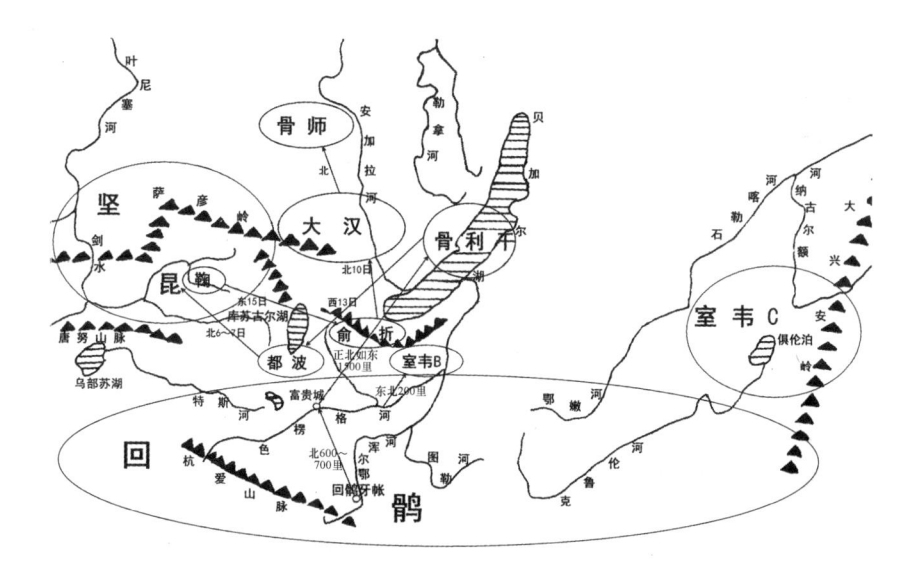

图 1—2　从"中受降城入回鹘道"复原的蒙古高原以北的民族分布

注：参照谭其骧主编《中国历史地图集》第 5 册，香港三联书店 1992 年版，第 75 页制作。

有关上述在色楞格河流域一带活动的室韦部落之情报，还可在 P. t. 1283 文书记录的关于回鹘东北部至北部的民族分布状况得到确认。

史料 H　P. t. 1283 文书第 35—45 行：[①]

---

① [日] 森安孝夫：《チベット語史料中に現れる北方民族——DRU-GU と HOR——》，第 5 页。

……由此地〈回鹘〉望东北，有 Khe-rged 族。以白桦树皮覆盖帐房，向 Hor〈回鹘〉贡纳青鼠毛皮。由此向北有 Ye-dre 七族，没有国王。总是与 Hor〈回鹘〉战斗，以白桦树皮覆盖帐房。挤出雌白桦树汁做酒。其国（位于）谷地，强盛。看此地西面，有小部落 Gud 族〈都波〉，在山里建房，以草为屋，以鹿载物……，向 Hor〈回鹘〉贡纳野兽皮毛。

上引史料 H 记录的民族当中，能够确定居地的是 Hor，即回鹘。而可勘定为汉籍史料之都波的 Gud 族，如前文所介绍，位于库苏古尔湖之南。同时，前引史料 F，即回鹘希内乌苏碑南面第 2 行记录，752 年时，"我以特斯河源的我的围栅（地）为夏营地（而度过夏天）。我在那里划定了边界"。由此可知，8 世纪中叶，回鹘领地在北方当越过色楞格河，抵达特斯河上游（参见图 1—3）。如此，史料 H 所言位于回鹘东北的 Khe-rged 族之居地，当与色楞格河保持有一定距离。森安孝夫将其居地勘定在色楞格河与鄂尔浑河合流之处，盖无问题。① 不过，他把位于 Khe-rged 族之北的 Ye-dre 七族之地，勘定在贝加尔湖东南岸的色楞格河最下游之地。然该地域，与同文所言位于 Ye-dre 七族之西、库苏古尔湖之南的 Gud 族，即都波过于遥远。是故，笔者以为，Ye-dre 七族地当在贝加尔湖东南岸以西，回鹘北面库苏古尔湖与贝加尔湖中间地带。这样，包括史料 H 记录的民族在内，本书所介绍的出现于 P. t. 1283 文书的相关民族位置关系，如图 1—3 所示。

将上面给出的图 1—3 与此前给出的图 1—2 进行对比，则会发现图 1—3 所标示的回鹘东北的 Khe-rged 族与图 1—2 所标示的色楞格河北 200 里的室韦 B，Gud 族（即都波）之东的 Ye-dre 七族与图 1—2 所标示的鞠之东的俞折相对应。如此，按居地判断，Khe-rged 族应视作室韦 B，Ye-dre 七族应视作俞折。② 森安孝夫认为；按 P. t. 1283 文书记录的相关描述

---

① ［日］森安孝夫：《チベット語史料中に現れる北方民族——DRU-GU と HOR——》，第 32 页图 H；［日］森安孝夫：《シルクロードと唐帝国》，《興亡の世界史 5》，（东京）讲谈社 2007 年版，第 328—329 页。
② 语音学方面，Ye-dre 与俞折之中古音虽有可比拟之处，但难下定论。据《辽史》卷 1《太祖纪 1》太祖元年二月条（第 3 页），《隋书》卷 84《室韦传》（第 1883 页），可知黑车子室韦由八部、北室韦由九部构成。即室韦的次级集团多由数个部族构成。与此类似，俞折与 Ye-dre 亦有可能分别属于 Ye-dre 七族的次级集团之一。

判断，Khe-rged 族与 Ye-dre 七族应视作室韦之部落。① 笔者根据居地而得出的结论，与上述森安孝夫观点不谋而合。

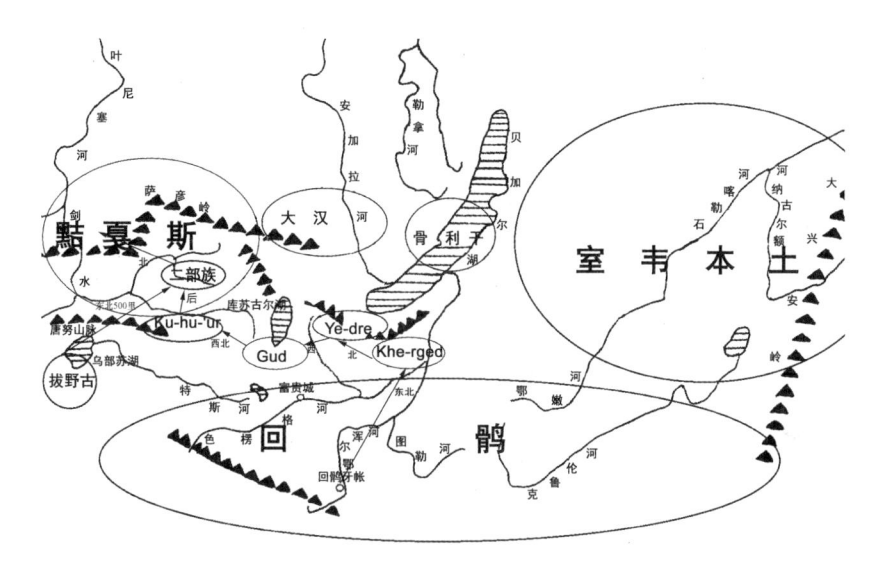

图 1—3　P. t. 1283 文书所见蒙古高原北部的民族分布

注：参照森安孝夫《チベット語史料中に現れる北方民族——DRU-GU と HOR——》，《アジア・アフリカ言語文化研究》第 14 辑增刊，1977 年，第 32 页图 H；谭其骧主编《中国历史地图集》第 5 册，香港三联书店 1992 年版，第 75 页制作。

这样，我们可以说，8 世纪中叶，室韦部落业已出现在蒙古高原北部色楞格河中游，以及库苏古尔湖与贝加尔湖之间地带。

六　九姓达靼与室韦部落的对应关系

据以上考证，可以推测到，8 世纪中叶位于色楞格河北 200 里的室韦 B（= Khe-rged 族）与位于库苏古尔湖和贝加尔湖之间的室韦部落俞折（= Ye-dre 七族），极可能为同时期突厥鲁尼文碑文记录的、活动于色楞格河流域的九姓达靼。

考虑 8 世纪时期九姓达靼的居地时，回鹘希内乌苏碑文是根本史料。

---

① ［日］森安孝夫：《チベット語史料中に現れる北方民族——DRU-GU と HOR——》，第 25 页。

该碑文东面第1—7行，记录有回鹘军队在749年追击八姓乌古斯部落（Säkiz Oγuz）与九姓达靼叛军的经过。① 其中，谈到色楞格河畔的战斗后，东面第4行言 üküši︰sälaηä︰qodï︰bardï［他们（叛军）的多数顺着色楞格河而下］。接下来第5—6行记录回鹘军队渡过色楞格河追击叛军，第6—7行记录与其中的九姓达靼战斗。关于上面介绍的第4行，前田直典解释作"其（即叛军——笔者注）多数逃到了色楞格下游"，进而认为九姓达靼驻地当时是在色楞格河下游以东。② 张久和意见与前田直典相同。③ 不过，笔者看法与上述二位有所不同。首先，根据勃兴初期回鹘的活动范围来看，追击叛军的回鹘军队是出发自杭爱山脉。出自杭爱山脉的回鹘军队在战争中只渡过一次的色楞格河，与其说是地处遥远东方的北流色楞格河下游，毋宁说代指自西向东横贯杭爱山脉北麓的色楞格河上中游。其次，考虑到回鹘军队是渡过色楞格河追击九姓达靼，而且是从色楞格河上游以北的特斯河河源地带向东出发问罪于达靼（九姓达靼），故九姓达靼驻地大体在色楞格河中游以北。④ 进言之，如笔者关于九姓达靼与回鹘军队间的最后一战是在库苏古尔湖附近进行这一推定无误，则九姓达靼驻地极可能是在库苏古尔湖以北或以东地带。⑤ 学术界主流观点认为三十姓达靼即室韦部落集团，且室韦B（Khe-rged族）和俞折（Ye-dre七族）之居地与九姓达靼居地间存在共通性，这自然让我们产生这种疑问：室韦B（Khe-rged族）和俞折（Ye-dre七族）或可勘同为九姓达靼。

达靼之称呼，原本是古代突厥语系部族对其东邻蒙古语系室韦部落集团之泛称。⑥ 关于这一名称的来源，学术界多有争论，尚未达成共识。据《旧唐书》卷199《室韦传》、《新唐书》卷219《室韦传》，室韦部落集团中包括多个不同名称的部落，有些小部落出自较大部落，且各个部落均保

---

① ［日］森安孝夫等：《シネウス碑文訳注》，第12—14、35—36页；白玉冬：《〈希内乌苏碑〉译注》，第85—87页。
② ［日］前田直典：《十世紀時代の九族達靼》，第244—245页。
③ 张久和：《原蒙古人的历史》，第142页。
④ 白玉冬：《東ウイグル可汗国時代の九姓タタル——特にウイグルのルーン文字碑文から——》，Quaestiones Mongolorum Disputatae, Vol. 5, 2009年，第188—193页。
⑤ 白玉冬：《回鹘碑文所见八世纪中期的九姓达靼（Toquz Tatar）》，《元史及民族与边疆研究集刊》第21辑，2009年，第152—162页。
⑥ ［日］白鸟库吉：《室韦考》，第455页；亦邻真：《中国北方民族与蒙古族族源》，第566—567页；韩儒林主编：《元朝史》上卷，第5—6页。

有各自的部落首领。这些部落名称，看来有些是依据室韦语，有些则是唐人的命名。但不论哪种命名，反映的都是当时的唐人对室韦部落集团的理解。即，在唐人看来，当时被称为室韦的集团，包含多个同源或不同源的部落。参照九姓铁勒（Toquz Oγuz）是由回鹘、拔野古、同罗、浑等九个部族构成而言，九姓达靻中当包括 Khe-rged 族与 Ye-dre 七族等具有不同称谓的部落这一看法，可以成立。

有意见认为，P. t. 1283 文书记录的 Khe-rged 族可勘同为黠戛斯。① 不过，据森安孝夫与温涂理（F. Venturi）二位介绍，巴赞（L. Bazin）曾向森安孝夫建议应勘同为后来的克烈（Kereit）②。据陈得芝研究，克烈应即为《辽史》记录的阻卜（九姓达靻）的核心部族。③ 然则，可视作克烈的 Khe-rged 族视作 8 世纪时期的九姓达靻之一部，概无问题。正如前文所述，Khe-rged 族可比定为前引史料 A—b 中记录的、地处色楞格河北 200 里的室韦 B。是故，笔者以为，就其源流而言，克烈源自室韦部落，其主体应归为蒙古语族部落。

至于 Ye-dre 七族，据前引史料 H 重点号文字，他们有种特殊的习惯——利用白桦树液酿酒。P. t. 1283 文书记录奚以人头盖骨为酒具，都波有食用百合根与野鼠之食物的习俗。④ 就此而言，该文书也反映了一些族群部落的不同习惯。鉴于此点，利用白桦树液酿酒，这极可能为 Ye-dre 七族及其近邻部族特有的地域性习惯。遗憾的是，同时期的汉籍文献与突厥鲁尼文碑文史料对此未做记录。不过，虽然年代晚于唐代，但蒙古帝国时期伊利汗国宰相拉施特（Rašīd al-dīnī）于 14 世纪初编撰的《史集》（Jami' al-Tarikh）谈到森林兀良合（Uriangqai）人有同样习俗。⑤《史集》关于森林兀良合人驻地的叙述稍显混乱，不过，据《元朝秘史》卷 10 第 239

---

① J. Bacot, "Reconnaissance en Haute Asie septentrionale par cinq envoys Oui' gours au VIIIe siècle", p. 138；G. Clauson, "À propos du manuscript Pelliot Tibétain 1283", p. 22.
② T. Moriyasu, "La Nouvelle Interprétation des Mots Hor et Ho-Yo-Hor dans le Manuscript Pelliot Tibétain 1283", AOH, Vol. 34, No. 1-3, 1980, p. 178 注 22；F. Venturi, "An Old Tibetan Document on the Uighurs: A New Translation and Interpretation", p. 25 注 71.
③ 陈得芝：《十三世纪以前的克烈王国》，第 216—218 页。
④ ［日］森安孝夫：《チベット語史料中に現れる北方民族——DRU-GU と HOR——》，第 3、18—19、23 页。
⑤ ［伊朗］拉施特：《史集》第一卷一分册，余大钧、周建奇译，商务印书馆 1983 年版，第 202—203 页。

节可得知他们的居地当时是在贝加尔湖以西至剑河上游地域。① 另，981年出使高昌回鹘的宋使王延德途中经由漠北草原的九姓达靼之地。② 王延德在其行纪《西州程记》中，记录了九姓达靼的部落名称。其中，有部落名卧羊梁劲特族。岑仲勉将其复原作 Ulianghut。③ 考虑到森林兀良合人部族名称与九姓达靼的卧羊梁劲特族名可以勘同，或可认为上述二者原本有着同一族源。可能的解释是，回鹘汗国崩溃之后，Ye-dre 七族部分南下进驻漠北草原，其中的一部日后被王延德记作卧羊梁劲特族。而留守原驻地的，包括后来的森林兀良合人先世。进言之，史料 H 所反映的 Khe-rged 族和 Ye-dre 七族与回鹘之间的关系是，Khe-rged 族服属于回鹘，Ye-dre 七族对抗回鹘。这与希内乌苏碑东面第 7—8 行反映的九姓达靼与回鹘之间的关系——749 年的叛乱之后，九姓达靼的一半民众投降回鹘，一半民众逃走——并不相悖。④

综上，笔者以为，P. t. 1283 文书记录的 Khe-rged 族与 Ye-dre 七族可视为九姓达靼的部族。⑤ 另，840 年回鹘亡国后，会昌三年（843），回鹘有特勤可质力二部东北奔大室韦。⑥ 此处所言的东北方，如贾耽所言"又自回鹘牙帐东北渡仙娥河，二百里至室韦"，应理解作回鹘牙帐东北方向。按居地判断，上述回鹘特勤可质力二部投奔的大室韦完全可以视作九姓达靼，具体当为克烈部。

七 九姓达靼与三十姓达靼之关系

前一小节考述了九姓达靼与室韦部落之间的对应关系。那么，突厥鲁尼文碑文记录的九姓达靼与三十姓达靼之间，究竟处于何种关系呢？

---

① 相关考释，主要参见村上正二关于蒙古军队出征林木中百姓一节的考察。见［日］村上正二《モンゴル秘史——チンギス・カン物語》第 3 册，（东京）平凡社 1976 年版，第 92—99 页。
② ［日］前田直典：《十世纪时代の九族達靼》，第 237—240 页；岑仲勉：《达怛问题》，第 122—124 页。
③ 岑仲勉：《达怛问题》，第 121 页。
④ ［日］森安孝夫等：《シネウス碑文訳注》，第 13—14、35—36 页；白玉冬：《〈希内乌苏碑〉译注》，第 87 页。
⑤ Khe-rged 族与 Ye-dre 七族合计起来的部族数八，与九姓达靼的部族数九并不一致。然九姓铁勒的九部族名称向不曾被全部记录过。同样现象见于九姓达靼，于理可通。
⑥ 《旧唐书》卷 195《回纥传》，第 5214 页。

作为讨论这一问题的必要铺垫，首先需要对突厥人与回鹘人相传的部族集团名称三十姓达靼的存续时期进行确认。如第一小节所引用介绍，三十姓达靼之名在阙特勤碑与毗伽可汗碑中各出现两次。其中，在阙特勤碑东面第4行（毗伽可汗碑东面第5行）相关内容中，是作为后突厥汗国建国初期的敌对势力而出现。考虑到阙特勤碑的成立年代是732年，则该处三十姓达靼所对应的年代可缩小到后突厥汗国时期。而在阙特勤碑东面第14行（毗伽可汗碑东面第12行）中，三十姓达靼是作为参加第一突厥汗国可汗葬礼的国家或部族集团之一出现。而关于上述被举行葬礼的可汗，是指553年去世的布民可汗一人，抑或是指布民可汗及其弟，即死于576年的室点蜜可汗二人，学术界意见不一。① 就最新研究成果而言，铃木宏节主张该可汗是布民可汗一人，上述葬礼记述了553年的布民之死。② 铃木宏节的考释基于其对古突厥语语法的细致分析，极具说服力。关于突厥可汗的讨论，因与本书稿内容无关，笔者无意加入。不过，关于出席葬礼的国家与民族之描述的真实性，还是有必要进行一番讨论。

突厥在布民可汗逝去的553年之前，就已经与北朝的西魏（535—556）保持关系，在木杆可汗（572—581年在位）时期取得飞跃发展，并与四周的诸民族保持接触与交往。③ 另外，突厥自568年起与遥远的东罗马开始通使，在563—567年始与波斯持有关系。④ 考虑到上述突厥与周边国家民族的接触和交往，假定上述葬礼包括576年逝去的室点蜜可汗葬礼，则阙特勤碑东面第14行所列举的国家与民族中，高句丽、中国、波斯、东罗马、黠戛斯、三姓骨利干、三十姓达靼、契丹与奚在576年时派遣使者列席突厥可汗葬礼的可能性，就不能轻易否定。

---

① 相关介绍见［日］铃木宏節《突厥可汗國の建國と王統觀》，第155页及脚注4。关于室点蜜可汗亡于576年，内藤みどり依据拜占庭史料进行了考证。见［日］内藤みどり《東ローマと突厥との交渉に関する史料——Menandri Protectori Fragmenta 訳註——》，《遊牧社会史探究》第22辑，1963年，收入氏著《西突厥史の研究》，（东京）早稻田大学出版部1988年版，第382—385页。
② ［日］铃木宏節：《突厥可汗國の建國と王統觀》，第148—152页。
③ ［日］護雅夫：《突厥第一帝国におけるqaγan号の研究》，原名《東突厥官稱号考序説》，《東洋学報》第37卷第3号，1954年，修订稿收入氏著《古代トルコ民族史研究》第1卷，（东京）山川出版社1967年版，第251—252页。
④ ［日］内藤みどり：《東ローマと突厥との交渉に関する史料——Menandri Protectori Fragmenta 訳註——》，第378—382页，第387注7。

不过，中外史料上能够确认到的西藏地区第一个统一王朝吐蕃的出现，至早不会早于7世纪。① 考虑到此点，576年吐蕃派遣使者参加突厥可汗葬礼的可能性微乎其微。另外，关于参加丧礼的、位于高句丽与中国之间的čölögil，前人多避而不谈。笔者注意到8世纪的古突厥语在拼写外来词时存在词头的č音与š音间的互转现象，主张čölögil可视作šölögil，并将其视作汉籍记录的朝鲜半岛古国新罗。② 新罗位于朝鲜半岛东南部，长期受到控制朝鲜半岛北部与中国东北部分地区的高句丽王国的压制。如是，难以想象576年之际，新罗能够派遣使者穿越高句丽和中国之境前往蒙古高原参加突厥可汗的葬礼。

相反，据《旧唐书》卷194《突厥传上》，吐蕃曾向突厥递交国书，建议二者联手同时入侵唐朝。③ 而且，据阙特勤碑北面第12行，吐蕃赞普曾派遣使者参加阙特勤葬礼。④ 另外，后突厥汗国时期，新罗作为代表朝鲜半岛唯一的主权国家，理应为当时的突厥人所知。如此，若突厥可汗的葬礼是在576年举行，则应该承认，其描述的情景中应包括一部分依据后突厥汗国时代的信息而做出的历史性回忆。同理，若该葬礼可视作553年的布民可汗葬礼的真实记录，则其有关参列葬礼的国家与民族之描述，不免有后世的推测之嫌。如是，阙特勤碑东面第12行所言三十姓达靼之"三十"，与其说是依据第一突厥汗国时期史料，毋宁认为依据后突厥汗国时期所掌握的实际情况而做出的推定，则更趋于合理。综上，将阙特勤碑与毗伽可汗碑记录的部族名称三十姓达靼的存续时期视作后突厥汗国时代，最令人信服。

继突厥之后，回鹘人继承了部族名称Otuz Tatar（三十姓达靼）。关于与此相关的回鹘特斯碑东面第2—4行，笔者在大泽孝解读基础上进行了释读。关于其中的东面第3行，大泽孝正确读出了otuz ta‍tar（三十姓达靼），功不可没。笔者则将相关部分读作otuz ta‍tar ilintä a‍lu：ut‍ïtdï "在三

---

① ［日］佐藤長：《古代チベット史研究》上册，（京都）東洋史研究会1958年版，第157—158、191、195页。
② 白玉冬：《鄂尔浑突厥鲁尼文碑铭的čülgl（čülgil）》，第83—92页。
③ 《旧唐书》，第5177页。
④ ［日］小野川秀美：《突厥碑文譯註》，第310页；T. Tekin, A Grammar of Orkhon Turkic, pp. 237, 272；耿世民：《古代突厥文碑铭研究》，第135页。

第一章　8世纪时期的九姓达靼

十姓［达］靼的土地［上］，他（真可汗）捕获住并［击灭了］"。① 并以此为基础，对特金关于特斯碑东面第2—4行内容的解释意见——该处叙述的是回鹘的真假可汗间发生战斗之后磨延啜方才继位之事——表示赞同，进而将上述在三十姓达靼之地被捕获的人物视作希内乌苏碑东面第1—7行记录的九姓达靼与八姓乌古斯叛军首领 Tay Bilgä Totoq（即汉籍记录的拔野古部大毗伽都督）。② 最后，以希内乌苏碑关于镇压叛军的内容中并未出现三十姓达靼，而是九姓达靼为由，指出九姓达靼原本包含于三十姓达靼之内。

以上，关于突厥鲁尼文碑文记录的部族集团名称三十姓达靼的存续时期，笔者就其属于后突厥汗国至回鹘汗国时期进行了考述。反观三十姓达靼——室韦的部落数量，最古的《魏书》卷100《室韦传》未做记录。之后的《隋书·室韦传》介绍完第一小节列举的五个集团后，又言南室韦分25部，北室韦有9部落等，至少能确认到37部。③《通典》卷200《室韦传》延续《隋书·室韦传》后，列举了朝贡唐朝的九部中的八部名称。④ 与此相对，与三十姓达靼之名称的存续时期——后突厥汗国至回鹘汗国——相对应的唐代，包括在大兴安岭以西地区活动的部落在内，室韦的部落数在《旧唐书·室韦传》《新唐书·室韦传》中记录有18—19个。⑤ 按此数目，与同时期的突厥鲁尼文碑文中的三十姓达靼之数目——30——差距过大。不过，在此18—19个之上，若加上前面介绍的室韦 B（Khe-rged 族）与俞折（Ye-dre 七族）的部族数八，则总体数目将达到26—27个。笔者以为，上述26—27个室韦部落数，可认为即是同时期三十姓达靼之30。笔者的最终意见是，根据对汉籍文献记录的8世纪中叶蒙古高原北部室韦部落的居地情况之考察，我们也可以获得同样结论：九姓达靼是三十姓达靼——室韦的一部分。

---

① 白玉冬:《東ウイグル可汗国時代の九姓タタル》，第193—197页。
② 特金观点见 T. Tekin, "Nine Notes on the Tes Inscription", *AOH*, Vol. 42, No. 1, 1988, pp. 115-116。
③ 《隋书》，第1882—1883页。
④ 《通典》，第1083—1084页。
⑤ 《旧唐书·室韦传》（第5357—5358页）记作19,《新唐书·室韦传》（第6176—6177页）记作18。《新唐书》卷220《流鬼传》（第6210页）把达姤视作室韦之种。

· 37 ·

第二节　回鹘碑文所见8世纪中期的九姓达靼[①]

关于九姓达靼早期历史的最为详尽的史料，当属漠北回鹘汗国第二代可汗磨延啜，即葛勒可汗记功碑希内乌苏碑（建于759年或稍后）与塔利亚特碑（建于752年）。[②] 上述二碑记录的勃兴初期回鹘的政治与军事活动，对了解8—9世纪时期的九姓达靼居地及其与回鹘之关系，至关重要。

一　勃兴初期回鹘的活动

关于回鹘原居地，汉籍言在薛延陀（628—646年的薛延陀汗国）北，娑陵水（今色楞格河）侧，[③] 通常被认为是在色楞格河上中游流域；[④] 唐朝羁縻统治时期，牙帐很可能在鄂尔浑河与图勒河交汇处。[⑤] 后突厥汗国末期，作为突厥属部的拔悉密、回鹘、葛逻禄三部合力对抗突厥。天宝三年（744），他们杀掉突厥乌苏米施可汗。同年，回鹘与葛逻禄联手击破拔悉密，回鹘首领骨力裴罗被唐封为怀仁可汗（744—747年在位）。汉籍史料云此时

[①] 详见白玉冬《回鹘碑文所见八世纪中期的九姓达靼（Toquz Tatar）》，第151—165页。
[②] 除本书所引史料之外，毗伽可汗碑东面第34行、希内乌苏碑西面第8行、塔利亚特碑南面第4行、特斯碑（建于回鹘时代的750年）东面第3行也记录了Tatar。其中，毗伽可汗碑记述突厥与乌纥和九姓达靼联军在aγu地方作战，但其位置难以确定。至于后三者，其后续碑文破损严重，无法复原，兹不引论。主要参见T. Tekin, *A Grammar of Orkhon Turkic*, pp. 244, 277; 耿世民《古代突厥文碑铭研究》，第162、204、214页；G. J. Ramstedt, "Zwei Uigurische Runeninn Schriften in der Nord-Mongolei", *Journal de la Société Finno-Ougrienne*, Vol. 30, No. 3, 1913, p. 37; [日]片山章雄《タリアト碑文》，第169、173页；[日]大澤孝《テス碑文》，第160、162页。
[③] 《旧唐书》卷195《回纥传》，第5195页；《新唐书》卷217《回鹘传上》，第6111页。
[④] 谭其骧主编：《中国历史地图集》第5册，第32—33页；[日]松田寿男、森鹿三主编：《アジア歴史地図》，（东京）平凡社1984年版，第97页。
[⑤] 陈恳：《漠北瀚海都督府时期的回纥牙帐——兼论漠北铁勒居地的演变》，《中国边疆史地研究》2016年第1期，第137—149页。

回鹘"南居突厥故地,徙牙乌德鞬山、昆河(今鄂尔浑河)之间"①。

相关突厥回鹘政权交替时期的汉文史料,更多关注的是统治集团的更迭,对勃兴初期回鹘的军事行动记录甚少。相反,回鹘人以突厥鲁尼文镌刻的建国史篇——希内乌苏碑、塔利亚特碑则详细记录了这一时期回鹘的军事活动。下面,笔者结合上述二碑研究成果,②将能够确认到的这一时期回鹘的具体活动归纳出来。文中( )内,"希"代表希内乌苏碑,"塔"代表塔利亚特碑。

1. 猪年(747),磨延啜被任命为叶护,骨力裴罗去世。③(希北11—12行、塔南4—5行)
2. 鼠年(748),磨延啜即位。④(希北12行、塔南5—6行)
3. 牛年(749)3—8月,磨延啜追击九姓达靼和八姓乌古斯叛军。(希东1—8行)
4. 牛年(749),平定完九姓达靼和八姓乌古斯叛乱后,在乌德鞬山北越冬。⑤(希东7行)
5. 虎年(750)2月14日,在剑河河畔击败Čik族。⑥(希东7—8行)
6. 虎年(750)2月,在乌德鞬山西端、特斯河源设置王座。同年夏在此度夏、建特斯碑。⑦(希东8行、塔西1行)

---

① 《新唐书》卷217《回鹘传上》,第6114页。
② 本书引用希内乌苏碑录文主要参见[日]森安孝夫等《シネウス碑文訳注》,第1—92页;白玉冬:《〈希内乌苏碑〉译注》,第77—122页。塔利亚特碑录文主要参见[日]片山章雄《タリアト碑文》,第168—171、171—174页。
③ 自兰斯铁1913年刊布希内乌苏碑碑文以来,该碑北面历来被认为由12行组成。其中第11行末尾至第12行开头部分中被任命为叶护的人物,被认为是Tay Bilgä Totoq "大毗伽都督"。但本书参照的最新录文,确定北面应为13行,被任命为叶护的人物,参照塔利亚特碑南面第4—5行内容,应为磨延啜本人。见白玉冬《〈希内乌苏碑〉译注》,第78—79、102页。
④ 相关研究见[日]片山章雄《シネ=ウス碑文における748年》,《迴紇タリアト・シネ=ウス両碑文(8世紀中葉)のテキスト復原と年代記載から見た北・東・中央アジア》,(平塚)东海大学文学部1994年版,第11—12页;白玉冬《〈希内乌苏碑〉译注》,第102页。
⑤ 年代参见G. J. Ramstedt, "Zwei Uigurische Runenin Schriften in der Nord-Mongolei", p. 21;白玉冬《〈希内乌苏碑〉译注》,第87页。
⑥ 同上。
⑦ 年代参见S. G. Klyashtorny, "The Terkhin Inscription", *AOH*, Vo. 36, No. 1-3, 1982, p. 346; T. Tekin, "The Tariat (Terkhin) Inscription", *AOH*, Vol. 37, No. 1-3, 1983, pp. 55-56。

7. 虎年（750）秋，从特斯河源的夏营地向东出征，问罪于达靼人。①（希东8行）

8. 龙年（752），在乌德鞬山度夏、建塔利亚特碑。②（希东9—10行、塔西2—3行）

9. 龙年（752）11月18日，渡过额尔齐斯河，击败三姓葛逻禄。③（希南1—2行）

10. 蛇年（753），在特斯河源度夏、给Čik族任命都督。④（希南2行）

11. 蛇年（753）11月之前，在鄂尔浑河和Balïqlïγ河合流处，营造汗廷。⑤（希南10行）

据上面给出的第3条内容，得知749年3—8月，磨延啜率军追击九姓达靼和八姓乌古斯叛军。虽然据第1、2条得知747年骨力裴罗去世、748年磨延啜继位，但749年出兵之前磨延啜身在何处，我们仍不得而知。而据第4—10条内容，我们了解到749年冬至753年夏，回鹘先后在乌德鞬山、剑河流域、特斯河源、乌德鞬山、额尔齐斯河流域、特斯河源活动。其中的特斯河源，据第3条介绍的希内乌苏碑内容，可视为乌德鞬山，即杭爱山之一部。而回鹘在剑河与额尔齐斯河流域的活动，是出征Čik族和葛逻禄。看来，749年冬至753年11月，回鹘大本营设在杭爱山，出征除外，其牙帐基本是在杭爱山内移动。另据第11条可知，753年11月之前，回鹘在鄂尔浑河畔建造都城。看来，753年以后，回鹘牙帐移至鄂尔浑河畔，大概无误。前面介绍的"（回鹘）南居突厥故地，徙牙乌德鞬山、昆河之间"，反映的应是753年之后的情况。

---

① 年代参见 G. J. Ramstedt, "Zwei Uigurische Runenin Schriften in der Nord-Mongolei", p. 22; 白玉冬《〈希内乌苏碑〉译注》，第87页。

② 年代参见 S. G. Klyashtorny, "The Terkhin Inscription", pp. 339-340; T. Tekin, "The Tariat (Terkhin) Inscription", p. 45。

③ 相关研究见［日］川崎浩孝《カルルク西遷年代考——シネウス・タリアト両碑文の再検討による——》，《内陸アジア言語の研究》第8辑，1993年，第105—107页; A. Kamalov, "The Moghon Shine Usu Inscription as the Earliest Uighur Historical Annals", CAJ, Vol. 47, No. 1, 2003, pp. 86-87。

④ 年代参见 A. Kamalov, "The Moghon Shine Usu Inscription as the Earliest Uighur Historical Annals", p. 80，相关研究见第86—88页。

⑤ 年代参见白玉冬《〈希内乌苏碑〉译注》，第91、111—112页。

另，希内乌苏碑还反映磨延啜在继位当年的鼠年，即748年，与大毗伽都督（Tay Bilgä Totoq）①间发生某一事情。②而大毗伽都督，正为在翌年牛年（749）初发动叛乱的九姓达靼和八姓乌古斯叛军之首领。考虑到上述二碑文并未反映回鹘在747—748年对外出征，则749年出征叛军之前，回鹘牙帐最大可能是在杭爱山内。至于747年以前回鹘的活动情况，碑文记录如下：

1. 在26岁（739）那年，磨延啜被突厥授予官职。③（希北4行、塔东5行）
2. 磨延啜集结九姓乌古斯人民，被父亲作为千夫长派往东方之后，在Käyrä地区活动。④（希北5—6行）
3. 磨延啜在Käyrä河源Üč Birkü地方，和父汗的军队会合，之后向突厥进军。⑤（希北7行）
4. 742年7月14日，渡过黑沙，在漠南攻击"三蘗突厥"。⑥（希北8行、塔东7行）

---

① 该人物被认为是九姓铁勒之一拔野古的"大毗伽都督"。见王静如《突厥文回纥英武威远毗伽可汗碑译释》，第14页；A. Kamalov, "The Moghon Shine Usu Inscription as the Earliest Uighur Historical Annals", pp. 84-85。
② 希内乌苏碑北面第12—13行。年代参见白玉冬《〈希内乌苏碑〉译注》，第102页。
③ 年代据［日］片山章雄《突厥第二可汗国末期的一考察》，《史朋》第17号，1984年，第27页。
④ 同上。
⑤ 同上。
⑥ 年代据［日］片山章雄《突厥第二可汗国末期的一考察》，第28—29页。关于此处Qara Qum"黑沙"的位置，岩佐精一郎虽专做讨论，但未能确定。不过，岩佐氏指出暾欲谷碑第一碑西面第7行的Qara Qum大致位于今呼和浩特以北的漠南地区。见［日］岩佐精一郎《突厥の復興に就いて》，载和田清编《岩佐精一郎遗稿》，第151—152页注55、第109—116页。泽格莱迪关于暾欲谷碑记录的Qara Qum的见解与岩佐氏相同。见K. Czeglédy, "Čoγay-quzï, Qara-qum, Kök-öng", AOH, Vol. 15, No. 1-3, pp. 58-60。片山章雄则认为出现于上述二碑的Qara Qum应为同地。见［日］片山章雄《突厥第二可汗国末期的一考察》，第36页注16。有关内蒙古达茂旗出土的突厥鲁尼文铭文的解读，反映达茂旗一带即后突厥汗国"黑沙南庭"所在地，见白玉冬、包文胜《内蒙古包头市突厥鲁尼文查干散包铭文考释——兼论后突厥汗国"黑沙南庭"之所在》，《西北民族研究》2012年第1期，第80—81页；［日］铃木宏节《内モンゴル自治区発见の突厥文字铭文と陰山山脉の遊牧中原》，《内陸アジア言語の研究》第28辑，2013年，第73—75页。

5. 猴年（744），在突厥故地，杀掉乌苏米施可汗。①（希北 9—10 行、塔南 1—2 行）

6. 狗年（746），三姓葛逻禄向西逃入十箭，即西突厥（阿尔泰山以西）之地。②（希北 10—11 行、塔南 3—4 行）

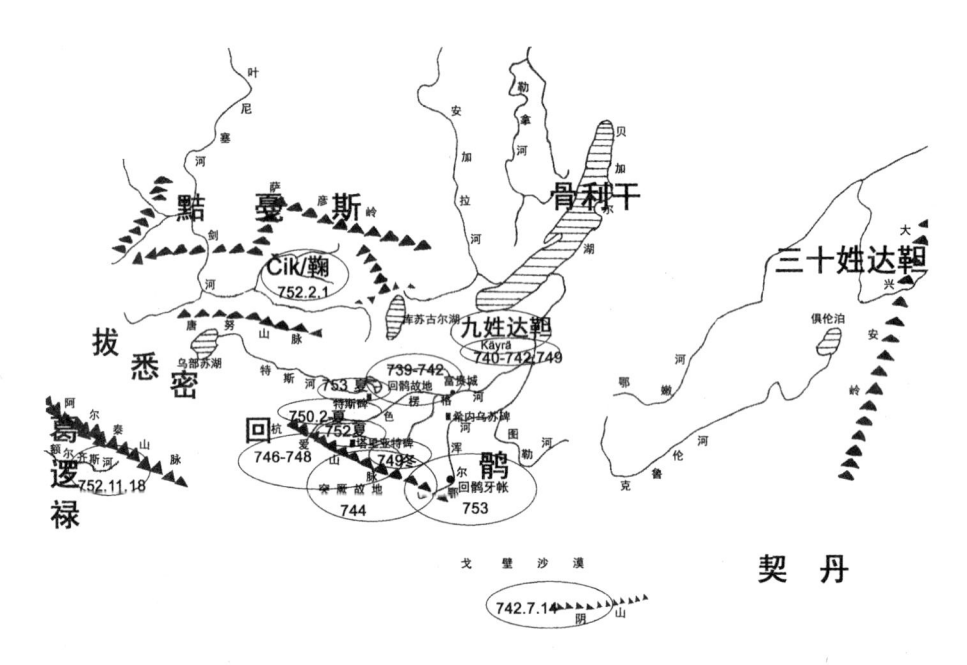

图 1—4　勃兴初期回鹘的活动

注：参照谭其骧主编《中国历史地图集》第 5 册，香港三联书店 1992 年版，第 75 页制作。

上面介绍的第 2、3 条内容所反映的年代，在碑文中并未直接记录。但在希内乌苏碑中，这些内容位于记录有 26 岁字样的北面第 4 行之后、年代不明的北面第 8 行之前。而北面第 8 行内容，与可比定为 742 年的塔利亚特碑东面第 7 行内容一致。③ 据此，上面第 2、3 条的年代，可视作 739—742 年。由此可推断，还未出征突厥的回鹘，当时应在色楞格河上中

---

① 年代及事件考定见 S. G. Klyashtorny, "The Terkhin Inscription", p. 348; T. Tekin, "The Tariat (Terkhin) Inscription", p. 45。
② 年代见 S. G. Klyashtorny, "The Terkhin Inscription", p. 349。
③ 见［日］片山章雄《突厥第二可汗国末期の一考察》，第 28—29 页。

游的原居地。另外，上面第4、5条反映，当时的回鹘是在突厥统治的中心地域——杭爱山和鄂尔浑河一带活动，第6条则透露回鹘牙帐当时是在杭爱山一带。综上，勃兴初期回鹘的活动时间和地点，可归纳如下（见图1—4）：

第一，约742年7月以前，牙帐在其原居地色楞格河上中游。
第二，约742年7月至753年，出征除外，牙帐设在杭爱山内。
第三，753年以后，牙帐移至新汗廷所在地鄂尔浑河流域。

据此，749年追击叛军的回鹘军队是从杭爱山出发的这一观点，可以成立。

二 回鹘碑文所见九姓达靼居地

希内乌苏碑东面第1—7行，详述回鹘军队在749年追击九姓达靼和八姓乌古斯叛军之经过。其中的八姓乌古斯，可能是指九姓铁勒之中回鹘除外的剩余八部，也有可能与后来的乃蛮部有关。因与本书主旨关系不大，此处对此不做深究，容另撰文讨论。

希内乌苏碑文中，东面第1行主要叙述回鹘军队于某月1日在Bükägük地方追赶上叛军并击败他们，第2行讲述磨延啜要求叛军归顺，但未能实现，第3行开头部分记录回鹘军队在4月9日（或29日），在Buryu地方再一次追赶上叛军并击败他们。兰斯铁（G. J. Ramstedt）建议，乌兰巴托西南的第一个驿站Bükük或可比定为第一个战斗地点Bükägük。① 考虑到回鹘军队是从杭爱山出击叛军，而第一次战斗就发生在与其至少相距约300公里的图勒河畔的乌兰巴托附近，似乎过于勉强。至于第二个战斗地点Buryu，则作为磨延啜的游牧地，与色楞格、鄂尔浑、图勒等河流名称并列出现于塔利亚特碑，② 惜具体位置难考。下面，笔者依据希内乌苏碑的最新换写和转写，给出东面第3—4行的部分转写和译文，再做讨论。③

---

① G. J. Ramstedt, "Zwei Uigurische Runenin Schriften in der Nord-Mongolei", p. 48。译文见王静如《突厥文回纥英武威远毗伽可汗碑译释》，第53页。
② 西面第4行。见［日］片山章雄《タリアト碑文》，第170页；译文见同书第173页。
③ ［日］森安孝夫等：《シネウス碑文訳注》，第12—13、35—36页；白玉冬：《〈希内乌苏碑〉译注》，第85—86页。

3 ……bešinč ay: udu kälti: säkiz oγuz①: toquz tatar: qalmatï: kälti: s äl aŋä: kedin: yïlun: qol: berdin: sïŋar: šïp bašïŋa: tägi: č ärig etdim:

……（749 年）5 月，他们跟来了。八姓乌古斯、九姓达靼一个不剩地来了。在色楞格河西、在 Yïlun Qol 南，直到 Šïp 河源，我布置了军队。

4 kärgün: saqïšïn: šïp bašïn: körä: kälti: ayγučï: säläŋäkä: tägi: čärigilädi: bešinč ay: toquz otuzqa: süŋüšdim: anta: sančdïm: säläŋäkä: sïqa: sančdïm: yazï qïltïm: üküši: säläŋä: qodï: bardï: bän: säläŋä: käčä: udu: yorïdïm: ……

他们（敌人）侦察着 Kärgün（地方）的 Saqïš 之地和 Šïp 河源而来。（我的）顾问官直到色楞格河布置好军队。（749 年）5 月 29 日，我战斗了。在那里，我获胜了。我（将敌人）逼迫到色楞格河战胜了，我平定了（敌人）。他们的多数沿着色楞格河而下。我渡过色楞格河，追踪进军。……

色楞格河除外，上文中还出现几处生疏的地名。关于其中的 Yïlun Qol 的 Qol，兰斯铁指出可比定为蒙古语的 γool "河"，并提到克鲁伦河流域有一泉水名为 Dzilun 河。② 按碑文内容，Yïlun Qol 与 Šïp 河源应在色楞格河流域，看来远在其东南的克鲁伦河流域的 Dzilun 河很难与 Yïlun Qol 联系起来。同理，第 4 行的 Kärgün 与 Saqïšïn，虽具体位置难以确定，但看得出它们大体也应在色楞格河一带。

上文第 4 行提到敌人 üküši: säläŋä: qodï: bardï（他们的多数沿着色楞格河而下）。前田直典将该文解释作"他们的多数逃到了色楞格河下

---

① 前田直典推测 Säkiz Oγuz "八姓乌古斯"相当于 13 世纪乃蛮部的前身，泽格莱迪、卡玛洛夫认为应是九姓乌纥中去掉回鹘之后的八部族。见［日］前田直典《十世纪时代の九族達靼》，第 249 页；K. Czeglédy, "On the Numerical Composition of the Ancient Turkish Tribal Confederations", *AOH*, Vol. 25, 1972, pp. 278–279; A. Kamalov, "The Moghon Shine Usu Inscription as the Earliest Uighur Historical Annals", p. 82.

② 见 G. J. Ramstedt, "Zwei Uigurische Runenin Schriften in der Nord-Mongolei", p. 50; 译文见王静如《突厥文回纥英武威远毗伽可汗碑译释》，第 53 页。

游",并以此作为九姓达靼居地在色楞格河下游以东的根据。① 不过,笔者以为,仅仅根据该文我们尚不能肯定九姓达靼的居地是在色楞格河下游以东。另外,上文末尾言回鹘军队渡河追击叛军。张久和认为回鹘军队先是在色楞格河下游西岸和贝加尔湖之间围堵叛军,之后再渡河追击叛军。② 但如笔者前文所示,追击叛军的回鹘军队是从杭爱山出发的,而该山是色楞格河源头所在地。从杭爱山出发并追击叛军的回鹘军队在战斗中只渡过一次的色楞格河,与其比定为该河下游入湖口附近,毋宁视作该河上中游。笔者的看法是,我们在探讨九姓达靼的居地时,应该以渡河之后的战斗地点的考释为重点。

关于渡河之后的战斗,碑文也有详细记录。其中,关于对九姓达靼取得决定性胜利的最后一战,碑文东面第6—7行言:③

6　yälmä：äri：kälti：yaγï：*kä*lir：tedi：yaγïn：bašï：yorïyu：kälti：säkizinč **ay**：eki yaŋïqa：čïγïltïr：költä（or．ačïγ altïr költä）：qašuy：käzü：süŋüšdim：anta：sančdïm：anta：udu：yorïdïm：ol ay：beš yegirmikä：käyrä：bašï：üč birküdä：tatar：birlä：qatï：toqïdïm：sïŋarï：bodun

探子回来了。他说:"敌人将至。"敌人首领兵丁一同进军而来。8 [月] 2 日,自 Čïγïltür 湖(或:Ačïγ Altïr Köl "盐碱地带的延伊伽湖畔"),沿着 Qašuy(河)前进,我战斗了。在那里,我获胜了。从那里,我追踪进军。该月 15 日,在 Käyrä 河源的 Üč Birkü(地方),我和达靼族混(战),我打败了(他们)。他们(即达靼)的一半百姓……

7　ičikdi：sïŋarï：*b*odun *kög***m**än *y*ïšqa：kirti：……

服属(于我),他们(即达靼)的一半百姓逃入曲漫山林(即东萨彦岭)里了。……

---

① [日] 前田直典：《十世纪时代の九族達靼》,第 244—245 页。另,耿世民、张久和二位也认为该处的 Säläŋä 当指色楞格河下游。见耿世民《古代突厥文碑铭研究》,第 197 页;张久和《原蒙古人的历史》,第 142 页。
② 张久和：《原蒙古人的历史》,第 142 页。
③ [日] 森安孝夫等：《シネウス碑文訳注》,第 13—14、36 页;白玉冬：《〈希内乌苏碑〉译注》,第 86—87 页。

上引第 6 行中的湖名 Čïγïltür，换写为 čï G lt R。诚如兰斯铁所言，如将 čï G 读作 ačïγ，视作形容词"苦、咸"，那 lt R 可读作 altür。① 除此之外，理论上而言，lt R 也可读作 iltür。而第 6 行又言逃避回鹘军队追击的九姓达靼，之后在 Qašuy、Käyrä 河源的 Üč Birkü 地方与回鹘军队进行了战斗。就回鹘军队此前已经渡过色楞格河而言，地名 Qašuy 应在色楞格河以北。兰斯铁断定，Qašuy 为自南向北注入色楞格河的哈绥（Hanui）河。② 不过，作为磨延啜可汗夏营地之东端，哈绥河在塔利亚特碑写作 Qanyuy。③ 相反，笔者注意到，唐贞元年间（785—805 年）宰相贾耽编《皇华四达记》记录回鹘国内有水，名延陁伽水。此处的"伽水"之音值，与上述 Qašuy 相符。如是，前面介绍的湖名 Altür 有可能为延陁伽水的"延陁"之原音，极可能为今蒙古北部的库苏古尔湖。④

至于最后的战斗地点 Üč Birkü，意思为三个 Birkü，还出现于前文归纳的 749 年之前的回鹘的活动之中。相关内容讲述磨延啜作为千人队长，被派往 öŋrä（东方或前线），最后在该地与其父汗的军队会师，然后出征突厥。öŋrä 一词，若按"东方"解释，则 Üč Birkü 应在回鹘的原居地色楞格河上中游以东。若按"前线"解释，则 Üč Birkü 应在回鹘与突厥的作战前线——突厥故地杭爱山及鄂尔浑河流域一带。考虑到回鹘军队自南向北追击九姓达靼并已渡过色楞格河，他们不太可能向南折回。兰斯铁推定的三个 Birkü——色楞格河东南、乌兰巴托西北的 Birke 河、鄂嫩河一带的 Ar Birke，Üwür Birke⑤——虽然在音值上有所相近，但地理位置不符。

另外，上引第 6—7 行介绍战败的九姓达靼一半投降，一半逃往 kögmän yïš（曲漫山林），即东萨彦岭。关于达靼的逃亡之地，兰斯铁在注释中作"向契丹？"，推定为 qïtañqa，泽格莱迪（K. Czeglédy）则认为该处应复原作 qarluqqa（向葛逻禄），卡玛洛夫（A. Kamalov）支持上述泽格莱

---

① G. J. Ramstedt, "Zwei Uigurische Runenin Schriften in der Nord-Mongolei", p. 52.
② G. J. Ramstedt, "Zwei Uigurische Runenin Schriften in der Nord-Mongolei", p. 52；译文见王静如《突厥文回纥英武威远毗伽可汗碑译释》，第 54 页。
③ 西面第 5 行，参见［日］片山章雄《タリアト碑文》，第 170、173 页。
④ 白玉冬：《回鹘碑文所见八世纪中期的九姓达靼（Toquz Tatar）》，第 157—161 页。
⑤ G. J. Ramstedt, "Zwei Uigurische Runenin Schriften in der Nord-Mongolei", pp. 45-46；译文见王静如《突厥文回纥英武威远毗伽可汗碑译释》，第 52—53 页。

迪意见。① 按泽格莱迪上述复原的理由是，波斯学者葛尔迪吉（Gardīzī）1050 年前后著《记述的装饰》（*Zainu' l-Axbār*）记录的逃入阿尔泰山以西葛逻禄部族境内的 Yaɣma（药摩）部属于在 Üč Birkü 地方战败的八姓乌古斯。显然，泽格莱迪的看法置战败者为九姓达靼这一史实于不顾，多有臆测，难以服众。关于读作 *kögmän yïš* 的原委，笔者已专做介绍，兹不复赘。② 总之，战败的九姓达靼部众逃往东萨彦岭，表明他们当时的居地应与此方位不远。而希内乌苏碑东面第 7、第 8 行内容，则使九姓达靼的居地更倾向于明朗化：③

  7 ……bars: yïlqa: čik tapa: yorïdïm: *ek*inti ay: tört: yegirmikä: kämdä:

  ……在虎年（750），我向 Čik 族进军。2 月 14 日，在剑河（河畔）……

  8 toqïdïm: ol ay/////*öt***ükän**: *ked*in: učinta: tez: bašïnta qasar qurïdïn örgin anta: etitdim: čït anta: toqïtdïm: yay anta: yayladïm: yaqa: anta: yaqaladïm: bälgümin: bitigimin anta: yaratïtdïm: ančïp: ol yïl: küzin: ilgärü: yorïdïm: tatarïɣ: ayïtdïm……

  我击败了（他们）。在那月**，在乌[德鞬]（山）西端，[在]特斯河源，[在] Qasar 之西，我令人在那里设置了王位。我令人在那里打立了围栅。我在那里过了夏。我在那里划定了边界。我令人在那里制作了我的印记和碑文。之后那年（即虎年，750 年）秋天，我向东进军。我问罪于达靼（人）。……

上文第 8 行末尾，提到 750 年秋天，磨延啜向东进军，问罪于达靼人。若考虑到前文介绍的同时期回鹘的活动范围，以及回鹘是从杭爱山脉西北

---

① G. J. Ramstedt, "Zwei Uigurische Runenin Schriften in der Nord-Mongolei", p. 52; K. Czeglédy, "Gardizi on the History of Central Asia (746 – 780 A.D.)", *AOH*, Vol. 27, 1973, p. 265; A. Kamalov, "The Moghon Shine Usu Inscription as the Earliest Uighur Historical Annals", pp. 85 – 86.

② 白玉冬：《〈希内乌苏碑〉译注》，第 105 页。

③ ［日］森安孝夫等：《シネウス碑文訳注》，第 14、36 页；白玉冬：《〈希内乌苏碑〉译注》，第 87 页。

部的特斯河源向东进军问罪于达靼人，则此达靼应为背叛回鹘的九姓达靼，其居地应在特斯河源以东地区。有意见认为上述达靼之地位于呼伦湖以及黑龙江上游一带①、色楞格河下游以东，②或是在图勒河与色楞格河一带。③不过，上述三种意见之中，第一种意见与第二种意见所言位置远在蒙古高原东端以外，明显与碑文反映的同时期回鹘的活动范围不符，第三种意见则忽略了图勒河至色楞格河一带隋唐时期主要为铁勒诸部居地之史实。

综上，749年遭到回鹘军队追击的九姓达靼的败退路线反映，当时的九姓达靼居地应在色楞格河中游以北。这一结果，与本章第一节得出的结论——8世纪中期室韦部落业已出现在蒙古高原北部色楞格河中游以及库苏古尔湖与贝加尔湖之间地带——殊途同归。

三　九姓达靼与回鹘之关系

诚如王国维所言，唐贞元年间宰相贾耽著《入四夷之路与关戍走集·中受降城入回鹘道》记录有回鹘牙帐东南数百里之地名"达旦泊"，据此可知当时回鹘国内已有达靼人居住。④刘迎胜注意到，《史集》谈到扎剌亦儿人曾照看回鹘可汗的骆驼，指出这可与980年经由九姓达靼之地出使高昌回鹘的宋使王延德所记"达靼旧为回鹘牧牛"一文相互佐证，证明回鹘国内当时存在一部分处于被统治地位的蒙古语族部落。⑤

除上述二位所指出的以外，武内绍人著《敦煌西域出土的古藏文契约文书》所收第30号文书，即敦煌出土P.2125藏文契约文书也反映达靼（九姓达靼）与回鹘之间的关系。该文书是猴年关于大麦借贷的契约文书，其写作年代在828年前后。⑥作为借贷者，该文书第7—8行出现人名Khe

---

① 张久和：《原蒙古人的历史》，第145页。
② [日] 前田直典：《十世纪时代の九族達靼》，第245、261页；张久和：《原蒙古人的历史》，第144页。
③ 陈得芝：《十三世纪以前的克烈王国》，第214页。
④ 王国维：《鞑靼考》，第252页。
⑤ 刘迎胜：《蒙古征服前操蒙古语部落的西迁运动》，《欧亚学刊》第1辑，1999年，第30—31页；刘迎胜：《西北民族史与察合台汗国史研究》，中国国际广播出版社2012年版，第9页。
⑥ T. Takeuchi, *Old Tibetan Contracts from Central Asia*, Tokyo: Daizo Shuppan, 1995, pp. 242 - 246。关于年代考释见第12、17、19页。

Rgad lha Chung。武内绍人指出，Khe Rgad 即出现于前一节介绍的 P. t. 1283 文书的回鹘东北的蒙古语族达靼部族名 Khe-rged，lha Chung 是该借贷者的藏文名称。① 该文书中的借贷人员名称，除完整的藏文名、汉文名之外，还出现藏汉混合名，以及 Asnas Mdo Legs（阿史那 Mdo Legs）、② Da Myi Yul Byin（多弥 Yul Byin）、Dur Gu Khrom Skyes（突厥 Khrom Skyes）等部族名称后续藏文人名的情况。武内绍人关于 Khe Rgad 的解释，无疑是正确的。如是，Khe Rgad 即笔者推定出来的九姓达靼之部族，亦即克烈。考虑到该文书年代在 828 年前后，此处的 Khe Rgad 最初可能生活在回鹘汗国境内，后因战争或交易等原因移入河西。总之，虽然该文书出自敦煌，且笔者关注的 Khe Rgad lha Chung 生活在河西地区，但该文书依然从侧面反映回鹘汗国内部曾有过达靼人。或许，该达靼人就是出自前面介绍的战败后没入回鹘国内的达靼人。

前一节介绍的后突厥汗国毗伽可汗碑东面第33—34行中，当突厥在715年征讨乌古斯（九姓乌古斯）部落时，乌古斯部落是和九姓达靼联合在一起的。这反映了当时的九姓达靼与乌古斯部落关系密切。而回鹘正是九姓乌古斯的核心部落之一。在希内乌苏碑中，关于回鹘镇压九姓达靼和八姓乌古斯叛乱经过的描述非常详细，共计7行。这一行数，与记录推翻突厥统治，以及击破葛逻禄、拔悉密的行数相差无几，占碑文整体（正文45行，附属文4行）的比例不可轻视。这表明对继承父业的磨延啜而言，镇压叛乱是何等重要，同时也反映了九姓达靼当时为漠北一大势力。据希内乌苏碑东面第5行，磨延啜在镇压九姓达靼叛乱时，呼吁他们："重新臣属于我吧！""像以前一样为我奉献劳力吧！"由此可知，九姓达靼最初

---

① T. Takeuchi, *Old Tibetan Contracts from Central Asia*, pp. 243, 246.
② 关于 asnas mdo legs 的 a snas，武内绍人指出是部族名称，但未能确定具体名称。突厥王族 ašïnas（阿史那）之名，除出现在粟特文布谷特碑、九姓回鹘可汗碑粟特文面外，还出现在蒙古国浩勒·阿斯噶特（Хөл Асгат）碑铭中。笔者推测 asnas 应为 ašïnas（阿史那）。相关浩勒·阿斯噶特碑铭中 ašïnas（阿史那）的介绍，见［日］大泽孝《ホル·アスガト（Хөл Асгат）碑銘再考》，《内陸アジア言語の研究》第25辑，2010年，第22—23页（第1碑 E1行），第24页（第1碑 W1行），第26、27—28页（第2碑 W4 行、E1 行），译文见第29—32页，相关阿史那名称的考释见第50—56页。粟特文布谷特碑参见［日］吉田豊、森安孝夫《ブグド碑文》，载［日］森安孝夫、［蒙古国］奥其尔编《モンゴル国現存遺跡·碑文調査研究報告》，第122—125页。九姓回鹘可汗碑粟特文面主要参见［日］森安孝夫、吉田豊《モンゴル国内突厥ウイグル時代遺跡·碑文調査報告》，《内陸アジア言語の研究》第13辑，1998年，第155页。

为回鹘的属下。九姓达靼与回鹘间的这种臣属关系，恐怕是后突厥汗国时期九姓达靼与乌古斯间友好关系的延续。另外，碑文在描述镇压完九姓达靼和八姓乌古斯叛乱之后的磨延啜可汗时，东面第7行言：①

  yaɣïda : bošuna : bošunïldïm : eki : oɣluma : yabɣu : šad : at bertim : tarduš : tölis : bodunqa : bertim :

  我（即磨延啜）自敌人解放了自己，我自由了。我给我的两个儿子叶护和设的称号，我（把他们作为最高统帅）赠予达头部和突利斯（突利施）部的百姓。

上引文中，磨延啜给其二子叶护 Yabɣu 和设 Šad 的称号。称号叶护 Yabɣu 和设 Šad，在后突厥汗国的完整的左右翼体制当中，分别相当于左翼 Tölis 突利斯和右翼 Tarduš 达头部的首领。② 不过，此处在回鹘汗国的左右翼体系当中，看来正相反。③ 众所周知，左右翼体制是北方游牧国家最重要的军事行政组织。据上引内容，虽然不敢断言回鹘汗国的左右翼体制是在这一时期完备的，但至少可以看得出磨延啜在镇压完九姓达靼和八姓乌古斯的叛乱之后，重新配置了左右翼体制。其二子被授予左右翼首领，反映回鹘政权权力开始走向集中，开始走向药逻葛氏家族所有物。总之，可以想象得出，战败的九姓达靼之后至少一部分理应成为回鹘的隶属民。不过，我们在建造时间略早于希内乌苏碑的塔利亚特碑中，丝毫不见九姓达靼的叛乱。相反，塔利亚特碑北面第4行言：④

---

① ［日］森安孝夫等：《シネウス碑文訳注》，第14、36页；白玉冬：《〈希内乌苏碑〉译注》，第87页。
② 相关考证，主要参见［日］護雅夫《突厥の国家——〈オルホン碑文〉を中心に——》，《古代史講座》第4册，（东京）学生社1962年版，修订稿《突厥の国家構造》，收入氏著《古代トルコ民族史研究》第1册，第37—39页；M. Dobrovits, "The Tölis and Tarduš in Turkic Inscriptions", in S. Grivelet, R. Meserve, A. Birtalan, and G. Stary, eds. *The Black Master*, *Essays on Central Eurasia in Honor of György Kara on His 70th Birthday*, Wiesbaden: Harrassowitz, 2005, p. 32.
③ ［日］森安孝夫等：《シネウス碑文訳注》，第60—61页；白玉冬：《〈希内乌苏碑〉译注》，第105—106页。
④ 主要参见 М. Шинэхуу, *Тариатын Орхон бичгийн шинэ дурсгал*, Улаан-баатар: Шинжлэх Ухааны Академийн Хэвлэл, 1975, pp. 32 - 33; S. G. Klyashtorny, "The Terkhin Inscription", pp. 341 - 343; T. Tekin, "The Tariat (Terkhin) Inscription", pp. 46 - 48;［日］片山章雄《タリアト碑文》，第168—171页。录文据笔者对大阪大学所藏拓片的释读，与前人不同之处，兹不一一说明。

第一章 8世纪时期的九姓达靼

4 täŋrim: qanïm oγlï bilgä tölis uluγ bilgä: čad: qutluγ yaγlaqar qan atï (?) luq är: buyuruq: taγ totoqï čabïš säŋün: bodunï: toquz bayïrqu: Q ⋈ (Q R?) basmïl:① toquz tatar: bunča: bodun: čad: bodunï:

我天汗（即磨延啜可汗）之子是毗伽突利斯羽禄毗伽察，是神圣的药逻葛汗之孙（?）。大臣的大都督是车鼻施将军。九姓拔也古、Q ⋈（Q R）、拔悉密、九姓达靼的百姓，这些百姓是察（设，čad）的人民。

据上引史料，得知九姓达靼隶属于回鹘的 Čad（察）。在回鹘的突厥鲁尼文碑文之中，存在č与š的混用现象，上文的 Čad（察）被认为相当于突厥碑文和上引希内乌苏碑东面第7行的 Šad（设）。② 此处，Čad（察）在回鹘汗国的左右翼体系当中充当的是左翼 Tölis 突利斯部首领。③

值得一提的是，上引史料中出现的 Čabïš（车鼻施）称号，据吉田丰之说源自嚈哒，经由粟特语传入突厥语中。④ 同时期汉籍史料记录，回鹘曾派将军车鼻施吐拨裴罗帮助镇压安史之乱。近年西安出土的汉文、突厥鲁尼文双语回鹘葛啜王子墓志中，突厥鲁尼文志文记录葛啜王子（Qarï Čor Tegin）是 Čabïš Tegin Oγlï（车鼻施特勤之子），⑤ 汉文志文言"我国家讨

---

① 关于 toquz bayïrqu：Q ⋈（Q R?）basmïl，克里亚施托尔内等解释为描写战争内容。特金对此进行修正，并释读出 basmïl "拔悉密"。见 T. Tekin, "The Tariat (Terkhin) Inscription", p. 60。关于其中的不明文字 ⋈，学术界意见不一，有待考证。
② T. Tekin, "The Tariat (Terkhin) Inscription", p. 59; S. G. Klyashtorny, "The Tes Inscription of the Uighur Bögü Qaghan", *AOH*, Vol. 39, No. 1, 1985, pp. 152, 154.
③ [日] 森安孝夫等：《シネウス碑文訳注》，第60—61页；白玉冬：《〈希内乌苏碑〉译注》，第105—106页。
④ Y. Yoshida, "Some Reflections about the Origin of Čamūk", pp. 130-132.
⑤ 第4—5行。主要参见白玉冬《回鹘王子葛啜墓志鲁尼文志文再释读》，《蒙古史研究》第11辑，2013年，第47页；成吉思《〈葛啜墓志〉突厥文铭文的解读》，《唐研究》第19卷，2013年，第443页；芮跋辞、吴国圣《西安新发现唐代葛啜王子古突厥鲁尼文墓志之解读研究》，《唐研究》第19卷，2013年，第430—432页；张铁山《〈故回鹘葛啜王子墓志〉之突厥如尼文考释》，《西域研究》2013年第4期，第77页；林俊雄《2013年西安発見迴鶻王子墓誌》，《創価大学人文論集》第26辑，2014年，第6页；[日] 森安孝夫《回鹘汗国葛啜王子墓志再解读及其历史意义》，白玉冬译，《唐研究》第21辑，2015年，第510页。

平逆臣禄山之乱也，王子父车毗尸特勤实统戎左右有功焉"①。该Čabïš Tegin（车鼻施特勤），即是回鹘磨延啜可汗之子，即上引塔利亚特碑文记录的车鼻施将军（Čabïš Säŋün），②亦即葛啜王子墓志汉文志文中的车毗尸特勤。

总之，在塔利亚特碑成立的752年前后，九姓达靼占据着回鹘左翼的一部。③虽然同属左翼的不明文字之处的转写或其比定仍存在问题，但Bayïrqu即九姓铁勒之一的拔野古、Basmïl为异姓突厥大部拔悉密，此点无疑。就与拔野古、拔悉密并列在一起而言，九姓达靼在回鹘的统治体系内，似乎属于相当重要的构成要素。

除此之外，包括笔者在内，以往研究者多认为塔利亚特碑北面第2行记录 toquz tatar 九姓达靼是回鹘天可汗，即磨延啜可汗的 atlïγï（骑士或功名之士）④。不过，笔者此前以日本学术振兴会外籍研究员身份在大阪大学进行合作研究时，与大阪大学师生共同查看东洋史研究室所藏塔利亚特碑拓片，发现该处 toquz（九）之后的文字并不清晰，不排除读作 totoq（都督）的可能。即便如此，九姓达靼依然可称得上是回鹘统治体系内一员。总之，塔利亚特碑相关九姓达靼的描述，与希内乌苏碑所反映的叛乱者身份不同。属于同一可汗且建立时间仅相隔7年左右的二碑中，九姓达靼身份迥异，原因何在？

希内乌苏碑按年月顺序记录了当时回鹘所处的情况。据川崎浩孝、卡玛洛夫二位整理，碑文东面第10行至南面第1行，记录了752年回鹘与葛逻禄、黠戛斯、Čik（鞠）三者之间的战争，南面第3—9行记录了753年

---

① 第5—6行。主要参见罗新《葛啜的家世》，《唐研究》第19卷，2013年，第448页；王小甫《则可汗与车毗尸特勤》，《唐研究》第19卷，2013年，第457—459页；[日]森安孝夫《回鹘汗国葛啜王子墓志再解读及其历史意义》，第505页。

② 白玉冬：《回鹘王子葛啜墓志鲁尼文志文再释读》，第50—51页；[日]森安孝夫：《回鹘汗国葛啜王子墓志再解读及其历史意义》，第514、522页。

③ 受護雅夫与M. Dobrovits的研究，以及其他一些学者影响，笔者此前以为九姓达靼属于回鹘汗国右翼之一部。见白玉冬《回鹘碑文所见八世纪中期的九姓达靼（Toquz Tatar）》，第163页。此处予以更正。

④ atlïγ，西内夫、特金解释为"骑士"。见M. Шинэхүү, *Тариатын Орхон бичгийн шинэ дурсгал*, p. 34；T. Tekin, "The Tariat (Terkhin) Inscription", p. 51。笔者则译为"功名之士"。见白玉冬《回鹘碑文所见八世纪中期的九姓达靼（Toquz Tatar）》，第164页。

击破欲内外夹击回鹘的拔悉密、葛逻禄,以及另一不明民族之战争。① 即,磨延啜政权当时正面临外敌的进攻和内部的分裂。克服上述内忧外患之后,回鹘才出兵助唐镇压安史之乱。希内乌苏碑西面第3—5行,讲述完回鹘出兵原委与战斗经过后,第5行末尾言:②

suγdaq tavγačqa: säläŋädä: bay balïq: yapïtï bertim:
我(即磨延啜本人)令(人)在色楞格河畔,为粟特人和唐人建造了富贵城。

该段内容年代属于757年,文字转写没有任何问题,只是在语法解释上有不同意见。③ 笔者以为,该处内容是炫耀回鹘出兵助唐镇压安史之乱的战果。即可认为,伴随着回鹘的远征,以及此前唐朝宁国公主和小宁国公主下嫁回鹘可汗,唐朝方面有大量粟特人、汉人流入蒙古高原。众所周知,安史之乱后,回鹘凭借镇压安史乱军之功,以绢马贸易之名,从唐朝获得大量丝织品,经由粟特人的贩卖而获取巨额利润,国势蒸蒸日上。看来,带来回鹘强盛的重要因素之一——回鹘政权与粟特人之间的互惠互利关系,已经在磨延啜执政的757年时打下坚实的基础。总之,在希内乌苏碑建成时的759年或稍后时期,回鹘国内政权稳定,对外则对唐朝保持着优势地位。这一形势,促使当时的回鹘国家进一步渲染磨延啜政权的合法性与稳定性。而塔利亚特碑建成时的752年,回鹘面临着内忧外患,需要安抚国内不同势力。故,不属于突厥语族的九姓达靼,虽然在不久前发动叛乱,但在塔利亚特碑中,回鹘仍然将他们作为抚慰的对象。可以说,塔利亚特碑和希内乌苏碑有关九姓达靼的史料,是从正反两方面记录九姓达靼与回鹘之关系,均较为真实。

自此之后,关于九姓达靼与回鹘之间的关系是如何发展下去的,中外史料并无明确记录。不过,中古波斯语 M1《摩尼教赞美诗集》(*Mahrnâmag*)

---

① 参见〔日〕川崎浩孝《カルルク西遷年代考》,第104页;A. Kamalov, "The Moghon Shine Usu Inscription as the Earliest Uighur Historical Annals", p. 86。
② 〔日〕森安孝夫等:《シネウス碑文訳注》,第20、41页;白玉冬:《〈希内乌苏碑〉译注》,第93页。
③ 相关考述详见〔日〕森安孝夫等《シネウス碑文訳注》,第78页词注W5;白玉冬《〈希内乌苏碑〉译注》,第115页词注西面5行。

是761—762年在焉耆的摩尼教寺院开始书写，后在回鹘汗国宝义可汗（808—821年在位）执政时期完成的。其跋文中，作为祈福的对象，可汗家族中出现人物名tt'r 'p' tgyn（Tatar Apa Tegin，达靼阿波特勤）。① 该文书所列祈福的对象，包括可汗家族、特勤，以及焉耆、高昌等地区的首脑人物。该Tatar Apa Tegin，就位序在可汗家族中而言，不应是出自在回鹘国内处于被统治地位的达靼部落，而应是回鹘国内掌管达靼部落事务的王族子弟。考虑到处于崩溃时期的840年前后，回鹘仍然在奚、契丹、② 室韦派有监使，③ 征收赋税，笔者推测遭到回鹘镇压的九姓达靼，之后至少在回鹘汗国鼎盛时期内隶属回鹘政权。如前一节所介绍，回鹘亡国后，843年有回鹘特勤可质力二部东北奔大室韦。依据笔者推定的回鹘时期九姓达靼的居地位置，该大室韦可视作位于回鹘牙帐东北方向的九姓达靼，具体当指克烈部。如是，特勤可质力可能原本就是回鹘国内统领达靼部落的首领，或为上述Tatar Apa Tegin（达靼阿波特勤）的后继者。

综上，8—9世纪时期九姓达靼与回鹘之关系，首先是服属与统治的关系；之后，经历了叛乱与征服的关系之后，重新回归服属与统治的关系。

小　结

唐贞元年间宰相贾耽著《入四夷之路与关戍走集》中，回鹘以北的鞠部落是突厥与回鹘鲁尼文碑文记录的剑河上游的Čik族，鞠之东的室韦部落俞折，应在回鹘可汗牙帐之北、贝加尔湖与蒙古北部库苏古尔湖之间。

---

① F. W. K. Müller, "Ein Doppelblatt aus einem Manichäischen Hymnenbuch (Mahrnâmag)", *APAW* 1912, pp. 9, 29；王媛媛：《中古波斯文〈摩尼教赞美诗集〉跋文译注》，《西域文史》第2辑，2007年，第132—133页。
② 李德裕《会昌一品集》卷2《幽州纪圣功碑铭并序奉敕撰》记录唐朝镇压840年后投奔唐朝的回鹘残部时云"先是奚、契丹皆有房使监护其国，责以岁遗，且为汉谍"。相关内容参见傅璇琮、周建国《李德裕文集校笺》，河北教育出版社2000年版，第12—13页；李德裕《幽州纪圣功碑铭并序》，《全唐文》卷711，中华书局影印本1983年版，第7300页。
③ 李德裕《会昌一品集》卷14《请发镇州马军状》，言"昨室韦部落主欲将羊马金帛赎妻儿，仲武并不要，只令杀回鹘监使，即还妻儿"。相关内容参见傅璇琮、周建国《李德裕文集校笺》，第260页；《全唐文》卷705，第7239页。

第一章　8世纪时期的九姓达靼

而另一个室韦部落（室韦B）则位于回鹘牙帐东北方，色楞格河北200里处。上述俞折部落与室韦B，可勘同为记录8世纪中后期内亚民族分布情况的P. t. 1283文书中的Ye-dre七族与Khe-rged族。按其部族名称、所在地及其与回鹘之间的关系判断，可勘同为同时期回鹘汗国突厥鲁尼文碑文记录的九姓达靼。回鹘特斯碑与希内乌苏碑相关内容反映，九姓达靼包含于三十姓达靼之中。从蒙古高原北部室韦部落的分布情况得知的室韦与九姓达靼间的对应关系，正与三十姓达靼与九姓达靼间的包含关系相符。即，可以认为，唐代汉籍记录的由26—27个部落组成的室韦部落集团，即是突厥鲁尼文碑文记录的三十姓达靼，九姓达靼是其中的一部分。

另外，据勃兴初期回鹘的活动范围而言，749年追击九姓达靼和八姓乌古斯叛军的回鹘军队是从杭爱山出发的。回鹘军队的追击路线反映，九姓达靼是在色楞格河上中游自南向北渡河。碑文记录，战败的九姓达靼残众最终投奔的是东萨彦岭。这表明，九姓达靼原居地当离此不远。8世纪中期，九姓达靼隶属回鹘左翼。8—9世纪时期，九姓达靼与回鹘之关系，首先是服属与统治的关系；之后，经历了叛乱与征服的关系之后，重新回到了服属与统治的关系。

以上考释，折射出这样一个信息：在突厥语族部落占据蒙古高原的8世纪中期，蒙古语族室韦部落业已移居至蒙古高原北部色楞格河中游及其以北的贝加尔湖与库苏古尔湖之间。回鹘汗国时期，回鹘国内存在处于被统治地位的达靼部落。在突厥语族部落占据蒙古高原时期，突厥语族部落与蒙古语族部落之间的交界线，长期以来被认为是在蒙古高原东部；据本章结论而言，此说值得怀疑，笔者的看法是，上述二者的交界线更为靠西。另，学术界主流意见认为840年回鹘汗国崩溃、回鹘人大举西迁，经历黠戛斯的短暂统治后，10世纪初九姓达靼占据了蒙古高原核心地区。本章得出的结论为上述学术界主流观点提供了最合理的诠释。笔者的见解是，在蒙古语族部落中，唯有九姓达靼在8世纪中期已经在蒙古高原北部色楞格河中游地区活动，因地理位置毗邻，他们约在9世纪后半段最先开始了向蒙古高原核心地区的移居。

第二章 10—11世纪的九姓达靼游牧王国

　　北方草原游牧政权与内地农耕政权的对峙与包容，推动着中华民族历史车轮的向前发展。概言之，匈奴与秦汉，鲜卑柔然与魏晋南北朝，突厥回鹘与隋唐，辽金元与五代宋，蒙古与明清，均属此例。北方民族的南下乃至入主中原，往往对内地农耕政权传统带来不小的震撼，但同时又促使其以另外一种新的姿态得到延续。相比而言，漠北游牧国家的崩溃以及由此引发的政权主体民族的西迁——最典型的是匈奴族与回鹘族的西迁，注定带来一种必然结果。即，漠北草原间或出现短暂的权力真空，继而是另一游牧民集团创建的政权取而代之。匈奴族西迁之后，鲜卑是否入住漠北，一统草原部众，尚需缜密论证。笔者在此讨论的是，回鹘族西迁之后，至大蒙古国出现为止，漠北游牧国家的政权传统是否曾经间断的问题。

　　这一时期的漠北草原历史，总体而言，是蒙古语族部族代替突厥语族部族成长壮大的过程。成功挑战回鹘霸权的黠戛斯，至迟在10世纪初已退回其本土叶尼塞河上游。这应与黠戛斯之后占据漠北草原中心地域——杭爱山、鄂尔浑河和图勒河流域的九姓达靼的势力壮大有关。最早研究九姓达靼历史的专文，当属前田直典《10世纪时代的九族达靼》。[①] 这篇论文的超人之处在于，精辟考证出10世纪九族（姓）达靼居地位于漠北中心地域，他们构成了辽代阻卜诸部的核心部分。而作为系统研究克烈部历史的代表作，陈得芝则引经据典，论证了克烈部族属蒙古语族，勘同于前田直典考证的辽代占据漠北中心地域的阻卜—达靼部落（九姓达靼），并

---

① ［日］前田直典：《十世紀時代の九族達靼》，第235—242页。

翔实考证了 11 世纪末至 13 世纪克烈部的强盛及其统治地域的扩大过程。① 就其论文题目及第五小节"王汗统治时期的克烈王国"而言，陈得芝实际上认为 12—13 世纪的克烈部，更是一个王国。

本章将在上述前辈学者研究基础上，就 10—11 世纪时期的九姓达靼的居地与社会发展问题，给出笔者的见解。

第一节 关于王延德《西州程记》记录的九族（姓）达靼

一 《西州程记》的历史学价值

《西州程记》又名《使高昌记》，是出使高昌回鹘（西州回鹘）的宋使王延德上给宋廷的行程记录。史载太平兴国六年（981）三月，"丁巳，高昌国王阿厮兰汗始自称西州外甥狮子王，遣都督麦索温来贡方物"，五月"甲寅，遣供奉官王延德、殿前承旨白尚勋使高昌"。② 王延德在高昌回鹘停留一年左右后，按原路于雍熙元年（984）四月返回。《西州程记》对高昌回鹘的政治、军事、经济、宗教、社会等进行了颇为详细的记录，是汉籍关于西州回鹘历史的根本史料。它与敦煌出土 S.6551《佛说阿弥陀讲经文》、③ 中国文化遗产研究院藏 xj 222—0661.9 元代回鹘文书，④ 共同构成早期高昌回鹘历史研究的三大支点。

据《西州程记》，王延德一行从夏州（今陕北横山县西北）出发，北

---

① 陈得芝：《十三世纪以前的克烈王国》，第 201—232 页。
② 《续资治通鉴长编》卷 22 太宗太平兴国六年条，中华书局 1980 年版，第 490、492 页。
③ 相关研究见张广达、荣新江《有关西州回鹘的一篇敦煌汉文文献——S.6551 讲经文的历史学研究》，《北京大学学报》（哲学社会科学版）1989 年第 2 期，收入张广达《西域史地丛稿初编》，上海古籍出版社 1995 年版；另收入张广达《文书典籍与西域史地》，广西师范大学出版社 2008 年版，第 153—176 页。
④ 相关研究见 Zhang Tieshan and Peter Zieme, "A Memorandum about the King of the On Uygur and His Realm", AOH, Vol. 64, No. 2, 2011, pp. 129-159；白玉冬《有关高昌回鹘的一篇回鹘文文献——xj222—0661.9 文书的历史学考释》，《中国边疆史地研究》2014 年第 3 期，第 134—146 页。

上穿越沙漠，渡过黄河，并途经九族（姓）达靼之地后抵达西州回鹘。早年的丁谦、王国维、箭内亘、小野川秀美等，主张王延德北渡黄河后，沿戈壁沙漠南缘西北行，经由河西北面额济纳河一带抵达伊州，即今哈密。不过，前田直典最先考证出，王延德记录的九族达靼地界内的合罗川是指漠北回鹘汗国牙帐所在地，即鄂尔浑河流域的合罗川，进而指出王延德是利用唐代的中受降城入回鹘路北上，途经鄂尔浑河流域的九族达靼之地后，西越杭爱山抵达伊州。① 岑仲勉考证王延德的行程是三角式途径，与前田氏持相同意见。② 此后，关于王延德的行进路线，虽偶有学者认为经由河西北部，③ 但学术界主流赞同上述前田直典与岑仲勉二位的见解。④

王延德出使，时逢宋朝南统闽浙（太平兴国三年，978 年），北灭北汉，继而北伐契丹以期收复幽云十六州，却在高梁河战败（太平兴国四年，979 年）后两年。时值国势蒸蒸日上的宋朝遭到契丹当头迎击，隐忍伤痛之时。史载"（王）延德初自夏州历王（玉）庭镇、黄羊平，所过蕃部，皆以诏书赐其君长袭衣、金带、缯帛。其君长各遣使谢恩。又明年，延德与其使凡百余人，复循旧路而还，于是至京师"。⑤ 而且，"（太平兴国八年，983 年）塔坦国遣使唐特墨与高昌国使安骨庐俱入贡。骨庐复道夏州以还。特墨请道灵州，且言其国王欲观山川迂直，择便路入贡。诏许之"。⑥ 可见，就王延德"以诏书赐其君长袭衣、金带、缯帛"而言，该出使虽然是对高昌回鹘入贡的回礼，但也肩负有为抵御契丹而收拢联络西

---

① [日] 前田直典：《十世纪时代の九族达靼》，第 235—242 页。
② 岑仲勉：《达靼问题》，第 120—126 页。
③ 陆庆夫：《河西达靼考述》，载郑炳林主编《敦煌吐鲁番文献研究》，兰州大学出版社 1995 年版，第 565—566 页；谭蝉雪：《〈君者者状〉辨析——河西达靼国的一份书状》，敦煌研究院编《1994 年敦煌学国际研讨会文集：纪念敦煌研究院成立五十周年》下册宗教文史卷，甘肃民族出版社 2000 年版，第 111 页。
④ 主要参见 [日] 長澤和俊《王延德の〈使高昌记〉について》，《东洋学术研究》第 14 卷第 5 号，1975 年，收入氏著《シルクロード史研究》，（东京）国书刊行会 1979 年版，第 592—593 页；[日] 冈田英弘《モンゴルの统一》，载 [日] 護雅夫、神田信夫编《北アジア史（新版）》（世界各国史 12），（东京）山川出版社 1981 年版，第 137 页；韩儒林主编《元朝史》上卷，第 18—20 页；陈得芝《十三世纪以前的克烈王国》，第 217—218 页；[日] 白石典之《9 世纪后半から12 世纪のモンゴル高原》，《东洋学报》第 82 卷第 4 号，2001 年，第 586 页；[日] 白石典之《モンゴル帝国史の考古学的研究》，第 18—20 页。
⑤ 《续资治通鉴长编》卷 25 雍熙元年四月条，第 579 页。
⑥ 《续资治通鉴长编》卷 24 太平兴国八年条，第 566 页。

北地区部族之使命。

笔者近年致力于9世纪中期至11世纪漠北草原历史研究，在前人研究基础上获得了些许进展，提出了一些新的观点。主要体现在：10世纪时期的漠北游牧集团九姓达靼的社会发展已经达到"王国"阶段，且与宋朝保持有朝贡关系；[①] 10世纪的九姓达靼与河西地区的甘州回鹘、沙州归义军政权保持有通使关系；[②] 九姓达靼中的克烈部在晚唐时期协助李克用镇压黄巢起义，并与沙陀后唐保持有密切联系，甚至于姻亲关系。[③] 以此为立足点，重新审视《西州程记》，深感王延德相关九姓达靼的记录，实乃国史关于九姓达靼社会情况的真实写照。尤其是在中国北方民族史研究领域，在探讨蒙古高原主体民族由突厥语族转变为蒙古语族的相关问题时，无论如何强调《西州程记》的重要性也不过分。原因在于，其记录的漠北部族名称，与蒙元时期蒙古语族部落名称直接相关，弥足珍贵。

关于《西州程记》记录的九族达靼的部族名称与居地，岑仲勉、哈密顿（J. Hamilton）、金乌兰、齐达拉图四位进行了程度不同的相关复原与考释，[④] 然尚无囊括整体的考证。而且，笔者部分见解与上述几位存在很大不同。故设此节，专做讨论。

二 《西州程记》记录的九族达靼

笔者关注的《西州程记》，全文载于南宋王明清作于乾道二年（1166）的《挥麈前录》，大部分载于元马端临《文献通考》卷336《车师前后王传》与《宋史》卷490《高昌传》，小部分载于《续资治通鉴长编》卷25

---

① 白玉冬：《十至十一世纪漠北游牧政权的出现——叶尼塞碑铭记录的九姓达靼王国》，《民族研究》2013年第1期，第74—86页。

② 白玉冬：《于阗文P. 2741文书所见达靼驻地Buhäthum考》，《西域文史》第2辑，2007年，第231—243页；白玉冬：《十世紀における九姓タタルとシルクロード貿易》，《史学雑誌》第120編第10号，2011年，第1—36页。

③ 白玉冬：《沙陀後唐・九姓タタル関係考》，《東洋学報》第97卷第3号，2015年，第384—360页（反页）。

④ 岑仲勉：《达怛问题》，第120—126页；[法]哈密顿：《十世纪突厥语的汉文对音研究》，耿昇译，载氏著《五代回鹘史料》，新疆人民出版社1982年版，第155—185页；金乌兰：《〈使高昌记〉搜利王子族考》，《纪念成吉思汗诞辰850周年学术研讨会论文集》，额尔古纳，2012年7月，第190—196页；齐达拉图：《十至十二世纪蒙古高原部族史探究》，博士学位论文，内蒙古大学，2015年，第10—22页。

雍熙元年（984）条。另有今人王国维、长泽和俊二位的校订本。①

此处，以成书年代最早的《挥麈前录》为底本，②并参考王国维、长泽和俊二位提供的校注本，给出记录王延德一行抵达伊州之前的行程记录，并对相关部族与地理名称进行讨论。另外，在突厥语族民族统治蒙古高原的时代，受其统领的古代蒙古语族达靼部落，曾受到突厥语族民族的文化影响。如11世纪《突厥语大辞典》（*Dīwānü Luġāt-it-Türk*）的编撰者麻赫穆德·喀什噶里（Maḥmūd el-Kāšġarī）记录说，达靼人有自己的语言，但同时还会说突厥语。③《元朝秘史》出现的大量的突厥语词汇，说明在13世纪以前，蒙古语族部落曾借用部分突厥语词汇。这些蒙古语族部落中，最具代表性的，诚如第一章考证结果所反映，当为九姓达靼。④而且，在王延德所生活的10世纪，尚未出现蒙古语的书面材料。是故，在讨论相关九姓达靼的部落名称与职官或地理名称时，笔者的复原首先考虑的是突厥语，然后才是蒙古语。

> 初自夏州历玉亭镇，次历黄羊平，其地平而产黄羊。度砂碛，无水，行人皆载水。凡二日，次都罗罗族，汉使过者遗以财货，谓之"打当"。次历茅家喝子族，临黄河，以羊皮为囊，吹气实之，浮于水，或以囊驰牵木栿而度。次历茅女王子开道族，行入六窠砂。砂深三尺，马不能行，行者皆乘橐驼。不育五谷，砂中生草，名登相，收之以食。次历楼子山，无居人。行砂碛中，以日为占，旦则背日，暮则向日，日中则止。夕行望月，亦如之。次历卧羊梁刓特族地，有都督山，唐回鹘之地。次历大虫太子族，接契丹界，人衣尚锦绣，器用金银，马乳酿酒，饮之亦醉。次历屋地因族，盖达干于越王子之子。

---

① 王国维：《古行记校录》，载罗振玉编《海宁王忠悫公遗书》，1928年，王东点校本收入谢维扬、房鑫亮主编《王国维全集》第11卷，浙江教育出版社2009年版，第161—164页；［日］长泽和俊：《王延德の〈使高昌记〉について》，第587—590、602—603页。
② 《王延德历叙使高昌行程所见》，《挥麈录》前录卷4，上海书店出版社2015年版，第28—31页。
③ CTD：Maḥmūd el-Kāšġarī, *Compendium of the Turkic Dialects*, Edited and Translated with Introduction and Indices by Robert Dankoff, in Collaboration with James Kelly, Cambridge, Harvard University Prin-ting Office, 1982–1985, 3Vols, Vol. 1, p. 83.
④ 相关考证，另详见白玉冬《回鹘碑文所见八世纪中期的九姓达靼（Toquz Tatar）》，第151—165页。

次至达干于越王子族，此九族达靼中尤尊者。次历拽利王子族，有合罗川，唐回鹘公主所居之地，城基尚在，有汤泉池。传曰，契丹旧为回纥牧羊，达靼旧为回纥牧牛，回纥徙甘州，契丹、达靼遂各争长攻战。次历阿墩族，经马鬃山望乡岭，岭上石庵有李陵题字处。次历格罗美源，西方百川所会，极望无际，鸥鹭凫雁之类甚众。次至托边城，亦名李仆射城，城中首领号通天王。次历小石州。次历伊州。

这段文字中提到了以下几处名称。

（1）茅女王子开道族：该族是王延德渡过黄河后遇见的第一个部族，与此前出现的分布于夏州和黄河之间的都罗罗族和茅家嗢子族，同属党项部落。

（2）楼子山：此为经过茅女王子开道族与六窠砂后所遇之山。前田直典指出《元和郡县图志》卷4《关内道4》记录的夏州北上越黄河抵丰州天德军的驿路即王延德之行路。笔者2006年科研调查时，见到今包头市区正南仍有栈桥连接黄河南北，也如王延德所记，有羊皮筏渡过黄河，上述前田直典意见可循。不过，考虑到楼子山前后是沙碛，该山不应是王延德需经由的包头北面的大青山，应是戈壁沙漠入口的某山。笔者查阅张穆《蒙古游牧记》，惜无从勘同。①

（3）卧羊梁劾特族：此据《挥麈录》。据《文献通考》和《宋史》，羊或为衍字。岑仲勉比定为蒙元时期兀良孩（兀良合）部祖先，地当今鄂嫩河源的肯特山一带。② 最新研究的齐达拉图亦持此说。③ 按《辽史》中出现3次与此名称接近的部族名，分别是太祖三年（909）十月进挽车人的西北嗢娘改部族、应历十三年（963）进花鹿与生麝的斡朗改国、天庆三年（1113）遣使献良犬的斡朗改国。④ 另外，《辽史·兵卫志下》属国军条下有斡朗改、《百官志2》有斡朗改国王府。姑不论是否真的存在过斡朗改国王府，上述嗢娘改部族与斡朗改国肯定是出自同一集团。据陈得

---

① 卷5《内蒙古乌兰察布盟游牧所在》、卷7《外蒙古喀尔喀汗阿林盟游牧所在》，《亚洲民族考古丛刊》第6辑，（台北）南天书局1981年版，第95—107、133—162页。
② 岑仲勉：《达怛问题》，第121页。
③ 齐达拉图：《十至十二世纪蒙古高原部族史探究》，第11—12页。
④ 《辽史》卷1《太祖纪上》太祖三年十月己巳条，卷6《穆宗纪上》应历十三年五月壬戌条，卷27《天祚纪》天庆三年六月乙卯条，第4、86、366页。

芝考证，兀良合部祖先在9世纪末至10世纪初之前已经是不儿罕山，即今肯特山的主人。① 909年或963年，他们有可能朝贡契丹，但1113年朝贡契丹的斡朗改国看来不太可能是他们。因为在此前，至迟在11世纪中期之前，兀良合部即已经为蒙古部所征服，成为蒙古部的世袭奴隶。② 而且，《辽史》卷24《道宗纪4》大安十年（1094）二月和三月条记录萌古国（蒙古国）遣使来聘。③ 难以想象1113年时，兀良合部还能作为一个独立的集团向契丹朝贡。最大的可能是，1113年之际，还存在一个有别于上述兀良合部的另一名称相同的部落。拉施特《史集》介绍兀良合惕（Uriangqat，乌梁海 Uriangqai的复数形）分为森林兀良合惕和被称为迭儿列勤的突厥—蒙古诸部族的兀良合惕。④ 谭其骧主编《中国历史地图集》辽北宋时期地图据此标明，斡朗改位于今贝加尔湖南部东西两侧。⑤ 齐达拉图以为"分为两部是拉施特的误记，应为一部，均指上述不儿罕—合勒敦山的兀良合惕部。对此，宝音德力根有精辟的考证"。⑥ 不知宝音德力根的精辟考证是否注意到上述问题。

按在包头以北西北行渡过戈壁沙漠的王延德一行，通常应该按唐代以来的中受降城入回鹘路北行。⑦ 即便当时果真存在由阴山以北直达肯特山一带的路程，王延德一行放着相对比较熟悉的中受降城入回鹘路不走，而在茫茫戈壁中摸索着前往肯特山，这与常理不符。

关于卧羊梁劾特族居地内的都督山，前田氏推测是王延德对于都斤（Ötükän）山，即今杭爱山脉的简译。笔者的看法是，按王延德的行程路线，都督山虽然有可能代指今杭爱山脉的东南端一带，但若再考虑到"都督"之语音，更有可能就是《史集》记录的克烈部王汗冬营地的Ōtōgū Qūlān（老野马之意）地方的鉳铁钴胡兰山的简略称呼。1241年冬，窝阔台汗在此地去世，地在今翁金河北端附近。⑧ 齐达拉图主张都督山是唐朝

---

① 陈得芝：《蒙古部何时迁至斡难河源头》，第64—65页。
② 同上。
③ 《辽史》，第289页。
④ ［伊朗］拉施特：《史集》第一卷一分册，第202、255页。
⑤ 《中国历史地图集》，第6册，第3—4、6页。
⑥ 齐达拉图：《十至十二世纪蒙古高原部族史探究》，第12—13页。
⑦ 相关考证，见严耕望《唐通回纥三道》，第608—618页。
⑧ 相关介绍见陈得芝《十三世纪以前的克烈王国》，第231—232页；位置见谭其骧主编《中国历史地图集》第6册，第11—12页《岭北行省》。

设置的龟林都督府境内的"龟林都督之山",即肯特山或其附近的某条山脉的"都督山"。① 这是基于其对王延德行进路线的曲解而臆测出来的地名,难以苟同。总之,王延德在越过戈壁沙漠后第一个见到的九姓达靼部落,居地当在今翁金河北至杭爱山脉东南部之间,当不会在杭爱山脉东北方向且与其有相当距离的肯特山地区。笔者此前考订的 8 世纪中期的九姓达靼部族内,位于贝加尔湖与库苏古尔湖之间的 Ye-dre 七族有以白桦树汁酿酒的习俗。② 据《史集》介绍,森林兀良合惕有着同样习俗。而且,唐代史料记录的俞折室韦的居地,恰好与上述 Ye-dre 七族近同。③ 笔者认同族名卧羊梁劲特与兀良合惕之间的比对,但不排除卧羊梁劲特族原本为 Ye-dre 七族之一部,10 世纪时期他们已经移居到了蒙古高原的可能性。即,兀良合惕部存在属于九姓达靼之一部,原本出自唐代俞折室韦的可能。

(4) 大虫太子族:《挥麈前录》作太子大虫族。小野川秀美视作羌族的大虫族。④ 前田直典指出与羌族的大虫族地理位置不符,双方只是名称的类似而已。⑤ 其他人缺考。太子或为汉语太子传入北族的 tayšĭ,⑥ 但也不能排除突厥语 tegin [特勤(即王族子弟)] 意译的可能。大虫即老虎。唐代因开国皇帝李渊祖先名李虎,避讳虎字而改称大虫,宋代延续此叫法。突厥—蒙古语中,bars(老虎)是个通常见到的人名。该族居地邻近契丹地界。《续资治通鉴长编》卷 55 真宗咸平六年(1003)七月条言:"己酉,契丹供奉官李信来归,信言其国中事云'戎主之父明记,号景宗,后萧氏……萧氏有姊二人,长适齐王,王死,自称齐妃,领兵三万屯西鄙驴驹儿河……使西捍塔靼,尽降之'。"⑦ 而《辽史·圣宗纪》统和十二年(994)条介绍皇太妃领西北路乌古等部兵及永兴宫分军抚定西边,以萧挞凛督其军事云云。此处驴驹儿河即今克鲁伦河。可见,在王延德出使 10 年后,契丹势力尚停留在克鲁伦河流域。据陈得芝考证,在萧挞凛任西北

---

① 齐达拉图:《十至十二世纪蒙古高原部族史探究》,第 13 页。
② 白玉冬:《8 世纪の室韦の移住から见た九姓タタルと三十姓タタルの关系》,第 97—98 页。
③ 同上书,第 95—96 页。
④ [日] 小野川秀美:《汪古部の一解释》,第 310—312 页。
⑤ [日] 前田直典:《十世纪时代的九族达靼》,第 241 页。
⑥ ED:G. Clauson,*An Etymological Dictionary of Pre-Thirteenth Century Turkish*,Oxford:Clarendon Press,1972,p.570.
⑦ 《续资治通鉴长编》,中华书局 1974 年版,第 1207 页。

路招讨使的10世纪末至11世纪初,契丹才真正控制了图勒河一带。① 看来,与契丹接界的大虫太子族驻地,不太可能位于当时尚远离契丹边境的漠北腹地鄂尔浑河流域,而应靠南靠东。

《续资治通鉴长编》卷25太宗雍熙元年四月条谈道:"延德初至达靼境,颇见晋末陷虏者之子孙,咸相率遮迎,献饮食,问其乡里亲戚,意甚凄感,留旬日不得去。"② 按五代后晋正是被契丹所灭,晋出帝曾被掠至北方,留下《胡峤陷虏记》的胡峤更是为人所知。故,上文的"虏"无疑代指契丹。王延德的出使距后晋灭亡只不过35年,所以才能有"问其乡里亲戚"。若王延德所言真实,则上述陷虏之人应即是被契丹所俘后晋汉人,但契丹不太可能把他们流放在当时尚不在其直接控制的鄂尔浑河流域。反言之,这些人可能即在大虫太子族居地内。

(5) 屋地因族:《挥麈前录》作屋地目族,其余版本作屋地因族。哈密顿复原作突厥语 oq tegin(直译作"箭之王子")。③ 齐达拉图以为来自突厥语于都斤山(乌德鞬)之名 ötükän/ütükän。④ 作为证据,他主张"屋"(ö)完全与"于""乌"对音,"地因"应是来自 tükän 的 tëyin,并以为《元史·抄思传》所记人名"别的因"(bətein)来自乃蛮部"别贴斤"(bətkin)部落的同名异译,故"地因"也可译为 tikin,"屋地因"就是 ötükän 的不同音译。

我们知道,汉语入声韵尾 -p、-t、-k 的脱落在汉语言发展史上是个复杂的问题。据罗常培研究,西北方音中,对应中原音 -t、-k 的 -r、-g 两个收声自五代起就出现了消失的痕迹,但通摄屋韵收声韵尾 -og、-ug 在当时尚未消失。⑤ 这一消失过程应是个循序渐进的过程。而且,同时期不同地域语音的进化也不尽相同。同样现象还发生在中原音上,只是情况更不明了。至于这一过程的具体结束时期,恐怕很难断言,大概是在蒙元末期。就上述汉语入声韵尾消失的特点而言,王延德所记录的西北地区地名与部族名称,可以称得上是关于该方面研究的难得的第一手材料。

---

① 陈得芝:《辽代的西北路招讨司》,第28—29页。
② 《续资治通鉴长编》,第579页。
③ [法]哈密顿:《五代回鹘史料》,第167—168、172页。
④ 齐达拉图:《十至十二世纪蒙古高原部族史探究》,第14页。
⑤ 罗常培:《唐五代西北方音》,国立中央研究院历史语言研究所1933年版,第148—150、168页。

笔者注意到，王延德所记录的高昌回鹘地名中，"纳职"对应回鹘语 Napčik,①"六种"对应回鹘语 Lükčüng。② 上述纳职的"职"和六种的"六"表明，入声韵尾 -k 在王延德所操汉语中尚未消失，同时也表明在当时的高昌回鹘汉语音中亦未消失。鉴于此点，王延德记录的屋地因族的"屋"的音值，不可能是 ö，而应该是带有入声韵尾 -k 之音。如由十个部落组成的西突厥又被称为十箭，oq（箭）在突厥语中是部落组织之一。至于地因，诚如哈密顿所介绍，与频见于五代宋辽汉籍的狄银、惕隐相同，都是唐时的特勤（tegin）的音变。③ 即，族名"屋地因"对应突厥语 oq tegin，字面意思是"箭之王子"，实际上是部落王子之意。王延德提到该部落是达干于越王子之子，这与 oq 的原意部落组织、tegin 的原意王族子弟相符。值得一提的是，上述齐达拉图介绍的"别的因"（bətein）或"别贴斤"（bətkin）中，"的因"或"贴斤"也可视为 tegin 在晚期的音译。

（6）达干于越王子族：族名是突厥语 tarqan ögä/ügä tegin 的音译与意译的结合。前田直典视作《辽史》记录的阻卜部族达剌干、陀罗斤；④ 岑仲勉视作《辽史》的于越达剌干；《旧五代史》记录的同光三年（925）投奔后唐的达靼首领于越之族；⑤ 哈密顿复原作 Tarqan Ügä。⑥ 金乌兰、齐达拉图因其是"九族达靼中尤尊者"，故推定是后来的克烈部。⑦ 按达干（tarqan）在突厥汗国是构成可汗"行政干部"之一，⑧ 或管理兵马之武官。⑨ 西突厥汗

---

① ［日］森安孝夫：《ウイグル文書剳記（その二）》，《内陸アジア言語の研究》第 5 辑，1990 年，第 79—80 页；D. Matsui, "Old Uigur Toponyms of the Turfan Oases", in E. Ragagnin, J. Wilkens and G. Şilfeler, eds. *Kutadgu Nom Bitig: Festschrift für Jens Peter Laut zum 60. Geburtstag*, Wiesbaden: Harrassowitz Verlag, 2015, pp. 275 – 304。
② Lükčüng 柳中见 D. Matsui, "Old Uigur Toponyms of the Turfan Oases", p. 293。
③ ［法］哈密顿：《五代回鹘史料》，第 172 页。
④ 《辽史》，第 254 页。
⑤ 岑仲勉：《达怛问题》，第 121—122 页。
⑥ ［法］哈密顿：《五代回鹘史料》，第 171 页。
⑦ 金乌兰：《〈使高昌记〉搜利王子族考》，第 192—193 页；齐达拉图：《十至十二世纪蒙古高原部族史探究》，第 15—16 页。
⑧ ［日］護雅夫：《古代チュルクの社会に関する覚書——〈イェニセイ碑文〉を中心に——》，载［日］石母田正等编《古代史講座》第 6 卷，（东京）学生社 1962 年版，修订稿《古代チュルクの社会構造》收入氏著《古代トルコ民族史研究》第 1 卷，第 112 页。
⑨ 韩儒林：《蒙古答剌汗考》，《中国文化研究所集刊》，1941 年，收入氏著《穹庐集》，河北教育出版社 2002 年版，第 25 页。

国时期，被配备在可汗、公主与王族之下，且经常充当使节。① 在突厥回鹘汗国统治体系内，达干属于"干部"阶层，人员不等，甚至于类似荣誉称号。蒙古的达干也近似于此。② 就此而言，仅依据达干，我们尚不能确定达干于越王子族在九族达靼中的地位是否果真如王延德所言。反观于越，其官职级别无疑应在达干之上。中国历史博物馆藏《总8782 T，82》《Y974/K7709》编号的高昌回鹘摩尼教寺院文书钤有11方朱印，印文为"大福大回鹘国中书门下颉于迦斯诸宰相之宝印"。③ 张广达、荣新江二位以及森安孝夫均认为，朱印中的"颉于迦斯"为漠北回鹘汗国时期著名的高官称号el ögäsi/ügäsi 的音译，其级别相当于宰相，这可从朱印中与之相对应的中书门下确认到。④ el ögäsi/ügäsi 中，el 对应颉（此处为国家之意），ögä/ügä 对应于迦（晚期作于越），末尾的 si 是第三人称所有词缀。另外，张广达、荣新江二位考证，敦煌出土 S.6551《佛说阿弥陀经讲经文》，930年前后创作于高昌回鹘。在该文书赞美诗列举的高昌回鹘的可汗一族与职官名称中，宰相被排在天王（可汗）、天公主邓林（皇后或王室公主）、天特勤（王室子弟）之后。⑤ 总之，在漠北回鹘汗国与高昌回鹘王国职官体系内，虽人员不等，但宰相颉于迦斯 el ögäsi/ügäsi 是个重要职官。⑥ 而稍晚于高昌回鹘建国的契丹，也设置有官职于越（ögä/ügä）。⑦ 据研究，契丹的于越为非常设职官，经常由宗室以外的皇族担任。⑧ 虽然其地位不低，但似乎未达到回鹘汗国那样显赫程度。10世纪时期的九姓达靼，在政治、文化等方面，并未受到契丹的直接影响。上述九姓达靼社会所见于越的内涵，更应承受的是回鹘汗国传统。《续资治通鉴长编》卷7乾德四年（966）六

---

① [日] 荒川正晴：《西突厥汗国的 Tarqan 达官与粟特人》，载荣新江、罗丰主编《粟特人在中国——考古发现与出土文献的新印证》上册，科学出版社2016年版，第15—20页。

② 韩儒林：《蒙古答剌汗考》，第52页。

③ [日] 森安孝夫：《ウイグル=マニ教史の研究》，（京都）朋友书店1991年版，第127—128页。

④ 同上注；张广达、荣新江：《有关西州回鹘的一篇敦煌汉文文献——S.6551 讲经文的历史学研究》，第165—166页。

⑤ 张广达、荣新江：《有关西州回鹘的一篇敦煌汉文文献》，第155、165页。

⑥ 其他相关考证，见荣新江《〈西州回鹘某年造佛塔功德记〉小考》，载张定京、阿不都热西提·亚库甫编《突厥语文学研究——耿世民教授80华诞纪念文集》，中央民族大学出版社2009年版，第188—189页。

⑦ [法] 哈密顿：《五代回鹘史料》，第177—178页。

⑧ [日] 武田和哉：《契丹国辽朝の于越について》，《立命馆文学》第608号，2008年，第75—77页。

月条言"塔坦国天王娘子及宰相允越皆遣使来修贡"①。上文允越的"允",中古音是余母准韵合口三等上声臻摄,可复原为 jǐuěn 或 'ɪ̯uěn。② 据语言学方面的研究,五代宋时,西北方音中的鼻收声韵尾 – n 与 – ng 已经出现脱落或鼻化成 – m 的现象。③ 然则,上述允的实际音值可复原作 jǐuě 或 'ɪ̯uě,及其后续鼻音 – m 的形式。就其紧前面是宰相而言,与于越相同,允越亦可视作 ögä/ügä 的音译。是故,笔者以为,王延德所记达干于越王子族即是上述达靼国宰相允越所统领的部族。另外,《新五代史》达靼传记录达靼部首领于越相温(ögä/ügä sängün),唐咸通年间追随李克用讨伐黄巢义军而立功。考虑到官职称号于越(ögä/ügä)在 9—10 世纪的北方草原并不属于泛称,上述于越相温所统领的部族亦可视作后来的宰相允越所统领的部族前身,亦即此处达干于越王子族的前身。关于上述参加讨伐黄巢义军的达靼,学界多视作"阴山达靼",笔者则推定是克烈部前身。④ 至此,我们可以说:九姓达靼中,至少达干于越王子族可勘同为克烈部。

(7)拽利王子族:小野川秀美比定为羌族的野利族;⑤ 前田直典主张应勘同为《辽史》记录的阻卜部族或部族长名称阿离底或阿里睹,也即克烈部的分族名 Aliad;⑥ 岑仲勉和哈密顿主张应复原为突厥语 il/el(国家、人民);⑦ 金乌兰、齐达拉图推定是蒙元时期的札剌亦儿部名 Jalayir。⑧ 笔者曾推定 8 世纪时期的九姓达靼部落中,包含敦煌出土 P. t. 1283 藏文地理

---

① 《续资治通鉴长编》,第 173 页。引文中,原文衍字省略。
② 郭锡良:《汉字古音手册》,北京大学出版社 1986 年版,第 246 页;B. Karlgren, *Analytic Dictionary of Chinese and Sino-Japanese*, Paris:Library Orientaliste Paul Geuthner, 1923, p. 108。
③ 相关讨论主要参见罗常培《唐五代西北方音》,第 145—148 页;[日]高田時雄《コータン文書中の漢語語彙》,載[日]尾崎雄二郎、平田昌司编《漢語史の諸問題》,(京都)京都大学人文科学研究所 1988 年版,第 118—126 页;[日]高田時雄《ウイグル字音史大概》,《東方学報(京都)》第 62 卷,1990 年,第 236—237 页;T. Takata, "Phonological Variation among Ancient North-Western Dialects in Chinese," in I. Popova and Y. Liu, eds. *Dunhuang Studies:Prospects and Problems for the Coming Sencond Century of Research*, St. Petersburg:Institute of Oriental Manuscripts, Russian Academy of Sciences, 2012, pp. 244 – 249。
④ 白玉冬:《沙陀後唐・九姓タタル関係考》,第 373—367 页(反页)。
⑤ [日]小野川秀美:《汪古部の一解釈》,第 310—313 页。
⑥ [日]前田直典:《十世紀時代の九族達靼》,第 238—241、255 页。
⑦ 岑仲勉:《达怛问题》,第 122 页;[法]哈密顿:《五代回鹘史料》,第 164—165 页。
⑧ 金乌兰:《〈使高昌记〉拽利王子族考》,第 194—195 页;齐达拉图:《十至十二世纪蒙古高原部族史探究》,第 19—20 页。

文书所记录的 Yed-re 七族。① 那么，中古音可推定为 jǐet-li 的拽利勘同为 Yed-re,② 似乎是个不错的选择。虽然如此，笔者尚不敢轻易把拽利 jǐet-li 与 Yed-re 等同视之。原因在于，虽然不能一概而论之，但唐五代时期，西北方音中的入声韵尾 -r（中古音的 -t）从五代起就已露出消失的痕迹。③ 而且，王延德记录的于越（ögä/ügä）的越（jǐwɐt）中，入声韵尾 -t 已经消失。同理，同人同一时间记录的同属山摄的拽之中古音 jǐet 中，其入声韵尾 -t 也可被视作已经消失。这样，我们得到的拽的实际音值是 jǐɛ。④《旧五代史》卷 138《外国传 2》回鹘（甘州回鹘）条记录后晋天福四年（939）三月，回鹘遣都督拽里敦来朝。⑤ 如前所述，当时西北方音的鼻韵尾 -n 与 -ng 已经出现脱落或鼻化成 -m，然则与中古音可复原作 tuən 的敦对应的突厥语词汇的尾音音值，⑥ 存在是元音或 -m/-n 的可能。是故，笔者以为拽里敦的突厥语原音，除哈密顿推定的 altun（金）外，⑦ 还存在 ärdäm［（男人的）品德，勇敢，善良］的可能。基于此点，笔者提议拽利的拽，除对译突厥语 y 音、g 音与 a 音外，⑧ 还存在对译突厥语半开口元音 ä 乃至与其接近的 i/ï/e 的可能。而且，柏林藏吐鲁番出土木杵文书中，写于 983 年的第二件汉文木杵文中的人名英利耶嚧地蜜施天特勤（Ⅱ Yarutmïš Tängri Tigin）中，英利与突厥语 il/el 对应。⑨ 即，此处汉语译音利对应突厥语 -l。

综上，笔者以为，拽利对应的语音除哈密顿与岑仲勉提议的 il/el 外，还存在可复原作 al/alï、äl/äli、yäl/yäli、gäl/gäli、ili/eli 的可能性。虽然

---

① 白玉冬：《8 世紀の室韋の移住から見た九姓タタルと三十姓タタルの関係》，第 97—98 页。
② 郭锡良：《汉字古音手册》，第 36、84 页。
③ 罗常培：《唐五代西北方音》，第 148—149 页。
④ 若王延德省略 yed-re 中的 -d-，则另当别论。
⑤《旧五代史》，中华书局 1976 年版，第 1843 页。
⑥ 郭锡良：《汉字古音手册》，第 244 页。
⑦［法］哈密顿：《五代回鹘史料》，第 156 页。
⑧ 据哈密顿与高田时雄研究，10 世纪以汉语余母（喻母）j- 对译突厥语 y 音与 g 音。见［法］哈密顿《五代回鹘史料》，第 181—182 页；［日］高田時雄《ウイグル字音考》，《東方学》第 70 辑，1985 年，第 139 页。
⑨ 主要参见［法］哈密顿《五代回鹘史料》，第 164—165 页；［日］森安孝夫《ウイグル仏教史史料としての棒杭文書》，《史学雑誌》第 83 编第 5 号，1974 年，修订稿《西ウイグル王国史の根本史料としての棒杭文書》，收入氏著《東西ウイグルと中央ユーラシア》，第 706—707 页，年代介绍见第 704 页。

《元史》记录札剌亦儿作押剌伊而（Yalayir）①，《辽史》记录的阻卜札剌节度使司的札剌可视作札剌亦儿 Jalayir 的略称，② 但笔者对把拽利视作札剌亦儿仍存疑虑。原因在于虽然 yala 与 yäli 之间存在共通之处，但札剌亦儿之音很难说在 10 世纪时期曾被读作 Yalayir 或 Yala。③

《辽史》记录会同二年（939）与乾亨元年（979），阻卜阿离底、夷离董阿里睹来贡。④ 同书卷 15《圣宗纪 6》开泰元年（1012）十一月条言："西北招讨使萧图玉奏七部太师阿里底因其部民之怨，杀本部节度使霸暗并屠其家以叛。"⑤《辽史》卷 93《萧图玉传》则言："开泰元年十一月，石烈太师阿里底杀其节度使，西奔窝鲁朵城，盖古所谓龙庭单于城也。"⑥ 萧图玉担任西北路招讨使时，辽西北路招讨司治所位于镇州可敦城。⑦ 前田直典最早指出，该城可视作拽利王子族居地内的"唐回鹘公主所居之地"。⑧ 不过，前田氏推测镇州可敦城是乌归湖（今蒙古国哈拉和林遗址北约 75 公里、鄂尔浑河东岸）之西的小城遗址。考古学资料反映，辽镇州可敦城位于今蒙古国布尔根省南部喀鲁河下游之南、哈达桑之东 20 公里的青托罗盖古城（约乌兰巴托正西 200 公里）。⑨ 而前面介绍的阿里底逃往的窝鲁朵城即回鹘都城所在地，⑩ 即今鄂尔浑河上游的哈剌巴剌噶孙遗址。即七部太师阿里底所属部族驻地，当在窝鲁朵城以东的镇州可敦城

---

① 《元史》卷 1《太祖纪 1》，第 2—3 页。
② 冯承钧：《辽金北边部族考》，《辅仁学志》第 8 卷第 12 期，1931 年，收入史卫民编《辽金时代蒙古考》，内蒙古自治区文史研究馆 1984 年版，第 52 页。
③ 亦邻真主张 840 年回鹘人西迁后，蒙古高原上操北部铁勒方言的人口占据优势，使得用 j 辅音代替了之前的突厥与回鹘人的 y 辅音。见亦邻真《中国北方民族与蒙古族族源》，第 555 页。不过，《新唐书》卷 217 下《黠戛斯传》（第 6147 页）记载，黠戛斯人"其文字、语言与回鹘正同"。而且，突厥鲁尼文叶尼塞碑铭和苏吉碑反映，黠戛斯人的语言中也存在词首 y 音。难以肯定黠戛斯人把突厥回鹘语中的词头 y 辅音发作 j 辅音。上述亦邻真意见现阶段只能说是推测。
④ 《辽史》，第 46、102 页。
⑤ 同上书，第 172 页。
⑥ 同上书，第 1378 页。
⑦ 陈得芝：《辽代的西北路招讨司》，第 30—32 页。
⑧ ［日］前田直典：《十世紀時代の九族達靼》，第 238—239 页。
⑨ 陈得芝：《辽代的西北路招讨司》，第 32—33 页；［日］白石典之：《9 世紀後半から 12 世紀のモンゴル高原》，第 591—592 页。
⑩ ［日］松井等：《契丹可敦城考——附阻卜考》，《満鮮地理歴史研究報告》第 1 卷，1915 年，第 301 页。

一带，与拽利王子族居地基本处于同一地区。考虑到上述二族居地的共通性，且 el/il（国）只是一个泛称，而王延德根据亲身体验所记录的拽利极可能更是具体的部族名称，笔者以为拽利视作部族名称阿里或阿离的不同写法，更具说服力。进言之，上引阻卜夷离堇阿里睹中，夷离堇（irkin）即突厥语部族长之意。此夷离堇（irkin），被王延德译作王子极其自然。

另，据陈得芝介绍，关于《史集·部族志》记录的克烈分族的第 5 个族名，波斯文集校本作 Albāt，有两种抄本第 3 字音点脱落，列宁格勒本、伦敦本作 Alīāt。① 因其他相关蒙元史籍未见此部名称，故陈得芝虽然复原作阿勒巴惕，但文后括号内加问号，以示存疑。据笔者上面的复原而言，上述克烈分族名当以 Alīāt 为正，可视作王延德记录的九族达靼之拽利王子族，亦即 979 年朝贡契丹的夷离堇阿里睹统领的阻卜部族。至于前面介绍的 P. t. 1283 藏文文书所记录的九姓达靼之部落 Yed-re 七族的 Yed-re，若只关注到部族数七，则存在可视作七部太师阿里底的可能。不过，此问题涉及词中 – r – 的音位对换等问题，兹不赘述，留待存疑。

（8）阿墩族：岑仲勉比定为突厥语 altun 应为正确，但以为该部族名源自金山，则值得慎重。《辽史》卷 13《圣宗纪 4》统和十四年（996）十二月条言西北路招讨使"（萧）挞凛诱叛酋阿鲁敦等六十人斩之，封兰陵郡王"②。阿墩族应即上述阿鲁敦之部族。

（9）马鬃山：史料记载的马鬃山共有两处。一处为河西走廊北面的马鬃山，另一处为第一突厥汗国末期，回鹘首领菩萨与突厥发生战斗的马鬃山。《大明一统志》卷 89《外夷·哈密卫·山川》介绍马鬃山在哈密东南境，近有望乡岭，岭上石龛有李陵题字处。惜照搬王延德之文，难言正确与否。《旧唐书》卷 195《回纥传》言："贞观初，菩萨与薛延陀侵突厥北边，突厥颉利可汗遣子欲谷设率十万骑讨之，菩萨领骑五千与战，破之于马鬃山，因逐北至于天山，又进击，大破之，俘其部众，回纥由是大振。"③ 按当时的颉利可汗树牙于漠南，④ 且天山亦有可能是指今新疆天山，则上文马鬃山不排除是指河西北面的马鬃山的可能。不过，《旧唐书》卷 109《阿史那社尔传》言"（阿史那社尔）建牙于碛北，与欲谷设分统

---

① 陈得芝：《十三世纪以前的克烈王国》，第 209 页。
② 《辽史》，第 152 页。
③ 同上书，第 5196 页。
④ 张文生：《东突厥建牙漠南小考》，《中国边疆史地研究》2007 年第 3 期，第 69—71 页。

铁勒、纥骨、同罗等诸部。武德九年（626），延陀、回纥等诸部皆叛，攻破欲谷设，尔击之，复为延陀所败。贞观二年（628），遂率其余众保于西偏，依可汗浮图城"①。既然欲谷设与建牙于碛北的阿史那社尔分统铁勒、纥骨、同罗等诸部，则可推断出菩萨与欲谷设战斗的马鬣山应在漠北。据岑仲勉考证，回鹘首领菩萨在马鬣山之后击败欲谷设的天山可视作杭爱山最高峰郁督军山（于都斤山）。② 考虑到协助欲谷设，但遭到兵败的阿史那社尔所依可汗浮图城位于杭爱山以西，今新疆北庭，则在天山之前发生战斗的马鬣山应在天山，即杭爱山最高峰以东。

诚然，王延德经由的马鬃山若勘同为河西北面的马鬃山，则对讨论10世纪时期活动在河西地区的达靼而言，非常有利。不过，鉴于王延德此前经由的合罗川无疑是在漠北鄂尔浑河流域，且王延德所记阿墩族，即《辽史》记录的阻卜酋长阿鲁墩所统领部族之地应是在漠北，故笔者仍主张马鬃山应在漠北。相关此问题，元张德辉著《岭北纪行》（作于1247—1248年）可为我们提供些许线索。③ 他在自浑独剌河（今图勒河、土拉河）西行至塌米河的行程中言：④

> 遵河而西，行一驿，有契丹所筑故城；可方三里；背山面水，自是水北流矣。由故城西北行三驿，过毕里纥都，乃弓匠积养之地。又经一驿，过大泽泊，周广约六七十里，水极澄澈，北语曰"吾误竭·脑儿"。自泊之南而西，分道入和林城，相去约百余里。泊之正西，有小故城，亦契丹所筑也。由城四望，地甚平旷，可百里，外皆有山。山之阴多松林，濒水则青阳丛柳而已。中即和林川也……由川之西北行一驿，过马头山；居者云：上有大马首，故名之。自马头山之阴，转而复西南行，过忽兰赤斤（山名，以其形似红耳也），乃奉部曲民匠种艺之所；有水曰塌米河，注之。

---

① 《旧唐书》，第3288—3289页。
② 岑仲勉：《达怛问题》，第124页。
③ 《岭北纪行》原名《纪行》，张参议耀卿著，收于元代王恽著《秋涧集》卷100。参见《摘藻堂四库全书荟要》，（台北）世界书局1985年版，第10—13叶。另有顾炎武《天下郡国例病书》卷48所收原抄本，以及守山阁丛书和墨海金壶丛书等不同版本。本书据最为详尽的姚从吾校注本。见姚从吾《张德辉〈岭北纪行〉足本校注》，《台大文史哲学报》1951年第11期，收入氏著《姚从吾全集》第7册，（台北）正中书局1982年版，第285—347页。
④ 姚从吾：《张德辉〈岭北纪行〉足本校注》，第291—292页。引文中姚注省略。

诚如王国维所言，上述张德辉"遵河而西，行一驿"所见契丹所筑故城，是图勒河西流北折之处的辽代防州、维州二城之一。① 也即镇州，即青托罗盖古城东南、图勒河曲的乌兰巴剌合思古城。② 之后经由的"吾误竭·脑儿"，即前面介绍的鄂尔浑河东畔的乌归湖。由乌归湖西面的小故城四望，"地甚平旷，可百里，外皆有山……中即和林川也"。关于和林川，有意见认为是《元史·地理志》记录的喀喇和林河，即鄂尔浑河。③ 笔者则以为，其代指乌归湖西小故城四周百里左右山岭之间的平川，当包括鄂尔浑河谷在内，与王延德笔下的合罗川寓意相同。而位于和林川西北一驿路程之地的马头山，据其说是当地居民所称呼之名。地理方位上而言，该山位于杭爱山最高峰以东，不排除是唐人记录的马鬣山之名在后世的相传。王延德经由合罗川与阿墩族后抵达的马鬃山，行进路线上而言当与张德辉记录的马头山有共通之处，极可能是对同一山名的不同描述。

（10）望乡岭：岭上石庵有李陵题字。石庵，《宋史·高昌传》作石龛。按龛亦有小窟或小室之意，龛庵无碍文意。《史记》卷109《李陵传》介绍李陵"拜为骑都尉，将丹阳楚人五千人，教射酒泉、张掖以屯卫胡"④。若马鬃山是河西北面的马鬃山，推定望乡岭在河西北面一带，看起来似乎与李陵的上述活动较为符合。不过，我们不应忘记，李陵在投降匈奴后仍未忘却故土，并最终老死漠北。其在漠北某处留下思念故乡亲人的题记，亦属人之常情。望乡岭之望乡，疑出自李陵题记，王延德以此命名。张德辉在《岭北纪行》中记录完塌米河（今塔米尔河）后言：

> 东北又经一驿，过石堠。石堠在驿道旁，高五尺许，下周四十余步。正方而隅，巍然特立于平地，形甚奇峻；遥望之若大堠然，由是名焉。

---

① 王国维：《长春真人西游记校注》，清华学校研究院1925年版，修订稿收入罗振玉编《海宁王忠悫公遗书》，1928年，另收入赵万里编《海宁王静安遗书》，商务印书馆1940年版，胡逢祥点校本收入谢维扬、房鑫亮主编《王国维全集》第11卷，第562—563页。
② 陈得芝：《辽代的西北路招讨司》，第33页。
③ 姚从吾：《张德辉〈岭北纪行〉足本校注》，第325页注释51。
④ 《史记》，第2877页。

第二章　10—11 世纪的九姓达靼游牧王国

　　诚如姚从吾所言，此处石堠是指敖包。① 蒙古高原的敖包往往建于高处或具有某种纪念意义之处。张德辉记录的石堠在驿道旁，且形状奇峻。按此时张德辉已行进在杭爱山内，自东向西穿越杭爱山的驿道不会过多。怀疑张德辉记录的石堠与王延德笔下的石庵同为一地。

　　（11）格罗美源：格罗推定是突厥语 köl（湖）或蒙古语 γol（河）之音译。鉴于源之含义，"美"可视作突厥语 baš [河源（原意是头）] 的音转 maš＞mïš 的音译，类似水源丰盛之地，在漠北非杭爱山北部莫属。按王延德行进路线而言，格罗美源应在穿越杭爱山的道路沿线。今蒙古国后杭爱省境内的特尔很查干湖（Terkhiin Tsagaan Nuur），面积 61 平方公里，每年春夏秋季鸟类迁徙季节是其重要聚集地。② 湖西岸与数条河流相连，形成湿地。该湖南岸现仍有东西贯穿杭爱山的道路经过。按王延德行进路线而言，格罗美源最大可能是指该湖。

　　（12）托边城：该部居地大致位于今杭爱山西部地区。岑仲勉比定为《元朝秘史》记录的克烈分族秃别干、秃别延、土别燕。③ 别名李仆射城，如同突厥碑文的都护城，可能源自此前中原王朝（唐朝）势力波及漠北时期的名称，惜无从考证。首领名称通天王表明其可能是位巫师。有意见认为克烈分族秃别干（Tubägän）与党项族名拓跋关系密切。④ 不过，居地上而言，该部与党项部族距离遥远，上述意见难以赞同。另有意见认为秃别干（Tubägän）出自唐代木马突厥都播（都波）。⑤ 此说遭到陈得芝的批判。⑥

　　（13）小石州：《旧唐书》卷 39《地理志 19》河东道条记录的石州，以及《新唐书》卷 40《地理志 30》陇右道西州交河郡条记录的蒲昌县西的石城镇地理位置均与此不符。年代稍晚的《永乐大典》所引《站赤》延

---

① 姚从吾：《张德辉〈岭北纪行〉足本校注》，第 327—328 页注释 57。
② Ч. Идэрбат, Тэрхийн цагаан нуур, http://www.eaaflyway.net/wordpress/new/ouractivities/workshops/mongolia-october 2015/5 _ Terkhiin_ tsagaan_ nuur_ Iderbat. pdf, 2016 年 12 月 28 日；http://www.eaaflyway.net/about/the-flyway/flyway-site-network/ terhiyn-tsaggan-nuur-eaaf 041 – mongolia/, 2016 年 12 月 28 日；孟松林：《成吉思汗与蒙古高原》，第 191 页。
③ 岑仲勉：《达怛问题》，第 124 页。
④ I. Togan, *Flexibility and Limitation in Steppe Formations: The Kereit Khanate and Chinggis Khan* (The Ottoman Empire and its Heritage, Vol. 15), Leiden, New York: Brill, 1998, pp. 63 – 64, p. 77 脚注 109。
⑤ [日] 樱井益雄：《怯烈考》，第 94—99 页。
⑥ 陈得芝：《十三世纪以前的克烈王国》，第 209—211 页。

· 73 ·

祐元年（1314）闰三月条与七月条，记录有驿站名塔失城、答失城。① 杉山正明推定上述塔失城与答失城为同地，勘同为《经世大典》地理图记录的紧邻哈密右侧（东侧）的塔失八里，即明代《畏兀儿馆译语》的他失八里（石头城）、《明实录》的他失把力哈孙。②《中国历史地图集》记作塔什八里。据《旧唐书》卷40《地理志20》河西道伊州条，③ 以及《元和郡县图志》卷40《陇右道下》伊州条，④ 伊州为隋伊吾郡，隋末有西域杂胡入住，贞观四年（630）归唐。《旧唐书》卷62《李大亮传》介绍东突厥颉利可汗被唐俘获后，伊吾的大度设、拓设、泥熟特勤与七姓种落归顺西北道安抚大使李大亮。⑤ 而唐光启元年（885）十二月所写敦煌出土 S.367《沙州伊州地志》伊州条言"贞观四年首领石万年率七城来降"⑥。前人早已指出，石万年即西域石国（今塔什干）出身者。⑦ 即，上面介绍的入住伊州的西域杂胡就是七姓种落，也即石万年统领的七城。以西域石国出身的石万年为首领而建成的城被称为石头城、塔失（Taš）城、答失（Daš）城、塔失八里（Taš Balïq）、他失八里（Taš Balïq）、他失把力哈孙（Taš Balγasun）应无问题。⑧ 王延德自蒙古高原向西行进，在伊州之前抵达的小石州应即上述塔仠八里。

综上，出使高昌回鹘的王延德自夏州北行，穿越今鄂尔多斯地区、北渡黄河、翻过阴山后，利用唐时期的中受降城入回鹘道抵达漠北。其最先遇见的卧羊梁劲特族，地当位于杭爱山东南部与翁金河之间，其次经由的与契丹接界的大虫太子族当在卧羊梁劲特族之东，接下来经由的屋地因族与达干于越王子族应在大虫太子族之北，捜利王子族地当在达干于越王子

---

① 党宝海：《蒙元驿站交通研究》，昆仑出版社2006年版，第296页。
② ［日］杉山正明：《モンゴル帝国と大元ウルス》，（京都）京都大学学术出版会2004年版，第360页。
③ 《旧唐书》，第1643页。
④ 《元和郡县图志》，第1028—1029页。
⑤ 《旧唐书》，第2388页。
⑥ 主要参见［日］羽田亨《唐光啓元年書寫沙州·伊州地志残卷に就いて》，《池内博士還暦記念東洋史論叢》，（东京）座右宝刊行会1940年版，收入氏著《羽田博士史学论文集》上卷历史篇，第588—589页；郑炳林《敦煌地理文书汇辑校注》，甘肃教育出版社1989年版，第66页；荣新江《北朝隋唐粟特人之迁徙及其聚落》，《国学研究》第6卷，1999年，收入氏著《中古中国与外来文明》，三联书店2001年版，第41—43页。
⑦ ［日］羽田亨：《唐光啓元年書寫沙州·伊州地志残卷に就いて》，第601—602页。
⑧ 突厥语中，taš为石头，balïq为城之意，daš是taš的浊音。蒙古语中，balγasun是城之意。

族之西、鄂尔浑河与图勒河之间,阿墩族在鄂尔浑河流域,托边城在杭爱山脉西部,小石州则西临哈密。从上述行程可以看出,当时的九姓达靼,其居地主要在杭爱山至图勒河一带,占据着漠北核心地区。而且,九姓达靼的部落名称,与《辽史》记录的阻卜部族名称,以及《史集》记录的克烈部及其分族名称有着密切关系。值得一提的是,王延德还记录达干于越王子族是九姓达靼中"尤尊者",且其子任其他部落首领。这反映,当时的九姓达靼社会已经产生了阶级分化。

第二节 叶尼塞碑铭记录的九姓达靼王国[①]

一 哈尔毕斯·巴里碑铭转写及译注

叶尼塞碑铭是指叶尼塞河上游用突厥鲁尼文字镌刻的墓志铭和其他一些纪念铭文等,总数达145个,主要分布在今俄罗斯哈卡斯共和国和图瓦共和国境内。这些碑铭和刻写,通常被认为是古代黠戛斯人的遗物。其中,绝大多数与在黠戛斯社会内具有较高社会地位的 bäg(匐,即部族酋长)级别人物或担任公职人物有着密切关系,是研究唐宋时期叶尼塞河上游地区社会、政治、经济、文化、对外交往等的重要史源,弥足珍贵。

1895年,沙俄学者拉德洛夫(W. Radloff)出版《蒙古古代突厥碑铭》第2卷,刊出40方叶尼塞碑铭的摹写、转写(transcription)和德译文。[②] 拉氏的研究基于其描改过的图版,疑窦丛生。之后,土耳其学者奥尔昆(H. N. Orkun)1940年出版《古代突厥碑铭集》第3卷,[③] 苏联学者马洛

---

① 参见白玉冬《十至十一世纪漠北游牧政权的出现》,第74—86页。
② W. Radloff, *Die Alttürkischen Inschriften der Mongolei*, 3 Vols., St. Petersburg, 1894 – 1899, repr. 2 Vols., Osnabrück: Otto Zeller, 1987, Vol. 1, pp. 299 – 346.
③ H. N. Orkun, *Eski Türk Yazıtları*, 4 Vols., İstanbul: Devlet Basımevi, 1936 – 1940, Vol. 3, 1940.

夫（С. Е. Малов）1952年出版《突厥叶尼塞文献》，① 分别对42方与50方碑铭进行了研究。上述二人的研究虽对拉德洛夫的解读有所改进，但受拉氏图版影响之处随处可见。

值得关注的是，1983年，苏联学者瓦西里耶夫（Д. Д. Васильев）收集了包括上述拉德罗夫、奥尔昆、马洛夫等前辈学者研究过的碑铭在内的共计144方碑铭与刻写，作为叶尼塞碑铭研究的史料专著《叶尼塞河流域突厥鲁尼文文献汇编》而出版。② 在该书中，他按新的序号对这些材料进行了重新排列，并刊布了所收录材料全体的拉丁字母换写（transliteration）、摹写，以及绝大部分碑铭和刻写的图版照片。瓦氏公开的图版照片意义重大，它给我们提供了一个近距离观察叶尼塞碑铭的平台。此后，虽然有俄罗斯学者科尔姆辛（И. В. Кормушин）的《叶尼塞突厥文墓志铭铭文及研究》、③ 哈萨克斯坦学者阿曼吉奥洛夫（А. С. Аманжолов）关于古代突厥鲁尼文字历史与理论的专著、④ 土耳其学者爱丁等所著《叶尼塞黠戛斯碑文集与占卜文书》，⑤ 以及哈萨克斯坦文化信息部网站 TYPIK BITIK（http://bitig.org）公开的部分碑铭的研究成果，但摹写、换写与转写中存在不少与上述瓦氏提供的图版不符之处。总之，瓦西里耶夫的可贵之处在于刊出了碑铭的图版、摹写与换写，为系统研究叶尼塞碑铭提供了翔实可信的材料，为叶尼塞碑铭的研究创造了极大的升值空间。此处笔者关注的是，瓦西里耶夫按E59序号收入的哈尔毕斯·巴里碑铭（Herbis Baary Inscription）。

哈尔毕斯·巴里碑铭，发现于1960年，地点位于俄罗斯图瓦共和国乌斯图·额列格斯特（Ust'Elegest）西15公里处的叶尼塞河右岸的哈尔

---

① С. Е. Малов, *Енисейская письменность тюрков: тексты ипереводы*, Москва: Изд-во Академии Наук СССР, 1952.

② Д. Д. Васильев, *Корпус тюркских рунических памятников бассейна Енисея*, Ленинград: Наука, 1983.

③ И. В. Кормушин, *Тюркские енисейские эпитафии: тексты и исследования*, Москва: Наука, 1997. 另科尔姆辛关于叶尼塞碑铭中的墓志铭语法和铭文内容的最新专刊 *Тюркские енисей-ские эпитафии грамматика, (текстология*, Москва: Наука, 2008) 代表其最新研究，惜未能寓目。

④ А. С. Аманжолов, *История и теория древнетюркского письма*, Алматы: Мектеп, 2003, pp. 138–140.

⑤ E. Aydın, R. Alimov, F. Yıldırım, *Yenisey-Kırgızistan Yazıtları ve Irk Bitig*, Ankara: Bilge Su, 2013.

毕斯·巴里地方。1963 年，希切尔巴克（A. Ščerbak）以额列格斯特（Elegest）碑铭的名义，按东、南、西、北面的顺序，发表了拉丁字母换写、转写和法译文，并刊载了碑铭照片。[①] 1983 年，瓦西里耶夫在《叶尼塞河流域突厥鲁尼文文献汇编》中，按 E59 的序号收录该碑铭，并按希切尔巴克的排列顺序，刊布了换写、摹写以及较为清晰的黑白图版。[②] 后来，科尔姆辛在关于叶尼塞碑铭之墓志铭的专著中，按东、西、南、北面的顺序，刊载了换写、转写和俄译文。[③] 阿曼吉奥洛夫（А. С. Аманжолов）在关于古代突厥鲁尼文字历史与理论的专著中，发表了转写和俄译文。[④] 爱丁等则给出了摹写、转写和土耳其语译文。[⑤] 而哈萨克斯坦"文化遗产"官营网站则公开了该碑铭最新彩色图版。[⑥] 本书视刻有印记的东面为碑文起始面，排列顺序按希切尔巴克和瓦西里耶夫的顺序为准。

下面，笔者在上述先行研究基础上，根据瓦西里耶夫提供的图版、摹写和换写，列出哈尔毕斯·巴里碑铭的最新拉丁字母转写、中译文以及必要的词注。

1. 东 1　üč：oɣlanïmïn：ulɣaturu u**madïm**
[我未能] 将我的三个儿子抚养成人。

2. 东 2　///　esizim-ä：buŋïm-a：quyda：qunčuyïma：büküšmäd*ïm*
＊＊＊我的不幸啊！啊！我的悲痛啊！啊！我未能向溪谷里的我的公主（即妻子）进行告别。

3. 东 3　är atïm：külüg yigän qaŋïm：bodun：bägi ïŋal：ögä
我的成人名字是俱录·乙干，我的父亲是百姓的甸（即部族酋长）英嘎勒·于伽。

4. 东 4　yäti：otuz：yašïmda：elim：üčün：toquz tatar *elikä b*ard**ï**m
在我 27 岁时，为了我的国家，[我] 去了九姓达靼王国。

---

① A. Ščerbak, "L'inscription Runique d'Oust-Elégueste (Touva)", *UAJ*, Vol. 35, 1963, pp. 145–149.
② Д. Д. Васильев, *Корпус тюркских рунических памятников бассейна Енисея*, pp. 34, 71, 112.
③ И. В. Кормушин, *Тюркские енисейские эпитафии*, pp. 245–246.
④ А. С. Аманжолов, *История и теория древнетюркского письма*, pp. 138–140.
⑤ E. Aydin, R. Alimov, F. Yıldırım, *Yenisey-Kırgızistan Yazıtları ve Irk Bitig*, pp. 140–141.
⑥ http：//bitig. org/? mod = 1&tid = 2&oid = 54&lang = e，2016 年 12 月 28 日。

5. 南 1　urï: qadašïm: üč: äkinim: qïz: qadašïm: üč yančï**m**

我的男性亲属啊！我的三个孩子啊！我的女性亲属啊！[我的]三名妻妾啊！

6. 西 1　el äri üčün: üč: asïγ-a: ta//////

因为是国家的男儿，三个恩赐＊＊＊＊＊＊

7. 西 2　el<u>i</u>m: qanïm-a: taŋritägim: yïta: bükmädi**m**

我的国家啊！我的汗（即可汗）啊！啊！我的神巫啊！（我）无能为力、万分悲痛！[我]没有鞠躬敬礼（即进行告别）。

8. 北 1　qalïn: qadašïmqa: bükmädim: yïta　äkinim: ečim: adïrïl**tïm**////////

我没有对我众多的亲属鞠躬敬礼。（我）无能为力、万分悲痛！我的子弟们啊！[我]离别[了]＊＊＊＊＊＊＊＊

9. 北 2　ögümkä bükmädim

我没有对我的母亲鞠躬敬礼。

词注

2. esizim-ä: esiz 后续第一人称领属附加成分 +m（我的）以及感叹词 ä（啊）。esiz 在麻赫穆德·喀什噶里的《突厥语大辞典》中解释作"坏的、恶作剧的"。① 在克劳森（G. Clauson）的《13 世纪以前突厥语语源辞典》中解释作"坏的"。② 护雅夫释为"遗憾"。③ 本书视 esiz 与 buŋ（痛苦、悲伤）以古突厥语常见的近义词重叠出现。④ 作为与"痛苦、悲伤"相对应的"恶事"，esiz 解释作"不幸"，当不误。

2. quy: 护雅夫曾详细介绍先行研究的不同观点并专做讨论。他对认为来自古汉语的"闺"应转写为 qui 的意见持否定态度，并重新验证了主张来自古突厥语 quy（洼地、河床、河岸）之意见的合理性。护氏进而将频见于叶尼塞碑铭的 quyda qunčuyum özdä oγlum 解释作"涧溪里的我的公主，溪谷

---

① *CTD*, Vol. 3, p. 27.
② *ED*, p. 253.
③ [日]護雅夫:《アルトゥン＝キョル第二銘文考釈》,《東方学会創立 40 周年記念東方学論集》,（东京）东方学会,1987 年,收入氏著《古代トルコ民族史研究》第 2 卷,（东京）山川出版社 1992 年版,第 522 页,R2 行。
④ *ED*, p. 347.

第二章 10—11世纪的九姓达靼游牧王国

里的我的儿子"。① 据此，本书译作"溪谷"。

2. büküšmädim：克劳森的辞典收录有 bük-，解释作"把……弯曲"或"对……厌恶、对……反感"。② 因碑铭第7、8、9行的 bük- 解释作由"把……弯曲"之意派生的"鞠躬敬礼"之意较为恰当，本书视 büküš- 为 bük- 的交互态，解释作"互相鞠躬敬礼"，即"进行告别"。

4. toquz tatar elikä bardïm：其中的 elikä bardïm 为迄今未能解读的重要之处。如图2—1和图2—2所示，TUQzTTR 后面四字，根据残余笔画可复原作 lkaB。之后的文字，因碑石风化严重，无法判读。③

图 2—1　哈尔毕斯·巴里碑铭东面第 3—4 行后半部分

注：根据 Васильев, *Корпус тюркских рунических памятников бассейна Енисея*, Ленинград: Наука, 1983, p. 112 图版扩大。

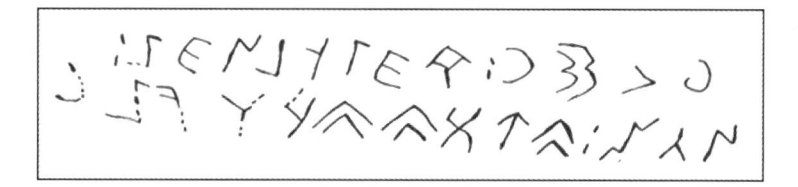

图 2—2　哈尔毕斯·巴里碑铭东面第 3—4 行后半部分摹写

---

① ［日］護雅夫：《イェニセイ碑文に見えるqu（o?）y, öz 両語について》，《東洋学報》第45卷第1号，1962年，修订稿《イェニセイ碑文に見えるqu（o?）y, öz 両語の意義》收入氏著《古代トルコ民族史研究》第1卷，第541—542页。

② *ED*, p. 324.

③ 哈萨克斯坦文化遗产网站公开的 Kerbis-bary（E59）碑铭彩色照片中，TUQzTTR 之后文字已经脱落。

同属叶尼塞碑铭的 Altun Köl（E29）碑铭第 7 行存在 töpüt qanqa yalabač bardïm［我作为使节去了吐蕃汗（吐蕃赞普）处］。① 另 Begre（E11）碑铭第 9 行内容如下：

beš yegirmi：yašïmda：tabɣač qanɣa：bardïm-a är ärdimim üčün alïpan：altun：kümüšig：ägri tävä eldä：küči：qazɣandïm-a②

在我 15 岁时，我去了中国汗（中国皇帝）处。啊！因我作为男子汉的才能，我从（其）国（中国）获取了金银、独峰驼，并获得了其力量。啊！

上文提到 Altun Köl 碑铭的主人公（即逝者）在 15 岁时，去了 tabɣač qan（中国汗），即中国皇帝处，并获取了财宝。可认为，逝者作为朝贡贸易使团之一员，曾出使中国。

上举二例中，出使外国均以 bar-（去）字来表示。参此二例，toquz tatar elikä（向九姓达靼王国）之后，以 B 字开始的单词复原作 bar-（去），当不误。

5. äkinim：希切尔巴克转写作 künim，但在其公开的照片中，文字为 k i n m。科尔姆辛转写作 kinim，译作"我的亲属"。瓦西里耶夫按 k ü n m 摹写和换写，但他给出的图版的第 2 字无法判断是 ü 字。克劳森收录 äkin 时，引用了该段内容，推定 äkin 为"孩子们、子孙"之意。③ 本书参克劳森意见，与之后的 ečim 合译为"我的子弟们啊"。

7. täŋritägim：从语源学角度而言，täŋritäg 为名词 täŋri（天）后续附加字 + täg（像……似的）而构成的"像天一样"之意的形容词。在这里后续第一人称领属附加成分 + m（我的），与 elim（我的国家）的 el（国）、qanïm（我的汗）的 qan（汗）并列作为名词出现。众所周知，内亚社会自古存在天神（täŋri）崇拜，而与包括天神在内的各种神灵进行接触交流，在

---

① Д. Д. Васильев, *Корпус тюркских рунических памятников бассейна Енисея*, pp. 25, 65, 103；［日］護雅夫《アルトゥン＝キョル第二銘文考釈》，第 522 页，R1 行。

② Д. Д. Васильев, *Корпус тюркских рунических памятников бассейна Енисея*, pp. 20, 61, 92；白玉冬：《E11 贝格烈（Берре）碑铭研究》，《北方文化研究》2016 年第 7 期，（韩国）檀国大学，第 243 页。

③ *ED*, p. 109.

第二章 10—11世纪的九姓达靼游牧王国

它们与人类社会之间起桥梁沟通作用的是内亚自有的萨满教巫师。萨满教在古代内亚社会所占地位，从严重威胁成吉思汗权威的巫师阔阔出（Kököčü）身上可见一斑。① 阔阔出又被称为帖卜·腾格里（Teb Tengri）。在 Teb Tengri 之中，Teb 为起加强语气作用的接头词，只见于形容词之前。即，形容词 tengri 构成了巫师名称的一部分，充当名词。这与我们所讨论的 täŋritäg 用法相同。对古代内亚人而言，可与其国家和可汗相提并论且近似于天之存在的 täŋritäg，视为对萨满教巫师的尊称，应大致不误。

7. yïta：该词在叶尼塞碑铭中出现的频率很高，但关于其转写及寓意，学界尚未达成共识。护雅夫视作感叹词，解释作"无能为力"或"无法忍受悲伤"。② 考虑到碑铭反映逝者对生前的眷恋和对命运的惋惜之情，本书解释作"无能为力、万分悲痛"。

综上，在已发现的叶尼塞碑铭之中，唯一哈尔毕斯·巴里碑铭记录了九姓达靼之名称。其中，第 4 行 toquz tatar（九姓达靼）之后的文字，迄今未被解读。根据该行内容，前人多推断死者在 27 岁时参加了黠戛斯对九姓达靼的战争，③ 或复原作死者曾去过九姓达靼。④ 但笔者经过仔细观察，发现该段文字根据其残余笔画，应读作 l k a B////。在此基础上，笔者进一步指出，l k a B//// 与之前的 T Q W Z T T R 结合起来，应转写为 toquz tatar elikä bardïm（我去了九姓达靼王国）。这样，哈尔毕斯·巴里碑铭为我们提供了一条宝贵的信息——九姓达靼曾被称为"九姓达靼王国"。关于此处所言"王国"是指具备国家内涵之"国"，笔者将在第三节专做讨论。在此，首先论证哈尔毕斯·巴里碑铭之纪年。

二 哈尔毕斯·巴里碑铭之纪年

相比突厥和回鹘的碑文，叶尼塞碑铭的特点在于其内容简短，主要列举

---

① 关于阔阔出在精神上驾驭民众的能力，见［日］村上正二《モンゴル秘史——チンギス・カン物語》第 3 册，第 116 页、第 124—126 页注 1。
② ［日］護雅夫：《イェニセイ碑文に見える quo? y, öz 両語について》，第 523、548 页注 29。
③ A. Ščerbak, "L'inscription Runique d'Oust-Elégueste (Touva)", p. 146; И. В. Кормушин, *Тюркские енисейские эпитафии*, p. 246; S. G. Klyashtorny, "Das Reich der Tataren in der Zeit vor Činggis Khan", *CAJ*, Vol. 36, 1992, p. 83.
④ А. С. Аманжолов, *История и теория древнетюркского письма*, p. 140.

· 81 ·

逝者的姓名、称号、年龄以及人生的辉煌时刻，但往往缺乏直接反映碑铭纪年的相关内容。探讨叶尼塞碑铭的写作年代，需酌情考虑铭文词汇特征或文字形体，以及作为氏族标志的印记等。

据科尔姆辛介绍，哈尔毕斯·巴里碑铭与 Elegest 1（E10）、Bayan Kol（E100）、Eerbek 1（E147）、Eerbek 2（E149）等碑铭之印记，其主体部分均呈┭状。① 这些碑铭，分布在以哈尔毕斯·巴里为中心的、叶尼塞河上游沿岸约 30 公里以内地区。② 就印记主体部分相同而言，上述五枚碑铭，应为在某一特定时期内、代表这一地区的同一家族所拥有。据瓦西里耶夫给出的图版，其中的 Elegest 1 印记为┭状，③ 哈尔毕斯·巴里碑铭印记为┲状。④

从上面的摹写不难看出，两枚碑铭印记的区别在于左上部的横线。即前者为一条横线，后者为两条横线。考虑到二者属同一家族所有，笔者认为，左上部横线多出一条，表示经历自然分裂的家族内发生了一次换代。⑤笔者推断，哈尔毕斯·巴里的墓主应为 Elegest 1 墓主的下一代。

据护雅夫研究，Elegest 1（E10）与 Begre（E11）、Baj Bulun 1（E42）三碑铭，同时出现一种特殊的表达方式——säkiz adaqlïγ barïm［我的八条腿的财产（家畜）］。⑥ 诚如护雅夫所言，这一表达方式，不见于其他叶尼塞碑铭，代表的是一种带有魔力、灵性的特殊家畜。

上述三碑铭均位于今图瓦境内。其中，Elegest 1 碑铭与 Baj Bulun 1 碑铭同处鄂列格斯特河谷，二者相距约 15 公里。Begre 碑铭位于 Baj Bulun 1

---

① И. В. Кормушин, *Тюркские енисейские эпитафии*, p. 228.
② 碑铭分布见 Д. Д. Васильев, *Корпус тюркских рунических памятников бассейна Енисея*, p. 10；位置见 И. В. Кормушин, *Тюркские енисейские эпитафии*, pp. 228, 242, 247, 252, 254。
③ 瓦西里耶夫在论证叶尼塞碑铭墓主家族关系的论文中曾利用印记，可惜把 Elegest 1 碑铭的印记错误地标记为┭。见 D. D. Vasilyev, "New Finds of Old Turkic Inscriptions in Southern Siberia", in G. Seaman and D. Marks, eds. *Rulers from the Steppe State Formation on the Eurasian Periphery*, Los Angeles: Ethnographics Press, 1991, p. 122。
④ Д. Д. Васильев, *Корпус тюркских рунических памятников бассейна Енисея*, pp. 88, 112. 但哈尔毕斯·巴里碑铭印记左上部的两条横线，在瓦西里耶夫的摹写（第52页）中未被标明。
⑤ 瓦西里耶夫对图瓦地区其他部分碑铭印记的研究，也反映印记的细小变化，代表家族的自然分裂与换代。见 D. D. Vasilyev, "New Finds of Old Turkic Inscriptions in Southern Siberia", pp. 116–125。
⑥ ［日］護雅夫：《イェニセイ銘文に見える "säkiz adaqlïγ barïm" について》，《日本大学人文科学研究所研究紀要》第32辑，1986年，收入氏著《古代トルコ民族史》第2卷，第441—493页。

碑铭东北方约30公里处，二者均位于叶尼塞河上游沿岸。[①] 众所周知，与突厥、回鹘的碑文相比，叶尼塞碑铭刻写不规整，语法错误与异体字频现。学界公认，未接受过专门教育与训练的"文化人"，正是这些叶尼塞碑铭的创作者。唐努山脉、叶尼塞河上游及其众多支流，以及东萨彦岭，构成了图瓦地区山地河谷交错的地形特点。在自然条件封闭的中古时期图瓦，很难想象文字文化会得到普及。创作叶尼塞碑铭的"文化人"应属特殊群体，独特的用词习惯反映出他们身后的地方文化背景。Elegest 1、Begre 以及 Baj Bulun 1 三枚碑铭字迹相近。[②] 虽不敢断言三枚碑铭出自同一人物之手，但笔者相信，"我的八条腿的财产（家畜）"这一特殊表达方式，代表的是这一地区某一特定时期的共同的文化特点。基于此，笔者认为，上述三枚碑铭的创作年限不会相距过大。Begre 碑铭的纪年，可视作 Elegest 1 碑铭纪年的一个重要参照。

前文已提到，Begre 碑铭主人在 15 岁时曾出使中国。在叶尼塞碑铭可能的纪年范围内，黠戛斯入贡中国的年代如表2—1所示。

表2—1　　　　　　　　　　　黠戛斯朝贡中国年表

序号	纪元	年代	史料来源	
1	643	贞观十七年	《太平寰宇记》卷199《四夷26》，（台北）文海出版社1963年版，第3820页	
2	648	贞观二十二年		
3	653	永徽四年		
4	675	上元二年	《宋本册府元龟》卷970《外臣部·朝贡3》，中华书局1989年版	第3846页
5	708	景龙二年		第3847页
6	722	开元十年	《宋本册府元龟》卷975《外臣部·褒异2》，第3875页	
7	723	开元十一年		
8	724	开元十二年	《宋本册府元龟》卷970《外臣部·朝贡3》	第3849页
9	747	天宝六年		第3852页
10	842	会昌二年	《资治通鉴》卷246《唐纪62》，中华书局1957年版，第7968页	

---

① 碑铭分布见 Д. Д. Васильев, *Корпус тюркских рунических памятников бассейна Енисея*, p. 10。
② Д. Д. Васильев, *Корпус тюркских рунических памятников бассейна Енисея*, pp. 88–89, 92, 107.

续表

序号	纪元	年代	史料来源	
11	843	会昌三年	《宋本册府元龟》卷972《外臣部·朝贡5》,第3857页	
12	844	会昌四年	《全唐文》卷700《李德裕》,中华书局1987年版,第7187—7188页	
13	845	会昌五年		
14	856	大中七年	《唐大诏令集》卷128《议立回鹘可汗诏》,商务印书馆1959年版,第692—693页	
15	863	咸通四年	《资治通鉴》卷250《唐纪66》	第8107页
16	866	咸通七年		第8117页

从表2—1可知,黠戛斯相关的朝贡,集中在唐代(618—907)。其中,最后一次为咸通七年(866)。据《新唐书·回鹘传》,黠戛斯在咸通年间(860—873)曾三次朝贡,以降史官失传。① 看来,黠戛斯的朝贡,最晚以873年为下限。而Begre碑铭第6行则言 yašïm yeti yetmiš(我的年龄是67岁),② 即,Begre碑铭主人亡于67岁。据此可以推算,Begre碑铭的创作年代下限大致在925年。③ 那其上限如何呢?

如前所述,叶尼塞碑铭所反映的文字文化,相比突厥和回鹘的碑文,显得原始。叶尼塞碑铭的两大分布地——俄罗斯联邦的哈卡斯共和国和图瓦共和国,地处叶尼塞河上游山间盆地,地理环境闭塞,远离其他突厥语族社会。封闭的自然环境,无疑会阻隔这一地区与其他突厥语族社会的文字文化交流。叶尼塞碑铭所反映的文字文化的原始状态,并不意味这些碑铭的创作年代更为久远。相反,某些异体字的出现,应该是在封闭的自然环境下的独自演变。基于此观点,笔者相信,Begre碑铭的创作年代,绝不会早于突厥碑文出现的8世纪20年代。据此推断,Begre碑铭记录的出使中国的年代,不应早于会昌二年(842)。如此,Begre碑铭纪年上限则可推算为894年。而且,Begre碑铭中,表示名词与格词

---

① 《新唐书》卷217下《回鹘传下》,第6150页。
② Д. Д. Васильев, *Корпус тюркских рунических памятников бассейна Енисея*, pp. 20, 61, 92.
③ 计算方法 67 − 15 + 873 = 925 年。

缀的 +qa/kä 均变成了浊音 +γa/gä。① 这些现象不应被视作单纯的笔误，更应该被视作语言上的更发达形式。即便该现象仅仅是表明某些方言的特殊情况，但也同时反映语言发展历史上的进化。即，Begre 碑铭的纪年应晚于突厥回鹘汗国的碑文。总之，笔者的结论是，Begre 碑铭的纪年应在 894—925 年。

如这一结论无误，则 Elegest 1 碑铭纪年应与 894—925 年相差不远。库兹拉索夫（Л. Р. Кызласов）根据字体等的对比研究，推定 Elegest 1 碑铭纪年为 10 世纪中期，② 此说可从。如是，哈尔毕斯·巴里碑铭纪年极可能晚于 925 年。总之，根据印记的对比分析，哈尔毕斯·巴里碑铭的纪年上限不会早于 10 世纪初；其下限，参考 Begre 碑铭与 Elegest 1 碑铭的纪年，则不会降至 11 世纪。

三 关于"九姓达靼王国"

在包括叶尼塞碑铭在内的突厥鲁尼文碑刻中，toquz tatar（九姓达靼）字样，除哈尔毕斯·巴里碑铭之外，还确切见于突厥的毗伽可汗碑（建于 734 年）、③ 回鹘的希内乌苏碑、④ 塔利亚特碑。⑤ 但后续 el（国）以 toquz tatar eli（九姓达靼王国）的形式出现，据笔者所知，哈尔毕斯·巴里碑铭为唯一的存在。那"九姓达靼王国"究竟是何种国家呢？

关于 el，克劳森认为是由独立的统治者所统辖的政治集团，简言之，相当于英语的 realm。⑥ 特勤译作 people、state，⑦ 护雅夫则曾专做讨

---

① 如第 3 行的 ürüngümgä 的 +gä, qaramγa 的 +γa, 第 9 行 tabγač qanγa 的 +γa 均是名词与格词缀 +qa/kä 所对应的浊音。详见白玉冬《E11 贝格烈（Бегре）碑铭研究》，第 242—245 页。
② Л. Р. Кызласов, "Новая датировка памятников енисейской письменности", *Советская Археология*, No. 3, 1960, p. 119.
③ 东面第 34 行。见 T. Tekin, *A Grammar of Orkhon Turkic*, pp. 244, 277；耿世民《古代突厥文碑铭研究》，第 162 页。
④ 东面第 1、3 行。见 [日] 森安孝夫等《シネウス碑文訳注》，第 12、13、25 页；白玉冬《〈希内乌苏碑〉译注》，第 85—87 页。
⑤ 北面第 2、4 行。见 [日] 片山章雄《タリアト碑文》，第 170、173—174 页；耿世民《古代突厥文碑铭研究》，第 210—211 页。
⑥ *ED*, p. 121.
⑦ T. Tekin, *A Grammar of Orkhon Turkic*, pp. 330-331.

论。① 护氏认为，el（国）具备两种含义，其一为可汗所统治的国家，另一为可汗一族以封建诸侯的形式占有的采邑。而 toquz tatar eli 的情况是，九个部族的集合体被称为 el（国）。那么，在古突厥语中，出现在部族集团名称之后的 el 代表何意呢？

用古突厥语之一的回鹘语、回鹘文字创作于 1067 年的哈密本《弥勒会见记》（Maitrisimit）的序章第 14 页为祈愿文。② 其中，A 面第 20—27 行有如下内容：③

> taqï y(e) mä bu buyanaγ äŋ öŋrä [ävirär] biz t(ä)ŋri bügü el bilgä arslan t(ä)ŋri uyγur tärkänim(i)z qutïŋa alqatmïš on uyγur eli: otuz tegit oγlanï: toquz elči bilgäsi: miŋ tapïnur tümän ičräki-läri birlä miŋ tümän yïlqa tägi el ašayu y(a)rlïqamaq-larï bolzunlar:
>
> 另我们再把这福德首先转向我们的登里·牟羽·翳·毗伽·阿萨兰·登里·回鹘·帖尔坚陛下。愿他祝福的十姓回鹘王国的三十名王子们与九位国使大臣、成千的奉使者（宫廷护卫）、上万的内廷大臣们一起，永享国家之荣耀！

毋庸置疑，上文中的 on uyγur eli 指的是高昌回鹘王国。另，哈密顿研究的敦煌出土 10 世纪回鹘文文书之中，第 15 号文书第 27—28 行言：men γaw uluγ tiräk oγlï maxu čor täŋri yaγlaqïr eliŋ(ä) bir bardïm（我——高·乌鲁谷·迪列克之子玛·胡啜去过一次神圣的药逻葛王国）。④ 上文中的 yaγlaqïr eli（药逻葛王国），诚如哈密顿所言，指的是甘州回鹘王国。⑤

据上引两条史料，不难发现，在古突厥语中，部族集团名称后续 el 的

---

① [日] 護雅夫：《古代チュルクの社会構造》，氏著《古代トルコ民族史研究》第 1 卷，第 97—98 页。
② 年代考证见 [日] 森安孝夫《トルコ仏教の源流と古トルコ語仏典の出現》，《史学雑誌》第 98 編第 4 号，1989 年，第 26—27 页注 89。
③ 转写及译文参照 Geng Shimin and H. J. Klimkeit, *Das Zusammentreffen mit Maitreya: Die ersten fünf Kapitel der Hami-Version der Maitrisimit*, Teil I, Wiesbaden: Harrassowitz, 1988, p. 114; Kasai. Y, *Die Uigurischen Buddhistischen Kolophone*, BT 26, Turnhout, 2008, pp. 196-197。
④ J. Hamilton, *Manuscripts Ouïgours du IXe-Xe siècle de Touen-Houang: Textes Établis, Traduits*, Paris: Peeters France, 1986, p. 85.
⑤ J. Hamilton, *Manuscripts Ouïgours du IXe-Xe siècle de Touen-Houang*, p. 92, 注 15、27.

第二章 10—11世纪的九姓达靼游牧王国

情况下，el 代表的是某一部族集团所构成的由可汗统领的"国家"。据此而言，九姓达靼被称为 toquz tatar eli，很有可能是因为，当时他们构成一个高度集合的政治集团，乃至"国家"。

作为最具代表性的史料，《续资治通鉴长编》卷7乾德四年（966）六月条言"塔坦国天王娘子及宰相允越皆遣使来修贡"[1]。同书卷10开宝二年（969）条有"塔坦国天王娘子之子策卜迪来贡"[2]。据上引两条史料，可知塔坦（达靼）国存在天王娘子与宰相。

如前文所介绍，在突厥语族民族统治蒙古高原的时代，受其统领的古代蒙古语族达靼部落，曾受到突厥语族民族的文化影响。这些蒙古语族部落中，最具代表性的当为九姓达靼。[3] 实际上，见于朝贡史料的达靼国的称号——天王娘子与宰相允越，如下所述，可用古突厥语来解释。

张广达、荣新江二位考证，敦煌出土 S.6551《佛说阿弥陀经讲经文》，930年前后创作于高昌回鹘。该文书的赞美诗部分列举了高昌回鹘的可汗一族与职官。现引用第10—27行相关部分如下：[4]

> 睹我圣天可汗大回鹘国，莫不地宽万里，境广千山，国大兵多，人强马壮。天王乃名传四海，得（德）布乾坤，卅余年国安人泰。早授（受）诸佛之记，勠（赖）蒙贤圣加持，权称帝主人王，实乃化身菩萨。诸天公主邓林等，莫不阵（貌）夺群仙、颜如桃慈（李）、李（慈）人（仁）玉润。……诸天特勤，莫不赤心奉国，忠孝全身。……更有诸宰相、达干、都督、敕使、萨温、梅录、庄使、地略，应是天王左右，助佐金门。

首先，众所周知，高昌回鹘的最高统治者为可汗。上引史料所言"天王"，即是高昌回鹘的可汗。参照此例，达靼国的"天王"，也应为其国内的最高统治者。

---

[1] 《续资治通鉴长编》，第173页。引文中，原文衍字省略。
[2] 同上书，第237页。
[3] 本书第一章第二节，第48—54页。
[4] 文本参照张广达、荣新江《有关西州回鹘的一篇敦煌汉文文献》，第155页。图版见中国社会科学院历史研究所等编《英藏敦煌文献（汉文佛经以外部分）》全14卷，四川人民出版社1990—1995年版，第11卷，第107—108页。

其次，达靼国天王娘子的"娘子"之解释，也可从上引 S. 6551 文书得到启发。该文书中，作为称颂的对象，可汗之后，列有"天公主邓林"。诚如上述二位作者所言，"天公主邓林"可复原作古突厥语 täŋri qunčui täŋrim（神圣的公主夫人），代表高昌回鹘王国可汗的夫人"天公主"——可敦。[①] 即，高昌回鹘的可敦曾被称为"邓林"（täŋrim）。同理，达靼国"天王娘子"的"娘子"，如可用古突厥语 täŋrim 解释，则"天王娘子"可复原为古突厥语的 täŋri elig täŋrim，意为"神圣的国王夫人"。

最后，达靼国"宰相允越"频见于同时代的与回鹘相关的文书之中。在 S. 6551 文书中，"宰相"被置于"天特勤"之后。"天特勤"可复原作 täŋri tegin，代表可汗的兄弟或儿子。[②] S. 6551 文书显示，在高昌回鹘王国的官职体系内，"宰相"地位仅次于可汗家族。

另外，中国历史博物馆藏吐鲁番出土高昌回鹘王国时代的摩尼教寺院文书，为我们正确理解"宰相允越"提供了直接的素材。带有《总 8782T，82》《Y974/K7709》两种编号的该文书，钤有十一处朱色方印，印文为"大福大回鹘国中书门下颉于迦斯诸宰相之宝印"。[③] 张广达、荣新江二位以及森安孝夫均认为，朱印中的"颉于迦斯"为漠北回鹘汗国时期著名的高官称号 el ögäsi/ügäsi 的音译，其级别相当于宰相，这可从朱印中与之相对应的"中书门下"确认到。[④] 反言之，高昌回鹘的官号宰相，可复原作古突厥语 el ögäsi/ügäsi（国家之顾问）。而方才介绍的达靼国"宰相允越"的允越也可用古突厥语 el ögäsi/ügäsi 来解释。[⑤] 如此，达靼国的"宰相允越"，其在国内地位近似与高昌回鹘的"中书门下颉于迦斯"，意为达靼国"国家之顾问"。

综上，虽然史料并未明记宰相以外的达靼国的其他官职名称，但这并不能成为阻碍了解达靼国官制的积极因素。根据汉籍记录的达靼国的"天王"（täŋri elig）与"宰相允越"（el ögäsi/ügäsi）等官号，可推定达靼国内存在以"天王"为最高点、以"宰相"为官僚之首的金字塔状的官僚体

---

① 张广达、荣新江：《有关西州回鹘的一篇敦煌汉文文献》，《文书典籍与西域史地》，第 164 页误印作 täŋri qunčui tämgrim，此处从《西域史地丛稿初编》，第 227 页。
② 张广达、荣新江：《有关西州回鹘的一篇敦煌汉文文献》，第 164—165 页。
③ [日] 森安孝夫：《ウイグル＝マニ教史の研究》，第 127—128 页。
④ 同上注；张广达、荣新江：《有关西州回鹘的一篇敦煌汉文文献》，第 165—166 页。
⑤ 本书第二章第一节，第 66—67 页。

系。即，从官制而言，达靼国可视作一个"国家"。

四 "河西达靼国"之质疑

至此，《续资治通鉴长编》记录的10世纪时期的达靼国，理应被推定为漠北的"九姓达靼王国"。不过，因研究视角的不同，部分学者认为该达靼国应为"河西达靼国"。① 而系统研究室韦—达靼历史的张久和，在其关于原蒙古人历史的专著中专列一章，探讨"河西达靼"。②

主张10—11世纪河西地区曾存在达靼国的学者们，主要依据的是与活动于河西地区的达靼人相关的敦煌出土文书。这些出土文书有20件左右，其中明确记录达靼人驻地的，唯有写作年代在10世纪初，尤以924—925年的可能性为大的于阗语 P. 2741 文书。③ 该文书在记录甘州回鹘王国发生内乱，并与沙州归义军政权处于战争状态时，提到达靼人曾骑马两三次来到位于甘州与沙州之间的黑山和蓼泉，并封锁了沙州东面的肃州与蓼泉间道路。④ 该文书中，达靼人的驻地被记为 Buhäthum。贝利（H. W. Bailey）认为 Buhäthum 拼写的是汉语"武（buhä）"与"都（thum）"，并将该城位置比定在黄河流域。⑤ 西姆斯·威廉姆斯（N. Sims-Williams）与哈密顿（J. Hamilton）在研究敦煌出土10世纪粟特语文书时，曾就 P. 2741 文书记录的达靼人发表过见解。二位在 P. 28 文书译注中，专门探讨了该文书记录的粟特商人曾去过的达靼国，主张该文书所言达靼国指的是沿今甘肃省北部沙漠地带的、被达靼人所占据

---

① 黄盛璋：《敦煌于阗文书中的河西部族考证》，《敦煌学辑刊》1990年第1期，第61—62页；陆庆夫：《河西达怛考述》，第569页；施安昌：《故宫藏敦煌己巳年樊定延酒破历初探》，《故宫博物院院刊》2000年第3期，第71—74页；谭蝉雪：《〈君者状〉辨析》，第103—104页。
② 张久和：《原蒙古人的历史》，第190—199页。
③ 详见本书第三章第二节。
④ 文书第118—120行。见 H. W. Bailey, *Saka Documents Text Volume* (Corpus Inscriptionum Iranicarum, Pt. 2: Inscriptions of the Seleucid and Parthian Period and of Eastern Iran and Central Asia, Vol. 5: Saka), London: Lund Humphries, 1968, p. 66。
⑤ H. W. Bailey, *The Culture of the Sakas in Ancient Iranian Khotan* (Columbia Lecture on Iranian Studies, No. 1), New York: Caravan Books, 1982, pp. 84, 86; H. W. Bailey, "Ttattara", *Indo-Scythian Studies being Khotanese Texts*, Vol. 7, London: Cambridge University Press, 1985, p. 93.

之地区；并引用 P. 2741 文书，认为甘州、肃州间曾存在达靼人。① 另外，详细刊载 P. 2741 文书中文译注的黄盛璋也认为"达靼人骑乘两三个小时到达黑山与蓼泉。"②

相反，笔者在贝利的研究基础上，依据浩夫道根（E. Hovdhaugen）关于于阗语中的突厥语词汇、恩默瑞克（R. E. Emmerick）关于于阗语辅音音素的研究成果，并结合高田时雄关于于阗文文书中的汉语词汇及其对9—10 世纪河西方言的研究成果，对 Buhäthum 一词进行了语音分析。认为于阗文 bu 除了拼写贝利提出的汉语音 bu 之外，还存在拼写汉语音 pu，以及古突厥语音 bu 两种可能性，hä 则存在拼写古突厥语的后口盖音 γ，以及汉语 –k 入声韵母两种可能性。进而提出，Buhä 存在拼写古突厥语音 buγ 或汉语河西音 puk 两种可能。最终，笔者主张 Buhäthum 可视作古突厥语的 Boquγ Qan Balïq，可比定为《辽史》所记"卜古罕城"，即位于今蒙古国鄂尔浑河畔的漠北回鹘汗国都城 Ordu Balïq、现哈剌巴剌噶孙遗址。③ 如笔者对 P. 2741 文书所言达靼人驻地的比定无误，则占据漠北中心地域的九姓达靼，在 10 世纪初即已经深入到了河西地区。另外，据日本学者田中峰人的研究，10 世纪时期，甘州回鹘王国存在左右翼体制，其中的右翼驻地，位于甘州、肃州北面的额济纳河一带的草原地带。④ 在甘州回鹘右翼所在河西地区北部，同时期不可能出现一个"河西达靼国"。

另外，清徐松辑《宋会要辑稿》蕃夷 4《回鹘》记载："至道二年（996）十月，甘州可汗附达怛国贡方物，因上言愿与达靼同率兵助讨李继迁，优诏答之。"⑤ 孙修身曾指出，这是由于党项的隔断，甘州回鹘才北同

---

① 注 E9. 1。见 N. Sims-Williams, J. Hamilton, *Documents Turco-Sogdiens du IXe-Xe Siècle de Touen-Houang* (Corpus Inscriptionum Iranicarum, Pt. 2, Inscriptions of the Seleucid and Parthian Period and of Eastern Iran and Central Asia, Vol. 3: Sogdain, 3), London: School of Oriental and African Studies, 1990, p. 45。

② 黄盛璋：《敦煌于阗文 P. 2741, Ch. 00296, P. 2790 文书疏证》，《西北民族研究》1989 年第 2 期，第 44 页。

③ 白玉冬：《于阗文 P. 2741 文书所见达靼驻地 Buhäthum 考》，第 235—238 页。详见本书第三章第一节，第 101—106 页。

④ ［日］田中峰人：《甘州ウイグル政権の左右翼体制》，载［日］森安孝夫编《ソグドからウイグルへ》，（东京）汲古书院 2011 年版，第 282—285 页。

⑤ 《宋会要辑稿》，中华书局 1957 年版，第 7714 页。年代据马端临《文献通考》卷 347《四裔·回纥》，中华书局 1999 年版，第 2721 页。

达靼联手,附之而走草原路朝贡于宋。① 笔者曾对此观点表示赞同,并就敦煌出土文书记录的与甘州回鹘保持同盟关系的达靼应视为九姓达靼,已专做讨论,② 此不赘言。除此之外,关于敦煌出土文书记录的与沙州归义军政权互通使者的达靼,笔者已论证其应出自漠北的九姓达靼。③

综上,笔者以为,部分学者提出的"河西达靼国"与"河西达靼"这种叫法,并不见于任何史料,其可信度极低。④

五 "九姓达靼王国"与北宋之交往

关于九姓达靼可视作一个"国家",笔者从官制出发,阐述了见解。那他们的对外关系,是否也反映笔者的这一主张呢?

太平兴国六年(981),出使高昌回鹘的宋使王延德,曾途经九姓达靼。该九姓达靼驻地位于漠北中心地带,自前田直典考证以来,已成学术界主流。而王延德的《西州程记》为我们提供了一条关于九姓达靼社会发展的真实的记录:⑤

> 次历屋地因族。盖达干于越王子之子。次至达干于越王子族,此九族达靼中尤尊者。次历拽利王子族,有合罗川,唐回鹘公主所居之地,城基尚在。

据上引史料,达干于越王子族为九族(姓)达靼中身份最高者,而屋

---

① 孙修身:《试论甘州回鹘和北宋王朝的交通》,《敦煌研究》1994年第4期,第47页。
② 白玉冬:《于阗文P.2741文书所见达靼驻地Buhāthum考》,第238—242页。
③ 白玉冬:《十世紀における九姓タタルとシルクロード貿易》,第1—36页。
④ 据H. W. Bailey, "Ttattara", pp. 92–94 介绍,《塞语文献文书卷》(*Saka Documents Text Volume*) 第2卷第77页 P. 2024《于阗使臣奏稿》中,记录有前往沙州的于阗使者曾与 Kūysa 地方的达靼首领进行物物交换。笔者查阅 P. O. Skjærvø, *Khotanese Manuscripts from Chinese Turkestan in the British Librarym, A Complete Catalogue with Texts and Translations*, with contribution by U. Sims-Williams, London: British Library Publishing, 2002, p. 577 关于 Khot missing frags. 2 的最新研究,惜未见相关叙述。可能贝利所言文书编号出现了偏差。关于地名 Kūysa,贝利将其与 Quz 国,即汉籍记录的虎思(位于今吉尔吉斯共和国楚河州托克马克境内)联系起来。按前往沙州的于阗使者不可能绕道中亚, Kūysa 应在于阗与沙州之间。该地的达靼人,极可能隶属高昌回鹘,大概与11世纪后期出现于柴达木盆地附近的草头达靼有关,但仍不能称之为河西达靼。
⑤ 详见本书第二章第一节,第60—61页。

地因族为达干于越王子之子统领的部族。即，九姓达靼中最强势的部族酋长以子统率其他部族。前田直典据此条记录，推定10世纪的九姓达靼社会发展已达到原始国家阶段，惜未能深究。① 另关于未明记九族的达靼，《续资治通鉴长编》卷24太平兴国八年（983）条言:②

> 塔坦国遣使唐特墨与高昌国使安骨卢俱入贡。骨卢复道夏州以还。特墨请道灵州，且言其国王欲观山川迂直，择便路入贡。诏许之。

关于上文中以国王名义朝贡北宋的塔坦（达靼）国，前田直典认为是九姓达靼。③ 而国内学者不约而同地将其比定为"河西达靼（国）"。④ "河西达靼（国）"一说，果真正确吗？

据上引史料，高昌国使者经由夏州回国，而塔坦国使者要求经由灵州回国。夏州位于今鄂尔多斯地区南部，现陕西省靖边县，灵州位于夏州以西、黄河西岸，今宁夏灵武市。当时的灵州是经由河西走廊的丝路干线进入内地的门户。上述经由灵州的达靼被视作"河西达靼（国）"，很明显是受到了灵州与河西走廊间的交通之利的影响。但中唐以后，灵州不仅是连接内地与河西走廊的交通要地，同时通过其北侧的贺兰山以及西受降城，与漠北的回鹘本土联系在一起。⑤ 与之前的回鹘相同，漠北的九姓达靼，利用灵州与内地保持联系，并无不解之处。

据《续资治通鉴长编》卷22太平兴国六年（981）三月——高昌回鹘始派使者麦索温朝贡北宋。而同书同年五月条提到作为对高昌回鹘朝贡的答聘使，宋朝派遣王延德一行出使高昌。⑥ 据《宋史·高昌传》记载，王延德一行于太平兴国六年五月出发，翌年（982）四月抵达高昌，第三年

---

① ［日］前田直典:《十世纪时代の九族达靼》，第257页。
② 《续资治通鉴长编》，第566页。
③ ［日］前田直典:《十世纪时代の九族达靼》，第254页。
④ 黄盛璋:《敦煌于阗文书中的河西部族考证》，第61—62页；陆庆夫:《河西达怛考述》，第569页；张久和:《原蒙古人的历史》，第190—196页；施安昌:《故宫藏敦煌己巳年樊定延酒破历初探》，第71—74页；谭蝉雪:《〈君者者状〉辨析》，第103—104页。
⑤ 严耕望:《长安西北通灵州驿道及灵州四达交通线》，《唐代交通图考》第1卷（中央研究院历史语言研究所专刊），1985年，第207、217—218页。
⑥ 《续资治通鉴长编》，第490、492页。

第二章　10—11世纪的九姓达靼游牧王国

（983）春踏上归途，雍熙元年（984）四月返回开封。① 考虑到上述王延德一行的日程，上面介绍的朝贡北宋的高昌国使与达靼国使，应是王延德在高昌回鹘滞留期间到达北宋的。无独有偶，《续资治通鉴长编》卷25雍熙元年（984）四月条记录道：②

> 延德初自夏州历王（玉）庭镇、黄羊平，所过蕃部，皆以诏书赐其君长袭衣、金带、缯帛。其君长各遣使谢恩。又明年，延德与其使凡百余人，复循旧路而还，于是至京师。

该文记录的王延德返回京师的年代——"明年"，如前文介绍，为雍熙元年，即984年。那接受王延德访问的蕃部在"明年"之前派遣使者向宋朝谢恩的年代，应为太平兴国八年（983）。可见，诚如前田直典所言，983年以国王名义与高昌回鹘一同朝贡宋朝的达靼国，定为王延德于981年在漠北访问过的九姓达靼无疑。又，李心传《建炎以来朝野杂记》言："（达靼）太祖、太宗朝各再入贡，皆取道灵武而来。及继迁叛命，遂绝不通。因为契丹所服役。"③

据李心传之言，达靼在北宋太祖朝（960—976年在位）与太宗朝（976—997年在位）曾分别入贡两次。李心传笔下的达靼朝贡的次数及年代，与前面介绍的达靼国之朝贡——《续资治通鉴长编》所见乾德四年（966）、开宝二年（969）、太平兴国八年（983）的朝贡以及见于《宋会要辑稿》的至道二年（996）的朝贡相一致。既然太平兴国八年朝贡的达靼国为漠北的九姓达靼，那没有理由不承认，其余三次朝贡的达靼国同为九姓达靼。即，以"国王""天王娘子""宰相"名义朝贡宋朝的达靼国，均为11世纪初没入契丹控制的达靼。换言之，他们应是以九姓达靼为核心的《辽史》所记之阻卜。④ 那九姓达靼为何以不同名义朝贡宋王朝呢？

关于此问题，记录甘州回鹘与唐朝政府间朝贡贸易明细的敦煌出土

---

① 《宋史》卷490《高昌传》，中华书局1977年版，第14112页。
② 《宋史·高昌传》，第579页。
③ 李心传：《建炎以来朝野杂记》（下）卷19《鞑靼款塞·蒙国本末》，中华书局2000年版，第847页。
④ 关于达靼没入契丹控制的详细考证，见陈得芝《辽代的西北路招讨司》，第25—38页。

S.8444文书可为我们提供有价值的信息。该文书由三部断片、约五张纸衔接而成,其写作年代已由土肥义和考订为898—903年。受篇幅所限,笔者在此不能详细引用,但该文书告诉我们一个不争的事实,即,甘州回鹘的可汗、宰相、皇后、公主等曾经分别以各自名义向唐朝朝贡,以获取唐政府的高额回赐品以及由此带来的商业利润。[①] 张广达亦从敦煌出土文献中收集大量事例,阐述唐末五代宋初西北地区交通往来的特色是依靠不定期的班次,班次除部分从事贸易者外,大多为官员、使者往来的"使次"。[②] 而"使次"往往与朝贡贸易密不可分。参照这些事例,我们有理由认为,九姓达靼王国对宋朝的朝贡,完全是"国家"主导的官方贸易。他们分别以"天王娘子""宰相""天王娘子之子"以及"国王"的名义朝贡,其目的在于以正当名分获取宋廷的回报,以充当"国家"运转的财源。正因为九姓达靼曾与宋朝保持直接的朝贡关系,故宋辽间战争结束后签订"澶渊之盟"的翌年,《辽史》记载"甲午,阻卜铁剌里遣使贺与宋和","己亥,达旦国九部遣使朝贡"。[③]

综上,10世纪时期,九姓达靼直接朝贡宋朝;而同时期,他们与契丹就漠北草原的霸主地位展开了激烈的抗争。这些现象表明当时的九姓达靼,构成的是一个与外部世界直接进行交往的独立政权,并与北宋中央王朝保持直接的朝贡关系。

回鹘汗国崩溃之后,黠戛斯曾短暂统治过漠北草原。之后,10—11世纪的漠北草原历史,因史料欠缺,始终模糊不清。这一时期,漠北游牧政权传统是否得到延续的问题,似乎从未受到学术界关注。经过笔者的论证,没有理由否认,10—11世纪初,九姓达靼之社会发展已达到了具备游牧国家特色的王权阶段。当时的九姓达靼王国,可以视作克烈王国的前身。成吉思汗创建的大蒙古国,应是承袭了九姓达靼游牧王国的政权传统。

---

① [日]土肥義和:《敦煌発見唐・回鶻間交易関係漢文文書断簡考》,《中国古代の法と社会——栗原益男古希記念論集》,(东京)汲古书院1988年版,第399—436页。其中,图版照片和录文见第401—403页,有关年代和甘州回鹘天睦可汗的考释见第407—418页。
② 张广达:《唐末五代宋初西北地区的班次和使次》,载《季羡林教授八十华诞纪念论文集》(下),江西人民出版社1991年版,收入氏著《西域史地丛稿初编》,上海古籍出版社1995年版,另收入氏著《文书典籍与西域史地》,第183—191页。
③ 《辽史》卷14《圣宗纪5》统和二十三年(1005)六月壬辰条,第175—176页。

诚然，因史料所限，作为国家特征之一的九姓达靼王国的税收问题，笔者尚未做具体论证。这一问题，有待今后进一步研究。

小　结

10世纪时期，九姓达靼占据着漠北草原核心地区，其居地主要在杭爱山至图勒河一带。而且，其部落名称，与《辽史》记录的阻卜部族名称，以及《史集》记录的克烈部及其分族名称有着密切关系。叶尼塞碑铭记录的"九姓达靼王国"，反映10—11世纪初，九姓达靼之社会发展已达到具备游牧国家特色的王权阶段。当时的九姓达靼王国，可以视作克烈王国的前身。这一时期的九姓达靼王国，与北宋中央王朝保持着直接的朝贡关系。

近代民族国家形成以后，现代国家观和现代民族史观对民族历史研究一直发挥着强烈的影响和制约作用。如何克服现代国家观的影响而正确理解前近代游牧国家，需要客观公正的视角。本章的研究，致力于摆脱和超越以往王朝史和民族史的习惯研究范式，融汇内亚游牧民视角与中原政权视角的多语种文字史料，因而获得了更高的人本主义的俯视视角。

第三章　戈壁通途：10世纪时期的草原丝路、九姓达靼与河西地区

20世纪初以来，欧美列强在中国西部的"探险"，开启了日后国际性显学敦煌学研究的大门。在斯坦因（M. A. Stein）、伯希和（P. Pelliot）等所获敦煌出土文献中，有20件左右的文书与达靼相关，涉及的文字除汉文外，还有于阗文、藏文、粟特文、回鹘文等。虽然这些文书在敦煌出土文献中所占有的比重微乎其微，但因其属于未经编撰的第一手资料，对达靼史研究而言，有着其他编撰文献不可具备的独特价值。本章就上述敦煌出土文书记录的达靼进行考察，以期学术界能够对10世纪时期漠北草原与河西地区的互动有所了解与关注。

第一节　敦煌文献所见达靼之源起[①]

一　达靼在敦煌文献中的出现

汉籍中有关九姓达靼的最重要史料——宋太平兴国六年（981）出使高昌的宋使王延德的行记《西州程记》，历来备受瞩目。关于他在行记中所记载的九族（姓）达靼的驻地，如第二章第一节所介绍，学术界主流观点基本认同是在漠北草原腹地。不过，近年仍有部分学者主张九姓达靼驻

[①]　详见白玉冬《于阗文P. 2741文书所见达靼驻地Buhäthum考》，第231—243页。

第三章 戈壁通途：10 世纪时期的草原丝路、九姓达靼与河西地区

地应在河西北部，① 或认为王延德经由的九族达靼驻地应在漠北，但河西北部同时存在河西达靼。② 造成上述分歧的根本原因，在于对王延德的西行路线的不同解释。关于此问题，前田直典、岑仲勉两位已作过精辟的考释。而且，笔者在第二章第一节做了进一步的补充与考证，兹不赘述。此处，笔者着重对敦煌文书记载的达靼驻地做一探讨，以验证河西北部是否曾经存在一个达靼国。

在与达靼相关的约 20 件敦煌出土文书中，唯有归义军时期的于阗文 P.2741 文书明确记录达靼人曾阻断河西大道，他们来自被称为 Buhäthum 的地方。毋庸置疑，对考察见于敦煌文书的达靼而言，地名 Buhäthum 所具有的历史学价值不言而喻。现从贝利（H. W. Bailey）的英译文中，摘译该文书第 118—120 行相关部分如下：③

> 现住在 Buhäthum 的达靼人，骑着马去了两三次黑山和蓼泉，从肃州到蓼泉的道路，已被此达靼人封锁。

上文中的黑山，据哈密顿（J. Hamilton）研究，指的是今甘州西、高台县境内的合黎山。④ 蓼泉至今仍有此地名，位于合黎山南麓。上文记述达靼人骑马去过黑山和蓼泉，且封锁肃州和蓼泉间的道路，可见达靼人曾深入河西腹地。

关于 P.2741 文书的写作年代，学术界大体认可其属于 9 世纪末至 10 世纪初，笔者则以为属于 924—925 年的可能性为大。⑤ 因涉及的问题颇为

---

① 黄盛璋：《敦煌于阗文书中河西部族考证》，第 61—62 页；陆庆夫：《河西达怛考述》，第 565—566 页；谭蝉雪：《〈君者者状〉辨析》，第 111 页。

② 张久和：《原蒙古人的历史》，第 190—196 页；冯培红：《归义军与达怛的关系》，氏著《敦煌的归义军时代》，甘肃教育出版社 2013 年版，第 378—383 页。

③ H. W. Bailey, *Saka Documents*, *Text Volume*, p. 66.

④ J. Hamilton, "Le pays des Tchong-yun, Čungul, ou Cumuda au X Siècle", *JA*, Vol. 265, 1977, p. 372.

⑤ 关于 P.2741 的写作年代，黄盛璋认为是 886 年，熊本裕认为是 887—888 年，张广达、荣新江二位认为有可能为 10 世纪前期，笔者以为应视作 925 年，赤木崇敏则主张应为 924 年 4—11 月。见黄盛璋《敦煌于阗文 P.2741、Ch.00296、P.2790 号文书疏证》，第 47 页；H. Kumamoto, "Two Khotanese Fragments Concerning Thyai Padä-tsā", *Tokyo University Linguistics Papers*, Vol. 11, 1991, p. 103；张广达、荣新江《于阗史丛考》，上海书店出版社 1993 年版，第 128—129 页；白玉冬《于阗文 P.2741 文书所见达靼驻地 Buhäthum 考》，第 233 页注 11；[日] 赤木崇敏《十世紀敦煌の王權と轉輪聖王觀》，《東洋史研究》第 69 卷第 2 号，2010 年，第 73—74 页。详见本书第三章第二节，第 127—128 页。

复杂，笔者此处只能割爱，容下一节细谈。总之，同比与达怛相关的其他敦煌文书，P.2741 属于年代较早的文书。可见，在探讨出现于敦煌文书的达怛时，该文书极具代表性。

作为力证河西达怛国存在的有力证据，陆庆夫、谭蝉雪二位也引用了笔者上面介绍的史料，只是与笔者所引用的史料来源不同。二位引用的是黄盛璋的译文，笔者引用的是贝利的英文译文。黄盛璋对 P.2741、Ch.00269、P.2790 等于阗文书的英译文进行释译且加以疏证，极大地方便了史学界对敦煌出土于阗文献的了解和利用，功不可没。但就笔者上引史料而言，与贝利的原文相比内容略有出入。该部分英文原文如下：

> The Tatar who now inhabit Buhäthum, they rode two or three times to Karataγ and Dyau-tcvinä. That which is the road from Sūk-cū to Dyau-tcvinä, that is closed by the Tatar.

黄盛璋在解释该段内容时，将 time 翻译成了"时"，即现住在 Buhäthum 的达怛人，骑两个或三个小时可到黑山与蓼泉。① 这一解释，影响颇大，这也成为河西北部曾经存在过达怛国的有力证据。黄盛璋在1989年论文中虽未对该达怛作详细考释，但在次年提出了"河西达怛"这一叫法，并指出河西达怛应为回鹘属部，与《辽史》的阻卜毫无关系。② 他虽未明言存在过河西达怛国，但他提出的河西达怛这一叫法，获得了学界的认可。陆庆夫根据达怛人骑马两三个小时即可到黑山与蓼泉这一路程，推断河西达怛国应在肃州到甘州北部一带。③ 谭蝉雪通过对 S.2241《君者者状》和 P.2629《酒账》的对比分析，得出河西达怛国位于蓼泉以西、福禄县以北、肃州以东的合黎山南麓这一结论，并引用上述黄盛璋的译文力图证明这一结论之正确性。④ 张久和虽未直接引用黄盛璋对 P.2741 文书的考释，但也认为唐末、五代到北宋初年，河西达怛从属于甘州、沙州等不同的回鹘政权。⑤ 总之，包括黄盛璋本人在内，上述学者在未对达怛人的

---

① 黄盛璋：《敦煌于阗文 P.2741、Ch.00296、P.2790 号文书疏证》，第 44 页。
② 黄盛璋：《敦煌于阗文书中河西部族考证》，第 62 页。
③ 陆庆夫：《河西达怛考述》，第 561 页。
④ 谭蝉雪：《〈君者者状〉辨析》，第 108—111 页。
⑤ 张久和：《原蒙古人的历史》，第 193—194 页。

第三章 戈壁通途：10 世纪时期的草原丝路、九姓达靼与河西地区

驻地 Buhäthum 进行考证的情况下，就断然肯定河西达靼国的存在。不过，笔者以为这里的 time 不能简单地等同于"时"。换言之，上引史料内容无法成为断定达靼人驻地就在河西北部的必要条件。因涉及的问题颇为复杂，很有必要先将 P.2741 文书记载的事项交代清楚。根据贝利、哈密顿以及黄盛璋的研究，我们了解到该文书的梗概如下：[①]

于阗使者 Thyai Padä-tsā 为保证七位王子顺利到达天朝而出使中原。他于某年 7 月中旬，在沙州向于阗王廷报告其出使途中在甘州回鹘的遭遇。据称，他于前一年的 10 月从于阗出发，通过仲云的领域到达了沙州。在沙州，被司空张尚书告知甘州回鹘在可汗死亡之后发生骚乱，突厥拔也古和撒温 Saγun 于迦等拥立了新的可汗。Thyai Padä-tsā 在 11 月 28 日从沙州出发，于 12 月 15 日到达甘州。第三天，甘州回鹘可汗接见了他，但通过甘州前往天朝的请求未能获得许可。第二年的 2 月，甘州回鹘的乌古斯（Oγuz）于迦和巴尔斯（Bars）于迦等 7 名于迦和 7 名梅禄前往玉门，投靠沙州人另立政权。3 月末，来自沙州的军队进入了甘州，25 名于迦带来了 2000 名仲云人和 200 名达靼人。之后，甘州回鹘的布喀（Buqa）可汗被杀害。当来自沙州的军队占据甘州时，突厥拔也古的军队来到了城里并杀害了乌古斯于迦等。之后，沙州的军队进军到了山丹，最后与 Begarakä Attimä 等 3 位于迦以及 3 位高官离开了甘州。不久，Thyai Padä-tsā 收到了沙州来信，告知被护送的 7 位王子和其他使者已到达沙州。于是他与突厥 Thyai Haryāsaka 洽谈允许王子和使者通过甘州继续前行，可是 Thyai Haryāsaka 被同罗人带到了达头部（tarduš）的驻地黑山。这样，Thyai Padä-tsā 一行被困在由龙家（Dum）占领、被回鹘包围的甘州城内长达 3 个月。后来，来自黑山的回鹘人阿里（Ariq）于迦、毗伽（Bilgä）于迦等进入城内，护送其一行 7 月 6 日到达沙州。之后他从来自甘州的人处了解到了甘州的情况。据称，现住在 Buhäthum 的达靼人，骑着马去了两三次黑山和蓼泉，从肃州到蓼泉的道路已被此达

[①] H. W. Bailey, *Saka Documents*, *Text Volume*, pp. 61–67; J. Hamilton, "Le pays des Tchong-yun, Čungul, ou Cumuda au X Siècle", pp. 370–372; 黄盛璋：《敦煌于阗文 P.2741、Ch.00296、P.2790 号文书疏证》，第 42—45 页。

鞑人封锁。从蓼泉到 Yipkin Taγ "紫山"，有达头部、突利斯部（tölis）和突厥拔也古的民众。

另外，据与 P. 2741 记录同一事件的 Ch. 00269 文书，[①] 我们还可了解到以下情况：

> 作者 Chikä Gūlai 一行到达沙州后不久，Bägräk Atem 于迦一行与沙州军队一同回到沙州，人们指责这些人物杀害甘州可汗、立年幼的太子为可汗。[②] Bägräk Atem 于迦与甘州回鹘可汗妃子私通，图谋与沙州联手攻陷甘州。[③] 甘州回鹘分成三派，互不相让：[④] 突利斯部、突厥拔也古、Hūttäbara[⑤] 和 Üč Inčü 住在紫山和 Bēdä Darūkä；[⑥] 回鹘人住在黑山；龙族、强盗和粟特人则住在城中。

对比上面介绍的 P. 2741 文书梗概和 Ch. 00269 文书所反映的情况，我们可以了解到 Ch. 00269 记录的妃子与 Bägräk Atem 于迦私通的可汗，应是 P. 2741 文书记载的被害的布喀可汗。可见，这段时间甘州回鹘内部发生了分裂，可汗连续更迭，局势处于混乱状态。

关于封锁肃州和蓼泉间道路的达鞑人，黄盛璋认为当属沙州军队带来

[①] 贝利、哈密顿、张广达和荣新江四位指出包括 P. 2741、Ch. 00269 在内的数件于阗文文书，写于同一时期、记录同一事件。详见 H. W. Bailey, "Irano-Indica", *BSOAS* 7, 1964, p. 323; J. Hamilton, "Le pays des Tchong-yun, Čungul, ou Cumuda au X Siècle", p. 373；［法］哈密顿《仲云考》，耿昇译，《西域史论丛》第 2 辑，1985 年版，第 179 页；张广达、荣新江《于阗史丛考》，第 127—129 页。

[②] P. O. Skjærvø, *Khotanese Manuscripts from Chinese Turkestan in the British Library*, A Complete Catalogue with Texts and Translations, with contribution by U. Sims-Williams, London: British Library Publishing, 2002, p. 511, *ll.* 58 – 65; H. W. Bailey, "The Seven Princes", *BSOAS*, Vol. 12, No. 3 – 4, 1948, repr 1964, p. 622, *ll.* 60 – 70.

[③] P. O. Skjærvø, *Khotanese Manuscripts From Chinese Turkestan in The British Library*, p. 511, *ll.* 66 – 69; H. W. Bailey, "The Seven Princes", p. 622, *ll.* 60 – 70.

[④] P. O. Skjærvø, *Khotanese Manuscripts From Chinese Turkestan in The British Library*, p. 512, *ll.* 75 – 79; H. W. Bailey, "The Seven Princes", p. 622, *ll.* 70 – 80.

[⑤] 黄盛璋认为 Hūttäbara 应为铁勒诸部之一的阿跌部。详见黄盛璋《敦煌于阗文 P. 2741、Ch. 00296、P. 2790 号文书疏证》，第 55 页。

[⑥] Bēdä Darūkä 无从考证，黄盛璋认为 Yipkin Taγ 紫山应在蓼泉和甘州之间。详见黄盛璋《敦煌于阗文 P. 2741、Ch. 00296、P. 2790 号文书疏证》，第 54—55 页。

第三章 戈壁通途：10世纪时期的草原丝路、九姓达靼与河西地区

的200人，① 陆庆夫、谭蝉雪二位主张该达靼人属于河西达靼国，② 张久和则认为是840年后迁入河西并占据了肃州一带的达靼人。③ 上述四位的主张，虽不尽相同，但其共同之处在于对文书记录的达靼人驻地Buhäthum未作任何考释，就断然肯定达靼人的归属。这些并未建立在对Buhäthum考证基础上的结论，恐怕难以服人。笔者以为确定上述达靼人的归属，关键在于对地名Buhäthum给出一个合乎情理的答案，否则各种推论都只能是无根之谈。

二 关于达靼驻地Buhäthum

关于达靼居地名Buhäthum，黄盛璋指出当译汉语地名，但未详尽其说。④ 众所周知，河西地区不仅处于东西交通要道，还通过肃州以北的居延路与漠北相通，民族混杂。是故，笔者以为在考虑Buhäthum的词源时，不宜把目光仅仅局限在汉语范畴之内。尤其是，归义军时期河西地区除了汉文以外还流行藏文。⑤ 而且，P.2741文书中关于达靼人的消息出自从甘州逃亡到沙州的人物之口。考虑到以上两点，笔者推断达靼人的驻地Buhäthum拼写的语音，存在汉语、藏语以及甘州回鹘所操的古突厥语的一种回鹘语三种可能。下面，笔者就其拼写的语音，从thum着手，阐述自己的见解。

第一，thum：贝利指出，于阗文的thum与thū相同，都是汉语中古音thu（都）的对音，是city之意。⑥ thū拼写thu（都）没有问题，但thum韵尾是鼻音，难以理解。据高田时雄研究，一等模韵u在伦敦所藏《金刚

---

① 黄盛璋：《敦煌于阗文P.2741、Ch.00296、P.2790号文书疏证》，第56页。
② 陆庆夫：《河西达怛考述》，第561页；谭蝉雪：《〈君者者状〉辨析》，第110—111页。
③ 张久和：《原蒙古人的历史》，第193页。
④ 黄盛璋：《敦煌于阗文P.2741、Ch.00296、P.2790号文书疏证》，第56页。
⑤ 关于藏文的流行，可从归义军政权、甘州回鹘政权都曾使用藏文官文书得到证实。归义军政权藏文官文书有Ch.73IV、P.1081、P.1284等，参见［日］山口瑞鳳《吐蕃支配期以後の諸文書》，同氏主编《講座敦煌6》（敦煌胡語文獻），（东京）大东出版社1985年版，第511、513、516页；甘州回鹘政权发布的藏文官文书有P.1188文书等，相关介绍参见［日］森安孝夫《イスラム化以前の中央アジア史研究の現況について》，《史学雑誌》第89编第10号，1980年，第65—66页。
⑥ H. W. Bailey, "Ttattara", p. 93.

经》于阗文译本中，只有一例用 - au 拼写，其余均用 - ū 拼写，而在出土文书中，除了 - ū 以外，还存在 - u、- um、- ā、- ūau 等多种形式。① 可见，《金刚经》译本着重强调每一个字音而拼写保持统一，但文书则是作者根据实际体验，着重记录日常使用的语音。此处的 thum 可认为是作者实际听到的语音。

第二，bu：贝利认为 bu 与 hä 连缀起来，用于拼写汉语"武"音 bu，主张 Buhäthum 相当于汉语的"武都"，并推测该城在黄河流域。② 按贝利解释，最有可能复原成"武都"的，应该是武威。武威位于河西走廊东部，自古以来就有游牧民族在这里活动。但我们在其他史料，尤其是在汉籍史料之中，还没有发现晚唐五代时期达靼人驻地在武威的有价值的线索。另外，武威、凉州在唐、五代时期是同地不同名，写作年代经蒲立本（E. G. Pulleyblank）考定为 925 年的于阗文河西地理文书，③ 即钢和泰（A. V. Staël-Holstein）藏卷所记录的地名 Lai-cū（凉州）。④ 这说明当时来往于河西地区的于阗使者，相比武威而言，更熟悉的是"凉州"这一叫法。这也降低了 Buhäthum 拼写武威的可能性。但考虑到同一文书内的地名 Dithu（Dithu）是指灵州，⑤ 即于阗文拼写汉语的"州"时，存在用"都"代替的现象，则 Buhäthum 存在可复原为"武州"的可能性。《元和郡县图志》卷 39《陇右道上》记录唐朝曾在陇右道设置武州。武州城位置，大致在今陇南地区，靠近四川省的武都县，位于长江支流白龙江流域。⑥ 众所周知，这里处于亚热带地区，作为游牧民族的达靼人不可能以此为驻地。从武威和武州的情况来看，贝利对 bu 的解释，似有牵强之嫌。

相对贝利的主张，浩夫道根（E. Hovdhaugen）则认为于阗文的 b 是摩擦音 β，用于拼写古突厥语的 b，但拼写汉语时不用于摩擦音，而用于爆破音。⑦ 按浩氏的解释，于阗文 bu 除了拼写贝利提出的汉语音 bu 之外，

---

① [日] 高田時雄：《コータン文書中の漢語語彙》，第 105 页。
② H. W. Bailey, "Ttattara", p. 93.
③ E. G. Pullyblank, "The Date of the Staël-Holstein Roll", *AM*, n. s., Vol. 4, No. 1, 1954, p. 90.
④ H. W. Bailey, "The Staël-Holstein Miscellany", *AM*, n. s., Vol. 2, No. 1, 1951, p. 12.
⑤ H. W. Bailey, *Saka Documents*, *Text Volume*, p. 67; J. Hamilton, Le pays des Tchong-yun, Čungul, ou Cumuda au X Siècle, p. 371.
⑥ 谭其骧主编：《中国历史地图集》第 5 册，第 61—62 页。
⑦ E. Hovdhaugen, "Turkish Words in Khotanese: A Linguistic Analysis", *Norsk Tidsskrift for Sprogvidenska*, Vol. 24, 1971, pp. 24, 177.

第三章 戈壁通途：10世纪时期的草原丝路、九姓达靼与河西地区

还存在拼写古突厥语音 bu 和与 b 相对的无声爆破音 p 为声母的汉语音 pu 两种可能性。

第三，hä：贝利认为是拼写汉语中古音 bu（武）时附加的软口盖音。① 前文已提及贝利对 bu 的解释有些勉强，那么对 hä 的这种解释也很难自圆其说。与此相对，恩默瑞克（R. E. Emmerick）则认为 hä 专门用于拼写古突厥语的后口盖音 γ，以及汉语的匣母、晓母和 -k 入声韵母。② 既然贝利的解释很难释清问题，那上述恩氏的主张应引起我们的重视。在 Buhäthum 之中，hä 后的 thum 为 thu（都）的对音，其声母为 th，看来 hä 不应与 th 一起构成 thum 的声母。这样，在上述恩氏所言可能的拼写中，hä 拼写构成汉语声母的匣母和晓母的可能性消失，只存在拼写古突厥语的后口盖音 γ 和汉语 -k 入声韵母这两种可能性。

综上，据贝利和浩夫道根关于于阗语 bu 音，贝利和恩默瑞克关于于阗语 hä 音所拼写的语言语音的横向比较研究成果，作为 Buhä 所拼写的原音，我们可以把藏语排斥在外。即，Buhä 存在拼写古突厥语音 buγ 或汉语音 puk 两种可能。若考虑到 Buhäthum 中的 thum 为汉语"都"的对音，则 Buhä 直接拼写古突厥语的可能性进一步缩小。故，笔者在探讨 Buhä 的语音问题时，着重以汉语音 puk 为重点。

我们知道，吐蕃在河西近百年的统治，使河西方言在音韵上与标准音有了很大变化。那么，于阗使者在河西地区记录的汉语音 puk 也应该反映这种变化。据高田时雄研究，10世纪河西音中，韵母 u 为标准音一等模韵 o 的转音，同时韵尾 k 与标准音保持一致。③ 按此推论，与 puk 相对的标准音应是 pok。另外，前文已提及于阗语 thum 应是汉语 thu（都）的对音，是 city 之意。根据以上两点，Buhäthum 可复原为标准音的 pok 城或 pok 都。该名称让我们想起《辽史》卷30《天祚纪》中的卜古罕城。12世纪20年代，耶律大石在率领漠北十八部众西行途中曾写信给回鹘王。《辽史》记录的相关内容如下：

---

① H. W. Bailey, "Ttattara", p. 93.
② R. E. Emmerick, "The Consonant Phonemes of Khotanese", Acta Iranica, Vol. 7 (Monumentum Georg Morgensterne I, Leiden), 1981, pp. 204 - 205.
③ [日] 高田時雄：《敦煌資料による中国語史の研究——九、十世紀の河西方言》，（东京）创文社1988年版，一等模韵的变化参见第310页，韵尾 k 的脱落与否参见第181页和附录3资料对音表第386、390、394、396、398、402、406、408、410、412、414、418页。

（耶律大石）先遗书回鹘王毕勒哥曰：昔我太祖皇帝北征，过卜古罕城，即遣使至甘州，诏尔祖乌母主曰：汝思故国耶，朕即为汝复之；汝不能返耶，朕则有之。在朕，犹在尔也。①

上文卜古罕城中，卜古的中古音可复原为 puk-ku②、puk-ʻkuo③。其中，卜的音值 puk 与前面介绍的据高田时雄研究而推定的卜（pok）稍有出入。不过，上引史料反映的是契丹的汉字音，恐怕不能完全以中原音来确定其音值。而且，词中 - o - 音与 - u - 音间的互转，并非特殊现象。总之，笔者推定复原的于阗使者记录的河西音 puk，相比上述复原得到的卜古的音值，少了后面的古音 ku 或 ʻkuo。那么 puk 有无拼写标准音卜古 puk-ku 或 puk-ʻkuo 的可能性呢？

前文已提及，标准音韵母 o 在 10 世纪河西音中已转变为 u，即 pok-ko 的河西音为 puk-ku。众所周知，亦都护称号是突厥语 ïduq qut 的音译。④显然，ïduq 的韵尾 - q 在汉语音译名亦都护中未被标出。而且，在拉施特《史集·部族志》中，ïduq qut 作 aīdī-qūt。⑤同样现象，还见于黠戛斯之名称。即，源自其祖源传说中的四十少女的 qïrq qïz，通常被写作 qïrqïz。这一现象，与其说是 - q 音的单纯消失，毋宁说是与紧随其后的声母 q - 合并为一，更合情理。与此相类似，在 puk-ku 或 puk-ʻkuo 中，ku 或 ʻkuo 受其前入声韵尾 - k 的影响，声母 k - 与入声韵尾 - k 合并成一，应不是特殊现

---

① 《辽史》，第 356 页。
② 郭锡良：《汉字古音手册》，第 92、105 页。
③ B. Karlgren, *Analytic Dictionary of Chinese and Sino-Japanese*, pp. 145, 230.
④ 如在后突厥汗国毗伽可汗碑东面第 25 行中写作 i D uQ T > ïduq qut，在摩尼文 M 919T. M. 417 吐鲁番出土回鹘语文书正面第 9 行和背面第 19 行写作 ïduq qut，在元代回鹘文《大乘无量寿经》跋文 U345 回鹘语文书中写作 ïduq qut。毗伽可汗碑参见 T. Tekin, *Orhon Yazıtları* 所收赫尔辛基藏拓片录文第 14 页第 17 行，同书所收拉德洛夫拓片 X 第 25 行，转写与译文主要参见 T. Tekin, *A Grammar of Orkhon Turkic*, pp. 243, 275；耿世民《古代突厥文碑铭研究》，第 159 页。M 919 文书主要参见 A. von Le Coq, *Türkische Manichaica aus Chotscho*, Vol. 3, *APAW*, 1922, pp. 33 - 35；[日] 森安孝夫《ウイグルから見た安史の乱》，原载《内陸アジア言語の研究》第 17 辑，2002 年，收入氏著《東西ウイグルと中央ユーラシア》，第 21—24 页；白玉冬《回鹘语文献中的 Il Ötükän Qutï》，《唐研究》第 22 辑，2016 年，第 398—399 页；U345 文书主要参见 Y. Kasai, *Die uigurischen buddhistischen Kolophone*, pp. 118 - 119, *l.* 30。
⑤ [伊朗] 拉施特：《史集》第一卷一分册，第 242 页。

第三章　戈壁通途：10世纪时期的草原丝路、九姓达靼与河西地区

象。另外，于阗出土10世纪时期的突厥鲁尼文木牍文书中，地名于祝写作 Üčü，而在1019年成立的德藏第三件回鹘文木杵文书中该地名写作 Uč（即 Uč）。① 即，此处地名于祝 Üčü 的韵母 -ü 曾发生脱落或清音化。鉴于此点，ku 的韵母 u 完全存在脱落或清音化的可能。是故，笔者推断于阗使者记录的达靼驻地 Buhäthum 的 Buhä 之河西音 puk，应是 puk-ku 或 puk-'kuo（卜古）的河西音 puk-ku 的语音变化。那 Buhäthum 有无拼写卜古罕城的可能性呢？

卜古罕城在《辽史》卷2《太祖纪》天赞三年条中记为古回鹘城，② 即漠北回鹘汗国在鄂尔浑河畔建造的都城——伊斯兰史料记录的 Ordu Balïq，唐代汉籍史料记载的回鹘牙帐。12世纪甘州回鹘早已灭亡，耶律大石致信的回鹘王只能是高昌回鹘国主。卜古罕城的罕城无疑是突厥语 Qan Balïq 的音译和意译的结合，卜古罕应指高昌回鹘祖源传说的始祖，即志费尼（Juwaynī）《世界征服者史》记录的 Boquɣ Qan，《高昌王世勋碑》记载的不古可罕。联想到耶律大石西行途中有求于回鹘王，或许是由于这个原因，他未使用回鹘城这一习惯叫法而专门使用了卜古罕城。总之，不论是高昌回鹘，抑或是甘州回鹘，他们称漠北回鹘汗国都城为 Boquɣ Qan Balïq "卜古罕城"，不悖于理。于阗使者记录的 Buhäthum，完全存在拼写 Boquɣ Qan Balïq 的可能性。笔者相信 Buhäthum 应是回鹘语 Boquɣ Qan Balïq 的音译和意译结合的河西音 Puk-thū（卜古都）的拼写。

综上，关于 P.2741 文书记录的骑着马去了两三次黑山和蓼泉，封锁了肃州和蓼泉间道路的达靼人驻地 Buhäthum，笔者视作漠北鄂尔浑河流域的 Boquɣ Qan Balïq（卜古罕城），即漠北回鹘汗国的都城 Ordu Balïq。通过以上分析，我们得到 P.2741 文书记录的深入河西腹地的达靼人之驻地，不是在河西北部，而是在漠北鄂尔浑河流域，即《辽史》记载的阻卜九部之驻地这一结论。③ 可见，若从 P.2741 文书，能够得出达靼人拥有达靼国

---

① 白玉冬、杨富学：《新疆和田出土突厥卢尼文木牍初探》，《西域研究》2016年第3期，第45—47页。
② 《辽史》，第20页。
③ 关于阻卜即达靼，主要参见王国维《鞑靼考》，第250—253页；蔡美彪《辽金石刻中的鞑（达）靼》，《学原》第3卷第3、4期合刊，1951年，第59—63页，修订稿《辽金石刻中的"鞑靼"》载《北京大学国学季刊》第7卷第3号，1952年，第377—387页，另收入史卫民编《辽金时代蒙古考》，内蒙古自治区文史研究馆1984年版，第51—57页。另，陈得芝进一步考证《辽史》的阻卜九部即九姓达靼。详见陈得芝《十三世纪以前的克烈王国》，第217—218页。

· 105 ·

这一结论的话，那达靼国也不应是如前辈学者所言的河西达靼国，而应是漠北的九姓达靼。笔者的这一观点也与九姓达靼的中心地域正在回鹘城，即卜古罕城附近这一学界主流相吻合。①

第二节　P.t.1189《肃州领主司徒上河西节度天大王书状》之达靼②

一　P.t.1189 藏文文书研究存在的问题

敦煌出土藏文文献，按写作年代可归为吐蕃统治时期（786—848年）与沙州归义军政权时期（851年至11世纪初期）两大类。关于后者，乌瑞（G. Uray）最早向学界进行了介绍，山口瑞凤在敦煌出土藏文文献的概述中给出了部分文书的日译文。③ 王尧亦对部分文书进行了译释。④ 而作为古藏文书信格式研究之一环，武内绍人首先介绍了包括拉丁字母转写在内的部分文书，并按样式进行了归类与年代划分，⑤ 之后着重利用归义军时期的藏文书信文书对吐蕃统治结束后藏文藏语在河西地区的行用进行了重

---

① 主要参见［日］前田直典《十世紀時代の九族達靼》，第241—242页；岑仲勉《达怛问题》，第125页；周良霄《达靼杂考》，《文史》第8辑，1980年，第78页；张久和《原蒙古人的历史》，第148—150页；［日］白石典之《9世紀後半から12世紀のモンゴル高原》，第588—592页；陈得芝《十三世纪以前的克烈王国》，第216—218页。
② 参见白玉冬《P. T. 1189〈肃州领主司徒上河西节度天大王书状〉考述》，《丝路文明》第1辑，2016年，第103—123页。
③ G. Uray, "L' emploi du tibétain dans les chancelleries des états du Kan-Sou et de Kotan postérieurs à la domination tibétaine," JA, Vol. 269, No. 1 - 2, 1981, pp. 81 - 90；［匈］乌瑞：《吐蕃统治结束后甘州和于阗官府中使用藏语的情况》，耿昇译，《敦煌译丛》第1辑，1985年，第212—220页；［日］山口瑞鳳：《吐蕃支配期以後の諸文書》，第511—521页。
④ 王尧：《敦煌吐蕃文书译释》，《王尧藏学文集》第4卷，中国藏学出版社2012年版。
⑤ ［日］武内绍人：《敦煌・トルキスタン出土チベット語手紙文書の研究序説》，［日］山口瑞鳳编《チベットの仏教と社会》，（东京）春秋社1986年版，第563—602页；T. Takeuchi, "A Group of Old Tibetan Letters Written Under Kuei-i-chün: A Preliminary Study for the Classification of Old Tibetan Letters," AOH, Vol. 44, 1990, pp. 175 - 190.

第三章　戈壁通途：10世纪时期的草原丝路、九姓达靼与河西地区

点介绍。① 荣新江、朱丽双二位则就相关10世纪时期于阗与敦煌间关系的藏文文书进行了包括转写、翻译与词注在内的系统介绍与考察。② 笔者关注的P. t. 1189文书，按照上述前辈学者的归类，即可以归为归义军政权时期。

P. t. 1189文书，是肃州地区首领司徒上给河西节度天大王，即沙州归义军政权最高首领节度使的正式公函，现藏巴黎法国国家图书馆，彩色图版见于国际敦煌项目（IDP）网站。文书共28行，宽29.5厘米，长68厘米，正面和背面各钤有朱印"肃州之印"。③ 据森安孝夫之说，朱印与文中横写的藏文呈平行方向。④ 据赤木崇敏之说，朱印钤于文本末尾与背缝部。⑤ 内容重点讲述发信人代表归义军政权，在肃州大云寺，与达靼人、仲云人和甘州回鹘人三方签署协议，约定三方自此不再向西劫掠沙州。其内容事关甘州、沙州、肃州三地间关系，达靼部族与仲云部族在河西地区的活动，以及河西当地的民间信仰等。

关于P. t. 1189文书，乌瑞最早给出了部分正文译文。⑥ 之后，山口瑞凤与武内绍人分别发表了正文与开头问候文的日译文，赤木崇敏则给出了全文的转写与日译文。⑦ 而王尧、陈践二位，以及任小波提供了全文转写

---

① ［日］武内绍人：《歸義軍期から西夏時代のチベット語文書とチベット語使用》，《東方学》第104辑，2002年，第106—124页。
② 荣新江、朱丽双：《一组反映十世纪于阗与敦煌关系的藏文文书研究》，载荣新江、朱丽双《于阗与敦煌》，甘肃教育出版社2013年版，第375—411页。
③ 相关介绍参见 M. Lalou, *Inventaire des manuscripts tibétains de Touen-houang conservés à la Bibliothèque NationaleFonds Pelliot tibétain*, 3 Vols., 1939 – 1961, Vol. 2, Paris: Adrien Maisonneuve, p. 79；王尧《法藏敦煌藏文文献解题目录》，民族出版社1999年版，第82页；［日］赤木崇敏《帰義軍時代チベット文手紙文書 P. T. 1189 訳註稿》，载［日］荒川正晴编《東トルキスタン出土〈胡漢文書〉の総合調査》，平成15—17年度科学研究费补助金研究成果报告书，（丰中）大阪大学文学部2006年版，第78页。
④ ［日］森安孝夫：《河西帰義軍節度使の朱印とその編年》，《内陸アジア言語の研究》第15辑，2000年，第6页注8。
⑤ ［日］赤木崇敏：《帰義軍時代チベット文手紙文書 P. T. 1189 訳註稿》，第78页。
⑥ G. Uray, "L'emploi du tibétain dans les chancelleries des états du Kan-Sou et de Kotan postérieurs à la domination tibétaine," p. 83；［匈］乌瑞：《吐蕃统治结束后甘州和于阗官府中使用藏语的情况》，第214页。
⑦ ［日］山口瑞凤：《吐蕃支配期以後の諸文書》，第519页；［日］武内绍人：《敦煌・トルキスタン出土チベット語手紙文書の研究序説》，第582—583页；［日］赤木崇敏：《帰義軍時代チベット文手紙文書 P. T. 1189 訳註稿》，第78—80页。

· 107 ·

与中译文。① 下面，笔者参照上述前人研究，给出 P.t.1189 文书译文，再作讨论。译文中，[ ] 内为紧前部分的转写，( ) 内为补充说明。

¹河西节度天大王［ha se tser to thyen the'i wong］尊前，²肃州领主司徒［sug cu'i dbang po si to］谨呈奏：

^{3—6}天大王［thyen the'i wong］尊前，冬季将尽，寒风依然凛冽。统治北道［ba dang］众多臣民，尊心疲惫，贵体安泰与否，特呈文问安。

⁷天大王［thyen the'i wong］尊前，吾等卑职来达此处时，按达头［dar'dos，即右翼］⁸因出［ayen'jo］（即部族首领）频繁上报之样报告给王［rgyal po］，故王［rgyal po］⁹给达头因出的大臣梅录［byi rog］与部族首领们下达了郑重指示。¹⁰达头因出的大臣梅录们率领众贤¹¹来到肃州［sug cur］。在大云寺［de'i yun zi］佛堂，和达靼［da tar］、仲云［ju ngul］、胡［hor，即甘州回鹘］¹²一同约以多闻天王为誓，人各甩一鞭，定今后不可在西面的¹³沙州方面出马扬鸣。¹⁴若有密行暗渡或急备鞍马在沙州方面掠夺者，¹⁵子为诛父，弟行戮兄。如此既定，践行誓约，则沙州方面之劫夺，何人不止？同时又有¹⁷沙州二男来此行窃，为我等捕获置于吾地时，^{18—21}胡（即甘州回鹘）九部族与众贤一同来到肃州，言"盗贼二人交于吾手"。卑职言不能使其逃脱，并发生口角，然终未交于胡。从吾地窃得我们城门钥匙与城墙边马匹，并欲逃脱的此二人大声谩骂于我，何有此理？²²现在二人仍在谩骂。城门大锁虽²³依然坚牢，但已遭破损的这个边境（即肃州）是主人大王［the'i wong］之城。人民的统治如何²⁴进行，依大王［the'i wong］之力为重，言于我杀掉此二人（？），未交于胡是我过错？后有沙州 Yo hong kwan 之弟来此传言，²⁶现遣吾处张押衙 Lha la skyabs 持书至尊前。²⁷迤东情况，无彼不知者。详情祈向²⁸押衙 Lha la skyabs 垂询。

---

① 王尧、陈践：《P.T1189〈肃州长官向天德王禀帖〉》，《敦煌吐蕃文书论文集》，四川人民出版社1988年版，第192—193、391—394页，收入王尧《敦煌吐蕃文书译释》，《王尧藏学文集》第4卷，第379—380页；任小波：《唐宋之际河西地区的部族关系与护国信仰——敦煌 PT1189.r号〈肃州府主致河西节度书状〉译释》，《西域历史语言研究集刊》第7辑，2014年，第108—109页。

第三章 戈壁通途：10世纪时期的草原丝路、九姓达靼与河西地区

据开头两行可知，该文书是由肃州领主司徒上呈给河西节度天大王，即沙州归义军节度使之公文。其中，第11—12行提到"在大云寺［de'i yun zi］佛堂，和达靼［da tar］、仲云［ju ngul］、胡［hor，即甘州回鹘］一同约以多闻天王为誓"。该部分，在早年的乌瑞译文中作"上天的有限之地已被达靼人、仲云人和回鹘人瓜分完毕"。笔者尚未发现其他相关达靼人、仲云人在肃州一带占据地盘的记录，故兹不取。

归纳起来，上引文中共出现7处"王"，分别是第1行的河西节度天大王［ha se tser to thyen the'i wong］，第3、7行的天大王［thyen the'i wong］，第8行的王［rgyal po］（两次），第23、24行的大王［the'i wong］。据内容可知，河西节度天大王［ha se tser to thyen the'i wong］与天大王［thyen the'i wong］、大王［the'i wong］均指收件人，即归义军节度使本人。而两次出现于第8行的王［rgyal po］，当与河西节度天大王不同。而先后三次出现于第7—10行的与发信人进行接触的达头因出［dar 'dos ayen 'jo］中，达头［dar 'dos］即是古突厥语族游牧政权右翼名称tarduš的音译。哈密顿利用于阗文钢和泰藏卷（Staël-Holstein），指出甘州回鹘存在左右翼体制，其右翼地在Qara Taγ（黑山），即今合黎山。① 田中峰人利用汉籍史料补充哈密顿意见的同时，指出甘州回鹘右翼驻地位于包括今合黎山在内的额济纳河流域草原地带。② 至于因出［ayen 'jo］，则是古突厥语 inčü的音译，可解释作持有封地的臣下，③ 笔者视作部族首领。鉴于此，文中出现的胡［hor］视作甘州回鹘，达头因出视作甘州回鹘右翼部族首领，两次出现于第8行的王［rgyal po］视作甘州回鹘可汗，合乎情理。概言之，该文书正文讲述三件事情，第一件是肃州领主司徒受归义军节度使之命，前往甘州面见回鹘可汗，之后与以甘州回鹘右翼部族首领为首的达靼、仲云、甘州回鹘三方达成协定，约定自此不再侵扰沙州；第二件是关于来肃州行窃的沙州二人处理情况的汇报；第三件是上书原委之说明。

关于P. t. 1189文书的写作年代，乌瑞据汉文史料得知达靼在958年朝

---

① J. Hamilton, "Nasales instables en turc khotanais du Xe siècle", *BSOAS*, Vol. 40, No. 3, 1977, pp. 517–518.
② ［日］田中峰人:《甘州ウイグル政権の左右翼体制》，第270—278、282—285页。
③ 相关inčü的讨论，主要参见 *ED*, p. 173; J. Hamilton, "Nasales instables en turc khotanais du Xe siècle", p. 516;［日］森安孝夫《ウイグル＝マニ教史の研究》，第196页。

贡，故推定为950年以后。① 武内绍人推定在曹氏归义军政权时期，②或10世纪。③ 森安孝夫与乌瑞持同样意见。④ 赤木崇敏主张该文书记录的肃州大云寺之盟，与 P. 3272《甘州使头阎物成文书》记录的归义军节度使曹元忠（944—974年在位）致甘州回鹘可汗的信件草稿中提到的盟约为同一盟约，坚持该文书写于967年十二月。⑤ 并以此为前提，推定收件人河西节度天大王当为沙州归义军节度使兼有大王称号的曹元忠，发信人肃州领主司徒为当时的瓜州团练使兼瓜州防御使曹延恭。笔者曾主张该文书成立于金山国（910—914年）时期，收件人为金山国王张承奉，发信人为肃州本土的"肃州家"之首领。⑥ 田中峰人在关于甘州回鹘左右翼体制的专文中，全盘接受上述赤木崇敏观点。⑦ 冯培红则认为曹延恭担任瓜州防御使时间是963—974年，不可能是967年的肃州司徒。⑧ 而最新研究的任小波则基于沙州与甘州之间互相骚扰的记录，进一步发展了上述赤木崇敏之说。⑨

按 P. 3272《甘州使头阎物成文书》写于967年正月，其中云："华翰所云：'令宰相密六往肃州，再设咒誓：自今已后，若有贼行，当部族内，随处除剪。'"⑩ 笔者承认，上文确与 P. t. 1189 文书所云盟誓有共通之处，但亦存在区别。如，作为甘州回鹘同盟者而被记录的 P. t. 1189 文书的达怛与仲云，并未出现在该文书中。而且，赤木崇敏为自圆其说，推定962—967年归义军出兵占领了肃州。惜现阶段还没有史料能够证明这一推定的

---

① G. Uray, "L'emploi du tibétain dans les chancelleries des états du Kan-Sou et de Kotan postérierurs à la domination tibétaine", p. 87；乌瑞：《吐蕃统治结束后甘州和于阗官府中使用藏语的情况》，第217页。
② ［日］武内紹人：《敦煌・トルキスタン出土チベット語手紙文書の研究序説》，第585页；［日］武内紹人：《帰義軍期から西夏時代のチベット語文書とチベット語使用》，第121—123页。
③ T. Takeuchi, "A Group of Old Tibetan Letters Written Under Kuei-i-chün", p. 187.
④ ［日］森安孝夫：《河西帰義軍節度使の朱印とその編年》，第118页。
⑤ ［日］赤木崇敏：《帰義軍時代チベット文手紙文書 P. T. 1189 訳註稿》，第83—84页。
⑥ 白玉冬：《八—十世紀における三十姓タタル＝室韋史研究——モンゴル民族勃興前史として》，博士学位论文，大阪大学，2009年，第122—132页。
⑦ ［日］田中峰人：《甘州ウイグル政権の左右翼体制》，第273页。
⑧ 冯培红：《归义军与达怛的关系》，第390页脚注3。
⑨ 任小波：《唐宋之际河西地区的部族关系与护国信仰》，第110—112页。
⑩ 年代考释与录文主要参见荣新江《归义军史研究》，第341—342页；［日］赤木崇敏《帰義軍時代チベット文手紙文書 P. T. 1189 訳註稿》，第83页。

第三章 戈壁通途：10世纪时期的草原丝路、九姓达靼与河西地区

正确性。相反，据荣新江研究，这一阶段归义军节度使曹元忠与甘州回鹘可汗称兄道弟，两地互通使节，乾德三年（965）还一同入贡北宋。[①] 倘若这一期间归义军出兵占领了当时受甘州回鹘控制的肃州（详见第三节），想必二者关系不会如此。而且，沙州与肃州之间出现流民盗贼并非稀奇。如写于金山国时期的 S.5394（P.5039）《宰相兼御史大夫臣张文彻上启》记录张文彻侄胡子"打马壹匹，兼有物色，波逃上国"。[②] 写作年代不明的 S.4362《肃州都头宋富怅家书》谈到肃州与沙州间"走马人不来者，便是作贼。大马莊日夜司渠作贼，走马使好言语来者，两地渐好"。[③] 写作年代约在962年的 P.2155V（2）《弟归义军节度使曹元忠至甘州回鹘可汗状》谈到回鹘人、肃州家、达靼人等侵掠瓜州与会稽。[④] 可见，相关盗贼来自沙州的第二部分内容不能成为确定 P.t.1189 文书年代的必要条件。

笔者注意到，在 P.t.1189 文书第23—24行中，"肃州领主司徒"向归义军节度使上言"已遭破损的这个边境（即肃州）是主人大王（即归义军节度使）之城。人民的统治如何进行，依大王之力为重"。仅据此而言，当时的肃州似乎是在归义军政权管控之下。不过，第17—22行叙述的关于沙州盗贼的言行与相关处理方式，又折射出当时的肃州与沙州间似乎不存在直接的隶属关系。笔者以为，上述两种略显矛盾的表述恰恰体现出肃州在政治所属上的不确定性。

肃州因其地理位置的特殊性——位于沙州与甘州之间，使得其在沙州归义军政权时期在政治所属上出现了不透明性。除归义军政权初期隶属沙州外，肃州在部分时期摇摆于沙州政权与甘州回鹘政权之间，后期则没入甘州回鹘之手。故，笔者以为，就讨论 P.t.1189 文书写作年代而言，对所钤"肃州之印"的年代分析，对沙州归义军政权时期肃州隶属于沙州的年代之考察等，不失是个行之有效的办法。

---

① 荣新江：《归义军史研究》，第339—341页。
② 录文主要参见唐耕耦、陆宏基《敦煌社会经济文献真迹释录》全5辑，数目文献出版社1986—1990年版，第4辑，第492页；荣新江《归义军史研究》，第227页；图版见中国社会科学院历史研究所等编《英藏敦煌文献（汉文佛经以外部分）》第7卷，第42页。
③ 录文主要参见唐耕耦、陆宏基《敦煌社会经济文献真迹释录》第5辑，第29页。
④ 录文主要参见荣新江《归义军史研究》，第339—340页；郑炳林《晚唐五代归义军疆域演变研究》，载郑炳林主编《敦煌归义军史专题研究续编》，兰州大学出版社2003年版，第28页。

二 "肃州之印"的使用年代

关于敦煌文书所见朱印之研究,具有代表意义的有丘古耶夫斯基(Л. И. Чугуевский)、森安孝夫、冯培红三位的研究。[①] 上述研究,对把握以沙州归义军政权为核心的河西地区印章之历史大有裨益。笔者以下相关考察,即受此启发。

据巴黎目录介绍,P. t. 1189 文书除外,"肃州之印"还见于 P. t. 1190 背面文书。[②] 森安孝夫对此着重进行了介绍,并指出 P. t. 1190 背面文书所钤"肃州之印"的使用年代为张淮深任归义军节度使时期(867—890 年)的乾符年间(874—879 年)。[③] 据巴黎目录介绍,P. t. 1190 背面文书宽28.5 厘米,长 30.6 厘米,明褐色单纸,无纸缝,1 厘米约 4 条过滤条纹,文书由 2 个断片构成,其中的第 1 断片仅"中院"2 字,与第 2 断片文字逆向粘贴在一起。[④] 据国际敦煌项目网站给出的图版,"肃州之印"钤于第5、6、7 行后半部分,第 1 断片似乎并非粘贴,而是与第 2 断片同纸。下面,笔者按上述图版给出录文。其中,□内文字是据赤木崇敏关于唐代公文研究得到的牒式 B 的标准格式,[⑤] 以及后面介绍的笔者关于 S. 389《肃州防戍都状》考释结果所做的复原,□代表不能判读的文字。

P. t. 1190V《乾符年间(874—879 年)肃州牒》
1　|肃|州|防|戍|都|牒|归|义|军|节|度|使|

---

① [苏]丘古耶夫斯基:《俄藏敦煌汉文写卷中的官印及寺院印章》,魏迎春译,《敦煌学辑刊》1999 年第 1 期,第 142—149 页;[苏]チュグイェフスキー:《ソ連邦科学アカデミー東洋学研究所所藏敦煌写本における官印と寺印》,荒川正晴译,《吐魯番出土文物研究会会報》第 98、99 号合刊,1994 年,第 1—14 页;[日]森安孝夫:《河西帰義軍節度使の朱印とその編年》,第 1—121 页,+1 table,+10 pls.;冯培红:《归义军节度观察使官印问题申论》,载刘进宝、[日]高田時雄编《转型期的敦煌学》,上海古籍出版社 2007 年版,第 297—329 页。
② M. Lalou, *Inventaire des Manuscripts Tibétains de Touen-Houang*, Vol. 2, p. 79. 另据大阪大学坂尻彰宏教授赐教,P. t. 1190 正面的藏文文书为书信断片。
③ [日]森安孝夫:《河西帰義軍節度使の朱印とその編年》,第 118 页。
④ M. Lalou, *Inventaire des Manuscripts Tibétains de Touen-Houang*, Vol. 2, p. 83.
⑤ [日]赤木崇敏:《唐代前半期の地方文書行政——トゥルファン文書の検討を通じて》,《史学雜誌》第 117 编第 11 号,2009 年,第 77 页。

第三章 戈壁通途：10世纪时期的草原丝路、九姓达靼与河西地区

2　无人守捉，城满□□□□□□□□□□
3　牒 恐有失事几，今专赉牒。牒　　归义军请□
4　□□二百人同为守捉度绝，他虞候兵马到予留。具
5　事由闻　奏，事须牒　归义军。请详来牒
6　合报者。谨牒。
7　乾符□年正月贰拾壹日
8　判官将仕郎试太常寺协律郎□□□
9　使兼侍御史□□牒

上文中，第6行与第7行之间有2行藏文。据武内绍人介绍，上述2行藏文是张氏归义军政权时期的书信问候文。① 看来，上述2行藏文当在汉文文书写成后所加，应与正文无直接关系。而正文主要谈到因守城士兵不足，请求归义军派兵援助。就钤有"肃州之印"且发现于敦煌而言，该文书是由肃州上给沙州归义军政权的公文，第8—9行的发信人极可能隶属归义军政权。

此后，"肃州之印"又出现于中和四年（884）前后，由肃州上达给归义军政权的 S.389《肃州防戍都状》。② 现引用相关部分如下：

¹肃州防戍都状　　　　上：
²右。当都两军军将及百姓并平善，提³备一切仍旧。自十月卅日，崔大夫到城⁴家，军将索仁安等便将本州印与⁵崔大夫。其大夫称："授防御使讫"，全不授⁶其副使。索仁安今月六日往向东，随⁷从将廿人。……¹¹其肃州印，崔大夫称："不¹²将与凉州防御使，去不得。"其索仁安¹³临发之时，且称将去，发后其印避崔¹⁴大夫，衷私在

---

① ［日］武内绍人：《歸義軍期から西夏時代のチベット語文書とチベット語使用》，第121、123页。
② 录文主要参见唐耕耦、陆宏基《敦煌社会经济文献真迹释录》第4辑，第487—488页；荣新江《归义军史研究》，第304页；图版见中国社会科学院历史研究所等编《英藏敦煌文献（汉文佛经以外部分）》第1卷，第179页。年代考证主要参见［日］森安孝夫《ウイグルと敦煌》，载氏著《東西ウイグルと中央ユーラシア》，第307页及其注9；荣新江《归义军史研究》，第305页。

· 113 ·

氾建立边留下。……

据上引文可知，第11行提到的"肃州印"应即第4行提到的"本州印"，且与赴任肃州的崔大夫密切相关。崔大夫在10月30日抵达肃州后，即收取该印，但并不授防御副使，又称索仁安若不交于凉州防御使，则不得带走该印。后来，肃州防戍都方面避开崔大夫，私下里把该印留在氾建立处，并就"肃州印"的上述波折，一一向归义军节度使做了汇报。显然，"肃州印"应是崔大夫到达肃州之前所使用的印，也即前文介绍的曾在乾符年间使用的"肃州之印"。李军以为上文"肃州之印"是"肃州防御使印"，①恐有闪失。至于从肃州军将收取肃州印的崔大夫，显然不是归义军方面所派遣人物，而应是当时正积极向河西东部挺进的唐朝政府所派。②"授防御使讫"的防御使，不应是张义潮在861年收复凉州后所任命的凉州都防御使，而应指唐政府设置的防御使。③凉州防御使应为受唐政府委派之人，极可能为中和四年至龙纪元年（884—889年）任摄凉州防御使并正授的翁郜。④

总之，围绕"肃州印"所发生的上述一系列事件，表明"肃州印"代表肃州官府的立场。这说明，仅依据印文无法判断其与沙州归义军政权间关系的"肃州之印"，应是归义军政权所颁。以此推论，前面 P. t. 1190V《乾符年间（874—879年）肃州牒》的发信人应隶属归义军政权，发信机关极可能同为肃州防戍都。

不过，P. t. 1189 文书情况与此不同。P. t. 1189 文书的发信人是肃州领主司徒，收信人是归义军节度使大王本人。按同时代的于阗使节经常带有都督、司空等称号，⑤参此而言，发信人肃州领主司徒称号未

---

① 李军：《晚唐政府对河西东部地区的经营》，《历史研究》2007年第4期，第38页注2。
② 关于当时唐朝向河西地区的势力扩大，主要参见李军《晚唐政府对河西东部地区的经营》，第32—40页；冯培红《归义军节度观察使官印问题申论》，第304—306页。
③ 如《京兆翁氏族谱》所收《赐劳翁部勒书》作于龙纪元年（889）4月16日，其中介绍翁部此前历任凉州都防御使判官、甘州刺使、摄凉州防御使并正授。相关介绍参见李军《清抄本〈京兆翁氏族谱〉与晚唐河西历史》，《历史研究》2014年第3期，第44页。
④ 关于翁部历任官职的归纳，见李军《清抄本〈京兆翁氏族谱〉与晚唐河西历史》，第44页。
⑤ G. Uray, "L'emploi du tibétain dans les chancelleries des états du Kan-Sou et de Kotan postérieurrs à la domination tibétaine", p. 84；[匈]乌瑞：《吐蕃统治结束后甘州和于阗官府中使用藏语的情况》，第217页。

第三章　戈壁通途：10世纪时期的草原丝路、九姓达靼与河西地区

必就是归义军政权或中原王朝正式赐予的官称。赤木崇敏提议的瓜州团练使兼瓜州防御使曹延恭虽可备一说，但即便当时曹延恭果真兼领肃州，其向归义军节度使提出的公函是否以肃州名义提出，颇值得怀疑。而且，P.t.1189文书是以藏文书写；而前面介绍的钤有肃州之印的P.t.1190V《乾符年间（874—879年）肃州牒》，以及透露出肃州之印发行原委的S.389《肃州防戍都状》均为汉文书信。诚然，藏文在归义军时代曾作为某种通用语而在河西地区行用，甚至在归义军境内也曾行用，① 不过，管辖肃州的归义军官员若熟知汉文——如赤木崇敏所言当时的曹延恭——何必舍近求远，在向其叔父归义军节度使曹元忠汇报工作时特意使用藏文呢？综合以上几点，笔者以为P.t.1189文书的发信人"肃州领主司徒"存在不擅长使用汉文的肃州当地部族首领之可能性。

无独有偶，武内绍人首次向学界介绍的《浙藏敦煌文献》第114号藏文文书（浙江省博物馆编号为089）亦与肃州有关。② 该文书是关于肃州领主及其属民背叛沙州归义军令公而被镇压，之后再向令公宣誓效忠的盟约之公文，内容包括遣使甘州与金鞍山神等。据图版，在文书左下方与右上方分别钤有汉字方印的1/4上部与1/4左下部。③ 笔者依据上述残印，推定该印应为"肃州之印"。不过，据坂尻彰宏赐教，武内绍人亦持同样看法。笔者虽与武内绍人取得了联系，惜未能寓目相关考证之文。值得一提的是，武内绍人把该文书年代归为10世纪后半叶的980年，但未给出理由。

武内绍人的意见固然值得重视，但笔者同时注意到，贯穿整个归义军政权时期，肃州势单力薄，其能够在归义军管辖之下但又背叛归义军，除非当时的归义军政权内部出现混乱或统治力衰退，否则最大可能是有外部支持。如是，上述浙藏第114号藏文文书中，遣使甘州恐怕是肃州背叛沙州的重要原因。而且，据荣新江关于归义军时期令公称号的使用年限而

---

① ［日］武内绍人：《歸義軍期から西夏時代のチベット語文書とチベット語使用》，第116—124页。
② 同上书，第120页，第114页注26。
③ 浙藏敦煌文献编纂委员会编：《浙藏敦煌文献》，浙江教育出版社2000年版，第207页。

言，上述令公当为928—931年的曹议金，或956—960年的曹元忠。① 而曹元忠在称令公时期，与甘州回鹘可汗互称兄弟。这个时期及以后，甘州与沙州使者往来不断，联系密切，关系融洽。② 鉴于此点，这一时期的甘州回鹘看来不太可能怂恿肃州背叛沙州。况且，尚无史料能够明证曹议金去世的935年以后，至曹元忠执政时期，乃至归义军政权覆灭为止，归义军曾占有肃州。是故，关于浙藏第114号藏文文书的收信人令公，笔者倾向于视作曹议金。

综上，据P. t. 1190V《乾符年间（874—879年）肃州牒》与S. 389《肃州防戍都状》，归义军政权所颁"肃州之印"曾使用于张氏归义军政权时期。而同样钤有"肃州之印"的浙藏第114号藏文文书，存在属于曹议金称令公的928—931年或曹元忠称令公的956—960年的可能性。上述能够确认到的"肃州之印"的使用年代，对推断P. t. 1189文书年代起到重要的参考作用。若考虑到同样以藏文写成，则P. t. 1189文书属于曹氏归义军政权时期的可能性更大一些。

三 归义军政权时期肃州的归属问题

归义军政权在848年将吐蕃势力驱逐出沙州、瓜州后，先后占据了肃州、甘州、凉州、伊州（今哈密）等，曾有一段时间控制住自今新疆东部至河西走廊的广阔地域。③ 然时过境迁，不久其疆域西面有西州回鹘王国、东面有甘州回鹘王国先后成立。加之在凉州一带，曾是吐蕃奴部的嗢末与吐谷浑势力逐渐坐大，更有唐朝政府向河西地区东部的积极推进。这些外

---

① 荣新江：《归义军史研究》，第103、107、120—121、129页。另据郑炳林介绍，写作年代为金山国时期的P. 2838 + P. 3765《转经文》，P. 2838 + P. 3765 + P. 3084《转经文》中，发愿文的对象除金山天子、金山圣文神武天子外，还有令公神武、令公，P. 2838 + P. 3765《四门转经文》则直言令公圣文神武。不过，由多个文书拼合而成的上述文书中，"令公"不排除是后人所加的可能。详见郑炳林《敦煌碑铭赞辑释》，甘肃教育出版社1992年版，第364—365页。关于张承奉称号的考证，参见李正宇《关于金山国和敦煌国建国的几个问题》，《西北史地》第2辑，1987年，第69—70页。
② 相关论证，见荣新江《归义军史研究》，第338—342页。
③ 主要参见［日］藤枝晃《沙州归义军节度使始末（一）》，《東方学報（京都）》第12卷第3号，1941年，第87—92页；荣新江《归义军史研究》，第148—155页；郑炳林《晚唐五代归义军疆域演变研究》，第4—13页。

第三章　戈壁通途：10世纪时期的草原丝路、九姓达靼与河西地区

部环境的变迁，使得归义军领地日渐缩小。降至曹氏政权时期（914年至11世纪初），文献中经常出现"二州六镇""二州八镇"等约定俗成的用法。① 虽然关于上述六镇、八镇的具体所指学术界并未达成统一意见，但学者们均不约而同承认二州指的是沙州与瓜州。据郑炳林关于归义军疆域变动的专文研究，曹元深执政时期的940—944年，归义军只管辖有瓜沙二州，这种状况一直延续到归义军末代节度使曹延禄（976—1002年在位）执政时期。② 《辽史》记录西北路招讨使萧图玉于统和二十八年（1010）五月出征甘州回鹘，破肃州，③ 但并未言及沙州。这反映当时的肃州与沙州并不存在隶属关系。另前文已介绍，虽赤木崇敏推定962—967年归义军出兵占领了肃州，但这一说法现阶段还难言成立。看来，若没有确凿的证据，我们很难断言在曹元深执政时期以降，肃州曾被置于沙州归义军政权管辖之下。是故，此处笔者着重对曹元深执政之前肃州的归属问题做一捋顺。

光启三年（887），肃州防戍都军将氾建立曾来沙州。④ 而氾建立正是S.389《肃州防戍都状》中提到的私下留下"肃州之印"的人物。氾建立抵达沙州，当与此前不久围绕"肃州之印"所发生的波折不无关系。荣新江据此指出887年时肃州仍属沙州，⑤ 当不误。此后的899年，归义军设置六镇时肃州已脱离归义军政权。⑥ 考虑到这一时期正值建国伊始的甘州回鹘势力蒸蒸日上，恐怕在张淮深执政期结束的890年后不久，肃州即已经脱离沙州，归入甘州回鹘势力之下。⑦

接下来，张承奉执政的金山国时期，归义军奉行积极对外扩张政策。⑧

---

① 相关研究史的归纳，见冯培红《归义军镇制考》，《敦煌吐鲁番研究》第9卷，2006年，第254—262页。
② 郑炳林：《晚唐五代归义军疆域演变研究》，第28—29页。
③ 《辽史》卷15《圣宗纪6》，第184页。
④ 荣新江：《归义军史研究》，第10页。
⑤ 同上书，第304—307页。相反意见见李军《晚唐五代肃州相关史实考述》，《敦煌学辑刊》2005年第3期，第94页。
⑥ 荣新江：《归义军史研究》，第12页。
⑦ 相关分析见荣新江《归义军史研究》，第307—308页。
⑧ 关于金山国成立年代，主要有906年、908年、910年7月三种意见。相关综述见郑炳林《唐五代敦煌金山国征伐楼兰史事考》，敦煌研究院编《段文杰敦煌研究五十年纪念文集》，世界图书出版公司1996年版，第403页注1。本书取910年7月。详见卢向前《金山国立国之我见》，《敦煌学辑刊》1990年第2期，第25页；荣新江《归义军史研究》，第219页。

910年，进攻以楼兰地区为中心的璨微取得胜利，[①] 但之后攻打西州回鹘属下的伊州却以失败告终。[②] 同时期，归义军还与东面的甘州回鹘发生了战斗。关于反映这场战争的 P.2594+P.2864《白雀歌》与 P.3633《龙泉神剑歌》，学者们虽多有研究，但相关战争的具体年代和进展情况却依然不明。[③] 唯有一点无疑的是，如 P.3633《辛未年（911）七月沙州耆寿百姓等一万人状上案》所记录，[④] 战争的最终结果是金山国战败，并与甘州回鹘结成父子之盟。不过，据 P.3633《龙泉神剑歌》反映，金山国与甘州回鹘曾在金河东岸发生战斗。[⑤] 金河即自西南向东北流经今酒泉（原肃州）市北的北大河，[⑥] 则，金河东岸当指肃州一带。显然，该战斗是沙州方面进攻甘州回鹘之结果，当然也不能完全排除沙州方面此前业已占据肃州之可能。不过，不论哪种情况，都只能说是昙花一现。因金山国败于甘州回鹘，肃州在金山国末期再一次脱离了归义军之手。[⑦]

诚如前辈所指出，曹议金（914—935年在位）称司空（924—925）、太保（925—927）的925年前后，归义军曾出征甘州回鹘，而且是在甘州回鹘控制的肃州与其发生战斗，这表明当时肃州是在甘州回鹘的控制之下。[⑧] 相关这场战争的 P.4011《儿郎伟》还记录在曹议金任人保年间，归义军与甘州回鹘间曾发生两次战争。[⑨] 其中的第一次，发生

[①] 主要参见荣新江《归义军史研究》，第220—221页；冯培红《归义军镇制考》，第267页。亦有学者主张是905年，参见郑炳林《唐五代敦煌金山国征伐楼兰史事考》，第403—408页；杨秀清《敦煌西汉金山国史》，甘肃人民出版社1998年版，第68页。
[②] 荣新江：《归义军史研究》，第361—363页。
[③] 王冀青：《有关金山国史的几个问题》，《敦煌学辑刊》第3辑，1982年，第47—48页；卢向前：《金山国立国之我见》，第15—16、21—23页；荣新江：《归义军史研究》，第220、224—226页；杨秀清：《敦煌西汉金山国史》，第111—114页。
[④] 相关考释主要参见［日］森安孝夫《ウイグルと敦煌》，第308—309页；荣新江《归义军史研究》，第226—227页。
[⑤] 卢向前：《金山国立国之我见》，第23页；荣新江：《归义军史研究》，第224页。
[⑥] 郑炳林：《晚唐五代归义军疆域演变研究》，第21页。
[⑦] 荣新江：《归义军史研究》，第227页；郑炳林：《晚唐五代归义军行政区划制度研究》，载郑炳林主编《敦煌归义军史专题研究续编》，第41页。
[⑧] 主要参见荣新江《归义军史研究》，第314—320页；郑炳林《敦煌碑铭赞辑释》，第20页。相关战争的史料见郑炳林《晚唐五代归义军疆域演变研究》，第26—27页。其中，郑炳林以为与"曹王"相关的战争发生于931—935年，有待进一步探讨。
[⑨] 郑炳林：《晚唐五代归义军疆域演变研究》，第25页；李军：《晚唐五代肃州相关史实考述》，第96页。

第三章　戈壁通途：10世纪时期的草原丝路、九姓达靼与河西地区

在926年，原因是甘州回鹘攻打从属于归义军政权的肃州的龙家。看来，归义军在925年的战斗中从甘州回鹘手中夺取了对肃州的支配权。荣新江指出，归义军此次出征甘州回鹘最终取得胜利，使得二者间关系相比此前发生了根本变化，原来的父子之盟发生了逆转。① 据此推断，在曹议金称令公的928—931年之后，沙州依然控制着肃州，概无问题。

关于降至曹议金称大王的931—935年的甘沙州间关系，森安孝夫与荣新江二位专门进行了讨论，二者均对哈密顿观点表示赞同。② 据介绍，曹议金在930—931年夏秋亲赴甘州与回鹘可汗会谈，之后沙州与甘州一同组团入贡后唐。荣新江还指出，截至曹议金去世的935年，沙州与甘州保持着友好关系。③ 不过，写作年代在曹议金任大王时期的P.2850《四门散花燃灯文》云：④

　　虔恭舍施者为谁施作？时则有坐前持炉某官。先奉为龙天八部，拥护流沙；梵释四王，保持玉塞。中天帝主，永镇伍那（郡）；府连（莲府）大王，退延久载。亲征张掖，统鸿军以静东羌；讨伐狼徒，愿清平而归西国。慈母公主，永荫长春。……伏愿加威神力，晏陇道一方之善深，宜（义）状引鸿军却归西塞。大王保寿，共天地而具存，上下康宁，尽见欢呼之庆。……

据上文得知，发愿对象之一的大王曾出征甘州回鹘。荣新江、郑炳林二位指出该大王应指曹议金。⑤ 显然，上述"亲征张掖"与930—935年沙州与甘州间的友好关系不符。笔者注意到，带有长兴二年（931）十二月二十六日日期的S.1181《祈愿文》也提到大王，其中言"旧岁远去他方，

---

① 荣新江：《归义军史研究》，第325—327页。
② ［日］森安孝夫：《ウイグルと敦煌》，第312页。
③ 荣新江：《归义军史研究》，第329—331页。
④ 录文主要参见荣新江《归义军史研究》，第322—323页；郑炳林《晚唐五代归义军疆域演变研究》，第26页。图版参见上海古籍出版社、法国国家图书馆合编《法藏敦煌西域文献》第29卷，上海古籍出版社1995—2004年版，第19卷，第103—104页。
⑤ 荣新江、郑炳林二位均未给出理由。大概是把史料中的大王夫人"慈母公主"视作曹议金的第一夫人，即甘州回鹘可汗之女使然。

应是嘉瑞嘉祥"。① P. 2049 背面文书《后唐长兴二年正月沙州净土寺直岁愿达手下诸色入破历算会牒》记录的长兴元年（930）初冬部分有"粟壹斗，令公东行时，大众送路用"。② 显然，此处大王的"远去他方"与"东行"，很难与 P. 2850《四门散花燃灯文》的"亲征张掖"相提并论，相反可以视作曹议金躬身出使甘州。是故，荣新江意见，即由多个文书拼合而成的上述 P. 2850 文书的"大王"恐怕是后人所加，此说可从。参此而言，926 年占据肃州后，对甘州回鹘处于明显优势地位的归义军政权至曹议金执政结束的 935 年为止一直控制着肃州这一推断，更合乎情理。而曹议金去世后，在新任节度使曹元德尚未站稳脚跟之时，肃州又开始脱离归义军控制——这恐怕是曹元德之后，曹元深开始执政时肃州已经脱离沙州管控的直接由来。

综上，笔者以为，肃州归属沙州归义军政权统辖的可能的时期，第一阶段为政权建立后至张淮深执政结束的 848—890 年；第二阶段为张承奉称大王的金山国时期，约 910—914 年；第三阶段为曹议金称司空、太保、令公、大王时期，约 925—935 年。以此推论，P. t. 1189 文书的收信人河西节度天人王，存在代指张承奉或曹议金二人之一的可能。

四 "河西节度天大王"之分析

综合第二小节关于肃州之印使用年代的分析、第三小节关于肃州归属归义军政权时期的考察，相比张承奉而言，P. t. 1189 文书"河西节度天大王"代指曹议金的可能性更大。那么，收信人称号是否能给我们提供一些支持呢？

首先，关于收信人河西节度天大王（ha se tser to thyen the'i wong），荣新江、朱丽双二位指出此处天大王（thyen the'i wong）是汉语语境下之意。③ 归义军节度使称号中带有"天"字的，唯有金山国时代的张承奉。如，S. 1563《西汉敦煌国圣文神武准邓自意出家勑》即钤有三处"敦煌国

---

① 参见［日］高楠顺次郎等辑《大正新修大藏经》第 85 册 No.2846《祈愿文》，（台北）新文丰出版公司 1973 年版，第 1298 页。
② 参见唐耕耦、陆宏基《敦煌社会经济文献真迹释录》第 3 辑，第 380 页；池田温《中国古代籍帐研究》，（东京）东京大学东洋文化研究所 1979 年版，第 6 页，第 245 行。
③ 荣新江、朱丽双：《一组反映十世纪于阗与敦煌关系的藏文文书研究》，第 391 页。

天王印"。① 此处的敦煌国，指的是金山国败于甘州回鹘后更改国名，天子之号改为天王的911—914年。显然，张承奉称号中的天王属于专用名词。若张承奉的称号天王出现于藏文之中，恐怕天与王之间不会加上大（the'i）字。何况，P.t.1189文书第23行与第24行中，天大王被简称为大王（the'i wong）。看来，即便把藏文的河西节度（ha se tser to）理解为与汉文的"敦煌国"具有相同寓意，但河西节度天大王的"天大王"仍很难与张承奉称号中的"天王"直接联系起来。如是，收信人称号中的"天大王"仅仅代表其是河西地区最高统治者而已，并非某一专用名词。

其次，文献史料所见归义军节度使称号中，"河西"二字时有时无。如，首任节度使张义潮与第二任节度使张淮深在位时，唐政府并未赐予河西节度使之号，但上述二人均自称过河西节度使。荣新江分析认为，其原因在于上述二人试图统治整个河西地区。② 不过，曹氏归义军政权时期与此不同，东有甘州回鹘，西有西州回鹘，归义军绝无可能恢复往日之盛。虽然如此，曹议金执政时期，如S.1181《长兴二年（931）十二月二十六日河西归义等军祈愿文》有"河西归义等军节度使检校令公大王……"，③ P.2704《后唐长兴四至五年（933—934）曹议金回向疏》有"河西归义等军节度使检校令公大王"之文。④ 而且，曹议金执政时期所建莫高窟第98窟甬道南壁的曹议金自身供养人像题名为"河西陇右伊西庭楼兰金满等州□□□□观察（处）……授太保食邑（一）（千）户……万户侯赐紫金……"。⑤ 曹元忠执政期（944—974年）内所建莫高窟第55窟曹议金供养人像题名为"河西陇右伊西庭楼兰金满等州节度使检校太尉兼中书令托西大王"。⑥ 即，曹议金称号中含有"河西"与"大王"。进言之，P.3262

---

① 录文主要参见唐耕耦、陆宏基《敦煌社会经济文献真迹释录》第4辑，第64页。关于印章的讨论，主要参见[日]森安孝夫《河西帰義軍節度使の朱印とその編年》，第46页；荣新江《归义军史研究》，第228页。
② 荣新江：《归义军及其与周边民族的关系初探》，《敦煌学辑刊》1986年第2期，第29页。
③ 荣新江：《归义军史研究》，第103页。
④ 唐耕耦、陆宏基：《敦煌社会经济文献真迹释录》第3辑，第85页；[日]森安孝夫：《河西帰義軍節度使の朱印とその編年》，第19—20页。
⑤ 敦煌研究院编：《敦煌莫高窟供养人题记》，文物出版社1986年版，第32页；贺世哲：《从供养人题记看莫高窟部分洞窟的营建年代》，载《敦煌莫高窟供养人题记》，第217页。
⑥ 敦煌研究院编：《敦煌莫高窟供养人题记》，第17页，年代考释见贺世哲《从供养人题记看莫高窟部分洞窟的营建年代》，第227页。

《建窟功德记》、P.3781《建窟功德记》称曹议金为河西节度使尚书，①S.4544《置伞文》称其为河西节度使大王。②总之，诚如冯培红介绍，③在曹议金执政时期，"河西"二字在敦煌地区出现了泛用的现象。看来，据汉文资料记录的曹议金称号而言，P.t.1189文书的收信人河西节度天大王视作曹议金，不悖于理。

综上，关于收信人河西节度天大王称号的上述分析，促使笔者更倾向于P.t.1189文书收信人应视作称令公大王时期（931—935年）的归义军节度使曹议金。

五　于阗文Ch.00269、P.2741文书记录的达靼人与仲云人

据以上第二、三、四小节的分析，不言而喻，笔者倾向于P.t.1189文书成立于曹议金称令公大王时期。那么，文书内容是否支持笔者的这一看法呢？

P.t.1189文书的重点内容是，发信人代表沙州方面与达靼人、仲云人和甘州回鹘三方，在肃州大云寺订立盟誓，约定三方自此不再侵扰沙州。谈到大云寺盟誓，P.3412《宋太平兴国六年（981）十月都头安再胜、都衙赵再成等牒》云"回鹘、达坦及肃州家相合，就大云寺对佛设誓，则说向西行兵"。④可惜，上述盟誓内容及所参与的相关部族，与P.t.1189文书不合。

笔者注意到，P.t.1189文书中，作为甘州回鹘的同盟者，见于P.3412文书的达靼除外，还有仲云。仲云又记作"种榲"，是位于沙州与于阗之间的以罗布泊地区为中心的部族。敦煌出土于阗文文书多次提

---

① 荣新江：《归义军史研究》，第98—99页。
② 黄征、吴伟：《敦煌愿文集》，岳麓书社1995年版，第457页。
③ 冯培红：《论晚唐五代的沙州（归义军）与凉州（河西）节度使》，载张涌泉、陈浩编《浙江与敦煌学——常书鸿诞辰一百周年纪念文集》，浙江古籍出版社2004年版，第250页。
④ 录文参见唐耕耦、陆宏基《敦煌社会经济文献真迹释录》第4辑，第5—7页；[日]赤木崇敏《曹氏归义軍时代的外交関系文書》，载[日]森安孝夫主编《シルクロードと世界史》，大阪大学21世纪COEプログラム〈インターフェイスの人文学〉，2002、2003年度报告书，（丰中）大阪大学文学研究科2003年版，第143页。

第三章 戈壁通途：10世纪时期的草原丝路、九姓达靼与河西地区

到仲云。其中之一的 Ch. 00269 文书是于阗使者 Chikä Gūlai 与 Dūṃ Saṃgalakā 护卫七位王子出使天朝时，在沙州向于阗王廷所作报告的底稿。该文书详细记录有甘州和沙州间的军事冲突，以及甘州的混乱局面。其中介绍说在所有的军队返回沙州过了七八天后，二人请求归义军节度使和 Begrek（后文的 Begrek Attęmä 于迦）放行王子们去甘州时，转引 Begrek Attęmä 于迦之言：[①]"住在这个城（甘州）外的那些回鹘人和仲云人不会杀掉他们（王子们），他们会让他们只做个牧羊人！他们将成为回鹘人和仲云人的奴隶，谁能忍受那样的恶名？"这里提到甘州城外的仲云人和回鹘人会奴役前往甘州的使节。而关于在其前面提到的相关回鹘人与达靼人的内容，结合贝利与黄盛璋二位的研究，依据施杰我（P. O. Skjærvø）的最新转写与译文，我们可以了解到作者作如下汇报："dūṃ（龙族）的 Begrek Attęmä 于迦（以下于迦均据贝利译文）派人到 Saṃgalakā 处，请他到他（Begrek Attęmä 于迦）家。并且他对我们说：'你们怎么现在能派人到甘州呢？凭什么他会去？乌古斯于迦此前死了，至于 Caraihä 于迦，不论在哪座山里，他们（甘州人）也在找，而且 Ahacī 他人在沙州。至于汗，他还是个孩子。现在他的命令完全没有在这个城（甘州）中通行。没有那样同行的人，去的人，那达靼人会在途中杀掉他。甘州情况现在（？）如何呢？他们（王子们）要遇见的任何回鹘人都生活在这个城外，那些回鹘人因饥饿（几近）死亡。'"这里谈到前往甘州的王子们有可能会在途中被达靼人杀掉。虽然贝利译文略有不同，但关于汗、达靼人和回鹘人的描述，与上文不悖。

据上文可知，回鹘人、仲云人与达靼人会在途中侵扰前往甘州的使节。而 P. t. 1189 文书反映的情景是，回鹘人、仲云人与达靼人此前曾侵扰沙州。可见，Ch. 00269 文书与 P. t. 1189 文书所反映的背景有共通之处。

Ch. 00269 文书还记录，作者 Chikä Gūlai 一行到达沙州10—15日后，Begrek Attęmä 于迦一行与沙州军队一同回到沙州，人们指责这些人杀害甘

[①] 第95—97行。此处引自 P. O. Skjærvø, *Khotanese Manuscripts from Chinese Turkestan in the British Library*, p. 513。贝利译文大同，无相悖之处，见 H. W. Bailey, *Saka Documents*, *Text Volume*, pp. 111 – 112, *ll*. 90 – 99；又见黄盛璋《敦煌于阗文 P. 2741、Ch. 00296、P. 2790 号文书疏证》，《西北民族研究》1989年第2期，第59页。以下本书所引于阗文文书译文中，（）内为据原译文的补充说明。

· 123 ·

州汗、立年幼的太子为汗。① 关于紧接下来的部分，施杰我译作："那时，Begrek 私恋甘州汗妃，她怀孕了。那时，Begrek 给在沙州的军队写信说'甘州住着很多强势的回鹘人，我们……要杀光他们'。按肃州统治者的做法让节度使上座。他（Begrek）从这座城市（甘州）望着身在沙州的我们。而且，汗也好谁也好都将会消失吧。"② 贝利译文与此大同小异，③ 同样反映当时的肃州是在沙州管控之下。文书接下来谈到甘州居民响应 Begrek 的行动，脱离甘州时遭到回鹘人屠杀，城内只留下龙族，回鹘人则在城外。之后介绍甘州回鹘现在分作三派：突利斯部、突厥拔也古、Hāttābara（甗末？）三因出（Üč Inčü，即三部族首领）住在紫山（Yipkin Taγ）和 Bëdä Darūkä；所有的回鹘人住在黑山与 Karattaha；龙族、强盗、商人则住在城中。④

上述 Ch. 00269 文书反映，当时原本属甘州管辖的肃州已经转归归义军名下，甘州回鹘分成三派，处于分裂状态。如上一小节所介绍，关于甘州与沙州间的战争，在与 Ch. 00269 文书记录同一件事件的于阗文 P. 2741 书信文书中亦有所记录。⑤ 关于该文书的详细情况，笔者已在上一小节做过介绍，此处不再赘述。笔者关注的是，在甘州滞留一段时间后，被迫返回沙州的作者 Thyai Padä-tsā 报告说：2 月，乌古斯于伽（Oγuz Ögä）等 7 名于伽和 7 名梅禄（Buyruq）前往玉门，投靠沙州人另立政权；3 月末，沙州军队以及 25 名于伽带来的 2000 名仲云人和 200 名达靼人（Tatars）进入甘州，甘州回鹘布喀（Buqa）可汗遇害；Begrek Attęmä 于迦等和沙州军队离开甘州；作者一行 7 月 6 日返回到沙州，后从来自甘州的人处了解到住在 Buhäthum 的达靼人骑着马去了两三次黑山（今合黎山）与蓼泉（今合黎山南麓的蓼泉），从肃州到蓼泉的道路已被

---

① P. O. Skjærvø, *Khotanese Manuscripts from Chinese Turkestan in the British Library*, p. 511, *ll*. 58 – 65；H. W. Bailey, "The Seven Princes", p. 622, *ll*. 60 – 70.
② Ibid. , p. 511, *ll*. 66 – 69.
③ H. W. Bailey, "The Seven Princes", p. 622, *ll*. 66 – 69.
④ P. O. Skjærvø, *Khotanese Manuscripts from Chinese Turkestan in the British Library*, p. 512, *ll*. 75 – 79；H. W. Bailey, "The Seven Princes", p. 622, *ll*. 70 – 80。其中，突利斯部、突厥拔也古、Üč Inčü 和紫山据贝利译文，Karattaha、强盗、商人据施杰我意见。至于 Hāttābara，黄盛璋《敦煌于阗文 P. 2741、Ch. 00296、P. 2790 号文书疏证》第 55 页认为是铁勒诸部之一的阿跌部。据赤木崇敏赐教，乌瑞认为应为甗末。
⑤ 本书第三章第一节，第 99—100 页。

第三章　戈壁通途：10 世纪时期的草原丝路、九姓达靼与河西地区

此达靼人封锁。

关于上述 2000 名仲云人和 200 名达靼人的最终归属，文书并没有给出交代。不过，P. 2741 文书在介绍沙州军队、仲云人和达靼人进入甘州并前往删丹后云："他们没在突厥人中冒险就返回了。于是，仲云人愤怒了，说道：'这是回鹘人和汉人的经常做法，他们把我们的人带到花一个月时间的地方，可是没有把他们（仲云人）带到那个地点却离开了。'"① 按此前 2 月，甘州回鹘 Begrek Attęmä 于迦与乌古斯于伽等 7 名于伽和 7 名梅禄投靠沙州人另立政权，则带领上述仲云人和达靼人的回鹘人中至少要包括上述从甘州回鹘分裂出去的那部分回鹘人。就仲云本土远离甘州而言，上述与甘州当地的回鹘人一同驻留在甘州城外的仲云人，视作上述与回鹘人关系破裂的仲云人较合事实。至于 Ch. 00269 文书所言会在沙州至甘州途中杀掉使节的达靼人，虽然存在上述 200 人的可能，但更应该是指 P. 2741 文书记录的封锁肃州至蓼泉间道路的达靼人。而这些达靼人，来自被称作 Buhäthum 的地方，且曾去过两三次黑山与蓼泉。上述达靼人的一系列活动，当与 Ch. 00269 与 P. 2741 记录的住在黑山的回鹘人或回鹘达头部（即右翼）有关。关于来自 Buhäthum 的达靼人，笔者以为是漠北哈剌巴剌噶孙遗址一带的九姓达靼。② 至于前面介绍的 200 名达靼人，虽存在来自其他地区的可能性，但考虑到其是由从甘州回鹘分离出去的 Begrek Attęmä 于迦等所带领，故完全存在出自此前即与甘州回鹘保持关系的上述达靼人之可能。

综上，就笔者关于 Ch. 00269 文书与 P. 2741 文书相关内容的分析而言，当时，仲云人与甘州回鹘在甘州城外活动，达靼人与黑山一带的甘州回鹘右翼保持有关系，且封锁着肃州东面的河西大道。显然，上述仲云人、达靼人与甘州回鹘之间的关系，与 P. t. 1189 文书所反映的达靼人、仲云人、甘州回鹘三者之间的盟友关系有共通之处。

六　P. t. 1189 文书的成立年代

于阗文 Ch. 00269 与 P. 2741 文书所反映的背景虽与 P. t. 1189 文书背景

---

① H. W. Bailey, *Saka Documents*, *Text Volume*, p. 65, *ll.* 48 – 54；黄盛璋：《敦煌于阗文 P. 2741、Ch. 00296、P. 2790 号文书疏证》，第 43 页。
② 白玉冬：《于阗文 P. 2741 文书所见达靼驻地 Buhäthum 考》，第 235—238 页。

有共通之处，但差别亦很明显。P. t. 1189 文书所反映的盟约背景是甘州回鹘政权稳定，汗对右翼有直接命令权。幸运的是，涉及甘州、沙州间同一场战争的 P. 2790 于阗文文书可给我们提供更有利的线索。

P. 2790 于阗文文书亦出自敦煌，同属于阗使者写给于阗汗廷的公函底稿，惜文书开头缺失，作者不明。因该文书中出现司空，且于阗使节 Saṃgalakā 之名同样出现在 Ch. 00269 文书，故被认为与 Ch. 00269 文书年代接近。P. 2790 文书作者首先报告因其带领的回鹘人遭到沙州方面刁难，故与沙州方面进行交涉；①之后介绍自己在沙州的所见所闻。其中，笔者关注的相关甘州回鹘的梗概是：作者一行于 3 月 28 日进入沙州城，第 4 天见到司空。不久，甘州使者到达沙州后，沙州人与作者一行和甘州使者一同谈论甘州政权问题。后来，作者一行在 4 月 16 日前往甘州。之后，作者收到于阗国王关于甘州回鹘分裂情况的诏书，并在与汗（甘州汗）和于伽的会谈中指出他们应该看于阗国王的诏令并运营政府。并对甘州使者回顾了甘州与于阗间的友好，并说此前在于阗的甘州使节已经到达沙州，希望尽快让他们返回甘州，并介绍沙州人认为当时的甘州缺乏粮食、群龙无首、无人服从汗的命令，处于无序状态。之后向于阗国王着重汇报当前沙州与甘州的关系是互相索取，于阗的诏书使得甘州回鹘政权得到维系，沙州则希望掌控甘州政权。②最后，作者汇报与仲云人的接触，并提到沙州地区有很多仲云人。

黄盛璋通过对 P. 2790、Ch. 00269、P. 2741 三件文书中相关甘州与沙州间战争、甘州政权描述的对比分析，指出前者年代要比后二者晚一两年。③笔者对此看法表示赞同，唯以为于阗使者所带来的回鹘人，并非如黄盛璋所言隶属西州回鹘，而应是此前由甘州派往于阗的使者。

关于 P. 2741 文书的写作年代，黄盛璋认为是光启二年（886），熊本裕认为是 887—888 年。④哈密顿起初认为属于 10 世纪，后来又主张属于

---

① 第 1—19 行。H. W. Bailey, "Śri Viṣa Śūra and the Ta—uang", *AM.* n. s., Vol. 11, No. 1, 1964, p. 2；黄盛璋：《敦煌于阗文 P. 2741、Ch. 00296、P. 2790 号文书疏证》，第 65 页。

② 第 25—85 行。H. W. Bailey, "Śri Viṣa Śūra and the Ta—uang", pp. 2 - 4；黄盛璋：《敦煌于阗文 P. 2741、Ch. 00296、P. 2790 号文书疏证》，第 65—66 页。

③ 黄盛璋：《敦煌于阗文 P. 2741、Ch. 00296、P. 2790 号文书疏证》，第 67 页。

④ 黄盛璋：《敦煌于阗文 P. 2741、Ch. 00296、P. 2790 号文书疏证》，第 45—47 页；Hiroshi Kumamoto, "Two Khotanese Fragments Concerning Thyai Padä-tsā", p. 103。

第三章　戈壁通途：10世纪时期的草原丝路、九姓达靼与河西地区

乾符年间（874—879 年）。① 张广达、荣新江二位提议有可能迟至 10 世纪初期。② 笔者则以为，写作年代为 925 年的 S. 5139《乙酉年六月凉州节院使押衙刘少晏状》所言"昨此回纥三五年来自乱，计作三朋"与 P. 2741、Ch. 00269 文书所反映的甘州回鹘分裂为敌对三部的情况正相吻合。并指出《册府元龟》卷 967 言甘州回鹘"后唐同光二年（924）……其年仁美卒，其弟狄银立。同光四年（926），狄银卒，阿咄欲立"，这与 P. 2741、Ch. 00269 文书记载的甘州回鹘可汗更迭情况基本一致。在此基础上，提议 P. 2741 文书的写作年代视作 925 年，大致不误。③ 赤木崇敏意见与笔者相同，只是把年代提前至 924 年。④ 不过，笔者同时提出，P. 2741 文书的写作年代若视作 925 年，则需解决该文书记录的 Si-khūṃ Cāśvāṃṣī（司空 Cā 尚书）是否可以视作当时的归义军节度使曹议金。而赤木崇敏对这一问题并未给予关注。

唐五代西北方音中，鼻韵尾 -n、ng 已出现脱落或鼻化成 -m 的现象。⑤ 这种现象在西北地区不同民族语言的音译汉语音中也得到了反映。⑥ 在笔者讨论的 P. 2741 文书中，si-khūṃ 即司空，śvāṃṣī 即尚书，ttuṃ-sïyi 即东使，thiṃ-sïya 即廷使，ḍi-ttu 即灵都（灵州）。⑦ 即，能够确认到的五个汉字韵尾 -ng 中，前四者均以鼻韵尾 -m 出现，唯有第五个出现了脱落。按张字中古音可复原作 ṭi̯aŋ、⑧ ṭ'iang，⑨ 若张字出现于 P. 2741 文书

---

① J. Hamilton, "Le Pays des Tchong-yun, Ĉungul ou Cumuḍa au Xe Siècle", pp. 364 – 369。关于哈密顿观点的详细介绍，见张广达、荣新江《于阗史丛考》，第 127—128 页。
② 张广达、荣新江：《于阗史丛考》，第 125—129 页。
③ 白玉冬：《于阗文 P. 2741 文书所见达靼驻地 Buhäthum 考》，第 233 页注 11。
④ ［日］赤木崇敏：《十世紀敦煌の王権と転輪聖王観》，第 247—248 页。
⑤ 相关讨论主要参见罗常培《唐五代西北方音》，第 145—148 页；［日］高田時雄《コータン文書中の漢語語彙》，第 71—127 页；［日］高田時雄《ウイグル字音史大概》，第 329—343 页；T. Takata, "Phonological Variation among Ancient North-Western Dialects in Chinese", pp. 244 – 249。
⑥ 不过，据贝利介绍，于阗文 tṣang ṣang-ṣu 即汉语张尚书之对音。见 H. W. Bailey, *Saka Documents Text Volume*, Vol. 5, p. 67。而据荣新江、朱丽双介绍，《钢和泰卷子》藏文部分《于阗使臣上沙州太保状》中，张都督在第 7 行作 co tu tu，在第 26 行作 cong tu tu，而且，在于阗语部分第 39 行作 cāṃ ttūttū。见荣新江、朱丽双《一组反映十世纪于阗与敦煌关系的藏文文书研究》，第 382、387 页及其注释 6。看来，尚不能一概而论之。
⑦ H. W. Bailey, *Saka Documents Text Volume*, Vol. 5, p. 67.
⑧ 郭锡良：《汉字古音手册》，第 250 页。
⑨ B. Karlgren, *Analytic Dictionary of Chinese and Sino-Japanese*, p. 332.

中，按前面的概率而言，其韵尾以－m 出现的概率显然要高出许多。相反，如 P.5538 于阗文文书中，Tcau Tteyi Ḥvāṃ 即汉字曹大王之对音。① 是故，笔者以为，韵尾未以－m 出现，且与 tcau（曹）音非常接近的 Si-khūṃ Cāśvāṃṣï（司空 Cā 尚书）的 Cā 不仅限于张之对音，甚至为曹之对音的概率要高于张。即，贝利视作司空张尚书的 Si-khūṃ Cāśvāṃṣï，笔者更倾向于复原作司空曹尚书，即 924—925 年称司空的曹议金。而且，曹议金在 914—920 年曾称尚书。② 至于文书中提到的沙州人 Cāttäyä-khī，并非一定是贝利所复原的张大庆，亦有可能是曹姓某人，如曹大吉等。

另外，学界公认《钢和泰卷子》写作年代为 925 年。③ 其中的于阗语部分第 27—31 行记录甘州回鹘达头部（tarduš）驻地在 Qara Taγ（黑山）。④ 这一情况，与前面介绍的 P.2741 记录的达头部驻地情况相吻合。

综上，笔者以为，P.2741 与 Ch.00269 文书写作年代当在 924—925 年，与上述二文书记录同一事件的 P.2790 文书写作年代大致在 925—926 年。唯 P.2790 文书开始处所言大王（只出现一次）若视作归义军节度使，⑤ 则该节度使即称司空，又称大王。按荣新江给出的归义军节度使称号，张承奉在称金山土之前最高称号为司空，然则 P.2790 提到的节度使视作张承奉较为适合。不过，P.2790 文书记录的节度使正式称号是司空，不排除此处大王只是作者为表明自己对归义军节度使的敬意而泛用的可能——如前文第三小节所介绍，曹议金大王称号的泛用。而 P.T.1189 文书反映的甘州回鹘背景是政权稳定，当比 P.2790 稍晚。但考虑到达靼人、仲云人与甘州回鹘仍保持着密切关系，当不会相差太远。

综上，笔者的最终意见是，P.t.1189 文书的收信人为称大王时期的归义军节度使曹议金，发信人为肃州当地的部族首领，该文书成立于曹议金称大王（931—935 年）的早期。其背景是，此前的 924—925 年，协助甘州回鹘稳定局势的达靼与仲云，仍在与甘州回鹘保持着密切关系。

---

① H. W. Bailey, "Sri Viśa Śūra and the Ta—uang", p. 22.
② 荣新江：《归义军史研究》，第 129 页。
③ E. G. Pullyblank, "The Date of the Staël-Holstein Roll", p. 90.
④ J. Hamilton, "Nasales instables en turc khotanais du Xe siècle", pp. 517-518；[日]片山章雄：《Toquz Oγuz と「九姓」の諸問題について》，《史学雑誌》第 90 编第 12 号，第 46 页。
⑤ 出现于作者直接引用的与归义军节度使的交谈："当大王关于甘州和沙州互相骚扰的情报到达大金国时。"

第三章 戈壁通途：10世纪时期的草原丝路、九姓达靼与河西地区

第三节 九姓达靼与甘州回鹘的关系

据第一节与第二节考察结果，可以说924—925年，漠北的达靼（九姓达靼），即《辽史》记录的阻卜曾深入到河西地区。考虑到当时的甘州回鹘政权处于内乱状态，且与沙州处于冲突之中，上述达靼人阻断河西大道不免有趁火打劫之嫌。不过，这些达靼人去的是当时甘州回鹘右翼部族所在地黑山及其南麓的蓼泉。而且，之后不久，如P.t.1189文书所记录，达靼和仲云曾作为甘州回鹘的同盟者，与甘州回鹘右翼部族一同出现于针对沙州的盟约中。若把相关达靼的上述两起事件综合起来考虑，那我们不得不说，924—925年达靼人深入河西地区，很难说是自发的行为，当与甘州回鹘有着某种关系。

无独有偶，《辽史》反映当时的漠北地区当与甘州回鹘保持有联系。10世纪初在西拉木伦河流域建国的契丹，不久即开始了对其周边地区的征服活动。经过神册元年（916）在华北北部和阴山地区的军事活动，契丹开始与蒙古高原中部地区的阻卜—达靼部落建立起联系。之后，耶律阿保机统率大军，以蒙古高原中西部地区为主，进行了长达一年零三个月的西征。《辽史》卷2《太祖纪下》记录了这次西征的主要经过。现转引相关内容如下：[①]

　　（天赞三年）六月乙酉，是日，大举征吐浑、党项、阻卜等部。诏皇太子监国，大元帅尧骨从行。秋七月辛亥，曷剌等击素昆那山东部族，破之。八月乙酉，至乌孤山，以鹅祭天。甲午，次古单于国，登阿里典压得斯山，以麃鹿祭。九月丙申朔，次古回鹘城，勒石纪功。庚子，拜日于蹛林。丙午，遣骑攻阻卜。南府宰相苏，南院夷离堇迭里略地西南。乙卯，苏等献俘。……甲子，诏砻辟遏可汗故碑，以契丹、突厥、汉字纪其功。……冬十月丙寅朔，猎寓乐山，获野兽数千，以充军食。丁卯，军于霸离思山。遣兵踰流沙，拔浮图城，尽

[①]《辽史》，第18—20页。

取西鄙诸部。十一月乙未朔，获甘州回鹘都督毕离遏，因遣使谕其主乌母主可汗。

上引史料中出现的地名，多在《辽史》中只出现一次，其具体地理位置难以一一考证。不过，契丹军队在天赞三年（924）九月丙申朔驻扎的古回鹘城，即此前介绍的回鹘汗国牙帐所在地，即今鄂尔浑河畔的哈剌巴剌噶孙遗址。3天后的拜日地点蹛林，应距此不远。接下来10天后的丙午，契丹派遣军队攻击阻卜。就南府宰相苏和南院夷离堇迭里略地西南，并在出兵9天后的乙卯献战俘而言，该阻卜部落大概位于回鹘城西南方不远处。至于献俘8天后的甲子，用于纪功的辟遏可汗碑，前人多以为是指鄂尔浑河畔的突厥毗伽可汗碑。① 不过，在已经发现的毗伽可汗碑上，并未见到与契丹的征服活动有关的诸如汉字或契丹字之类的文字，故此处碑文不排除代指其他碑文的可能性。若考虑到纪功后第3天即发兵渡流沙，而且之后夺取的浮图城即是北庭一带的可汗浮图城，② 则上述辟遏可汗碑或位于自鄂尔浑河流域以西至北庭一线上的蒙古高原中西部地区。

此处笔者最为关注的是，在派兵渡流沙之后的第28天，即"尽取西鄙诸部"后的11月乙未朔，契丹军队"获甘州回鹘都督毕离遏，因遣使谕其主乌母主可汗"。有关这起事件，前面介绍的耶律大石在西行途中写给回鹘王（高昌回鹘王）的书信中谈道："昔我太祖皇帝北征，过卜古罕城，即遣使至甘州，诏尔祖乌母主曰：汝思故国耶，朕即为汝复之；汝不能返耶，朕则有之。在朕，犹在尔也。"可见，不论从契丹军队的行进路线，抑或从耶律大石的回忆，均可推定到上述甘州回鹘都督毕离遏是在蒙古高原中西部被契丹军队所俘。由于10世纪时期的西北地区，都督之称号已经出现泛用的迹象，③ 故仅依据"都督"我们还无法断定该人物在甘州回鹘王国内担任的是要职。不过，就耶律大石谈到契丹曾专此派遣使者至甘州传话，希望为甘州回鹘收复旧国而言，上述都督毕离遏仍可视作甘州回鹘的某一要员。总之，上述人物出现在漠北达怛之地，恐怕不是简单

---

① 松井等：《契丹可敦城考》，第301页；[日]前田直典：《十世纪时代の九族達靼》，第249—250页；[日]長澤和俊：《遼の西北路経営について》，《史学雑誌》第66编第8号，1957年，收入氏著《シルクロード史研究》，第307—309页。
② [日]長澤和俊：《遼の西北路経営について》，第307—309页。
③ 白玉冬：《十世紀における九姓タタルとシルクロード貿易》，第26页。

第三章 戈壁通途：10世纪时期的草原丝路、九姓达靼与河西地区

的偶然。考虑到924—925年达靼曾南下深入河西，笔者以为上述甘州回鹘都督毕离遏在漠北的活动，恐怕与达靼的南下有关。

同一时期，达靼还曾与归义军政权发生过战争。郑炳林考证，P. 2970《阴善雄邈真赞》创作于937年8月。[①] 据该邈真赞首行，阴善雄是"河西归义军节度使内亲从都头守常乐县令"。该邈真赞在以华丽的辞藻赞颂阴善雄的为人后，介绍其生平时言：[②]

> [7]曹王秉节，挺赤心而应昌期；苦处先登，効忠贞而能定国。久陪[8]军幕，作我主之腹心；百战沙场，几潘（番）生于龙塞。常乐贵县，国[9]之要冲。睹公良能，荐迁茞职。故得仁风载扇，政风远闻。……[12]城邑创饰，寺观重修。一县敬仰[13]于神明，万类遵承于父母。达怛犯塞，拔拒交锋。统领军[14]兵，临机变策。立丈夫儿之志节，一人独勇而当千。星散云[15]飞，异类横尸而遍野。东收七郡，意气侔樊哙之功；西[16]定六蕃，用军有烧牛之策。雄豪无敌，不顾微躯；下壁[17]拔城，累彰臣节。通申内外，不恋货财。摄念冰清，宛然公[18]道。

上文中的曹王指的是曹氏归义军政权首任节度使曹议金，常乐县位于沙州东约100公里处。据上引文第13—15行可知，在曹议金执政时期，阴善雄担任常乐县令时，达靼曾侵犯归义军领土，但遭到痛击。荣新江指出，之后第15—16行的"东收七郡，意气侔樊哙之功；西定六蕃，用军有烧牛之策"指的是925—928年沙州对甘州的征讨。[③] 接下来，该邈真赞的赞文部分还说道：

> [22]曹王秉节，抱赤扶忠。沙场静塞，苦处先登。[23]常乐治县，改俗移[24]风；每施政令，化美一同。戎寇屏迹，外贼无踪。张掖再[25]复，独立殊庸；酒泉郡下，直截横冲。威传四境，名透[26]九重。……

---

① 郑炳林：《敦煌碑铭赞辑释》，第476页注1。
② 录文主要参见荣新江《曹议金征甘州回鹘史事表微》，《敦煌研究》1991年第2期，第4页；郑炳林《敦煌碑铭赞辑释》，第485—486页；饶宗颐《敦煌邈真赞校录并研究》，《香港敦煌吐鲁番研究中心丛刊》第3辑，（台北）新文丰出版公司1994年版，第301—302页。图版主要参见上海古籍出版社、法国国家图书馆合编《法藏敦煌西域文献》第20卷，第282—283页。
③ 荣新江：《归义军史研究》，第317页。

据上引赞文，阴善雄先是在常乐县使"戎寇屏迹，外贼无踪"，之后才"张掖再复，独立殊庸；酒泉郡下，直截横冲"。总之，据阴善雄邈真赞的正文与赞文，可以推知达靼侵扰常乐县应是在925—928年的甘州沙州战争之前。郑炳林把此处的达靼视作甘州回鹘，并把这场战争和甘州沙州之间的战争等同起来。① 考虑到达靼与甘州回鹘在924—925年时的密切接触，笔者承认上述达靼对常乐县的侵扰，恐怕与当时甘州回鹘和沙州之间的紧张关系有关。

另外，写作年代约在962年的P. 2155V（2）《弟归义军节度使曹元忠至甘州回鹘可汗状》言"又去五月十五日被肃州家一鸡悉殉作引道人，领达坦贼壹佰已来于瓜州、会稽两处同日下打将人口及牛马"②。此时的肃州在甘州回鹘管控之下。肃州当地部族人带领达靼人侵扰归义军领地，说明上述达靼人与甘州回鹘有着密切关系。而 P. 3412《宋太平兴国六年（981）十月都头安再胜、都衙赵再成等牒》明确记录达靼与甘州回鹘处于同盟关系：③

> ¹都头安再胜、都衙赵再成、李衍悉鸡等
> ²右。今月廿日寅时，孔僧正、沙弥定昌、押衙³唐憨儿等参人走来。况再胜等闻询向⁴东消息，言说："回鹘、达坦及肃州家相合，⁵就大云寺对佛设誓，则说向西行⁶兵。"其僧正身患，且住三五日瓜州，将患⁷便取西来。更有微细事理，僧正等来⁸日分说。谨具状阵（陈）⁹闻。谨录状上。¹⁰牒。件状如前。谨牒。
> ¹¹太平兴国陆年十月　日都头安再胜、都衙赵再成等

荣新江指出，上述 P. 3412 文书是由瓜州（沙州东，位于甘肃省瓜州县）都头安再胜等呈给归义军节度使曹延禄之状，内容涉及甘州回鹘、达

---

① 郑炳林：《敦煌碑铭赞辑释》，第478页注14。
② 录文主要参见荣新江《归义军史研究》，第339—340页；郑炳林《晚唐五代归义军疆域演变研究》，第28页。
③ 图版参见黄勇武主编《敦煌宝藏》全140卷，（台北）新文丰出版公司1981—1986年版，第128卷，第241页。录文参见唐耕耦、陆宏基《敦煌社会经济文献真迹释录》第4辑，第5—7页；[日]赤木崇敏《曹氏帰義軍時代の外交関係文書》，第143页。

第三章　戈壁通途：10世纪时期的草原丝路、九姓达靼与河西地区

坦（达靼）以及代表肃州（今甘肃酒泉市）当地部族的肃州家三方在肃州大云寺设誓结盟，计划攻击沙州。① 由于史料欠缺，该文书所记录事件的发展情况不明。

综上，敦煌出土文书反映，10世纪时期，确实有个达靼集团，与甘州回鹘保持着密切关系，甚至是同盟者的关系。主张河西达靼国说的学者均认为上述与甘州回鹘存在同盟关系的达靼属于河西达靼国。但正如笔者所述，敦煌文书中唯一明确指明达靼人驻地的文书是 P. 2741 文书，而该文书记录的当甘州回鹘发生骚乱时深入河西腹地的达靼来自漠北的九姓达靼，即《辽史》记录的阻卜。另外涉及达靼的敦煌文书，包括 P. t. 1189、P. 3412 文书在内，没有一件文书明确指明达靼驻地就在河西北部。② 是故，与甘州回鹘保持同盟关系的达靼属于河西达靼国这一观点，其真实性值得重新探讨。既然鄂尔浑河流域的九姓达靼在甘州回鹘发生骚乱时曾深入河西，那我们有必要关注《辽史》记载的阻卜与甘州回鹘间的关系。虽然记述他们间关系的史料寥寥无几，但也能为我们提供一些新的视点。

据余大钧、陈得芝二位研究，阻卜的分布范围，西达河西北部，北达鄂尔浑河流域，东南达今内蒙古锡林郭勒盟、乌兰察布盟，东北达克鲁伦河上游。③ 另据北宋范仲淹所绘《西夏地形图》，在西夏黑水镇燕军司西北、贺兰山西北以及黑水威福军的西北分别标有"鞑靼界"字样。其中黑水镇燕军司位置就在今额济纳河下游的黑城遗址。④《西夏地形图》标注的黑水镇燕军司西北的"鞑靼界"，与阻卜在河西北部的分布基本一致。这一时期，西夏早已控制河西地区，辽也已经确立了对阻卜诸部的统治。虽然南邻强势的西夏且已被辽所控制，但"鞑靼界"仍被标注在河西北部。这提示九姓达靼中心地域虽在鄂尔浑河流域，但其势力确实延伸到了河西

---

① 荣新江：《归义军史研究》，第 31—32 页。
② 谭蝉雪通过对 S. 2241 和 P. 2629 文书的对比研究，得出敦煌文书记录的达家即河西达靼国这一结论。关于见于敦煌文书的达姓，土肥义和认为应属于吐谷浑部落。达家与达怛在敦煌文书中互不相混，上述谭蝉雪意见值得商榷。参见谭蝉雪《〈君者者状〉辨析》，第 111 页；[日] 土肥義和《帰義軍（唐後期・五代・宋初）時代》，载 [日] 榎一雄编《講座敦煌2》（敦煌の歴史），第 255 页。
③ 余大钧：《论阻卜与鞑靼之异同》，第 46—47 页；陈得芝：《辽代的西北路招讨司》，第 34—35 页。
④ 王天顺：《西夏地理研究》，甘肃文化出版社 2002 年版，第 55 页。《西夏地形图》参见王氏引用的附图。

· 133 ·

北部。《续资治通鉴长编》卷335神宗元丰六年（1083）五月条记载宋神宗会见于阗使者时谈到达靼：[①]

> 达靼在唐与河西、天德为邻。今河西、天德隔在北境，自太祖朝尝入贡，后道路阻隔，贡奉遂绝。

上文的河西，虽然有可能代指北流与南流黄河之间的今鄂尔多斯地区，但据前面介绍的《西夏地形图》而言，亦有可能代指当时已被西夏占领的今河西走廊地区。而天德即阴山地区的唐代以来的天德军城。至于唐，相比较9世纪末以后的唐王朝，代指五代后唐的可能性更大。总之，10—11世纪时期，阻卜—达靼部落的分布，南面抵达今内蒙古和甘肃北部一带，大概无误。

《辽史》记录西北路招讨使萧图玉在统和二十六年（1008）十二月奏讨甘州回鹘，抚慰而还，[②] 而在此之前的统和二十五年（1007）九月，萧图玉征讨阻卜。[③] 之后太平六年（1026）五月西北路招讨使萧惠征讨甘州回鹘，[④] 是在当年三月击破侵犯辽朝的阻卜后两个月左右进行的。[⑤] 萧惠的此次征讨进至甘州，但不克而还，并招致阻卜叛乱。在位于图勒河与鄂尔浑河之间的镇州可敦城西南，辽军遭到阻卜攻击，损失惨重。[⑥] 另外，辽在统和二十九年（1011）六月置阻卜诸部节度使更是在西北路招讨使萧图玉于统和二十八年（1010）五月出征甘州回鹘、破肃州，[⑦] 并上言"阻卜今已服化，宜各分部，治以节度使"之后方才设置的。[⑧] 虽然《辽史》并未明记阻卜的叛乱和阻卜诸部节度使的设置与甘州回鹘存在直接关系，但辽的三次攻击甘州回鹘，均暗示阻卜的叛乱与甘州回鹘存在某种关系。清

---

① 《续资治通鉴长编》，第8061页。
② 《辽史》卷14《圣宗纪5》，第178页。
③ 同上书，第177页。
④ 《辽史》卷17《圣宗纪8》，第225页。
⑤ 同上。
⑥ 《辽史》卷93《萧惠传》，第1511—1512页；镇州可敦城位置详见陈得芝《辽代的西北路招讨司》，第32—33页；［日］白石典之《9世紀後半から12世紀のモンゴル高原》，第590—592页。
⑦ 《辽史》卷15《圣宗纪6》，第185—186页。
⑧ 《辽史》卷93《萧图玉传》，第1516页。

第三章 戈壁通途：10世纪时期的草原丝路、九姓达靼与河西地区

徐松辑《宋会要辑稿》蕃夷4《回鹘》记载：①

> 至道上年十月，甘州可汗附达怛国贡方物，因上言愿与达靼同率兵助讨李继迁，优诏答之。

该文在元马端临撰《文献通考》卷347《四裔24》中被记为至道二年（996），达怛与达靼遗漏。② 对比发现，徐松所记至道上年应为至道二年之误。主张河西达靼国说的学者均认为上文所记与甘州回鹘一同朝贡的达靼应为河西达靼国，但实际情况并非如此。

甘州回鹘的朝贡，自五代至党项攻陷灵州为止，一般经由灵州。但至道二年的此次朝贡，并未经由灵州，而是与达靼一同朝贡。孙修身指出，这是由于党项的隔断，甘州回鹘才北同达靼联手，附之而走草原路朝贡于宋。③ 史料记载李继迁与宋廷的关系于至道元年（995）六月因其不奉诏而恶化，之后至道二年五月李继迁围攻灵州。④ 看来，甘州回鹘的朝贡的确遭到了党项的劫掠，他们不得不另觅间道。而甘州回鹘在此之前与达靼，如上引P.t.1189、P.3412文书所示，保持着同盟关系。甘州回鹘北上，与保持同盟关系的达靼联手入贡，并无不妥。但需要确认的是漠北的九姓达靼此时是否拥有与甘州回鹘联手的自由。据陈得芝研究，阻卜（九姓达靼）是在统和二十一年（1003）六月契丹设置镇州建安军以后，才逐步归顺辽朝，但叛乱依然不断。⑤ 甘州回鹘入贡宋朝的至道二年（996），他们正与契丹争夺蒙古高原的统治权。这从统和十二年（994）契丹皇太妃和萧挞凛出征阻卜、统和十四年（996）杀害60名阻卜酋长得到证实。⑥ 看来，996年之际，九姓达靼尚保持着与甘州回鹘一同入贡的独立性。是故，上述孙修身意见可循。

另外，据森安孝夫介绍，P.3644《俗名要务林》（《学童习字杂抄》）

---

① 《宋会要辑稿》，第7714页。
② 同上书，第2721页。
③ 孙修身：《试论甘州回鹘和北宋王朝的交通》，《敦煌研究》1994年第4期，第47页。
④ 《宋史》卷5《太宗纪2》至道元年六月条、至道二年五月条，第97、99页。
⑤ 陈得芝：《辽代的西北路招讨司》，第26—30页。
⑥ 《辽史》卷13《圣宗纪4》统和十二年八月条、统和十四年十二月条，第157、160页。

· 135 ·

主要记录丝路贸易交易品名称，其间有"达担、回鹘使、汉使入城"之文。① 达担即达靼，汉即五代后汉（947—950年）。而《新五代史》卷12《周世宗纪》也记录周显德五年（958）四月"回鹘、达靼遣使来"。② 上文中的达靼与回鹘，仅依据其内容，难以断定出自何处。不过，考虑到漠北的达靼部落与甘州回鹘的共同入贡，上述达靼均视作出自漠北的九姓达靼，无疑更合情理。

不过，P.3579《宋雍熙五年（988）十一月神沙乡百姓吴保住牒》记述被掠到伊州的沙州百姓吴保住，在返回沙州途中从达靼人处买牛，转卖后方才回到沙州。③ 这说明，当时的九姓达靼人向西已发展到伊州和沙州之间。笔者不否认10世纪时期的河西地区存在一部分达靼人。但这些达靼人属于达靼集团中的旁梢末端，而且，均可视作出自九姓达靼。是故，笔者以为这些达靼人在历史学方面的价值与地位，无法与达靼本部相提并论。

综上，笔者以为敦煌文书和五代、宋代史料反映的与甘州回鹘保持同盟关系的达靼国，应为九姓达靼。九姓达靼与甘州回鹘的同盟关系，恐怕因11世纪初契丹对阻卜诸部统治的确立，以及西夏对甘州回鹘的攻击，日趋淡化，最终随着甘州回鹘政权的覆灭而解体。

第四节　大漠梯航：九姓达靼与沙州归义军政权之互动④

一　与沙州归义军政权通使之达靼

五代宋初，中国北疆政治格局呈现多元化趋势，但丝路贸易依然延续

---

① ［日］森安孝夫：《オルトク斡脱とウイグル商人》，《近世・近代中国及び周辺地域における諸民族の移動と地域開発》，平成7—8年度科学研究費補助金研究成果報告書，（丰中）大阪大学文学部1997年版，第22页。
② 中华书局1974年版，第122页。
③ 录文参唐耕耦、陆宏基《敦煌社会经济文献真迹释录》第4辑，第30页。详见本书第五章第一节，138页。
④ 详见白玉冬《十世紀における九姓タタルとシルクロード貿易》，第1—36页。

第三章　戈壁通途：10世纪时期的草原丝路、九姓达靼与河西地区

着之前的辉煌。这一时期，隶属西北地区不同政治集团的商人、使节，往返于契丹或中原天朝之间。[①] 他们所从事的贸易活动，有力地促进了内亚不同地域间的物质文化交流。

相比其他地区而言，这一时期的漠北草原与外界之联系、与丝路贸易之关系，很少得到学术界关注。其根本原因在于，有关这一时期漠北草原历史的史料量少且分散。不过，值得注意的是，太平兴国六年（981），出使西州回鹘的宋使王延德，首先是访问了漠北的九族达靼，即九姓达靼。[②] 当时的九姓达靼，堪称"王国"，并与宋王朝保持直接的朝贡关系。[③] 一言以蔽之，10世纪时期的漠北草原历史，是中国北疆历史的重要一环。

敦煌出土文献反映，沙州归义军政权曾与达靼互通使者。据森安孝夫介绍，P.3644《俗名要务林》（《学童习字杂抄》）主要记录丝路贸易交易品名称，其间有"达担、回鹘使、汉使入城"之文。[④] 达担即达靼，汉即五代后汉（947—950年）。另据施安昌介绍，故宫藏敦煌出土《己巳年酒破历》记有归义军政权招待达靼使者。施安昌认为己巳年为969年。[⑤]

自此之后，达靼与沙州归义军政权直接发生关系，据笔者现掌握的资料主要集中在981—982年。其中，作于辛巳年（981）八月的P.4525《都头吕富定丧马状》言：[⑥]

　　¹都头吕富定
　　²伏以富定准都官例，着马壹匹，与知客赵清汉，乘骑达怛³内为
　　　使，回来路上致死。未蒙⁴支给。伏乞⁵太傅恩慈特赐⁶公凭证。专请
　　　处分。　　　⁷辛巳年八月　　　日

---

① 张广达：《唐末五代宋初西北地区的班次和使次》，第183—187页。
② ［日］前田直典：《十世纪时代的九族達靼》，第235—242页；岑仲勉：《达怛问题》，第120—126页。
③ 白玉冬：《10世纪から11世纪における「九姓タタル国」》，《東洋学報》第93卷第1号，2011年，第97—99页；白玉冬：《十至十一世纪漠北游牧政权的出现》，《民族研究》2013年第1期，第80—86页。
④ ［日］森安孝夫：《オルトク斡脱とウイグル商人》，第22页。
⑤ 施安昌：《故宫藏敦煌己巳年樊定延酒破历初探》，第71—74页。
⑥ 录文在参考谭蝉雪《〈君者者状〉辨析》第105页基础上，据黄勇武主编《敦煌宝藏》第133卷，第415页图版。

· 137 ·

上文是都头吕富定根据归义军政权之规定出使达靼，因回程途中马匹死亡，向当时的节度使曹延禄请求公验的奏状。根据该状文的写作时间，可推断吕富定出使达靼的时间应在981年八月或此前不久。按归义军政权之规定出使达靼，而且马匹死亡，需向节度使请求公验，这说明吕富定是代表沙州政权出使达靼。另，参照唐代敦煌地区的官营驿站制度之研究成果，[①] 可推定吕富定是利用归义军政权之官营驿马出使达靼的。上述两点表明，吕富定出使的达靼，似乎是与沙州归义军政权保持对等关系的达靼人政权。

距吕富定出使达靼约两个月之后，达靼却参与了攻击沙州之军事计划。P. 3412《宋太平兴国六年（981）十月都头安再胜、都衙赵再成等牒》云：[②]

^{1}都头安再胜、都衙赵再成、李衍悉鸡等
^{2}右。今月廿日寅时，孔僧正、沙弥定昌、押衙^{3}唐憨儿等参人走来。况再胜等闻询向^{4}东消息，言说："回鹘、达坦及肃州家相合，^{5}就大云寺对佛设誓，则说向西行^{6}兵。"其僧正身患，且住三五日瓜州，将患^{7}便取西来。更有微细事理，僧正等来^{8}日分说。谨具状阵（陈）^{9}闻。谨录状上。^{10}牒。件状如前。谨牒。
^{11}太平兴国陆年十月　日都头安再胜、都衙赵再成等

荣新江早已指出，P. 3412文书是由瓜州（沙州东，位于甘肃省瓜州县）都头安再胜等呈给沙州的归义军节度使曹延禄之状，内容涉及甘州回鹘、达坦（达靼）以及代表肃州（今甘肃酒泉市）当地部族的肃州家三方在肃州大云寺设誓结盟，计划攻击沙州。[③] 因史料匮乏，该文书所反映事件的发展情况不明。总之，P. 3412文书向我们透露了这样一则信息：归义军政权此前虽曾派遣吕富定出使达靼，但当时二者间关系并不融洽。

---

① ［日］荒川正晴：《唐朝の交通システム》，第240—245页；［日］荒川正晴：《ユーラシアの交通・交易と唐帝国》，第196—202页。
② 图版参见黄勇武主编《敦煌宝藏》第128卷，第241页；录文参见唐耕耦、陆宏基《敦煌社会经济文献真迹释录》第4辑，第5—7页；［日］赤木崇敏《曹氏归义军时代の外交关系文书》，第143页。
③ 荣新江：《归义军史研究》，第31—32页。

第三章 戈壁通途：10世纪时期的草原丝路、九姓达靼与河西地区

上述P.3412牒文反映了甘州回鹘、达靼、肃州家三方与归义军政权间的紧张关系。不过，该牒文上呈给节度使后不久，达靼使者却数次出现于沙州。S.2474《庚申—壬午年间（980—982年）归义军衙内面油破历》第24—26行言"八日：支索都衙家住达怛身故助葬，细供十分，胡饼三十枚。"① 住索都衙家的达靼人身故，需要由归义军政权提供部分丧葬用品。这反映索都衙当时是以归义军政权代表之身份接待了达靼人，该达靼人极可能是以公职身份出使归义军政权的。

另外，S.6452（2）《辛巳年（981）十二月十三日周僧正于常住库借贷油面物历》第9—10行的、年代为壬午年（982）二月六日的借贷云"六日：面肆斗，造道粮，达怛朝定送路用"，第11行二月十三日的借贷言"十三日：酒壹斗，看侍达怛朝定用"。② 同一编号的S.6452（4）文书是净土寺常住库壬午年（982）正月四日破历，其笔迹与S.6452（2）文书相同。则S.6452（2）所言"常住库"，即为净土寺常住库。陈大为认为，净土寺代替归义军政权负责接待周边地区的使者，进而将上述"达怛朝定"解释为达靼使者。③

除上面介绍的使者之外，"达靼大部"也曾到访沙州。P.4061背面文书《壬午年（982）十二月支达怛大部物状》言：④

¹伏以今月十七日，支达怛大部跪拜来大棉绫²被子叁领、胡床壹张。未蒙³判凭。伏请处分。⁴壬午年闰十二月　　日都头私知内库官高

据刘永明研究，上引文书闰十二月应为982年。⑤ 则上文中下达判凭的人物，虽未被明记，但应与前引P.4525《都头吕富定丧马状》相同，均为当时的归义军节度使曹延禄。即，"达靼大部"到达沙州时，归义军

---

① 录文及图版参见唐耕耦、陆宏基《敦煌社会经济文献真迹释录》第3辑，第279页。月份据之前第18—19行的"太平兴国七年壬午年岁二月五日"以及之后第28行的"闰三月"补正。
② 录文及图版参见唐耕耦、陆宏基《敦煌社会经济文献真迹释录》第2辑，第239页。
③ 陈大为：《论敦煌净土寺对归义军政权承担的世俗义务（一）》，《敦煌研究》2006年第3期，第108—114页。
④ 录文在参考谭蝉雪《〈君者者状〉辨析》第105页基础上，据黄勇武主编《敦煌宝藏》第132卷，第616页图版。
⑤ 刘永明：《散见敦煌历朔闰辑考》，《敦煌研究》2002年第2期，第18页。

139

政权专从官库提取生活必需品用于接待。而接待用消耗品，事后由内库官报告给节度使并请求验凭。就上述程序而言，该接待应属于公务接待。而被接待方"达靼大部"，似指达靼内部处于核心地位的部族首领一行。

综上介绍，敦煌出土文书表明，10世纪时期，尤其是在981—982年，达靼作为一个独立的政治体，曾与沙州归义军政权有过直接的人员往来。欠缺的是，这些文书并未指明达靼的具体方位。那么，上述达靼与当时占据漠北草原的九姓达靼是否有关系呢？

二　马卫集记录的沙州至契丹首都之路程

关于蒙古高原的九姓达靼10世纪时期深入河西地区之史实，笔者主要利用敦煌出土文书进行过考释，并曾预示与沙州归义军政权保持友好关系的达靼应出自九姓达靼。[1] 遗憾的是，在笔者力所能及的范围内，虽多方查找汉籍、出土文献、石刻史料等，但始终未能发现明证这一见解之正确性的史料。在此，笔者不得不把目光投向西方阿拉伯语文献。此处姑且引用波斯语阿拉伯语文献学者米诺尔斯基（V. Minorsky）的研究成果，进行讨论。

中亚塞尔柱王朝御医马卫集（Sharaf al-Zamān Ṭāhir Marvazī）于1120年完成的论著《动物的自然属性》（Ṭabā'i' al-ḥayawān）（The Natural Properties of Animals）中记录有通往东方之旅程。[2] 该书第19节中介绍有由喀喇汗朝首都喀什噶尔经由于阗到达沙州后，通往Ṣīn（中国）、契丹和回鹘（西州回鹘）的三条路线。[3] 其中，契丹介绍作"从沙州往东约两个月到达Khātūn-san（详论见后文），[4] 然后一个月到达Ūtkīn，再需要一个月到达契丹首都Ūjam"。另，第20节介绍道，前往契丹的旅行者，在从Sānjū需要半月路程的地方，会到达因畏惧伊斯兰教的割礼而逃亡来的Shārī族地面。诚如米氏所言，上述有关从沙州到达契丹首都之路程的原始

---

[1] 白玉冬：《于阗文P. 2741文书所见达靼驻地Buhäthum考》，第235—238页，第242页注65。
[2] 有关马卫集生平见 The Encyclopaedia of Islam, new edition, Leiden: Brill, 1995, Vol. 6, p. 628。
[3] V. Minorsky, Sharaf al-Zamān Ṭāhir Marvazī on China, the Turks and India, London: Royal Asiatic Society, 1942, pp. 18 – 19.
[4] 关于Khātūn-san与Khātūn-sīnī之论述，见V. Minorsky, Sharaf al-Zamān Ṭāhir Marvazī on China, the Turks and India, p. 74。

第三章 戈壁通途：10世纪时期的草原丝路、九姓达靼与河西地区

情报，当来自马卫集书中第 22 节所介绍的、于牛年（1027）同西州回鹘使者一同访问哥疾宁王朝的契丹使者。

关于上述沙州至中国、契丹的路程，米氏进行了详细分析。他介绍了比鲁尼（Abū Rayḥān Muḥammad ibn Aḥmad al-Bīrūnī）于 1030 年后不久编撰的书籍《马苏地宝典》（al-Qānūn al-Mas'ūdī）中的相关记录，并进行了对比。据其介绍，比鲁尼当时正奉职于哥疾宁王朝宫廷，且直接接触过契丹使者。米氏指出，比鲁尼书中相关地名之说明，与马卫集书中所言一致。进而认为，马卫集笔下的地名 Khātūn-san 与比鲁尼记录的 Khātūn-sïn（可敦墓）实为同地。[①] 考虑到比鲁尼曾直接与契丹使者见面，而马卫集很可能利用了哥疾宁王朝的官方记录，米氏关于 Khātūn-san 与 Khātūn-sïn 的勘同不无道理。

米氏在把 Sānjū 视作 Sājū（沙州）的基础上，进而将 Shārī 族居驻地置于河西地区北部的额济纳河流域。[②] 接下来，他还举出三个可敦城。即，(1) 额济纳河流域的可敦城（米氏认为的《突厥语大辞典》记录的 Qatun-sïnï）；(2) 鄂尔浑地区的可敦城（详见后文）；(3) 黄河流域河套地区北部的可敦城。[③] 最终，米氏认为，如地名"可敦墓"与"可敦城"相当，则上述第（3）可敦城处于沙州与契丹之间，最有可能位于契丹使者的出使途中。并且推定，该可敦城即为马卫集笔下的 Khātūn-san，即比鲁尼记录的 Khātūn-sïn。[④] 至于另一地名 Ūtkīn，则认为其音值与突厥回鹘的圣地 Ötükän Yïš（于都斤山，今蒙古国杭爱山脉）的 Ötükän 相近，却以于都斤山距契丹使者的出使路途过于遥远为由，将其比定为《辽史》记录的南京（今北京市）西北的 Wu-ting-kiun（武定军）。[⑤]

据前文介绍的第 20 节，可知前往契丹的旅行者经由 Sānjū。关于地名 Sānjū，巴哈提将其比定为麻赫穆德·喀什噶里于 11 世纪 70 年代编撰的《突厥语大辞典》中的 Shānju（鄯州，今西宁地区）。[⑥] 众所周知，自魏晋

[①] V. Minorsky, *Sharaf al-Zamān Ṭāhir Marvazī on China, the Turks and India*, pp. 68 – 70.
[②] Ibid., p. 73.
[③] 河套北部的可敦城见《新唐书》卷 41《地理志 1》丰州九原郡条，第 976 页。
[④] V. Minorsky, *Sharaf al-Zamān Ṭāhir Marvazī on China, the Turks and India*, pp. 73 – 74.
[⑤] 武定军见《辽史》卷 41《地理志 5·西京道》奉圣州条，第 582 页。另米氏相关考证见 V. Minorsky, *Sharaf al-Zamān Ṭāhir Marvazī on China, the Turks and India*, pp. 73 – 74.
[⑥] 巴哈提·依加汗：《辽代的拔悉密部落》，《西北民族研究》1992 年第 1 期，第 141—142 页。

南北朝起，直至宋代，乃至现代为止，经由柴达木盆地连接新疆与青海的"河南道"一直是条重要通道。喀什噶里在《突厥语大辞典》里记录位于该条通道上的鄯州，也很正常。但如不能证明 10 世纪时期确实存在经由鄯州前往契丹之通路，则巴哈提的意见仍有可商榷之处。笔者以为，位于前往契丹途中的 Sānjū，极可能是契丹使者所言 Sājū（沙州）的笔误。鉴于此，笔者对依据 Sānjū 与 Shārī 族间所需日程，推定 Shārī 族驻地位于额济纳河流域的米氏意见，表示赞成。① 换言之，旅行者是从沙州首先抵达额济纳河流域。但从额济纳河流域前往 Khātūn-san（Khātūn-sïn）的路程，若依米氏意见，则将经由横亘在内蒙古西部的沙漠地带到达阴山北麓。而且，按武定军的现代音 Wu-ting-kiun 与 Ūtkīn 进行比定，凸显米氏意见的勉强之处。何况，武定军的中古音 mi̯u-'d'ieng'-ki̯uən 中，② 武与 Ūtkīn 的首音相差很大。

综上，笔者以为，马卫集记录的沙州前往契丹首都的路程，尤其是 Khātūn-san，即 Khātūn-sïn 以及 Ūtkīn，有待重新考证。

三　《突厥语大辞典》记录的 Qatun Sïnï

《突厥语大辞典》曾多次提到地名 Qatun Sïnï。如čoɣïla－"呼叫"词目言：③

¹ qatun sïnï čoɣïladï² tangut bägin yaɣïladï³ qanï aqïp žaɣïladï⁴ boyïn suvïn qïzïl saɣdï

qatun sïnï（的人们）吼叫了。与唐古特族（党项族）的伯克（匐，部族首领）成了敌人。他们（即 qatun sïnï 的人们）的鲜血汩汩流淌。他们（即 qatun sïnï 的人们）从颈部流血了。

据此诗文，可知 Qatun Sïnï 的人们曾与唐古特族发生战斗，但被其击败。另外，在词目 yopïla（欺骗）之下，介绍唐古特人的可汗曾欺骗 Qatun

---

① 但其将 Shārī 族与撒里畏兀儿 Sarï-Yughur 联系起来的观点，值得重新探讨。
② 中古音参见 B. Karlgren, *Analytic Dictionary of Chinese and Sino-Japanese*, pp. 168, 288, 363.
③ *CTD*, Vol. 2, pp. 314–315.

第三章　戈壁通途：10世纪时期的草原丝路、九姓达靼与河西地区

Sīnī 之王并以死攻击。① 在 sïn（身长）中介绍道，② 墓穴被称为 sïn，是因为其根据人的身长而制作。之后，作为 sïn（墓穴）的用例，引用了 Qatun Sïnï（可敦墓），并言 Qatun Sïnï 是位于党项与 Ṣīn［秦（中国）］之间的一座城市。③ 而 Ṣīn 在 Tawγač［桃花石（中国）］词目下作如下介绍：现在 Tawγač 指的是 Māsīn［马秦（宋）］，而契丹指的是 Ṣīn（秦）。④ 看来，位于党项与 Ṣīn（秦）之间的 Qatun Sïnï 城，实际上位于西夏与契丹之间。值得注意的是，Qatun Sïnï 一词中，末尾的 -ï 是表示第三人称所有的附加词缀。即，Qatun Sïnï 可理解作 Qatun 之那 Sïn。实际上，就语法而言，Qatun Sïnï 与 Qatun Sïn 意义相同，亦与根据马卫集叙述复原得到的 Khātūn-sïn 相一致。

关于喀什噶里记录的 Qatun Sïnï（可敦墓）问题，容后文细谈。⑤ 但从其关于《突厥语大辞典》的编撰缘由而言，向阿拔斯王朝统治者敬献突厥语词典时，他对自己是突厥人、对自己的母语突厥语，抱有极大的自负心。⑥ 或许，喀什噶里按突厥语解释的 Sïn，存在原本不是突厥语的可能。

作为与上面介绍的 Qatun Sïnï 的人们与唐古特族发生战斗的同期史料，《宋史》记录有控制完河西地区后的李元昊呈给宋廷的奏文。其中提到"吐蕃、张掖、交河、塔塔（达靼），莫不从服"⑦。上述与唐古特人发生战事的周边民族或国家中，河西走廊东部的吐蕃余部、张掖的甘州回鹘先后被党项所灭，交河为西州回鹘，唯有达靼位于党项与契丹之间，且与契丹、党项长期并存。与此相对，《辽史》言"重熙十三年（1044）六月甲午，阻卜酋长乌八遣其子执元昊所遣求援使窊邑改来，乞以兵助战，从之"，"元昊、谅祚智勇过人，能使党项、阻卜掣肘大国"⑧。《宋会要辑稿》蕃夷 4《回鹘》亦言"至道二年（996）十月，甘州可汗附达怛国贡

---

① *CTD*, Vol. 2, p. 316.
② *CTD*, Vol. 2, p. 218.
③ *CTD*, Vol. 2, pp. 315–316.
④ *CTD*, Vol. 1, p. 341.
⑤ 本书第六章第二节，第 248—266 页。
⑥ *CTD*, Vol. 1, pp. 70–71.
⑦《宋史》卷 486《夏国传》，第 13995 页。
⑧《辽史》卷 19《兴宗纪2》，第 263 页；《辽史》卷 36《兵卫志下》，第 489 页。

方物，因上言愿与达靼同率兵助讨李继迁，优诏答之"。① 对比上述史料，可发现漠北的阻卜（九姓达靼）最初曾对抗党项，但后来有一部分达靼人受控于西夏。看来，喀什噶里所记位于党项与契丹之间的、其居民与党项发生过战斗但被击败的 Qatun Sïnï，存在位于九姓达靼居地内的可能性。

汉籍中虽无地名"可敦墓"，但可敦城却数处可见。除米氏所言阴山北麓的可敦城外，《辽史》还记录有两处漠北的可敦城。② 一处为镇州可敦城，另一处为河董城。其中的镇州可敦城，其相关内容大多与阻卜，即九姓达靼有关。③《辽史·地理志·边防城》镇州条云：

> 镇州，建安军，节度。本古可敦城。统和二十二年皇太妃奏置。……东南至上京三千余里。

据"东南至上京三千余里"而言，镇州可敦城大体应在蒙古高原中部一带。而关于另一个可敦城"河董城"，《辽史》同卷同页言东南至上京1700里。据此可推断，河董城大体位于镇州可敦城以东的蒙古高原中部偏东地区。

无独有偶，宋人也留下了关于可敦城的记录。如拙文开头介绍，981年出使高昌回鹘的王延德是经由地处蒙古高原腹地的九姓达靼之地抵达高昌的。王延德的行记《西州程记》云：④

> ……次历屋地因族，盖达干于越王子之子。次至达干于越王子族，此九族达靼中尤尊者。次历拽利王子族，有合罗川，唐回鹘公主所居之地，城基尚在，有汤泉池……

前田直典考证，上文九族（姓）达靼之拽利王子族居地内的"唐回鹘公主所居之地"，是契丹为了加强对阻卜诸部的防御和统治，于统和二十

---

① 《宋会要辑稿》，第7714页。年代据元马端临《文献通考》卷347《四裔24·回纥》，第2721页。
② 《辽史》卷37《地理志1·上京道·边防城》，第509—510页。
③ 《辽史》卷85《耶律谐理传》，第1447—1448页；《辽史》卷93《萧惠传》《萧图玉传》，第1511—1512、1516页。
④ 详见本书第二章第一节，第60—61页。

二年（1004）设置的镇州建安军治所，① 即前面介绍的镇州可敦城。镇州可敦城遗址在今蒙古国布尔根省南部喀鲁河下游之南、哈达桑之东20公里的青托罗盖地方。② 该地位于杭爱山脉东端的鄂尔浑河以东，图勒河附近。

简言之，九姓达靼居地内的可敦城，相比蒙古高原中东部的河董城，地理上介于西夏与契丹之间。而且，该可敦城出现于史料的年代，与《突厥语大辞典》记录的 Qatun Sïnï 基本属于同一时期。进言之，据上引《辽史》所反映的阻卜与西夏间的敌对关系而言，镇州建安军治所所在可敦城一带的游牧民，此前有可能曾与西夏发生冲突。

综上所述，笔者以为，喀什噶里记录的 Qatun Sïnï 完全存在代指九姓达靼居地内的可敦城，即契丹镇州建安军治所所在地的可能。米氏将上述 Qatun Sïnï 比定为位于河西走廊北面额济纳河流域的可敦城。③ 但诚如前田直典考证，额济纳河流域存在可敦城这一观点，是建立在对王延德所记九族达靼驻地的错误理解之上，不足为信。④ 钟焓则力陈 Qatun Sïnï 与 Khātūn-san 指的是漠南的昭君墓，并论证11世纪时期存在沙州—丰州—契丹本土这一东西交通线。⑤ 笔者对上述钟焓有关漠南地区东西方间的交流之考证部分赞同，但以为其有关马卫集记录的路程年代之断定，以及 Khātūn-san 之比定存在诸多问题，详见另文。⑥

四　沙州与契丹上京间路程之考释

笔者此前阐述了《突厥语大辞典》所收地名 Qatun Sïnï，与马卫集记录的 Khātūn-sïn 一致，可比定为九姓达靼居地内的蒙古高原中部的可敦城。本节以此为基点，对马卫集所记沙州至契丹路程中出现的地名 Khātūn-sïn

---

① ［日］前田直典：《十世紀時代の九族達靼》，第235—242页。
② 陈得芝：《辽代的西北路招讨司》，第32—33页；［日］白石典之：《9世紀後半から12世紀のモンゴル高原》，第592页。
③ V. Minorsky, *Sharaf al-Zamān Ṭāhir Marvazī on China, the Turks and India*, p. 74.
④ 见［日］前田直典《十世紀時代の九族達靼》，第237—239页。
⑤ 钟焓：《辽代东西交通路线的走向——以可敦墓地望研究为中心》，《历史研究》2014年第4期，第39—49页。
⑥ 白玉冬：《"可敦墓"考——兼论十一世纪初期契丹与中亚之交通》，《历史研究》2017年第4期，第158—170页；又见本书第六章第二节，第248—266页。

与 Ūtkīn 进行进一步的考证。

第二小节曾介绍米氏关于 Khātūn-sïn 与 Ūtkīn 的比定意见，即前者为阴山北麓的可敦城，后者为位于现北京西北的武定军。实际上，米氏的上述观点，一部分是建立在对比鲁尼所标注的地理名称坐标的分析之上。但如米氏自言，张广达、耿世民二位所指出，这些坐标大多来源于旅行者的道听途说，① 用于考证准确的地理位置作用非常有限。论证沙州前往契丹首都之路程经由何地，必须提示同时期的确凿的史料证据。

据《辽史》卷16，开泰八年（1019）正月，辽封沙州节度使曹恭顺为敦煌郡王。②《满洲金石录》卷2所收、李万撰于重熙六年（1037）的《韩橁墓志铭》记录了这次册封：③

……明年（开泰八年）奉使沙州，册主帅曹恭顺为敦煌王。路岐万里，砂碛百程。地乏长河，野无丰草。过可敦之界，深入达妲。囊橐告空，糇粮不继。诏赐食羊三百口、援兵百人，都护行李，直度大荒。……

上文提到韩橁出使沙州途中，"过可敦之界，深入达妲"。此处的"可敦之界"，诚如陈得芝考证，应为契丹设置在镇州可敦城的镇州建安军的管辖领域。至于笔者最感兴趣的"达妲"二字，《满洲金石录》原文第二字左半为女字旁，右半手写一个 ▢。《全辽文》《全辽金文》复原作"达姫"。陈得芝则复原作"达妲"，比定为"达靼"。受条件所限，笔者未能直接近距离观察碑铭或拓片，但比较"石"字而言，▢ 明显更接近于"旦"字。据此，笔者遵循陈得芝意见，复原作"达妲"。这样，我们可以得到一个确凿的证据：开泰八年（1019）出使沙州的契丹使者韩橁，

---

① V. Minorsky, *Sharaf al-Zamān Ṭāhir Marvazī on China, the Turks and India*, p.72；张广达、耿世民：《唆里迷考》，《历史研究》1980年第2期，收入张广达《西域史地丛稿初编》，另收入张广达《文书典籍与西域史地》，第37—38页。
② 《辽史》卷16《圣宗纪7》，第207页。
③ 录文参照国家图书馆善本金石组编《辽金元石刻文献全编》第3册，北京图书馆出版社2003年版，第754页；《历代石刻史料汇编》第13册，北京图书馆出版社2000年版，第754页；陈得芝《辽代的西北路招讨司》，第34页；陈述《全辽文》，中华书局1982年版，第121页；阎凤梧《全辽金文》，山西古籍出版社2002年版，第165页。

第三章 戈壁通途：10世纪时期的草原丝路、九姓达靼与河西地区

是经由漠北的镇州可敦城和达靼之地，即九姓达靼之地抵达沙州的。再看马卫集记录的有关沙州、契丹间路程原始情报的提供者——契丹派往哥疾宁王朝的使者，是在1027年抵达哥疾宁王朝的。这一年，包括移动时间在内，仅比韩橁的出使时间晚八年。另据《辽史》，这个时期契丹与归义军政权间的使者往来为统和二十四年（1006）、开泰三年（1014）、开泰六年（1017）各一次，开泰九年（1020）两次。[①] 契丹与沙州之间的使者往来，虽不能否定存在其他通道的可能性，但参照韩橁的出使线路，认定其大多应通过漠北的九姓达靼之地，于理不悖。在此前提下，笔者曾向华涛教授请教Khātūn-sïn之sïn。据其说，sïn存在是汉语"城"之音译的可能。看来，马卫集记录的从沙州东行两个月到达的Khātūn-san，比定为位于九姓达靼居地内的、契丹设置镇州建安军的镇州可敦城，应最具说服力。

马卫集记录的Khātūn-san暂时有了归宿，那另一难解地名Ūtkīn究竟如何解释呢？关于该地名，活跃于丝路贸易的回鹘商人所留敦煌出土回鹘文文书，可为我们提供强有力的论据。法国学者哈密顿著《敦煌出土9—10世纪回鹘文书》所收第20号文书，是10世纪回鹘商人从外地寄给沙州亲人的信函。该文书第9—10行提到vazir ymä ötükän-kä ktin kälti［至于瓦济尔，他后来也来了于都斤（ötükän）］[②]。这里的Ötükän，无疑来自Ötükän Yïš（于都斤山）。而于都斤（Ötükän），在《突厥语大辞典》中解释作"邻近回鹘的达靼沙漠之地名"[③]。前辈学者早已指出，于都斤山在10世纪时期应在九姓达靼居地范围内。[④] 而《辽史》与其他敦煌出土文书则反映，连接蒙古高原与河西地区的居延路在10—11世纪依然发挥着桥梁作用。[⑤] 此处我们了解到，回鹘商人曾确切无误到达于都斤地区。基于此，笔者以为，马卫集笔下的Ūtkīn比定为当时的九姓达靼居地内的于都

[①] 《辽史》卷14、15、16《圣宗纪5、6、7》，第177、191、209页。另卷12《圣宗纪3》第141页记有统和六年（988）契丹派人护送来朝的沙州节度使曹恭顺。据荣新江介绍实为开泰六年（1017）。见荣新江《归义军史研究》，第36页。

[②] J. Hamilton, *Manuscripts Ouïgours du IXe-Xe siècle de Touen-Houang*, Textes Établis, Traduits, p. 110. vazir据森安孝夫读法。

[③] *CTD*, Vol. 1, p. 159.

[④] ［日］前田直典：《十世纪时代の九族达靼》，第239页；陈得芝：《十三世纪以前的克烈王国》，第215—218页。

[⑤] 白玉冬：《于阗文P.2741文书所见达靼驻地Buhäthum考》，第240—241页。

斤地区，甚为合理。

至此，根据上面介绍的韩樀的出使线路，以及回鹘商人的活动路线，笔者主张马卫集记录的 Khātūn-san 应比定为镇州可敦城，Ūtkīn 应视作于都斤，即今杭爱山东南部一带。地理位置上，镇州可敦城位于杭爱山脉东端的鄂尔浑河以东，靠近图勒河。马卫集谈到从沙州先到 Khātūn-san，然后再到 Ūtkīn。很明显，这一路程与镇州可敦城位于杭爱山脉之东，即于都斤山之东这一实际位置相抵触。显然，如不能释清这一疑障，笔者的主张难以服众。

据米氏介绍，比鲁尼书中，契丹、可敦城、Ūtkīn 三地地理坐标如下。契丹：经度为 158 度 40 分，纬度为 21 度 40 分；可敦城：经度为 129 度 40 分，纬度为 31 度 50 分；Ūtkīn：经度为 136 度 30 分，纬度为 26 度 0 分。据此可知可敦城、Ūtkīn 均位于契丹西北，其中可敦城又位于 Ūtkīn 之西北。这一地理分布与镇州可敦城位于于都斤山之东这一实际位置相矛盾。米氏根据比鲁尼记录的一系列地理坐标，推定沙州与可敦城间距离为 1610 公里，可敦城与 Ūtkīn 间距离为 925 公里，Ūtkīn 与契丹间距离为 2253 公里。据《中国历史地图集》得知，沙州与杭爱山脉东南部，即 Ūtkīn（于都斤）间直线距离 800—900 公里，杭爱山脉东南部与镇州可敦城间 300—400 公里，镇州可敦城与契丹上京间约 1200 公里。[①] 显而易见，米氏根据比鲁尼的坐标计算出来的四地间距离，与现代地图所反映的实际距离不符。不过，若将比鲁尼记录的可敦城与 Ūtkīn 位置互换，则发现沙州、Ūtkīn、可敦城、契丹四者相互位置与现在的实际地理位置基本一致。看来，比鲁尼混淆了可敦城与 Ūtkīn 的经度，而马卫集记录的从沙州先到达 Khātūn-san 然后再到达 Ūtkīn 这一路程，是沿袭了比鲁尼的错误。

以上根据比鲁尼和马卫集的记述复原出来的经由沙州、于都斤山、镇州可敦城到达契丹之路程，还可从喀喇汗朝的优素甫·哈斯·哈吉甫（Yūsuf khāṣṣ Ḥājib）于 1070 年创作的《福乐智慧》（*Qutadγu Bilig*）得到补证。该书第四章提到"契丹的商队带来了桃花石的商品"。[②] 当然，此处所言契丹的商队不能单纯理解为契丹人，应为与契丹朝廷保持有多种关系

---

① 谭其骧主编：《中国历史地图集》第 5 册，第 3—4 页。
② R. Dankoff, *Wisdom of Royal Glory Kutadgu Bilig*: *A Turko-Islamic Mirror for Princes*, Chicago: University of Chicago Press, 1983, p. 41.

的丝路商人。而喀喇汗朝也曾朝贡过契丹。^① 连接喀喇汗朝与契丹之贸易路，虽然不能排除存在其他线路的可能性，但如马卫集所记录，笔者以为由喀什噶尔经由于阗到达沙州后，大多经由于都斤山、镇州可敦城到达契丹。前文介绍的《突厥语大辞典》关于 Ötükän（于都斤）与 Qatun Sïnï〔可敦墓（可敦城）〕的记录，即是这一历史背景之反映。

综上，11 世纪初期，从沙州北上经由漠北的九姓达靼之地抵达契丹本土之草原丝路，无疑在发挥着重要作用。前往喀喇汗朝等西方国家的契丹使者、丝路商人以及来往于沙州与契丹间的商人和使者，大多利用该贸易路。同理，10 世纪时期，漠北的九姓达靼有理由利用这条贸易路与沙州归义军政权保持通使。

五　九姓达靼与沙州归义军政权之通使

第三、四小节，笔者论证了马卫集记录的从喀什噶尔经由于阗、沙州通往契丹首都之路程经由九姓达靼之地。那包括第一小节介绍的与沙州归义军政权保持通使关系的达靼在内，敦煌文献记录的达靼，与漠北的九姓达靼处于何种关系呢？

作于癸巳年（993）的 P.2737《驼官马善昌状四件》中的第二件文书涉及达靼：^②

> ¹伏以今月十七日换于阗去达怛骆驼，替用群上大骒驼壹²头。未蒙　判凭。伏请　处分。³癸巳年八月　日驼官马善昌　⁴为凭。十八日　鸟形花押（曹延禄）：

据森安孝夫实地调查，P.2737 的四件同类文书粘接在一起，接缝处盖有"归义军节度使之印"，并各自盖有节度使曹延禄的鸟形花押。森安孝夫认为，上述印章表明这些文书是用于保管的。^③ 坂尻彰宏则认为，类似

---

① 参见〔日〕代田贵文《カラハン朝の東方発展》，《中央大学大学院研究年報》第 5 辑，1976 年，第 261—262 页及第 269 页第 17 注。
② 录文在参照黄勇武主编《敦煌宝藏》第 123 卷，第 527 页图版基础上，据唐耕耦、陆宏基《敦煌社会经济文献真迹释录》第 3 辑，第 602 页。
③ 〔日〕森安孝夫：《河西帰義軍節度使の朱印とその編年》，第 44 页。

P.4525（7）V 的同类文书，可归为敦煌文书中的判凭文书，是节度使审核之后粘接起来，作为支出簿而使用的。①

《辽史》记录这一时期的于阗曾朝贡契丹，分别为统和七年（989）二月（2次）与十一月，统和八年（990）二月与开泰四年（1015）二月。②其中的最后一次，无疑是灭掉佛国于阗的喀剌汗朝所为。而前面的4次中，有3次是与回鹘或阿萨兰（高昌回鹘）并列出现。若于阗使者是与高昌回鹘使者共行，则理应经由草原丝路中段的漠北达靼之地。而且，前面介绍的哈密顿解读的《敦煌出土9—10世纪回鹘文书》所收第20号文书，还明确记录文书作者此前曾到达于都斤地方，之后还要前往沙州与于阗之间的仲云之地。就发现于敦煌而言，上述第20号文书作者是在沙州写下这封书信。从上述事例可看得出，10世纪时期自于阗经沙州北上抵达达靼之地，并非特殊个案。

是故，上面列举的 P.4525（7）V 文书，可以理解作是归义军政权的官营牧场驼官马善昌在替换完于阗使者去达靼的骆驼之后，③在次日呈状给归义军节度使并请其验凭的官文书。在这件节度使亲自审核、签章的归义军官文书中，达靼与于阗、沙州相对应，看起来更像是一个独立的政治体。笔者在前文已经考述，11世纪初由喀什噶尔经由于阗、沙州以及九姓达靼居地内的于都斤山、镇州可敦城到达契丹之贸易路无疑在发挥重要作用。据此，笔者相信上引文书所言于阗使者的下一个目的地达靼，应是蒙古高原中部的九姓达靼。那981—982年与沙州归义军政权有过密切来往的达靼，该如何解释呢？

据《辽史》记载，沙州归义军政权对契丹的朝贡可分两个阶段。第一阶段集中在天显十二年（937）、会同二年（939）、会同三年（940），④第二阶段集中在前面介绍过的1006—1020年。关于第一阶段的朝贡，森安孝夫指出，这是因为归义军政权受到处于敌对关系的甘州回鹘之阻碍无法

---

① ［日］坂尻彰宏：《敦煌判凭文書考序論》，载［日］森安孝夫主编《シルクロードと世界史》，第185—190页。
② 《辽史》卷12、13、15《圣宗纪3、4、6》，第144、146、151、192页。
③ 荣新江、朱丽双二位以为驼官马善昌是为去于阗的使者准备达靼出产的骆驼，姑不详述。见荣新江、朱丽双《于阗与沙州归义军的交往》，载氏著《于阗与敦煌》，第146页。
④ 《辽史》卷3、4《太宗纪上、下》，第44、50、52页。

第三章　戈壁通途：10世纪时期的草原丝路、九姓达靼与河西地区

朝贡中原，不得不北上随附高昌回鹘朝贡契丹。① 但好景不长，940 年以后，沙州对契丹的朝贡又长期不见史料。正是在这种情况下，至 1006 年，沙州与契丹之间突然重现使者往来，截至 1020 年，达到 6 次。那这又意味着什么呢？

关注一下宋朝方面的记录，我们发现《宋会要辑稿》蕃夷 4《回鹘》有一文值得注意：②

> 大中祥符九年（1016），甘州回鹘可汗夜落隔归化等上表云："契丹即日多益兵马于沙州往来，未知何计，使即日断绝。"

关于甘州回鹘与契丹之关系，笔者此处不作过多赘述。据上引史料，可知契丹在 1016 年之前不久，曾往沙州派遣军队。而派遣军队的时期，正是上面介绍的沙州与契丹间发生密切联系的 1006—1020 年。统和二十二年（1004），在图勒河畔的镇州可敦城设置镇州建安军之后，契丹无疑加强了对阻卜诸部的控制，其对蒙古高原的统治优势也得到了极大保证。可见，设置镇州建安军之后，契丹以镇州可敦城为据点，依托镇州建安军的军事威慑力，增强了对沙州归义军政权之影响。这正是带来 1006—1020 年沙州、契丹间 6 次使者往来的直接原因。

参照第四小节介绍的韩橁的出使线路，上述沙州与契丹间的使者往来，无疑应以居中的镇州可敦城为中继点，经由漠北的九姓达靼之地。换言之，这一时期沙州归义军政权的通好对象，已经由 10 世纪末的九姓达靼转变为取代九姓达靼而成为蒙古高原代表势力的契丹。故，11 世纪初期沙州与契丹间密切的使者往来，视作之前沙州与九姓达靼间使者往来之延续，不悖于理。沙州与九姓达靼间的通使，应是沙州与契丹间通使之前奏。不过，笔者并不否认 10 世纪河西地区曾存在达靼人。③ 笔者只是对河西北部，即今额济纳地区存在达靼国这一说法持否定态度。据田中峰人研究，10 世纪时期，甘州回鹘王国存在左右翼体制，其中的右翼驻地，正位于额济纳河流域草原地带。④ 在甘州回鹘右翼所在河西地区北部，同时期

---

① ［日］森安孝夫：《ウイグルと敦煌》，第 317 页。
② 《宋会要辑稿》蕃夷 4《回鹘》，第 7717 页。
③ 详见本书第五章第一节，第 196—199 页。
④ ［日］田中峰人：《甘州ウイグル政権の左右翼体制》，第 282—285 页。

不太可能出现一个"河西达靼国"。散处河西地区的达靼人，与笔者所言构成政治体，并与沙州归义军政权或中原中央王朝互通使者的达靼国，应属于不同概念，二者不应被予以混淆。而且，有关在河西地区活动的达靼人，我们也完全可以理解作是漠北的达靼部落南下所造成。

综上，笔者相信，前面介绍的敦煌出土文书记录的达靼，也即981—982年与沙州归义军政权有过密切来往的达靼，以及10世纪时期曾侵犯归义军领土的达靼，[①]均应隶属于漠北的九姓达靼。那九姓达靼与沙州归义军政权在981—982年互通使者，原因何在？

笔者在第一小节介绍过，S.6452（2）《辛巳年（981）十二月十三日周僧正于常住库借贷油面物历》中，982年二月六日和十三日的借贷记录有达靼使者"朝定"。据《敦煌文献语言词典》介绍，"朝廷、朝庭"含"朋友"之意，偶尔写作"朝定"，但具体理由不明。[②]笔者以为，"达怛朝定"应解释作来自达靼政治集团的带有和解、通好使命的达靼使者。[③]

S.6452（2）文书中，"达怛朝定"到访沙州的时间为982年二月。而第一节介绍的P.3412《宋太平兴国六年（981）十月都头安再胜、都衙赵再成等牒》，写作日期为981年十月，记录了达靼与沙州归义军政权间处于敌对关系。对比发现，"达怛朝定"到访沙州的时间在P.3412文书上报给归义军节度使约3个月之后。据此，可以想象S.6452（2）文书的"达怛朝定"，应是达靼方面派至沙州的带有和解性质的使者，其目的在于消除与归义军政权间的紧张关系。

---

① 郑炳林考订写作年代为937年八月的P.2970《阴善雄邈真赞》第13行，提到归义军政权曾与进犯领土的达靼在沙州东面的常乐激战。见郑炳林《敦煌碑铭赞辑释》，第485—486页。另荣新江考订写作年代为962年前后的P.2155背面文书《弟归义军节度使曹元忠至甘州回鹘可汗状》，记有肃州家某人带领达靼人在瓜州、会稽进行掠夺。见荣新江《归义军史研究》，第27页；唐耕耦、陆宏基《敦煌社会经济文献真迹释录》第4辑，第402页。
② 蒋礼鸿主编：《敦煌文献语言词典》，杭州大学出版社1994年版，第47—48页。
③ 朝定一词，除出现在瓜州刺史致司空曹元德的P.3016《某乙状稿》外，还在S.8426归义军政权酒破历中出现15次。其中，S.8426B1－1第6—7行有"阿郎（即归义军节度使）南山朝定"字样。据此例，笔者推定朝定在不同的政治集团中，代指代表其所属政治集团，负有和解、通好使命的使者的可能性极大。关于S.8426文书，解题见荣新江《英国图书馆藏敦煌汉文非佛教文献残卷目录S6981－S13624》，（台北）新文丰出版公司1994年版，第83—84页。图版见中国社会科学院历史研究所等编《英藏敦煌文献（汉文佛经以外部分）》第12卷，第121—127页。具体研究见［日］坂尻彰宏《大英図書館蔵五代敦煌帰義軍酒破歴——S.8426——》，《大阪大学大学院文学研究科紀要》第50卷，2010年，第29—60页。

第三章　戈壁通途：10世纪时期的草原丝路、九姓达靼与河西地区

另外，第一节介绍，P.4061背面文书《壬午年（982）十二月支达怛大部物状》记录了"达靼大部"，即达靼的核心部族首领到达沙州进行参拜活动，其时间为982年十二月。看来，同年二月达靼派遣使者，即前文提到的"达靼朝定"到沙州进行和解之后，九姓达靼与沙州归义军政权间的关系得到了进一步改善。

六　九姓达靼与丝路贸易

以上几个小节，笔者就10世纪时期九姓达靼与沙州归义军政权间的互动关系进行了考释。而构成当时丝路贸易商人一大主体的回鹘商人，留下了不少关于丝路贸易的原始文书。部分文书表明，当时的九姓达靼以回鹘商人为媒介，与西北地区丝路沿线地域保持密切联系。

森安孝夫主张，这一时期西州回鹘王国出身的粟特系回鹘商人从事丝路贸易，活跃于内亚的广袤地域。[①] 作为记录他们鲜活贸易画面的资料，敦煌出土文献中，包括一批回鹘文与粟特文的书信、账本、笔记等。这些文献，现藏于巴黎法国国家图书馆与伦敦大英图书馆。关于这批文献，森安孝夫与吉田丰二位于1985年首次向学界进行了详细介绍。[②] 之后，哈密顿著《敦煌出土9—10世纪回鹘文书》，以及他与辛姆斯·威廉姆斯（N. Sims-Williams）的共同研究成果《敦煌出土9—10世纪突厥——粟特语文书》（以下简称《突厥粟特语文书》）正式出版。[③] 其中，后者《突厥粟特语文书》共收入粟特语文书8篇，包括两篇基督教徒手稿（P.28文书与P.3134背面文书）。笔者特别关注的是，这两篇文书均与达靼相关。

据《突厥粟特语文书》介绍，P.28粟特语文书是一封信札，正面11行，背面8行。书信开头部分与结尾部分欠缺，寄信人与收信人皆不明。就出自敦煌而言，该文书应是从外地送达敦煌或从敦煌送往外地的书信之

---

① ［日］森安孝夫：《オルトク斡脱とウイグル商人》，第26页；［日］森安孝夫：《シルクロードのウイグル商人——ソグド商人とオルトク商人の間——》，载［日］樺山紘一等编《中央ユーラシアの統合》（岩波講座世界歴史11），（东京）岩波书店1997年版，第110—111页。

② ［日］森安孝夫：《ウイグル語文献》，载［日］山口瑞鳳编《講座敦煌6》（敦煌胡語文献），第1—98页；［日］吉田豊：《ソグド語文献》，载［日］山口瑞鳳编《講座敦煌6》（敦煌胡語文献），第187—204页。

③ J. Hamilton, *Manuscripts Ouïgours du IXe-Xe siècle de Touen-Houang*, Textes Établis, Traduits; N. Sims-Williams, J. Hamilton, *Documents Turco-Sogdiens du IXe-Xe Siècle de Touen-Houang*.

一部分。下面，笔者从法译文中，引用该文书第1—10行相关部分。本书所引《突厥粟特语文书》译文中，…为无法认读的残存文字或文书残损部分，（ ）内文字为原著者的补充说明或推测复原。

<blockquote>
[1]…并且进入了这个王国。至于衣物（?）…[2]因某种原因…–cykw，我获得了五份债务（即负债了）。（由于?）此五份债务，[3]我被痛苦折磨（?）。这个王国的人们，（进入了?）诅咒的浅滩（?）里。[4]不知信仰与神！我对突尊将军负债了（?）。……[7–8]现在突尊将军去外面（即外国）了。因此，他的所作所为，你以自身明了（即你是其证人）。我把我的五份债务，均等地送出去了。[9]我因如下理由，没能送出那个物品。雄骆驼在达靼（在达靼国）跑掉，并（离开了?）商队。[10]一边说，一边在祈祷，希望它（即雄骆驼）能够出现在nym'ynck'n的王国！……。
</blockquote>

据"不知信仰与神！"[δyn βγy L'-r (β) yny]这一表达方式，上引P.28文书作者是基督教聂斯脱里派（景教）教徒。他在文书中提到的关于雄骆驼逃掉一事，在《突厥粟特语文书》法译文中写作"向达靼"。笔者专此讨教京都大学吉田丰教授。据其介绍，按粟特语原文之意，应译作"在达靼"更为正确。换言之，该书信的作者曾去过达靼之地。关于文中提到的达靼，《突厥粟特语文书》著者在其词注中指出，[①]指的是沿甘肃省北部沙漠地区的、被达靼人控制之地，并引用敦煌出土于阗语P.2741文书，介绍甘州、肃州之间曾存在达靼人。

关于于阗语P.2741文书的写作年代，笔者此前已专做讨论，可视为924—925年。[②]该文书在记录甘州回鹘王国发生内乱，并与沙州归义军政权处于战争状态时，提到Buhäthum地方的达靼人曾骑马两三次来到位于甘州与沙州之间的黑山和蓼泉，并封锁了沙州东面的肃州与蓼泉间道路。[③]笔者就上述达靼人的驻地Buhäthum进行了专门讨论，主张其可复原作古突厥语Boquy Qan Balïq，可比定为《辽史》所记卜古罕城，即位于今蒙古

---

① N. Sims-Williams, J. Hamilton, *Documents Turco-Sogdiens du IXe-Xe Siècle de Touen-Houang*, p. 45.
② 详见本书第三章第二节，第127—129页。
③ 文书第118—120行。见 H. W. Bailey, *Saka Documents, Text Volume*, p. 66。

第三章　戈壁通途：10世纪时期的草原丝路、九姓达靼与河西地区

国鄂尔浑河畔的漠北回鹘汗国都城 Ordu Balïq、现哈刺巴刺噶孙遗址。[①] 冯培红虽对笔者的上述比定提出质疑，主张 Buhäthum 似不在遥远的漠北卜古罕城，惜未能提出有价值的线索，亦未进行相关考释。[②] 如笔者对 P.2741 文书所言达靼人驻地的比定无误，则占据漠北中心地域的九姓达靼，在10世纪初即已经深入河西地区。这一见解，与前面的考证结果，即10世纪时期与沙州归义军政权保持往来关系的达靼均隶属于九姓达靼这一结论相吻合。又如第三小节所介绍，据《敦煌出土9—10世纪回鹘文书》所收第20号文书，可知回鹘商人实际上曾去过于都斤地区，即九姓达靼之地。尤其是，11世纪时期由敦煌经由九姓达靼之地通往契丹之贸易通路所发挥的作用，可从第三、四、五小节的考证一目了然。综上三点，笔者以为，上引 P.28 粟特语文书记录的回鹘商人实际去过的达靼，视作隶属九姓达靼的达靼之地，于理可通。《突厥粟特语文书》的著者将粟特语原文"在达靼"译作法文"向达靼"，可能是受上面介绍的他们自己关于达靼居地的比定之影响所致。

接下来探讨一下 P.3134 背面文书。据介绍，该文书由25行组成，是有关粟特语称为 raγzi，突厥语称为 qars、汉语称为褐子的毛织品账本。[③] 其内容为，最初6行记录的是书写人所持红色与白色毛织品（raγzi）的库存总数，以及应取自常乐附近城镇的红色与白色毛织品数量。第7行以后的主账本，记录了与各类人物间所进行的白色与红色毛织品交易明细。其中，最后5行记录了从交易对方处回收的毛织品数量。下面，笔者就该文书第7—16行译文及其词注内容进行介绍。引文中，〈　〉文字为笔者根据原著者的研究成果所做的补充，☑印代表原文书所画钩线。

> [7]在神的名义下。我在乞敦（之处），向〈Tyn・丁〉家交出了（即交换了）6张白色毛织品，[8]为了4张红色毛织品☑。另，在安述丹〈An Cwrt'n〉之名的唆里迷〈Solmï，即 Argi，焉耆〉（出身）人处，[9-10]为6个红色，（我交换了）9个白色。另，在来自达靼的押牙〈amγa〉处，为10个红色，（我交换了）15个白色毛织品。同样，[11]在

[①] 白玉冬：《于阗文 P.2741 文书所见达靼驻地 Buhäthum 考》，第235—238页。
[②] 冯培红：《归义军与达怛的关系》，第380—381页。
[③] N. Sims-Williams, J. Hamilton, *Documents Turco-Sogdiens du IXe-Xe Siècle de Touen-Houang*, p.23. 关于"褐子"见 p.25 注 A1。

· 155 ·

同蛾·阿萨兰〈Toŋγa Arslan〉（处），为4个红色，（我交换了）6个白色☑。¹²在于阗都督〈Odon Totoq〉处，有交易用红色毛织品1个。在何不丹〈X'Brt'n〉处，¹³有交易用红色毛织品1个。在唆里迷（出身）的曲律〈Külüg〉处，有交易用（红色?）毛织品7个。另外，¹⁴在毕舒〈Pyšw〉（名的）某汉人处，有交易用红色毛织品6个。另¹⁵在达靼出身的押牙（处），为了2个红色，（我交换了）3个白色☑，在翟〈T'k＝翟〉家（处），¹⁶为了4个红色，（我交换了）6个白色☑……。

据上引文第7行"在神的名义下"（r βγ'y n'm δ'βrw）这一表达方式，文书作者被认为是聂斯脱里派基督教徒。① 另外，文书作者所接触的交易对象，除带有突厥语名称的人物之外，还包括汉人以及来自达靼的押牙、焉耆的粟特人和于阗都督等。其中，来自达靼的押牙，除上引第9—10行、15行之外，亦见于第22行。其文字由回鹘文回鹘语写成，内容为 tatardïn kälmiš amγada säkiz qars alt[ïm]［从来自达靼的押牙处，［我］获得了8个（红色?）毛织品］。诚如《突厥粟特语文书》著者在词注A1中所指出，文书作者最终从交易对方回收红色毛织品，并画上钩线。这样，第15行所言"达靼出身的押牙"，实际上指的是第9—10行与第22行记录的"来自达靼的押牙"。即，见于文书的三处达靼之押牙，属同一人物。

amγa一词，据《突厥粟特语文书》词注，频现于9—10世纪于阗语、藏语文书，是汉语"押牙"的音译或其借入语。② 沙州归义军政权曾设置押牙一职。据冯培红研究，归义军政权内，除作为节度使亲信而统领军队的专职的都押牙外，押牙多为军队、地方长官以及外交使节的兼官。③ 另外，于阗使者在本文书中被称为"于阗都督"，或其他带有"司空"称号的事例，亦见于敦煌出土同时期藏文文书。④ 这些都督或司空称号，未必

---

① N. Sims-Williams, J. Hamilton, *Documents Turco-Sogdiens du IXe-Xe Siècle de Touen-Houang*, p. 23.
② Ibid., pp. 28-29.
③ 冯培红：《晚唐五代宋初归义军武职军将研究》，载郑炳林主编《敦煌归义军史专题研究》，兰州大学出版社1997年版，第99—109页。
④ G. Uray, "L'emploi du Tibétain dans les Chancelleries des États du Kan-Sou et de Kotan Postérieurs à la Domination Tibétaine", p. 84.

第三章　戈壁通途：10世纪时期的草原丝路、九姓达靼与河西地区

授自归义军政权或中原天朝。同理，达靼人所带押牙称号，很难与归义军政权或中原天朝的授予直接联系起来。相反，之前的突厥回鹘时期，汉地的都督、将军、刺史等官号，业已传入蒙古高原游牧民社会内。考虑到此点，达靼的权贵人物自号押牙，也无可厚非。鉴于前面的考察结果，笔者以为，上引P.3134背面文书记录的押牙，即来自达靼的押牙，应出自九姓达靼。张广达指出，唐末至宋初西北地区的"班次"贸易，其重要的从事者一般为官员或使节。① 极可能，上文中的达靼押牙，是代表达靼从事公务贸易的使节。

综上，据上引二例，发现10世纪时期，九姓达靼主要通过西州回鹘王国出身的回鹘商人与丝路贸易联系在一起。当然，他们理应与这些回鹘商人的故国西州回鹘王国保持联系。《续资治通鉴长编》卷24太平兴国八年（983）条言：

  塔坦国遣使唐特墨与高昌国使安骨卢俱入贡。骨卢复道夏州以还。特墨请道灵州，且言其国王欲观山川迂直，择便路入贡。诏许之②。

关于上文中以国王名义朝贡北宋的塔坦（达靼）国，前田氏认为是蒙古高原中心地区的九姓达靼。③ 而国内学者，不约而同地将其比定为"河西达靼（国）"。④ 正如笔者另稿所论，诚如前田所言，以国王名义朝贡宋朝的达靼，均为九姓达靼。⑤

另，据《续资治通鉴长编》卷22，太平兴国六年（981）西州回鹘使节首次到访宋朝，作为回访使，当年五月王延德一行被派往西州。⑥ 而王延德一行专门访问了蒙古高原的九姓达靼。这说明，宋朝有关九姓达靼的情报，应来自西州回鹘使节。看来，之后三年，与达靼使者一同抵达宋朝

---

① 张广达：《唐末五代宋初西北地区的班次和使次》，第183—187页。
② 《续资治通鉴长编》卷24，第566页。
③ ［日］前田直典：《十世紀時代の九族達靼》，第254页。
④ 陆庆夫：《河西达怛考述》，第569页；张久和：《原蒙古人的历史》，第190—196页；施安昌：《故宫藏敦煌己巳年樊定延酒破历初探》，第71—74页。
⑤ 白玉冬：《10世紀から11世紀における「九姓タタル国」》，第97—99页；白玉冬：《十至十一世纪漠北游牧政权的出现》，第84—86页。
⑥ 《续资治通鉴长编》卷22，第490、492页。

· 157 ·

的西州回鹘使节，视作同样经由九姓达靼之地，最合情理。

值得一提的是，中国文化遗产研究院所藏 xj 222—0661.9 回鹘文文书，已由张铁山、茨默（Peter Zieme）二位圆满解读。① 该文书创作于 13—14 世纪，是关于西州回鹘王国初期某位可汗（tängrikän）及其王国历史的文书断片。其中的第 10—12 行谈到西州回鹘王国击破九姓达靼，使其隶属于自己。第 39—40 行则谈到，西州回鹘的可汗，让于都斤（ötükän）地方的人民（令人想起九姓达靼人民——笔者注），居住在自己管辖的土地上。② 诚然，xj 222—0661.9 文书属于英雄史诗色彩浓重的历史文学作品，难免有夸大之嫌。不过，上面介绍的两点，仍然反映出九姓达靼与西州回鹘之间的关系。如此，10 世纪时期，九姓达靼与西州回鹘王国的接触，要比我们掌握的情况密切得多。据此，我们可以对源自九姓达靼的克烈部（Kereit）改信聂斯脱里派基督教问题，③ 重新进行一下探讨。

13 世纪的叙利亚哲学家、神学家把·赫卜烈思（Bar Hebraecs）在其著《教会编年史》（*Gregorii Barhebraei Chronicon Ecclesiasticum*）中，记录有克烈国王在 11 世纪初带领部族民众改信聂斯脱里派基督教（景教）一事。④ 汗塔（E. C. D. Hunter）对上述有关克烈部的宗教改信记录持否定态度，⑤ 理由是在把·赫卜烈思给出的地图上，突厥、浑以及蒙古之地被标

---

① Zhang Tieshan and Peter Zieme, "A Memorandum about the King of the On Uygur and His Realm", pp. 129 – 159.
② Ibid., pp. 137, 139, 141, 142.
③ 关于克烈部，陈得芝论证其是阻卜（九姓达靼）的核心部族，推定其为唐代九姓达靼后裔，张久和持同样观点。见陈得芝《十三世纪以前的克烈王国》，第 216—218 页；张久和《原蒙古人的历史》，第 156—157 页。按记录 8 世纪中后期内亚民族分布的敦煌出土 P. t. 1283 文书中出现部族名称 Khe-rged。巴赞（L. Bazin）指出上述 Khe-rged 即克烈。台北艺文印书馆武英殿版本《新唐书》卷 43 下《地理志 7 下》第 524 页记录的室韦部落中，有一部位于回鹘牙帐东北，色楞格河北 200 里处。上述室韦部落，地理位置与 Khe-rged 重叠，可比定为克烈，同时可比定为九姓达靼之一部。笔者虽不敢把克烈与九姓达靼完全勘同，但承认克烈部源自九姓达靼。相关讨论见白玉冬《8 世纪の室韦の移住から見た九姓タタルと三十姓タタルの関係》，第 87—90、98—100 页，又见本书第一章第二节，第 29—34 页。
④ 有关改宗，主要参见 D. M. Dunlop, "The Karaits of Eastern Asia", *BSOAS*, Vol. 11, No. 2, 1944, pp. 277 – 278；罗香林《唐元二代之景教》，（香港）中国学社 1966 年版，第 156—157 页。
⑤ E. C. D. Hunter, "The Conversion of the Kerait to Christianity in A. D. 1007", *Zentral Asiatische Studien*, Vol. 22, 1991, pp. 153 – 158; E. C. D. Hunter, "The Church of the East in Central Asia", *Bulletin of the John Rylands University Library of Manchester*, Vol. 78, 1996, p. 139.

于距河中地区很近的第五个气候带,[①] 且 13 世纪的史学家苏莱曼(Mari ibn Suleiman)在其著 *Kitabu'l Mijdal*(*The Book of the Tower*)中记录道,是身份不明的内陆突厥的国王及其臣民改信基督教。

把·赫卜烈思与苏莱曼的记录,孰是孰非,笔者无从判断。重要的是,克烈部确确实实在 12 世纪信仰基督教。如前所述,蒙古高原中心地区的九姓达靼之地,10 世纪时期是由聂斯脱里派基督教徒回鹘商人与丝路贸易联系在一起的。而且,达靼人也曾与他们进行交易,基督教徒回鹘商人亦驻足于九姓达靼之地。换言之,作为九姓达靼之重要组成部分的克烈部,11 世纪初完全具备了改信景教的外部条件。进言之,吐鲁番曾出土西州回鹘王国时期的回鹘语景教文献。[②] 而且,蒙古部兴起之前,克烈部已经使用回鹘文字的可能性很大。[③] 综合上述状况判断,比较妥善的看法是,对克烈部改宗基督教而言,西州回鹘王国出身的聂斯脱里派基督教徒回鹘商人所起的作用更大。

小　结

本章就敦煌文书所见达靼进行了考述。

首先,P. 2741 文书记载的深入河西腹地、封锁肃州和蓼泉间道路的达靼人驻地 Buhäthum,应是鄂尔浑河流域的 Boquγ Qan Balïq(卜古罕城),即漠北回鹘汗国的都城 Ordu Balïq。10—11 世纪,九姓达靼驻地中心在漠北草原,但其势力已发展到河西北部。敦煌文书反映的与甘州回鹘保持同盟关系的达靼,即为九姓达靼。

其次,关于 P. t. 1189 藏文文书的年代断定,应结合"肃州之印"的

---

① E. C. D. Hunter, "The Conversion of the Kerait to Christianity in A. D. 1007", pp. 150 – 151.
② 耿世民:《古代维吾尔文献教程》,民族出版社 2006 年版,第 165 页。相关回鹘景教研究介绍,见杨富学《回鹘景教研究百年回顾》,《敦煌研究》2001 年第 2 期,第 167—171 页。
③ [日]長田夏樹:《十二世紀における蒙古諸部族の言語— Mongolo— Turcica 2—》,《東方学》第 5 辑,1952 年,收入氏著《長田夏樹論述集》下,(京都)ナカニシヤ2001 年版,第 168 页;[日]村上正二:《モンゴル秘史——チンギス·カン物語》第 2 册,(东京)平凡社1972 年版,第 30—34 页;[日]森安孝夫:《ウイグル文字文化からモンゴル文字文化へ》,《日本モンゴル学会紀要》第 31 辑,2001 年,第 176 页。

使用年代，肃州归属归义军统辖的可能的时期，以及归义军节度使大王称号的使用时期，依据其反映的历史背景给出综合性的判断。其中，关注重点应放在文书记录的达怛人、仲云人与甘州回鹘三方联手在肃州，与代表归义军政权的肃州领主司徒达成盟誓，约定三方不再侵扰沙州一事。P. t. 1189 文书的收信人为称大王时期的归义军节度使曹议金，发信人为肃州当地的部族首领，该文书成立于曹议金称大王（931—935 年）的早期。其背景是，此前的 924—925 年，协助甘州回鹘稳定局势的达怛人与仲云人仍在与甘州回鹘保持着密切关系。

最后，据敦煌出土文献可知，10 世纪时期达怛与沙州归义军政权保持通使关系。12 世纪，马卫集记录的喀什噶尔至契丹首都的路程中，沙州以东的 Khātūn-san = Khātūn-sīn（可敦墓）是指蒙古高原图勒河畔的镇州可敦城，Ūtkīn 是突厥回鹘圣地 Ötükän Yïš（于都斤山），即今蒙古国杭爱山脉。11 世纪初期，通过蒙古高原中部九姓达怛之地、连接河西走廊西端的沙州与契丹的交通要路发挥着作用，前往喀剌汗朝等西方的契丹使节、回鹘商人，以及来往于沙州与契丹间的使臣多利用这条通道。10 世纪时期与沙州归义军政权保持通使关系的达怛出自九姓达怛。敦煌出土 10 世纪粟特语文书则表明，当时的九姓达怛主要通过聂斯脱里派基督教徒回鹘商人与丝路贸易联系在一起。九姓达怛与回鹘商人的故国——西州回鹘王国保持有密切联系。作为九姓达怛之重要组成部分的克烈部改宗基督教，上述回鹘商人所起的作用更大。

总之，敦煌出土文献中，与达怛相关的文书并不多见，涉及达怛与归义军政权间关系的更是屈指可数。虽然如此，利用这些文书，我们完全可以勾画出 10—11 世纪占据蒙古高原中心地域的游牧民集团——九姓达怛对外交往史的一面。即，10 世纪时期，九姓达怛与甘州回鹘、沙州归义军政权保持互通使者关系，并与回鹘商人及其故国——西州回鹘王国保持密切关系。而敦煌出土回鹘商人遗留的粟特语文书，更为我们展现出聂斯脱里派基督教在蒙古高原游牧民之间获得传播的鲜活画面。这些均反映出，当时的九姓达怛与中国西北地区保持有密切联系。九姓达怛之历史，是中国历史的有机组成部分。

第四章　丝路结连理：九姓达靼与沙陀后唐

晚唐五代时期，沙陀突厥族在中国历史上扮演了一个重要角色。近年来，伴随着丝路学的蓬勃发展，沙陀突厥的中亚粟特要素得到了学界的广泛关注。[①] 就民族整合、文化认同等方面而言，这一领域研究自然有着深刻的历史与现实意义。不过，笔者看来，我们同时不应忘记围绕沙陀后唐所发生的南北关系，即沙陀突厥及其建立的后唐政权与当时占据蒙古高原中心地域的游牧民集团——九姓达靼间，以戈壁沙漠为桥梁所发生的互动。如此，我们才能正确复原五代王朝与中国北方草原民族间的紧密联系，诠释中原王朝的统治与北方草原民族的兴衰息息相关。

大量文献记录，乾符五年（878），沙陀突厥族首领李克用杀害代北水陆发运使、云州防御使段文楚，[②] 发动兵变。在遭到唐朝征讨兵败后，李克用与其父李国昌举族避难于达靼，后应诏率领达靼兵万人入关镇压黄巢起义。平定黄巢义军，为李克用积累了丰厚的政治资本，为后唐政权（923—936年）的创建奠定了坚实的基础。某种意义而言，唐朝镇压黄巢起义，得益于沙陀突厥与达靼部落间的密切关系。

本章拟对与沙陀突厥保持密切联系的达靼之所在进行考释，以期学术

[①] 主要参见［日］森部豊《唐末五代の代北におけるソグド系突厥と沙陀》，《東洋史研究》第62卷第4号，2004年，第60—93页；胡耀飞《吴、南唐政权境内沙陀人考》，《唐史论丛》第14辑（新出土唐墓志与唐史研究国际学术研讨会专集），2012年，第391—410页；刘慧琴、陈海涛《唐五代沙陀集团中的粟特人及其汉化》，《烟台师范学院学报》（哲学社会科学版）第18卷第2期，2001年，第58—64、92页；［日］中田裕子《唐代六胡州におけるソグド系突厥》，《東洋史苑》第72卷，2009年，第33—66页。

[②] 关于李克用杀害段文楚的时间，史料多有不同。西村阳子据晚唐支谟墓志，指出《资治通鉴》记录的乾符五年之说为正，本书从其说。见［日］西村陽子《唐末〈支謨墓誌銘〉と沙陀の動向》，《史学雑誌》第118編第4号，2009年，第17—19页。

界对当时的中原王朝与中国北方草原民族间的紧密关系有一个新的认识，补正中国史上的研究缺环。另，本章所言阴山，代指现呼和浩特、包头一带的阴山中西段，漠南指代跨越阴山山脉南北的草原与半草原地带，漠北代指约杭爱山脉以东至克鲁伦河上游的地区。其中的漠南，部分与松漠地区相互重叠。

第一节　室韦—达靼在漠南的移居[①]

一　室韦部落在阴山地区的出现

作为室韦—达靼人移居过程的重要一环，"阴山达靼"于12世纪初始见史乘。辽末逃避金军追击的天祚帝在保大二年（1122）从云中奔入夹山，保大四年（1124）率达靼诸军南下，回击金军。[②] 陈得芝考证夹山应指呼和浩特西北、阴山吴公坝北武川县附近地区。[③] 阴山一带的达靼追随天祚抗金，说明12世纪室韦—达靼已成为该地区举足轻重的一大势力。首开室韦史研究之先河的白鸟库吉和全方位综合研究室韦—达靼史的张久和，均认为上述阴山达靼为8—9世纪出现于阴山地区的室韦人之后。[④] 二位还将《新唐书》卷218《沙陀传》、《旧五代史》卷25《武皇本纪上》等记载的广明元年（880）在藩镇战争中遭受重创而被迫亡命的沙陀突厥首领李克用投靠的达靼，也即出兵万人追随其南下镇压黄巢起义的达靼归为阴山达靼。[⑤] 另《中国历史地图集》第5册《五代十国时期全图》除在蒙古高原鄂尔浑河流域标有"达旦"之外，还在阴山之北、戈壁沙漠南端标有"达靼"字样。可见，8—10世纪阴山北部存在一个势力强大的达靼

[①] 详见白玉冬《"阴山达靼"考辨》，《西域历史语言研究集刊》第4辑，2010年，第73—89页。
[②] 相关史实，参见《东都事略》卷124、《三朝北盟会编》卷21、《辽史》卷29《天祚纪3》、《契丹国志》卷12。
[③] 陈得芝：《耶律大石北行史地杂考》，《历史地理》第2辑，1982年，收入氏著《蒙元史研究丛稿》，第79页。
[④] [日]白鸟库吉：《室韦考》，第379—381页；张久和：《原蒙古人的历史》，第172—178页。
[⑤] [日]白鸟库吉：《室韦考》，第459—460页；张久和：《原蒙古人的历史》，第178—180页。

第四章　丝路结连理：九姓达靼与沙陀后唐

部落这一观点，几成定说。

　　室韦部落在阴山地区的出现，首见于《元和郡县图志》卷4《关内道4·丰州天德军》和《旧唐书》卷151《范希朝传》。前者提到"缘边居人，常苦室韦、党项之所侵掠"①，后者则说"振武有党项、室韦交居川阜"②。上文之天德军城遗址，现已没入阴山中部乌梁素海之中，而振武军治所位于呼和浩特南土城子古城遗址。③ 据此，诚如前人所言，室韦当在8世纪末至9世纪初始居阴山。④ 此后，他们与阴山保持何种关系呢？

　　开成五年（840），遭受叶尼塞河上游黠戛斯人攻击的回鹘汗国崩溃，回鹘族大部西迁。其中，有一部分回鹘残众翌年渡漠南下，在乌介可汗带领下，避难于漠南的阴山附近。唐会昌年间（841—846年）宰相李德裕的文集《会昌一品集》中，收录有唐政府安抚、讨伐上述回鹘残众的部分公文。这些公文书有助于我们了解当时室韦与阴山之关系。⑤ 其中，在收到天德军使田牟的报告之后于会昌元年（841）八月二十四日所作《论田牟请许党项仇复回鹘嗢没斯部落事状》云："若只于党项、退浑小有劫夺，任部落自相仇报，未可助以甲兵。"⑥ 另作于会昌二年（842）四月十八日的《条疏应接天德讨逐回鹘事宜状》提到："请速降中使，即赍敕至云、朔、天德已来，宣谕生熟退浑及党项诸部落等，待天德交锋后，任随便出军讨逐。"⑦ 据上引两条状文，得知在天德军附近与回鹘为敌的部族为党项和退浑。另作于会昌元年十二月庚辰的《赐回鹘可汗书奉宣撰》云："又

---

①　见《元和郡县图志》卷4《关内道4·丰州天德军》，第114页。
②　第4058页。另《册府元龟》卷429《将帅部·守边》亦有相关记载。
③　有关天德军城故址，参见张郁《唐王逆修墓发掘纪要》，魏坚主编《内蒙古文物考古文集》第2辑，1994年，第514—515页；振武军故址，参见［日］齐藤茂雄《唐代單于都護府考——その所在地と成立背景について》，《東方学》第118辑，2009年，第29—30页。
④　韩儒林主编：《元朝史》上册，第12页；张久和：《原蒙古人的历史》，第175—176页。
⑤　《会昌一品集》主要收于《四部丛刊》《畿辅丛书》《全唐文》，部分收录于《文苑英华》《历代名臣奏议》《册府元龟》等。关于文本的校订及书写年代的考订，参见岑仲勉《李德裕〈会昌伐叛集〉编证 上》，《史学专刊》（中山大学）第2卷第1期，1937年，收入氏著《岑仲勉史学论文集》，中华书局1990年版，第342—461页；傅璇琮、周建国《李德裕文集校笺》，河北教育出版社2000年版。关于书写年代的专文讨论，见［日］中岛琢美《南走派ウイグル史の研究》，第19—33页。本书所引史料，引自最为翔实的傅璇琮、周建国《李德裕文集校笺》。
⑥　傅璇琮、周建国：《李德裕文集校笺》，第224页。
⑦　同上书，第234—235页。

得宰相颉于伽思等表借振武一城……借以一城，与退浑、党项微小杂种，同为百姓，实亦屈可汗之尊贵。"① 其他作于会昌二年七月末的《论太原及振武军镇及退浑党项等部落互市牛马骆驼等状》谈道："缘回鹘新得马价绢，访闻塞上军人及诸蕃部落……必恐充为互市，招诱外蕃。"② 上引两条史料，反映当时振武军附近的主体部族为党项和退浑。据此可知，在841—842年前后，阴山地区的主要部族应为党项和退浑。相反，下面史料则说明室韦之居地当时并不在阴山地区。会昌二年四月所作《奏回鹘事宜状》云：③

> 右。臣等见杨观说，缘回鹘赤心下兵马多散在山北，恐与奚、契丹、室韦同邀截可汗，所以未敢远去……望赐仲武诏，令差明辨识事宜军将，至奚、契丹等部落，谕以朝旨……令奚、契丹等与其同力，讨除赤心下散卒。

该状文是根据被派遣到乌介可汗处的使者杨观带来的消息而上奏的。文中的赤心为独立于乌介可汗的另一回鹘集团首领（宰相）之一，仲武指的是参加讨伐回鹘战役而立下大功的唐幽州（今北京）节度使张仲武。按文意，赤心部下当时是在阴山北面活动，而在阴山一带活动的乌介不敢远离阴山，是因为惧怕遭到赤心统领的回鹘部族与奚、契丹、室韦共同攻击。就室韦与奚、契丹有可能携手而言，此处室韦居地应与奚、契丹的居地西拉木伦河一带接近。

根据以上所引《会昌一品集》有关条目不难发现，会昌年间，阴山地区的主体部族应为党项和退浑。室韦的大集团当时应在阴山以东，靠近西拉木伦河上游流域。这些史料透露出，8世纪末移居至阴山地区的室韦人，截至9世纪40年代，并未形成大的势力。

二 回鹘那颉所据室韦部落之所在

前文指出9世纪40年代，室韦在阴山地区尚未形成大的势力，但前人

---

① 傅璇琮、周建国：《李德裕文集校笺》，第63页。
② 同上书，第243页。
③ 同上书，第251页。

第四章 丝路结连理：九姓达靼与沙陀后唐

多持相反意见。其证据在于《旧唐书》卷195《回纥传》介绍阴山地区的回鹘发生内纷，仆固、赤心二相被杀后云：

> 那颉战胜，全占赤心下七千帐，东瞰振武、大同，据室韦、黑沙、榆林，东南入幽州雄武军西北界。幽州节度使张仲武遣弟仲至率兵大破那颉之众，全收七千帐。①

可见，那颉曾自阴山率众东移。地名黑沙，白鸟库吉认为是指阴山附近的后突厥汗国的黑沙南庭，羽田亨认为是出现于《两唐书·突厥传》的振武军城北70里的黑沙碛，方氏、张氏意见不悖于此。②据此，上述四者皆认为该处的室韦指的是阴山室韦。唯有岩佐精一郎提出上文黑沙应指大同以北商都县的"黑沙土"，室韦指的是位于张家口西北、振武与幽州之间以北的室韦部落。③笔者以为上述意见之中，岩佐精一郎意见最为可信。但岩佐氏只对黑沙的方位进行推测且未详尽其说，故此处笔者略作考释，以期对阴山达靼问题之解决有所帮助。李德裕作于会昌二年九月十二日的《请发镇州马军状》云：④

> ……仲武破回鹘之时，收得室韦部落主妻儿。昨室韦部落主欲将羊马金帛赎妻儿。仲武并不要，只令杀回鹘监使，即还妻儿。室韦使已领幽州军将同去杀回鹘监使。

前人已指出，状文所述回鹘即前文提及的那颉之众。⑤唐军击破回鹘时，缴获室韦首领之家属，说明该室韦应为那颉所据室韦。李德裕在为褒奖讨伐回鹘建功的张仲武而作于会昌五年（845）的《幽州纪圣功碑铭并序奉敕撰》中，详细介绍回鹘内部分裂，张仲武率军讨伐回鹘残众的经

---

① 《旧唐书》，第5214页。
② 参见［日］白鸟库吉《室韋考》，第377—379页；［日］羽田亨《唐代回鹘史の研究》，第245—246页；方壮猷《室韦考》，《辅仁学志》第2卷第2期，1931年，第632页；张久和《原蒙古人的历史》，第177页注释1。
③ ［日］岩佐精一郎：《突厥の復興について》，第111页，第152—154页注57。
④ 傅璇琮、周建国：《李德裕文集校笺》，第260页。
⑤ 岑仲勉：《李德裕会昌伐叛集编证》，第458—459页注22；［日］山田信夫：《九世纪ウイグル亡命移住者集团の崩壊》，第183页。

过。其中，关于在阴山地区遭到唐军攻击的回鹘时言：

> ……其众大溃，东逼渔阳。上乃赐公玺，授以方略。……由是介马数万，连亘幽陵，伏精甲于松楠，布穹庐于碛卤……①

上文介绍张仲武讨伐回鹘时，发遣大军至"幽陵""松楠""碛卤"。根据字面，可知这三个地名代表之地分别是北方的丘陵地带、含有松林的地区和沙漠地带。换言之，张仲武军是通过幽州以北的丘陵地带，以及北魏时期始见史料、契丹时代较为人知的松漠地区击溃回鹘的。该地区位于西拉木伦河上游及其以西邻近地区，处于幽州之西北。这与那颉东南入幽州界方向一致。看来，被张仲武军缴获部落首领家属的室韦部落，当时应在松漠地区。不过，考虑到回鹘是由阴山东移，该室韦也有可能是追随那颉东移者。

关于该问题的解决，前引《请发镇州马军状》记录的张仲武胁迫室韦杀掉回鹘的监使可为我们提供线索。《隋书》卷84《室韦传》言"突厥常以三吐屯总领之"。除此之外，突厥第一汗国（552—630年）还曾在高昌等绿洲地区和契丹，后突厥汗国（682—744年）曾在靺鞨、渤海派驻"吐屯"（Tudun）。据护雅夫研究，吐屯是由突厥可汗派至在其统治下之诸族、以监察和征收赋税为任之官职。② 可见，回鹘派驻室韦的监使，应为突厥语 Tudun 之意译。考虑到吐屯是被派驻在一定地域内的、具有常驻代表特色的官职，笔者以为，驻有回鹘监使的室韦不应是自阴山东移者。③ 相对而言，他们应是固定在一定地域内的部族。至此，那颉所据室韦部落居地应在松漠地区，几无疑问。

接下来探讨一下与室韦并列出现的黑沙、榆林。那颉之东移，亦见于《新唐书》卷195《回纥传》及《资治通鉴》卷246会昌二年五月条。除二者皆略去榆林外，其他内容与《旧唐书》所述基本一致。《元和郡县图志》卷4《关内道·胜州》、《新唐书》卷37《地理志1》所记榆林位于今

---

① 傅璇琮、周建国：《李德裕文集校笺》，第12—14页。
② ［日］護雅夫：《突厥の国家構造》，第43页。
③ 《幽州纪圣公碑铭并序奉敕撰》还记载回鹘在奚、契丹"皆有虏使"。"虏使"应即"监使""吐屯"。而奚、契丹居地是以西拉木伦河流域为中心，基本没有大的移动。这也反映接收"监使""吐屯"的部族一般应无大范围的移动。

第四章 丝路结连理：九姓达靼与沙陀后唐

呼和浩特市南托克托县，处于黄河以南。那颉不可能从阴山南下，穿过振武军、渡过黄河占据此地。他所占据的榆林，只能与该榆林同名但不同地。遍检史料，发现五代胡峤所作《胡峤陷北记》记录有从幽州出发西北经居庸关到达契丹上京之路程。其中记录在到达湟水，即西拉木伦河三日前，途经地名为黑榆林。① 该黑榆林还数见于《旧五代史》，均与契丹入侵有关。② 黑榆林的具体位置虽难以确定，但位于幽州西北，应当无疑。③ 这一方向与那颉东南入幽州界一致，黑榆林完全可以比定为那颉占据之榆林。至于黑沙，突厥和回鹘碑文的 Qara Qum 相当于阴山附近的黑沙，此点无疑，④ 具体应在今包头市达茂旗北部。⑤ 另《元和郡县图志》卷4《关内道4·东受降城》提到"北至黑砂碛口七百里"，黑砂碛口无疑在阴山之北。可见，上述黑沙、黑砂碛口均与那颉的移动路线不符。《魏书》卷103《蠕蠕传》记载始光二年（425）讨伐柔然："平阳王长孙翰等从黑漠，汝阴公长孙道生从白黑两漠间出兵。"而同书卷30《蛾清传》记作："清与平阳王长孙翰从东道出长川讨之。"⑥《资治通鉴》卷120元嘉二年十月条胡注云："长川有白、黑二漠，黑在东，白在西。"而长川据《水经注》卷13《漯水》可知指的是今乌兰察布市东部草原。⑦ 详察内蒙古地图，乌兰察布市东北与锡林郭勒盟接壤的化德县境内有两处地名为黑沙图。不排除此黑沙图源自黑沙土的可能。若黑沙图能够按字面意义解释，⑧ 则北魏时代的黑漠，可视作在该地附近。黑沙图位于阴山以东、幽州之西

---

① 《新五代史》卷73《四夷附录2》，第905页。
② 《旧五代史》卷43、47、70，第648、933页。
③ 贾敬颜考订为今内蒙古锡林郭勒盟正蓝旗元上都遗址东侧的榆木山，可备一说。见贾敬颜《五代宋金元人边疆行记十三种疏证稿》，中华书局2004年版，第17页。
④ ［日］岩佐精一郎：《突厥の復興について》，第109—116页；K. Czeglédy, "Čoγay-quzï, Qaraqum, Kök-öng", pp. 58—60；［日］片山章雄：《突厥第二可汗国末期の一考察》，第36页注16。
⑤ 白玉冬：《内モンゴル発見突厥ルーン文字チャガンオボー銘文について》，Quaestiones Mongolorum Disputatae Vol. 6, 2011年，第173—181页；白玉冬、包文胜：《内蒙古包头市突厥鲁尼文查干敖包铭文考释——兼论后突厥汗国"黑沙南庭"之所在》，第78—86页；铃木宏節：《唐代漠南における突厥可汗國の復興と展開》，第37—44页。
⑥ 《魏书》，中华书局1974年版，第2292、720页。
⑦ 《水经注》卷13《漯水》，上海古籍出版社1990年版，第267页言"漯水又东，左得于延水口，水出塞外柔玄镇西长川城南小山"。可见，长川城位于北魏六镇之一的柔玄镇之西。据谭其骧主编《中国历史地图集》第4册第53页，长川城、柔玄镇遗址均在今乌兰察布市察哈尔右翼后旗境内。
⑧ 不能完全排除"黑沙图"是蒙古语 qašaγyatu > qašatu（带有院子的）的音译的可能性。

北，比定为那颉所据之黑沙，当不误。

至此可以推定，会昌二年回鹘那颉所据榆林与黑沙均不在阴山附近。即，我们没有理由怀疑，那颉所据室韦部落居地应在阴山以东，靠近奚、契丹居地的松漠地区。

三 8—9世纪室韦部落在漠南的移居

上文指出那颉所据室韦部落应在松漠地区，而史料反映该地区室韦当时被称为七姓室韦。《旧唐书》卷195《回纥传》记载大中元年（847）张仲武破奚后，回鹘可汗遏捻转投室韦的经过。其中，在谈到张仲武向室韦施压要求遣送遏捻等之后云：①

> 遏捻等惧，是夜与妻葛禄、子特勤毒斯等九骑西走。……室韦分回鹘余众为七分，七姓室韦各占一分。经三宿，黠戛斯相阿播领诸蕃兵称七万，从西南天德北界来取遏捻及诸回鹘，大败室韦。

该文记录的是遭到唐军攻击的乌介可汗逃往北方黑车子室韦之地并死亡之后，继位的遏捻可汗之最终结局。文中明言黠戛斯大军是从天德军之北、西南方向侵入七姓室韦之地。可见，七姓室韦之地应位于天德军之东北。而那颉所据室韦居地松漠地区，正位于天德军之东北方向。考虑到两则史料年代仅相隔5年，笔者相信七姓室韦即那颉所据之室韦部落。

有关七姓室韦，白鸟库吉、张久和以及《元朝史》均比定为黑车子室韦。② 但方壮猷认为黑车子室韦既杀乌介，新立可汗遏捻绝不敢蹈乌介之覆辙。③《旧唐书》卷195《回纥传》云："那颉中箭，透驼群潜脱，乌介获而杀之。"乌介明知那颉投奔七姓室韦之结果，可以想象，遭到唐军攻击而受伤的乌介不大可能去投奔曾经遭到唐军攻击、部落首领家属被唐军缴获且在不久前刚刚带领唐军杀掉回鹘监使的室韦部落。另史料也反映黑车子室韦居地应在更北面。如方壮猷所言，《与黠戛斯可汗书》云："黑车

---

① 《旧唐书》，第5215页。另《新唐书》卷217《回鹘传》，第6133页所载内容与此基本一致。
② [日]白鸟库吉：《室韦考》，第372—373页；韩儒林主编：《元朝史》上册，第33—34页；张久和：《原蒙古人的历史》，第161页。
③ 方壮猷：《室韦考》，第623页。

第四章　丝路结连理：九姓达靼与沙陀后唐

子犹去汉界一千余里，在沙漠之中"①，而且，乌介之死在《旧唐书·回纥传》记作"为回鹘相美权者逸隐啜逼诸回鹘杀乌介于金山"。王国维指出金山即指大兴安岭。② 即乌介被杀之地大兴安岭应在收容乌介的黑车子室韦居地或与之不远。另外，10世纪初期的《胡峤陷北记》介绍黑车子室韦是在契丹之北。据此，黑车子室韦居地基本上可认为位于锡林郭勒盟东北部戈壁至大兴安岭间的中蒙边境一带。③ 从居地而言，地处松漠地区的七姓室韦与黑车子室韦应为不同部落。④《契丹国志》卷1言："及阿保机称王，尤雄勇，五姓奚及七姓室韦咸服属之。"《资治通鉴》卷266开平元年五月条胡注介绍七姓室韦为邻近契丹之室韦。另《新唐书》卷39《地理志·蓟州》记载，奚、契丹牙帐北百里至室韦帐。该室韦也只能是七姓室韦。那七姓室韦来历如何呢？

《全唐文》卷505权德舆所撰幽州节度使刘济墓志铭记载刘济在贞元年间进军青都山下，大破侵边之敌。⑤ 而据《新唐书》卷7《德宗纪》贞元十一年（795）四月条、卷212《刘济传》、《旧唐书》卷13《德宗纪》贞元十一年四月条记载，在青都山下遭到唐军重创者为奚。⑥ 另《全唐文》卷484载有同人所撰《中书门下贺幽州卢龙军节度使检校尚书右仆射刘济去四月十七日于室韦川等三处大破奚虏六万余众状》。⑦ 该文虽无明确年

---

① 方壮猷：《室韦考》，第624页。
② 王国维：《金界壕考》，1927年，收入《观堂集林》第15卷，又收入谢维扬、房鑫亮主编《王国维全集》第14卷，第364页。
③ 学术界盛行黑车子室韦居地应在锡林郭勒草原这一说法。参见张久和《原蒙古人的历史》，第158页。但该意见是建立在黑车子室韦与七姓室韦应为同一部族这一基础之上，其可信度值得商榷。
④ 钟焓：《黑车子室韦问题重考》，《西北民族研究》2000年第2期，第188页，意见与笔者相同，但他认为黑车子居地应在漠北。其根据在于李德裕《幽州纪圣功碑铭并序奉敕撰》中提到黑车子时，有"自谓'约齐深入，汉将取而未期，渡漠轻留，王师往而不利'"一文。笔者以为，此典故之引用只是李德裕形容黑车子对唐廷态度之散漫而已，并不能证明唐军到达黑车子一定要"渡漠"。另钟焓主张黑车子不是室韦部落。此见解与李德裕作于会昌四年（844）九月的《论回鹘事宜状》相矛盾。据《李德裕文集校笺》（第337页），该状中称乌介"又云与室韦已不得所"。可见，乌介所投黑车子必为室韦之部落无疑。至于钟焓所引敦煌出土藏文P.t.1283文书所记Ga-ra-gan-lig黑车族，尚无其他史料旁证其与乌介所投黑车子相关。
⑤ 《全唐文》，第5139页。
⑥ 中华书局版《新唐书》，第199页记载"贞元十一年（795）四月，丙寅，奚寇平州，刘济败之于青都山。"刘济破奚，又见《旧唐书》第381页，《新唐书》第5974页。
⑦ 《全唐文》，第4943页。

代，但《新唐书》所记刘济破奚之贞元十一年四月丙寅为四月二十九日。可见，权德舆所言四月十七日当为实际战斗发生之日，而《新唐书》所记二十九日应为捷报到达之日。据此，在"室韦川"等地破奚之战斗，必指贞元十一年之战斗无疑。地名"室韦川"，不言而喻，表示室韦人居住的平川。部族名称形成地名，说明8世纪末之前，室韦人已经在该地居留一段时间。"室韦川"虽位置不详，但应与奚的居地不远。这可与前文介绍的《新唐书》关于室韦帐邻近奚、契丹这一条记录相佐证。至此，9世纪40年代的七姓室韦，就其居地而言，视作8世纪末之前已移至奚、契丹附近的室韦部落之后，应为不误。那他们与同时期出现在阴山地区的室韦部落属于何种关系呢？

唐人李筌于乾元二年（759）完成并献给朝廷的兵书《神机制敌太白阴经》卷3《关塞四夷篇第34》言：①

> 河东道：自京西（西京）东出蒲津关，经太原抵河东节度。去京西（西京）二千七十五里，去东京一千六百四十五里。关榆林塞北，以颉利左渠故地置定襄都督府，管□□等六州。以右渠地置云中都督府，管阿史那等五州。道历三川口，入三山母谷，道通室韦大落泊，东入奚，西入默啜故地。

上文末尾介绍自河东道有路可通室韦居地大落泊，其路东入奚居地，西入默啜故地。虽之前的三川口、三山母谷具体难以考证，但有关定襄、云中二都督府的记述可由后撰的《唐会要》卷73《安北都督府》、《新唐书》卷43下《地理志7下》云中都督府条得到佐证。加之，考虑到李筌在玄宗朝时曾任荆南节度判官，后历任正议大夫持节幽州诸军事、河东节度使都虞候，② 上述史料的可信度毋庸置疑。而中唐以前的奚居地，一般被认为应在西拉木伦河流域默啜故地，无疑应指后突厥汗国勃兴时期根据地——黑沙南庭和总材山（阴山）③。而室韦所据大落泊，如《新唐书》

---

① 新文丰出版编辑部：《丛书集成新编》第32册，（台北）新文丰出版公司1985年版，第251—252页。
② 李筌生平见赵国华《中国兵学史》，福建人民出版社2004年版，第323、327页。
③ 参见［日］岩佐精一郎《突厥の復興について》，第107—119页。

第四章　丝路结连理：九姓达靼与沙陀后唐

卷219《奚传》所记"其国西抵大洛泊"①，必为奚西面的大洛泊，即今内蒙古克什克腾旗西北的达来诺尔湖无疑。这样，李筌的记录给我们留下了一个确切的证据：759年之前，室韦部落已移至达来诺尔湖附近地区。而该地区正属于松漠地区，即前文提到的七姓室韦之居地。因此，我们有理由认为，本节开头介绍的8世纪末之前已移至奚、契丹附近的室韦部落以及9世纪40年代的七姓室韦，均为李筌笔下室韦之后，8世纪末出现在阴山附近的室韦应出自他们。除此之外，《新唐书》卷217《回鹘传》、《资治通鉴》卷233《唐纪49》均记录有贞元四年（788），室韦与奚共犯振武节度并杀掉回鹘使者。②前人多认为该室韦即"阴山室韦"，③但笔者认为他们应该属于与奚邻近的、以达来诺尔湖一带为居地的后来的七姓室韦。

综上所述，可认为，8—9世纪室韦在漠南的活动始终是以松漠地区为中心，这些室韦部落被称为七姓室韦，在阴山地区活动的室韦部落应属于七姓室韦之一部分。8世纪末始现于阴山地区的室韦人，至9世纪40年代，始终没有形成大的势力。④ 12世纪初始见史乘的"阴山达靼"这一称呼，不应该上逆两个多世纪。

第二节　沙陀后唐的建国与九姓达靼⑤

一　9—10世纪阴山地区的室韦部落

关于协助沙陀突厥剿灭黄巢义军的达靼部落，首开室韦史研究之先河

---

① 《新唐书》，第6173页。
② 《新唐书》，第6123—6124页；《资治通鉴》，第7514—7515页。
③ ［日］白鸟库吉：《室韦考》，第379页；张久和：《原蒙古人的历史》，第175页。
④ 8世纪末始现于阴山地区的室韦人势单力薄，很容易为其他强大集团所兼并。前田直典指出《新五代史》卷74《达靼传》所记"达靼都督折文通"，即说明折文通驻在达靼附近，或部下包括一部分达靼人。见［日］前田直典《十世纪时代の九族达靼》，第241页。
⑤ 详见白玉冬《沙陀后唐·九姓タタル関係考》，《東洋学報》第97卷第3号，2015年，第384—360页（反页）。

· 171 ·

的白鸟库吉认为是8—9世纪出现于阴山地区的室韦人之后，即"阴山达怛"。① 张久和观点与白鸟相同。② 前田直典则提出上述达怛部落是黠戛斯之后占据漠北鄂尔浑河流域的达怛，或是克鲁伦河流域的达怛，出现于长城附近的达怛只不过是这些达怛的属部。③ 亦邻真的经典论文《中国北方民族与蒙古族族源》，以及韩儒林主编《元朝史》均对8—10世纪室韦—达怛部落的西迁给出了精辟概述。前者认为9世纪前后阴山南北出现了室韦—达怛人，④ 后者指出9世纪初室韦人到达了阴山地区。⑤ 不过，上述二文均未对李克用所投之达怛进行相关讨论，措辞有所保留。总之，8—10世纪阴山北部存在一个势力强大的达怛部落（即阴山达怛，也即阴山室韦），正是这一部落协助唐军镇压了黄巢起义这一观点，得到了前田直典除外的上述其他学者的支持。不过，笔者此前曾就"阴山达怛"进行过探讨，对12世纪初始见史乘的"阴山达怛"始自8—9世纪这一见解提出过质疑。⑥

开成五年（840）回鹘汗国崩溃之后，回鹘近可汗牙帐十三部避难于阴山附近。记录与该部回鹘间往来的唐代公文，反映9世纪中期阴山地区的主体部族是退浑（吐谷浑）与党项，并非室韦。⑦ 当时，室韦的大部毗邻契丹，位于松漠地区。⑧ 诚然，《旧唐书》卷18上《武宗纪上》会昌二年（841）八月条记录回鹘乌介可汗率领部众至天德、振武，之后言"诏太原起室韦、沙陀三部落、吐浑诸部"云云。⑨ 即，在唐朝征讨回鹘部众的蕃兵中，除沙陀、退浑外，另有室韦部落。不过，就上述室韦部落受太原的河东节度使统领而言，该室韦部落更可能是在代北一带活动。不仅如此，遍检《辽史》所记10世纪初遭到契丹攻击的阴山附近部族，有突厥、吐浑（吐谷浑）、党项、小蕃、沙陀等，唯独不见室韦、阻卜或达怛。那

---

① ［日］白鸟库吉：《室韦考》，第459—460页。
② 张久和：《原蒙古人的历史》，第178—180页；张久和：《阴山达怛史迹钩沉》，《内蒙古大学学报》（人文社会科学版）1999年第3期，第1—9页。
③ ［日］前田直典：《十世纪时代的九族達怛》，第247—248页。
④ 亦邻真：《中国北方民族与蒙古族族源》，第569页。
⑤ 韩儒林主编：《元朝史》上册，第11—12页。
⑥ 白玉冬：《"阴山达怛"考辨》，第95—98页。
⑦ 相关考证见白玉冬《"阴山达怛"考辨》，第92—93页。
⑧ 白玉冬：《"阴山达怛"考辨》，第93—95页。
⑨ 《旧唐书》卷18上《武宗纪上》，第593页。

第四章　丝路结连理：九姓达靼与沙陀后唐

9世纪初移至阴山地区的室韦部落，日后是如何发展下去的呢？

咸通九年（868）七月，唐朝内地爆发了庞勋起义。十一月，懿宗诏以右金吾大将军康承训、神武大将军王晏权、羽林将军戴可师共同征讨庞勋义军。《资治通鉴》记录咸通九年（868）十一月"（康）承训奏乞沙陀三部落使朱邪赤心，及吐谷浑、达靼、契苾酋长各率其众以自随，诏许之"[①]。下一小节介绍的史料B中，宋初的宋白认为上述达靼部落是由首领每相温、于越相温率领的当时位于漠南的达靼之部族。就与沙陀、吐谷浑、契苾并列而言，不能完全否定其间包括上面介绍的与这些部族一同参与征讨回鹘部众的室韦部落之可能性。不过，840年回鹘汗国崩溃、回鹘人大举西迁后，约9世纪后半段，蒙古语系部落开始向蒙古高原核心地区移居。考虑到此点，上述参与镇压庞勋起义的达靼部落出自漠北的可能性，亦不能轻易否定。

《新五代史》言后唐明宗同光年间，达靼都督折文通数自河西来贡驼、马。[②]《册府元龟》记作"同光三年二月河西部族折文通贡驼马"，"（同光）四年正月达怛都督折文通贡驼马"，"（明宗天成）四年九月党项折文通进马"[③]。在吐蕃占领唐朝河西道以后，史籍中的河西概念与以前不同，往往指黄河两条纵流所包含的地区，[④] 即包括今陕北、宁夏、内蒙古鄂尔多斯等地区。党项大姓折氏，晚唐至五代、宋末为止，长期是麟、府、丰三州，即今陕西府谷、神木，内蒙古准格尔旗一带豪族。[⑤]《新五代史》言折从阮在后唐庄宗时为府州刺史，其父嗣伦为麟州刺史。[⑥] 据戴应新考证，[⑦]《折渭州墓志》溯述折氏世系，言折从阮父折嗣伦为晋王李克用收隶帐下，"凡力所不能制者，履命统之。而能睦招聚，横捍西北二房"。上述"西北二房"，只能应为沙陀突厥与党项除外的部族。按方位而言，最大可能是吐谷浑与达靼。按常理，"能睦招聚"的对象之中，理应包括折嗣伦横捍的"西北二房"。如是，同属党项大姓的折文通无疑应是后唐属下统

---

① 《资治通鉴》卷251《唐纪67》，第8140页。
② 《新五代史》卷74《达靼传》，第911页。
③ 见《宋本册府元龟》卷972《外臣部·朝贡5》，中华书局1989年版，第3858—3859页。《册府元龟（明本）》内容同。
④ 相关讨论见荣新江《归义军史研究》，第176—182页。
⑤ 相关研究见戴应新《折氏家族史略》，三秦出版社1989年版，第10—36页。
⑥ 《新五代史》卷50《折从阮传》，第569—570页。
⑦ 戴应新：《折氏家族史略》，第13—15页。

领达靼族众之长。《册府元龟·外臣部·朝贡5》还记录明宗天成三年（928）十月达靼首领张十三朝贡。冠以汉姓的张十三应与折文通相同，亦是后唐属下统领达靼族众之人物。

如上所述，不可否认，10世纪初，后唐属下包括一部分达靼人。9世纪初出现在阴山地区的室韦人，为何未能在同世纪中期以后形成一股强大的力量？笔者以为，当初的这些室韦部落原本势力微弱。唐朝在阴山一带征讨回鹘残众时动用的室韦兵，最大可能出自这些室韦部落。后唐属下的达靼人，至少一部分可以追溯到9世纪初移至阴山地区的室韦人。①

不过，鄂尔浑河流域的九姓达靼（阻卜）在遭到契丹大军攻击后，于同光三年（925）曾南下附后唐。《册府元龟》卷977《外臣部·降附》言：②

> （后唐庄宗同光三年）六月，云州节度使李敬文奏，达朝（靼）首领涝撒于越族帐，先在碛北。去年契丹攻破背阴，达朝（靼）因相掩击。涝撒于越率领步（部）族羊马三万，逃遁来降，已到金月南界。今差使蒙越到州，便令入奏。

诚如前人所言，据《旧五代史》卷25《庄宗纪6》同光三年（925）六月癸亥条记录的同一事件，③ 上文中达靼投奔后唐的年代应在925年。

又《旧五代史》言张敬询在天成二年（927），任大同节度使后招抚室韦万余帐。④《册府元龟》云"废帝清泰元年（934）八月……北京言契丹遣使，达怛朝贡，部送京师。是月，达怛首领没干（于）越等入朝贡羊马"⑤。《新五代史·达靼传》言长兴三年（932），达靼首领颉哥率其族400余人来附。⑥

---

① 尽管如此，笔者仍不敢把12世纪初的"阴山达靼"上溯2—3世纪。辽末，天祚帝曾依靠阴山达靼毛割石（或为谋葛失）兵抵抗金军，耶律大石西行时，曾在阴山北得到白达达首领床古儿接济。辽帝被擒后，谋葛失附金。毛割石、谋葛失，笔者以为均为景教教名Marcus的对音。如是，辽末的阴山达靼，实与白达靼相同，均指信仰景教的突厥语部族汪古部。
② 引自《宋本册府元龟》，第3896页，括号内为笔者补正。《册府元龟（明本）》内容相同，唯"达靼"作"达勒"当误。
③ [日]前田直典：《十世纪时代の九族逹靼》，第250页；[日]長澤和俊：《辽の西北路経営について》，第310页。
④《旧五代史》卷61《张敬询传》，第821页。
⑤《宋本册府元龟·外臣部·朝贡5》，第3860页。《册府元龟（明本）》内容同。
⑥《新五代史·达靼传》，第911页。

即，文献明确记载，后唐建国以后，北方的达靼或室韦部落多次南下与后唐取得联系。不过，虽然其中包括漠北的九姓达靼部落归顺后唐的事例，但关于达靼之出处，史料多语焉不详。值得一提的是，《辽史》卷1《太祖纪上》神册元年（916）七月壬申条言"亲征突厥、吐浑、党项、小蕃、沙陀，皆平之"。前人指出，上述遭到契丹攻击的部族，当时地处阴山至代北地区。①而且，据前田直典研究，太平兴国六年（981），途经漠北九姓达靼之地前往高昌回鹘的宋使王延德的记录反映，当时阴山南北未曾有过达靼的大部落。②

综上，9—10世纪室韦—达靼人确实出现在了阴山地区。不过，种种迹象表明，晚至宋初，他们始终未能发展成为阴山地区的主体部落。相反，漠北的达靼部落在遭到契丹攻击后，925年曾南下投奔沙陀后唐。鉴于此点，在探讨与沙陀后唐保持密切关系的达靼部落之由来时，亦把漠北的九姓达靼部落置于视野中，看起来更是一个稳妥的选择。

二 《新五代史·达靼传》考辨

有关李克用与达靼之关系，《旧唐书》卷19下《僖宗纪》、《旧五代史》卷25—26《武皇纪》、《新唐书》卷143《沙陀传》、《新五代史》卷4《唐本纪》、《资治通鉴》卷253—254等多有记载。上述这些文献，均记录遭朝廷征讨的李国昌、李克用父子，广明元年（880）七月兵败奔达靼避难。③中和元年（881），代北起军使陈景思与克用族父李友金征召代北地区的沙陀、吐浑等五部人马，征讨黄巢。因无力控制代北军，遂上书建言敕赦克用父子。二月，李友金发五百骑赍诏，召克用于达靼，四月，克用即率达靼诸部万人南下。④中和二年（882）八月，李国昌自达靼率其族

---

① ［日］長澤和俊：《遼の西北路経営について》，第305—306页；樊文礼：《唐末五代的代北集团》，中国文联出版社2000年版，第66—68、73—76页。
② ［日］前田直典：《十世紀時代の九族達靼》，第235—237、240—241页，第259—260页注19。
③ 唯《旧五代史·武皇纪》把李涿攻打蔚州与李克用逃往达靼时日，均列在六月条下。或许，《旧五代史·武皇纪》中，"李涿引大军攻蔚州"与"献祖战不利"二文应该断开。
④ 关于召克用于达靼，《新唐书》《新五代史》仅笼统概括为"有诏"或"以诏书"。《旧五代史》与《资治通鉴》均明记李友金以五百骑赍诏诣达靼迎克用，只是《旧五代史》时间记作四月，《资治通鉴》记为二月。而《旧唐书》则言"陈景思赍诏入达靼"。时李友金为陈景思属下，《旧唐书》是把召克用一事记在陈景思名下了。

归代州。① 而主张李克用所投达靼是"阴山达靼"的观点，主要基于《新五代史·达靼传》的以下内容：②

> A（1）达靼，靺鞨之遗种，本在奚、契丹之东北，后为契丹所攻，而部族分散，或属契丹，或属渤海，别部散居阴山者，自号达靼。（2）当唐末，以名见中国。有每相温，于越相公，咸通（860—874年）中，从朱邪赤心讨庞勋。（3）其后李国昌、李克用父子为赫连铎等所败，尝亡入达靼。（4）后从克用入关破黄巢。（5）由是居云、代之间……

欧阳修监修的《新五代史》成书于宋仁宗皇祐五年（1053），其关于达靼的上述介绍，诚如箭内亘所说，③ 应来自宋初的宋白。《资治通鉴》卷253《唐纪69》僖宗广明元年（880）七月戊辰条"李国昌战败，部众皆溃，独与克用及宗族北入达靼"的胡三省注下，引用有宋白之文。④

> B（1）达靼者，本东北方之夷，盖靺鞨之部也。贞元、元和之后，奚、契丹渐盛，多为攻劫，部众分散。或投属契丹，或依于勃海，渐流徙于阴山。其俗语讹，因谓之达靼。（2）唐咸通末，有首领每相温、于越相温部，帐于漠南，随草畜牧。（3）李克用为吐浑所困，尝往依焉。达靼善待之。（4）及授雁门节度使，二相温帅族帐以从克用，收复长安，逐黄巢于河南，皆从战有功。（5）由是俾牙于云、代之间，恣其畜牧……

对比一下上引史料 A 与 B。首先，宋白（史料 B：1）认为达靼是被奚与契丹攻劫的靺鞨部落中，移居到阴山的一部分。欧阳修（史料 A：1）保持同样看法。其次，宋白（史料 B：2—5）云咸通（860—874年）末，在漠南活动的每相温、于越相温部接收李克用，并随其镇压黄

---

① 此处据《旧五代史·武皇纪》与《资治通鉴·僖宗纪》。
② 《新五代史》卷74《四夷附录》，第911页。
③ ［日］箭内亘：《鞑靼考》，第527—528页。
④ 《资治通鉴》卷253《唐纪69》，第8231页。

巢起义，之后在云州与代州间驻牧。欧阳修（史料A：1）虽云达靼在阴山，但未言是在漠南。而且，关于每相温、于越相温部，欧阳修（史料A：2）只言及咸通（860—874年）中从朱邪赤心讨庞勋，但关于其与李克用父子的亡命（史料A：3），与黄巢起义（史料A：4）间的关系，及其与云州、代州间的驻牧（史料A：5）之关联，并未给出自己的意见。看来，将与沙陀突厥保持密接关系的达靼视作"阴山达靼"的学者，是遵循宋白之说。不过，关于参与镇压庞勋之乱与黄巢起义的达靼之地，欧阳修并未完全采纳宋白意见，但也未给出自己的看法，表明其态度是比较慎重的。

据宋白与欧阳修之说，在平定黄巢起义后，达靼即游牧于云州与代州之间。虽《旧五代史·武皇纪》并未提供达靼部与李克用之间曾达成某种妥协，但达靼部首领率领部众万人追随克用入关灭黄巢，肯定应有所图。或许，欧阳修记录的"由是居云、代之间"，即是李克用当初承诺的条件之一。虽然我们尚不能断言，达靼在镇压完黄巢起义后即大批滞留于云、代之间。相反，《旧五代史·武皇纪》天复二年（902）二月条记录汴军进攻晋阳时，克用大将李存信坚请且入北蕃云云。《新五代史》则言"克用大惧，谋出奔云州，又欲奔匈奴"[①]。上述北蕃、匈奴，不应理解成包括沙陀突厥控制下的云州、代州在内的代北地区的达靼，而应该是指自此以北的部族。将其勘同为收留李克用父子的达靼，应是个合理的判断。此文透露出，达靼南下助李克用平定黄巢起义后，其大集团并未留居于云、代之间。上述宋白与欧阳修之说，可看作日后的推测。

三 "阴山部落"之阴山

就上引史料A与史料B而言，欧阳修与宋白均将达靼出现的阴山视作今内蒙古的阴山。笔者对此不持反对意见。唯关于接纳李克用父子的达靼之所在，如下所述，有必要重新考虑。

天复年中（901—904年），李克用欲与朱梁修好，命节度副使李袭吉代书。据《旧五代史》卷36《李袭吉传》，信中首先提到李克用与朱

[①] 《新五代史》卷4《庄宗纪上》，第38页。

温二人间的恩恩怨怨，然后介绍李克用兵强马壮，能征善战，其中谈道：①

> C 况仆临戎握兵，粗有操断，屈伸进退，久贮心期。胜则抚三晋之民，败则征五部之众，长驱席卷，反首提戈。但虑骧突中原，为公后患，四海群谤，尽归仁明，终不能见仆一夫，得仆一马。锐师儻失，则难整齐，请防后艰，愿存前好。矧复阴山部落，是仆懿亲；回纥师徒，累从外舍。

上文中，"胜则抚三晋之民"的三晋是山西别称，源自战国时期的赵、韩、魏三国瓜分原晋国。关于与此相对应的"败则征五部之众"的"五部之众"，樊文礼引用《旧唐书》卷163《卢简求传》中关于太原军管下的五部之人的叙述，指出"有时是指沙陀三部落和契苾、吐谷浑五部"，又言多数场合是一种泛称，进而将代北地区沙陀三部落以外的，包括吐谷浑、达靼（阴山达靼）在内的集团统归为五部之众。② 近似的想法还有室永芳三。③ 近年，西村洋子搜集多方面相关五部之例，归纳出五部是指以吐谷浑为首的，包括契苾与沙陀三部落的五部。④

阴山山脉东西横亘近千公里，其东段与代北地区南北相邻。樊文礼以为当时阴山地区存在一个势力较大的达靼部落，进而将"阴山达靼"归为五部之一。就相互间的地理位置而言，这一解释自然有几分道理。不过，据笔者前面的考察，难以想象当时阴山地区存在一个势力强大的达靼部落。而且，前面介绍的西村阳子关于五部范畴的考证，正与笔者的上述观点相互佐证。

上引文最后言"矧复阴山部落，是仆懿亲；回纥师徒，累从外舍"。李克用在与朱梁交好的书信内专门提到阴山部落，可见阴山部落在其心目

---

① 《旧五代史》卷36《李袭吉传》，第803页。
② 樊文礼：《唐末五代的代北集团》，第95—98页；樊文礼：《试论唐末五代代北集团的形成》，《民族研究》2002年第2期，第54—62页。
③ [日]室永芳三：《唐代の代北の李氏について——沙陀部族考その3——》，《有明工业高等専門学校紀要》第7辑，1971年，第73—74页。
④ [日]西村陽子：《唐末五代の代北における沙陀集団の内部構造と代北水運使——〈契苾通墓誌銘〉の分析を中心として》，《内陸アジア史研究》第23辑，2008年，第2—6页。

第四章　丝路结连理：九姓达靼与沙陀后唐

中是有一定分量的。张久和与樊文礼二位笃信当时存在阴山达靼，进而把上述阴山部落归入代北地区五部之众之一的阴山达靼。① 不过，仅就史料C而言，我们根本无法得知阴山部落的真实面目，甚至说其代指某突厥语系部落，亦不为过。不过，"万变不离其宗"，探讨阴山部落，有必要对唐代文献记录的阴山做一番理顺。

按汉籍史料中的阴山，自然让我们想起今内蒙古境内的阴山山脉。比如，《旧唐书》言"贞观元年，阴山已北薛延陀、回纥、拔也古等余部皆相率背叛"②，《旧五代史·武皇纪》介绍唐朝为内附的沙陀部落置阴山府，此类例子不胜枚举。

此外，历史上的阴山，还曾指阿尔泰山脉。如《旧唐书》云："显庆元年（656），贺鲁又犯边，诏程知节、苏定方、任雅相、萧嗣业领兵并回纥大破贺鲁于阴山。"③ 岑仲勉指出，该阴山在新疆境内。④ 蒙元时期耶律楚材从成吉思汗出征中亚途中所作《过阴山和人韵》言"阴山千里横东西"，"羸马阴山道"，此阴山即指"西金山"，即阿尔泰山脉西段，⑤ 也即前引《旧唐书》之阴山。当然，笔者在此讨论的"阴山部落"，与阿尔泰山毫无干系。

唐代文献中的阴山，除代指上面介绍的阴山山脉与阿尔泰山脉之外，还存在另一种可能。如武周神功元年（697），朝臣狄仁杰以边镇事宜上疏，其中提到"窃见阿史那斛瑟罗，阴山贵种，代雄沙漠"⑥，唐末乱世，左仆射韦昭度等上言，云"李克用代漠强宗，阴山贵胤"⑦。此处的阴山，并非狭义上的阴山，而是代指中国北方地区。

此外，如表4—1所示，唐代突厥等北方民族人物的墓志铭在记录他们的出身时，往往借用阴山。

---

① 张久和：《原蒙古人的历史》，第178—183页；樊文礼：《唐末五代的代北集团》，第95—98页。
② 《旧唐书》卷194上《突厥传上》，第5158页。
③ 《旧唐书》卷195《回纥传》，第5197页。
④ 岑仲勉：《突厥集史》下册，中华书局2004年版，第709页。
⑤ 耶律楚材：《湛然居士文集》，中华书局1986年版，第21—23页，注1。
⑥ 《旧唐书》卷89《狄仁杰传》，第2891页。
⑦ 《旧唐书》卷20上《昭宗纪》，大顺元年（890）十二月条，第743页。

表4—1　　　　唐代北方出身人物墓志铭上的阴山

No.	墓主	志文	出处	备注
1	执失奉节	公讳奉节，字履贞，漠北阴山人也	《补遗》3，第362—363页《辑考》，第275—276页	东突厥汗国出身
2	契苾夫人	夫人讳□，姓契苾氏，其先阴山人也	《补遗》7，第350页《辑考》，第81页	兄弟关系
3	契苾嵩	公讳嵩，字义节，先祖海女之子，出于漠北之乌德健山焉①	岑1958，第825—827页；《补遗》6，第413—414页；《辑考》，第81页	
4	炽俟弘福	公讳弘福，字延庆，阴山人也	《补遗》2，第22页；《辑考》，第351—352页；葛2004，第452页	葛逻禄出身
5	阿史那思摩	公讳思摩，本姓阿史那氏，阴山人也	《补遗》3，第338—339页；《辑考》，第3—4页	东突厥汗国出身，夫妇关系
6	统毗伽可贺敦延陀	夫人姓延陀，阴山人也	《补遗》3，第339—340页；《辑考》，第351—352页	
7	李克用	曾祖思葛，统国袭爵，霸有阴山。祖执仪皇任阴山府大都督	森部、石见2003，第21页	四代祖为薛延陀国君
8	阿史那感德	可汗讳感德，字尚山，长城阴山人也	《补遗》8，第302—304页；《辑考》，第19页	归义可汗

注：

《补遗》：吴钢主编《全唐文补遗》全10辑，三秦出版社1994—2003年版。

《辑考》：吴玉贵《突厥第二汗国汉文史料编年辑考》全3册，中华书局2009年版。

岑1958：岑仲勉《突厥集史》下册，中华书局2004年版。

葛2004：葛承雍《西安出土西突厥三姓葛逻禄炽俟弘福墓志释证》，荣新江、李孝聪主编《中外关系史：新史料与新问题》，科学出版社2004年版。

森部、石见2003：〔日〕森部丰、石见清裕《唐末沙陀〈李克用墓誌〉訳注·考察》，《内陸アジア言語の研究》第18辑，2003年。

对比表4—1，不难发现，No.2契苾夫人墓志的阴山与No.3契苾嵩墓志的"漠北之乌德健山"相对应。看来，上述阴山与No.1执失奉节墓志

---

① "之"为笔者复原。岑仲勉复原作"住"。

第四章　丝路结连理：九姓达靼与沙陀后唐

记录的"漠北阴山"寓意相同。据 No. 4 的葛逻禄出身，No. 5 与 No. 6 的东突厥汗国出身，No. 7 承袭薛延陀国君而言，No. 4—7 的阴山似乎是在漠北。不过，也不能否定单纯代指北方地区的可能性。另外，No. 8 墓志铭主人虽是中原出身，但属于归顺唐朝的突厥可汗后裔，故其原籍写作"长城阴山"。如此，唐人的印象中，除漠南的阴山之外，漠北还似乎另有一阴山。而从 No. 2 与 No. 3 可看出，漠北阴山不外乎是被突厥、回鹘等民族视作圣山的于都斤山（乌德鞬山，Ötükän Yïš），即今杭爱山。

综上，唐代史料所见阴山经常含有中国北方地区之意。探讨上述阴山时，我们的视野不应仅限于今内蒙古阴山，还应扩大至新疆与漠北。

诚然，传统上的阴山地区，地处中国本土农耕政权与蒙古高原游牧政权的中间地带，起到了衔接南北两大势力的桥梁作用。尤其是，东突厥汗国末期，漠南曾是突厥可汗牙帐所在地，[①] 7 世纪末突厥复国，阴山地区正是其复兴的摇篮。[②] 近年，阴山北麓达茂旗发现的突厥鲁尼文铭文反映，阴山北麓是后突厥汗国"黑沙南庭"所在地，阴山地区是突厥活动的一大舞台。[③] 值得注意的是，上述黑沙南庭的出现时期，几乎与后突厥汗国全盛期相一致。而继突厥之后占据蒙古高原的回鹘，虽然在今内蒙古东南部的奚与契丹派遣监使，征收赋税，实施有效统治，[④] 但并未将阴山地区直接置于自己的统治之下。

追溯到公元前，被秦朝夺去阴山地区的匈奴退守漠北，建立起强大的游牧政权，并长期与中原对峙。之后，匈奴政权瓦解，原本在阴山地区活动的拓跋鲜卑支流、柔然首领社仑侵入漠北，纠合以高车为首的诸多游牧集团，建立起强大的游牧国家。柔然势力虽扩展到了天山地区，但通常是在冬季才南下到漠南越冬。下溯到 13 世纪，催生"大蒙古国"的摇篮无疑是在漠北。地处漠南的汪古部，不仅未能坐大，相反在得知蒙古的崛起后，立即投入蒙古帐下。

鉴于上述诸多事例，终归属于南北两大势力中间点的阴山地区，其在游牧国家内部的重要性，看来不太可能与蒙古高原本土相提并论。但笔者

[①] 张文生：《东突厥建牙漠南小考》，第 69—71 页。
[②] ［日］岩佐精一郎：《突厥の復興に就いて》，第 107—119 页。
[③] 白玉冬、包文胜：《内蒙古包头市突厥鲁尼文查干敖包铭文考释》，第 80—81 页；［日］铃木宏节：《内モンゴル自治区発見の突厥文字銘文と陰山山脈の遊牧中原》，第 73—75 页。
[④] 本书第一章第二节，第 54 页注 2。

不是否定阴山地区在游牧国家，尤其是在突厥国家所起的历史作用；笔者想要强调的是，属于农牧交界地带的阴山地区，相比蒙古高原本土，其在游牧国家内部所处的地位是次一级的。能够生产出充当游牧国家原动力的、强大游牧集团的地域，非漠北莫属。

综上，依据唐代史料所见阴山的可能性，以及历史上阴山地区所扮演的角色，笔者以为将李克用所言阴山部落之阴山直接解释作当今的阴山，有过于武断与草率之嫌。然李克用的活动与阿尔泰山并无直接关系，故按史料如实解释，上述阴山部落当在漠南或漠北之一。总之，阴山部落代指收容李克用父子，并随其参与镇压黄巢起义的达靼部落的可能性极大。

四 李克用的懿亲"阴山部落"

前一小节指出，笔者关注的阴山部落当在漠南或漠北。解决这一问题的关键，在于对史料C末尾部分的解释上。假定此处阴山是指集宁、张家口一带的阴山山脉东段，则阴山部落即便称不上是三晋之民，但地理上与五部之众所在代北地区邻近。张久和、樊文礼二位将阴山部落视作阴山达靼，想必是基于此点。不过，仅据史料C，我们尚无法了解到阴山部落的真实面目。此处，笔者关注"阴山部落，是仆懿亲；回纥师徒，累从外舍"一文，尤其是"懿亲""回纥师徒"与"外舍"三种表达方式。

首先，懿亲通常是指保持密切关系的亲友。试举同时期史料，敦煌出土P.3931文书群第241—257行所收甘州回鹘上给后唐朝廷的表本之摹写即为一例。该表本首先回顾回鹘助唐灭安史之乱，以及"自后回鹘与唐朝代为亲眷"，之后言"去光化年初……兼许续降公主，不替懿亲"[1]。前人早已指出，该文表明唐朝曾在光化年（898—901年）初下嫁公主给甘州回鹘，与其保持前代曾有的姻亲关系。[2] 笔者注意到，此处唐朝与回鹘间的姻亲关系，以"懿亲"来表示。

---

[1] 录文参见赵和平《后唐时代甘州回鹘表本及相关汉文文献的初步研究——以P.3931号写本为中心》，载周一良、赵和平《唐五代书仪研究》，中国社会科学出版社1995年版，第232—233页；杨宝玉、吴丽娱《跨越河西与五代中原世界的梯航——敦煌文书P.3931校注与研究》，《中国社会科学院历史研究所学刊》第6集，2010年，第127—128页。

[2] ［日］森安孝夫：《ウイグルと敦煌》，第310—311页；［日］土肥義和：《敦煌発見唐・回鶻間交易関係漢文文書断簡考》，第418页。

第四章　丝路结连理：九姓达靼与沙陀后唐

其次，"回纥师徒"是回鹘人的军队之意，"外舍"是外戚之意。查阅李克用墓志以及其他编撰文献，均明记李克用共有三位夫人，为刘氏、陈氏与曹氏。① 上述三人，并无一位出自能够使"回纥师徒"长年从属于自己的豪族大姓。

仔细观察发现，"阴山部落，是仆懿亲"与"回纥师徒，累从外舍"呈对偶句。古文的对偶句，在内容上除表示相反、相对、同类、近似的意思之外，还有表达承接、递进、因果、逆接等相互关系的表现。而上文，应视作相互关系之表现。即，"回纥师徒，累从外舍"是承接"阴山部落，是仆懿亲"的结果。看来，"回纥师徒"所"累从"的"外舍（外戚）"，与阴山部落有着密切关系。甚至于可认为，因阴山部落是李克用的"懿亲"（亲友乃至姻亲），故与其相对应的"外舍（外戚）"或包含于阴山部落中。

这样，确定阴山部落所需必要条件是：第一，与沙陀突厥保持有亲密关系（甚至处于姻亲关系）；第二，其下配有回鹘军队亦不足为奇。笔者就代北地区至阴山南北的突厥语系、蒙古语系、乃至唐古特系的部族，查阅了唐末五代、契丹宋代文献史料，并未发现能够满足上述条件的候选。前文已经提及，阴山部落代指收容李克用父子的达靼的可能性极大。为论证这一推定能够成立，此处笔者着重就漠北回鹘汗国崩溃前后达靼部族在蒙古高原的移居历史，做个整体上的介绍。

关于漠北回鹘汗国时期达靼部族在回鹘国内的存在情况，笔者此前已作介绍，② 兹不赘述。唯需要提及的是，当时的九姓达靼与回鹘保持有密切关系。虽有学者主张当时的九姓达靼居地是在色楞格河下游及其以东地区，③ 或是在克鲁伦河下游至呼伦贝尔地区，④ 但笔者考证其是在色楞格河中游地区。⑤ 而且，记录8世纪中后期内亚民族分布情况的敦煌出土藏文P. t. 1283文书中，Khe-rged族即是克烈。而《新唐书》卷43下《地理志

---

① ［日］森部豊、石見清裕：《唐末沙陀〈李克用墓誌〉訳注・考察》，《内陸アジア言語の研究》第18辑，2003年，第17—52页；《五代会要》卷1《皇后・内职》，《旧五代史》卷49《后妃列传》，《新五代史》卷14《唐太祖家人传》。
② 本书第一章第二节，第48—54页。
③ ［日］前田直典：《十世紀時代の九族達靼》，第245页。
④ Б. Батсүрэн, "Уйгүр ба Байырку, Есөн татар нар 747–751 онд", Journal of Eurasian Studies, Vol. 2, 2010, pp. 68–70.
⑤ 白玉冬：《回鹘碑文所见八世纪中期的九姓达靼（Toquz Tatar）》，第188—193页；白玉冬：《8世纪の室韦の移住から見た九姓タタルと三十姓タタルの関系》，第98—100页。

・183・

7下》记录的室韦部落中，有一部位于回鹘牙帐东北方，色楞格河北200里处，[①] 地理位置上与上述 Khe-rged 重叠。此部室韦部落可视作九姓达靼之一部，即克烈。色楞格河中游这一地理位置，在当时的蒙古语系部落的分布中，恐怕是最靠近蒙古高原核心地区。

值得一提的是，前田直典把《辽史》记录的蒙古高原游牧民集团阻卜与九姓达靼相联系起来，指出阻卜的部族名称阿里睹、阿离底相当于克烈之部族 Aliad，惜未能详尽。[②] 陈得芝在对前田意见表示赞成的同时，在考察克烈部的来源及其社会发展时，进一步论证克烈应即《辽史》记录的阻卜（九姓达靼）的核心部族。[③] 按克烈部在12—13世纪，占据着今杭爱山东南部至克鲁伦河上游地区，是阻卜的重要组成部分。通常认为，其10—11世纪的驻地与12世纪以后相同，位于蒙古高原核心地区。[④]

当前，学界主流观点是，840年回鹘汗国瓦解、回鹘人大举西迁后，经历黠戛斯的短暂统治后，九姓达靼至迟在10世纪初占据了蒙古高原核心地区。[⑤] 前辈学者早已指出，于都斤山在10世纪时期应在九姓达靼居地

---

① 相关史料参见（台北）艺文印书馆武英殿版本影印本1953年版，第524页。百衲本《新唐书》与中华书局版《新唐书》，均把200里改作2000里。然，乾隆四年《钦定唐书》与《景印文渊阁四库全书》均按200里。详见本书第一章第一节，第18—19页。
② [日] 前田直典：《十世紀時代の九族達靼》，第249—256页。
③ 陈得芝：《十三世纪以前的克烈王国》，第216—218页。
④ 主要参见 [日] 村上正二《モンゴル秘史——チンギス・カン物語》第2册，第30—31页；陈得芝《十三世纪以前的克烈王国》，第215—217页；L. N. Gumilev, *Searches for an Imaginary Kingdom*, *The Legend of the Kingdom of Prester John*, trans. R. E. F. Smith, New York: Cambridge University Press, 1987, p. 96. 不过，土耳其学者脱干据《史集》部族志乃蛮条所言克烈最初在黠戛斯东南，额尔齐斯河与阿尔泰山之间这一叙述，主张11世纪初克烈部居地是在阿尔泰山一带，后来才向东、东北方向移动。见 I. Togan, *Flexibility and Limitation in Steppe Formation*, *The Kerait Khanate and Chinggis Khan*, pp. 62–63。笔者查阅拉施特《史集》第一卷一分册，余大钧、周建奇译相关部分（第222—229页），但并未发现同样内容。恐怕是因为版本不同所带来的文字移动与差异，有待进一步探讨。
⑤ 《册府元龟》记录大顺年间（890—891年）吐浑黠戛斯侵代北陷遮虏军，太祖李克用命明宗与大将李存信击败。见《册府元龟（明本）》卷20《帝王部·功业2》，中华书局1960年版，第217页。同书还记录大顺元年朝议是否出兵攻打李克用时提到"黠戛斯举勤王之众，推效命之诚，未能单骑独攻，所望汉兵同力……谕其渐当暑热，非利戒旃，悉力颁沰，遣还蕃部"云云。见《宋本册府元龟》卷474《台省部·奏议5》，第179页。上述大顺年间活动于唐朝北部边境的黠戛斯军队，与李克用为敌，但他们需要吐谷浑或唐军协助。这很难让人想到他们是出自黠戛斯汗国的大军。可能的情况是，他们是黠戛斯在大漠南北的残留部众。这一史料透露出，当时黠戛斯主体可能业已退出蒙古高原。

第四章 丝路结连理：九姓达靼与沙陀后唐

范围内。① 实际上，记录李克用投奔达靼经过的原始资料，没有一例提到"阴山达靼"。晚唐五代时期史料，亦没有记录阴山一带当时存在一个势力庞大的室韦或达靼部落集团。② 如是，8 世纪中叶已经在色楞格河中游活动的克烈"近水楼台先得月"，约在 9 世纪后半段，最先移居到了蒙古高原核心地区这一看法，可视作一个合理的推论。

另外，约 20 件 10 世纪时期的敦煌出土文书涉及达靼与河西地区的往来，其中，唯有写作年代在 924 年或 925 年的于阗语 P. 2741 文书记录了达靼人的出处。关于该文书记录的达靼人出自漠北，笔者已多次言及，兹不复述。而且，根据笔者对与达靼相关的敦煌出土文书的分析，我们可以了解到漠北的九姓达靼在 10 世纪初期业已深入到了河西地区。③ 考虑到九姓达靼活动的广域性，以及如第一小节所介绍，925 年投奔后唐的达靼无疑出自漠北，在此前不久的时期，九姓达靼与代北地区的沙陀突厥间发生人员乃至使节的往来，本无可厚非。

据以上关于回鹘汗国瓦解前后时期的九姓达靼的活动事例，笔者以为 9 世纪末至 10 世纪，九姓达靼，尤其是其中的克烈部与沙陀突厥保持联系，于理可通。以此为出发点，为弥补同时代史料的欠缺，重新审视一下后世史料，笔者茅塞顿开。此处引用蒙元时期史料，稍作补述。

《元史》卷 124《速哥传》言"速哥。蒙古怯烈氏，世传李唐外族"④。上文的怯烈即 Kereit，也即克烈。亦邻真认为至少部分克烈人是以李唐后裔自居的黠戛斯人后裔，甚至于认为克烈人为黠戛斯后裔的可能性很大，⑤ 是把上文的李唐解释作唐王朝。不过，诚如陈得芝所分析，主张克烈部出自黠戛斯的观点，存在很大问题。⑥

---

① [日]前田直典：《十世紀時代の九族達靼》，第 239 页；陈得芝：《十三世纪以前的克烈王国》，第 215—218 页。
② 白玉冬：《"阴山达靼"考辨》，第 92—93 页。11 世纪时期，达靼疆域与阴山接壤。《续资治通鉴长编》卷 54 咸平六年（1003）正月丙午条（第 1178 页）介绍丰州管下的党项龙移族、眛克族"其地在黄河北，广袤数千里。族帐东接契丹，北邻达靼，南至河，西连大梁、小梁族"。《武经总要全集》卷 22（《中国兵书集成》委员会编，解放军出版社、辽沈书社 1988 年版，第 1116—1117 页）介绍契丹怀州"西北至达靼国三百里"，庆州"西至鞑靼国界"。上述达靼虽不能完全否定代指后来的白达靼之可能，但亦存在代指漠北的达靼之可能性。
③ 本书第三章第一节，第 97—106 页，第二节，第 108—109、123—126 页。
④ 《元史》，第 3051 页。
⑤ 亦邻真：《中国北方民族与蒙古族族源》，第 578 页。
⑥ 陈得芝：《十三世纪以前的克烈王国》，第 210—211 页。

谈起李唐，我们不应忘记沙陀突厥建立的五代后唐。《旧五代史》卷29《庄宗纪3》同光元年（923）闰四月条介绍道，创建后唐的李克用子李存勖不仅定国号为唐，建国后不久即迁都洛阳，并为其父祖与唐朝的高祖、太宗、懿宗、昭宗等一同建庙。① 看来，李存勖是以唐王朝正统后继者自居。更难得的是，写作年代在10世纪上半期的敦煌出土 S.6551 讲经文书，以唐国指代后唐。② 而且，据上面介绍的敦煌出土 P.3931 文书所收甘州回鹘上给后唐的表本③，我们可了解到当时的人们认可后唐是唐王朝的正统后继国家。看来，从内外双方面而言，当时的后唐都存在唐王朝正统后继者的一面。鉴于此点，作为《元史》速哥传所言李唐的指代对象，我们完全可以把五代后唐加入进来。

若按上述笔者关于《元史》速哥传中的李唐外族之分析而言，达靼的诸多部落中，克烈部与沙陀突厥持有关系的可能性最大。虽然史料上难以确认到，但当时处于穷途末路的李克用在其避难的达靼部内迎娶达靼女性的可能性还是存在的。之所以如此，是因为笔者关于"阴山部落，是仆懿亲；回纥师徒，累从外舍"的分析，强烈透露出沙陀突厥与达靼间的姻戚、外戚关系。即，笔者以为，诚如甘州回鹘与唐王朝之间的姻亲关系被称为"懿亲"，九姓达靼，尤其是其中的克烈部，曾被李克用称为懿亲、外舍。

综上，虽然未能给出确切的论据，但依据以上的分析来判断，可认为被李克用称为懿亲的阴山部落代指漠北的九姓达靼，尤其是指克烈部。至于从属于阴山部落的"回纥师徒"，虽然李克用所言存在夸大之嫌，但仍有一定的可信性。笔者此前考证，843年有回鹘特勤可质力二部东北奔大室韦，而该大室韦可视作克烈部。而且，回鹘亡国之后，漠北的回鹘人不太可能全部消亡。当然，作为"回纥师徒"的候补对象，也不能完全否认9世纪40年代避难于阴山地区的回鹘残众后人，乃至与九姓达靼保持密切关系的甘州回鹘的可能性。不过，其指代当时仍留存于漠北、隶属九姓达靼的回鹘残众这一看法，似乎更接近史实。《辽史》卷4《太宗纪下》会同二年（939）五月条记录的向契丹派遣使者乞求官号的回鹘单于，④ 应是

---

① 《旧五代史》，第404页。
② 张广达、荣新江：《有关西州回鹘的一篇敦煌汉文文献》，第154、162—163页。
③ 赵和平：《后唐时代甘州回鹘表本及相关汉文文献的初步研究》，第232—235页。
④ 《辽史》，第46页。

最佳候选。另,《宋史》卷490《回鹘传》言"(雍熙)四年(987),合罗川回鹘第四族首领遣使朝贡"①。此"合罗川回鹘",亦应视作此部回鹘。此外,也有可能包括与九姓达靼保持有密切关系的高昌回鹘等在内,详见下一章,兹不赘述。

至此,880年前后收容避难的李克用,并随其一同镇压黄巢起义的达靼是指九姓达靼,其中至少包括后来的克烈部这一看法,大致能够成立。立足于此点,可以认为,9世纪末至10世纪,蒙古高原本土的游牧民,当时业已与中原王朝保持直接往来。当时的蒙古高原历史与中原王朝密切相关,是欧亚大陆历史的有机组成部分。既然九姓达靼唐末即已与沙陀突厥保持有密切关系,那么我们就可以把九姓达靼的历史划入中国史范畴而进行讨论。在探讨沙陀后唐的建国时,我们应该给予九姓达靼更多关注。

五　沙陀后唐的建国与九姓达靼

李克用子李存勖建唐灭梁,标志着沙陀突厥族步入了中国封建社会统治阶级行列。仅就其取国号为唐,且定都洛阳而言,李存勖的意图十分明显。即,以李唐后继者自居,创建一个有别于朱梁政权的全新政权,力图实现往日唐王朝一统江山的大好局面。不论从沙陀突厥自身历史而言,抑或从中国史的角度而言,后唐的创建,都是件值得关注的大事。后唐建国后,继续保持与九姓达靼的密切关系。第一小节所引《册府元龟》卷977《外臣部·降附》记录云州节度使李敬文奏:契丹在同光二年(924)攻破背阴国,次年达靼首领涝撒于于越率领部族投奔后唐。而《辽史·太祖纪下》天赞三年(924)六月乙酉条则言:②

> 是日,大举征吐浑、党项、阻卜等部……九月丙申朔,次古回鹘城,勒石纪功。庚子,拜日于蹛林。丙午,遣骑攻阻卜。

上文的古回鹘城,如松井等所言,是指位于鄂尔浑河上游的漠北回鹘

---

① 《宋史》,第14114—14115页。
② 《辽史》卷2《太祖纪下》,第22—23页。

汗国都城，现哈剌巴剌噶孙遗址。①《辽史》卷1《太祖纪上》太祖六年（912）条言"秋七月丙午，亲征术不姑"，卷34《兵卫志上》言"（太祖六年，912）秋，亲征背阴国，俘获数万计"②。显然，背阴、背阴国均指术不姑，而术不姑则是阻卜（九姓达靼）的别称。③遭到契丹征讨的翌年，涝撒于于越举族投奔后唐，说明其与沙陀后唐保持有密切联系。其派遣使者至后唐朝廷奏事，无疑应是通报契丹在漠北的军事行动及其结果。

阿保机在掌权之初，曾在云州与李克用结盟。当时二者各有所求，均希望能够得到外界支持。但朱梁政权出现后，阿保机弃晋投汴，遣使求册封。朱温开出的条件是契丹出军，协助后梁攻打晋军。④虽朱温并未册封阿保机，但此事却成为沙陀与契丹自此交恶的重要原因。⑤唐哀帝天祐十年（912）李存勖灭掉幽州大燕政权后，晋地与契丹交接，二者关系进一步紧张。契丹连年频繁侵扰晋地，晋军则给予了坚决反击。同光元年（923），李存勖建唐灭梁，一年后又亡后蜀。这一时期的后唐，在中国大地，颇有"一览众山小"的感觉。而同一时期的契丹，对内政权趋于稳定，对外则持续扩展势力，国势蒸蒸日上。契丹需要的不是与李克用结盟时所乞望的沙陀势力的承认与力挺，其终极目标是——如日后辽太宗耶律德光入侵中原所反映的——如何使长期压制自己的中原富庶大国彻底称臣纳贡。达到此目的，不仅需要与后唐的军事对决，而且还要阻止周边的亲后唐势力对后唐的拥戴。即便无法剪断他们与后唐的联系，但至少在契丹与后唐间爆发大规模军事冲突时，不至于对契丹趁火打劫。若能够使得他们听命于契丹，借以达到万国来朝的地步，当然是求之不得。在这一背景下，与沙陀突厥保持密切关系的九姓达靼的取舍，自然明了。阿保机在太祖六年、天赞三年亲征背阴国与阻卜，虽说是契丹对外扩张政策的一环，但与当时的契丹沙陀间的对抗不无关系。

---

① 松井等：《契丹可敦城考》，第301页。
② 《辽史》，第6、396页。
③ ［日］前田直典：《十世纪时代の九族達靼》，第258页，注2；亦邻真：《中国北方民族与蒙古族族源》，第570页。
④ 相关史料见《宋本册府元龟》卷999《外臣部·请求》，中华书局1989年版，第4041—4042页。《册府元龟（明本）》内容同。
⑤ 如宋王禹称撰《五代史阙文》记录李克用在临终前交代李存勖"安巴坚（阿保机）与吾把臂而盟，结为兄弟，誓复唐家社稷，今背约附贼，汝必伐之"。见载傅璇琮等主编《五代史书汇编》第4卷，顾薇薇校，杭州出版社2004年版，第2452页。

第四章　丝路结连理：九姓达靼与沙陀后唐

《册府元龟·外臣部·总序·种族》契丹条概述契丹的崛起。其中谈到达靼在僖宗光启年间（885—888年），与奚、室韦等诸部受契丹王习尔役属而入寇。① 考虑到唐代文献向未言契丹在光启年间征服过达靼，上述说法，极可能与第二小节介绍的宋白观点相同，属于后世的推定。不过，上述总序之后又言"昭宗天祐四年（907）寇云中，后唐武皇与之达和。又吐浑数叛，旋亦归服，达靼亦依于武皇"。考虑到九姓达靼与沙陀突厥的密切关系，此处提到的达靼，理应包括九姓达靼。

另，《旧五代史》卷28《庄宗纪2》天祐十五年（918）八月条介绍与朱梁交战的李存勖举行阅兵，统领的军队除河东等十镇之师外，还有奚、契丹、室韦、吐浑之众十余万。② 这里提到的奚、契丹等众，或为前一年八月沙陀大败契丹时所获之人。而室韦，虽然不能完全否定其背景或与奚、契丹相同，但考虑到被李克用称为懿亲的阴山部落极可能是指九姓达靼，则上述室韦中包括部分九姓达靼部众，亦不会让人感到意外。

敦煌出土P.3931文书是一篇具有书仪性质的长文，由多件表状牒启及一篇巡游五台山日志组成。唐耕耦、陆宏基以《书启公文——印度普化大师游五台山行记》为题，过录了全卷。③ 李正宇最早把这通文书与晚唐五代的甘州回鹘与中原王朝间关系结合起来。④ 赵和平除以《灵武节度使表状集》为名给出了录文与题解外，还进行了细致研究，指出该写本写作年代在同光三年（925）十一月至天福三年（938）十一月，写本原件作者应为朔方节度使幕僚，写本记录了甘州回鹘与中原王朝的往来信息，反映了朔方节度使在其中的重要作用。⑤ 荣新江则探讨了其中的两件《僧牒》与《普化大师游五台山行记》，指出普化大师于后唐同光年间至后晋天福

---

① 见《宋本册府元龟》，第3816页。《册府元龟（明本）》内容同。
② 《旧五代史》，第391—392页。
③ 唐耕耦、陆宏基：《敦煌社会经济文献真迹释录》第5辑，第341页。
④ 李正宇：《晚唐五代甘州回鹘重要汉文文献之佚存》，《文献》1989年第4期，第182—193页。
⑤ 赵和平：《后唐时代甘州回鹘表本及相关汉文文献的初步研究——以P.3931号写本为中心》，第250—251页；赵和平：《敦煌表状笺启书仪辑校》，江苏古籍出版社1997年版，第228—265页。

· 189 ·

三年（938）七月间巡游五台，僧牒是地方政府为普化大师开出的介绍信函。① 杨宝玉、吴丽娱二位在前人研究基础之上，给出了 P.3931 文书的最新录文与详细词注，并提出 P.3931 文书是反映后唐庄宗时代灵武节度与中原朝廷及周边部族关系的重要史料，指出后唐初建时曾积极组织引导蕃戎朝贡，并通过关内道的某些半独立政权吸引蕃族入贡以驾驭整个西北地区。② 下面，笔者在上述前辈学者的研究基础上，给出其中第 161—181 行《别纸》录文，③ 并就关心的问题略表己见。

[1]闻青云干吕，汉通聚窟之民；白雉呈祥，周[2]贡越裳之俗。即知明君御宇，重译宾[3]王。谅夷夏之相须，历古今而无别。方今[4]圣上，心同白水，德辅皇天。会涂山而[5]万国俱来，师牧野而诸侯自至。一昨既宁[6]中土，乃眷朔方，爰命短才，远临当道。[7]知金石之诚永固，谓为蛮貊之邦可行。切谕[8]丝纶，俾安玉塞。盖欲北和冒顿，要西接大[9]宛。尽有归心，咸来稽颡。然则旅槃入贡，[10]贡，天马兴歌。国家稍藉其声光，部[11]族不妨于货易。而又防送须差兵甲，往来[12]皆备资粮。所贵怀柔，讵论经费？而况[13]某官从来向某官从来向向[14]阙，最长诸蕃，诚青海之舟航，乃玉关之锁钥，[15]骁雄之外，忠孝唯多。且某与厶官同风叶义，[16]道路虽遥于千里。恩知岂异于一家？彼[17]有所求，此无爱惜；此如奉托，彼望依从。则势[18]合辅星车，情孰鲁卫。④ 自今后，或凡是经过，请袪[19]仇隙。贵道傥闻留滞，弊藩不免效尤。[20]愿弘招诱之仁，共赞雍熙之化。

---

① 荣新江：《敦煌文献所见晚唐五代宋初中印文化交往》，载《季羡林教授八十华诞纪念论文集》，江西人民出版社 1991 年版，第 955—968 页。
② 杨宝玉、吴丽娱：《跨越河西与五代中原世界的梯航——敦煌文书 P.3931 校注与研究》，第 93—168 页。
③ 图版见唐耕耦、陆宏基《敦煌社会经济文献真迹释录》第 5 辑，第 341 页；上海古籍出版社、法国国家图书馆合编《法藏敦煌西域文献》，上海古籍出版社 2003 年版，第 30 卷，第 220—221 页；录文参见唐耕耦、陆宏基《敦煌社会经济文献真迹释录》第 5 辑，第 341 页；李正宇《晚唐五代甘州回鹘重要汉文文献之佚存》，第 187—188 页；赵和平《后唐时代甘州回鹘表本及相关汉文文献的初步研究》，第 239 页；赵和平《敦煌表状笺启书仪辑校》，第 240—241 页；杨宝玉、吴丽娱《跨越河西与五代中原世界的梯航》，第 116 页。
④ "卫"据赵和平《敦煌表状笺启书仪辑校》及杨宝玉、吴丽娱《跨越河西与五代中原世界的梯航》录文。

关于上引《别纸》，早年李正宇认为是朔方节度使韩逊致甘州回鹘可汗之牒文，约作于梁开平三年（909）前后。① 赵和平则认为是后唐派遣使者，与朔方节度使同至甘州回鹘，敦促甘州不要阻碍朝贡活动，② 并指出从该文可了解到朔方节度使"押蕃落"之角色。③ 杨宝玉、吴丽娱二位则认为，上文与之前的另两件文书构成同一书状，是灵武节度使致甘州回鹘之状，向甘州回鹘传达后唐即将建国、中原派遣使者的意图及使者已经到达朔方。二位还指出，该《别纸》中心议题是朔方节度使响应后唐号令，既诱导甘州回鹘入贡，又说服其协助沙州归义军入贡，并根据第155—160行的《贺端午别纸》，力陈该书状写作时间应不晚于同光元年（923）五月初。④

不过，笔者以为，就文书内容而言，上引《别纸》开头所引用典故，并非如杨、吴二位所言，预示新皇帝（后唐庄宗）的登基，而是表明皇帝已经在位。而且"即知明君御宇，重译宾王"，恰恰反映皇帝登基后，周边夷狄派遣使者，协助朝廷。而自"方今圣上"至"诸侯自至"，更是说明新王朝出现后，八方俱来朝贺。"一昨既宁中土，乃眷朔方，爰命短才，远临当道"，是说平定中原后不久，朝廷派遣发信人至朔方任职。朝廷目的在于"北和冒顿，西接大宛"，其结果是狄戎"尽有归心，咸来稽颡"。最后要求收信方尽释前嫌，维护丝路畅通，并协助朝廷招诱西北各势力拥戴朝廷。据此，笔者以为上引《别纸》写作时间应在后唐成立之后、同光元年冬天之前。⑤ 总之，从这封信函可了解到，后唐在创建之初，曾派遣使者至朔方节度使，经过朔方节度使招诱西北各势力拥戴后唐。

笔者关心的是，建国初期的后唐政权要"北和冒顿，西接大宛"。冒顿是匈奴单于，在此代表五代时期北方民族首领。大宛是汉代西域国家，在此代表后唐以西政权。"和"字，一般为和解之意。《册府元龟·外臣

---

① 李正宇：《晚唐五代甘州回鹘重要汉文文献之佚存》，第191页。
② 赵和平：《后唐时代甘州回鹘表本及相关汉文文献的初步研究》，第239页。
③ 赵和平：《敦煌表状笺启书仪辑校》，第259页。
④ 杨宝玉、吴丽娱：《跨越河西与五代中原世界的梯航》，第114—115、119、143—145页。
⑤ P. 3931第241—257行是甘州回鹘上后唐朝廷表本，其中提到"去冬剖陈志肯，亦已闻天"。杨宝玉、吴丽娱二位认为该表本是甘州回鹘首次朝贡后唐，即同光二年四月所上之表。笔者赞同此看法，则同光元年冬天之前，甘州回鹘与后唐之间已有接触。相关内容见杨宝玉、吴丽娱《跨越河西与五代中原世界的梯航》，第128、145页。

部・总序・种族》契丹条言"后唐庄宗时匈奴数为边患",[1] 则此处冒顿代指者理应包括辽太祖耶律阿保机在内。不过,"和"字除和解之意外,亦有和盟、和邻,甚至和亲之意。如此,与前面介绍的天复二年李克用欲投奔的"匈奴"代指被其称为懿亲的九姓达靼相同,上引《别纸》所言"北和冒顿"的冒顿,视作包括九姓达靼首领,于理可通。

总之,上引 P. 3931《别纸》反映,建国前后的沙陀后唐曾派遣使者招诱西北诸部。就"北和冒顿"而言,后唐同时可能与九姓达靼取得联系,进一步加强了二者间的关系。或正因此,遭到契丹征讨的达靼部落才在同光三年投奔后唐。这不得不令人怀疑,耶律阿保机在天赞三年出征漠北阻卜诸部,除契丹的对外扩张欲望之外,九姓达靼对沙陀后唐的拥戴,或是其原因之一。看来,沙陀后唐的建国,与漠北草原九姓达靼部族的兴衰息息相关。

小　结

汉籍文献史料反映,室韦—达靼人在 9 世纪初期已经移居至阴山地区,但之后至 11 世纪,他们并未发展成阴山地区的主体部族。相反,这一时期室韦的大部落,是在阴山东北方向的松漠地区一带活动。唐朝平定黄巢起义,借助的是沙陀突厥的军事力量。而沙陀军队的重要成员中,包括达靼部族军。被李克用称为"懿亲""外舍"的"阴山部落",即上述达靼部落。"阴山部落"之阴山,并不仅限于现今的阴山山脉。《元史・速哥传》谈到克烈部为李唐外族,此李唐并非唐王朝,而是指五代后唐。与沙陀后唐保持密切联系的达靼部落,指的是包括克烈部在内的漠北的九姓达靼。敦煌出土 P. 3931 文书记录建国前后的后唐"北和冒顿"。此冒顿,除契丹首领耶律阿保机外,还可能包括九姓达靼首领。九姓达靼虽出自漠北,但他们的历史与沙陀后唐密切相关,是中国史的有机组成部分。

---

[1] 见《宋本册府元龟》,第 3816 页。《册府元龟(明本)》内容同。

第五章　九姓达靼与9世纪后半叶的漠北草原

开成五年（840），蒙古高原的回鹘汗国遭到北方叶尼塞河流域黠戛斯汗国的攻击而崩溃，回鹘部众迁往天山南北、河西走廊以及阴山地区。之后，经过黠戛斯的短暂统治，至迟在10世纪初，蒙古高原的历史主角由之前统治3个多世纪的突厥语族民族转为蒙古语族九姓达靼，[①] 漠北草原正是在这一时期开始了蒙古化进程。可以说，探讨给13—14世纪的世界历史带来巨大影响的蒙古帝国之原点，可上溯到9世纪后半叶的漠北草原历史。

9世纪中后期，黠戛斯曾统治过一段时间蒙古高原，但其统治状况几乎不为人所知。而且，关于黠戛斯退出蒙古高原的缘由，学术界始终意见不一。天赞三年（924），契丹军队侵入漠北鄂尔浑河流域时，占据那里的是阻卜（九姓达靼）。前田直典据此推定黠戛斯是在9世纪后半叶为九姓达靼驱逐出蒙古高原，[②] 此意见得到了冈田英弘的支持。[③] 相反，黠戛斯是被契丹人驱逐出蒙古高原这一观点，在欧美学术界长期占据主流地位。[④] 而古米列夫（L. V. Gumilev）则认为，过着定居农业生活的黠戛斯人，对蒙古高原的统治不感兴趣，是自身主动放弃了蒙古高原。[⑤] 受古米列夫影

[①] 关于九姓达靼可比定为蒙古语族部落之讨论，主要参见［日］前田直典《十世纪时代の九族達靼》，第237—240页；白玉冬《8世紀の室韦の移住から見た九姓タタルと三十姓タタルの関係》，第95—103页。

[②] ［日］前田直典：《十世纪时代の九族達靼》，第248—249页。

[③] ［日］冈田英弘：《蒙古の统一》，第137页。

[④] 相关研究史介绍，参见 M. R. Drompp, "Breaking The Orkhon Tradition: Kirghiz Adherence to the Yenise Region after A. D. 840", *JAOS*, Vol. 119, No. 3, 1999, pp. 390–394。此不赘述。

[⑤] L. N. Gumilev, *Searches for an Imaging kingdom: The Legend of the Kingdom of Prester John*, pp. 47, 57.

响，多伦普进而认为蒙古高原的自然环境不适合经营农牧业双方的黠戛斯，尤其不适合其所培育的大型马匹之饲养，主张黠戛斯人自主放弃了蒙古高原。① 贾丛江、劳心二位则认为，是移居东部天山地区的北庭回鹘击溃了蒙古高原的黠戛斯人。②

概言之，关于黠戛斯退出漠北的缘由，前田直典、冈田英弘二位的看法，按历史的脉动而言，颇具魅力，但未有明证；古米列夫的观点有令人首肯之处，但缺乏对历史事件当事者的注意；而多伦普虽然纠正了欧美学术界长期存在的错误观点，但其看法本质上并未超出古米列夫；贾丛江、劳心二位的意见则未对黠戛斯之后占据蒙古高原中心地域的九姓达靼给予应有关注。笔者以为，探讨9世纪后半叶的蒙古高原历史进展情况，应从回鹘、黠戛斯、达靼——上述当事者三方视角进行分析。其中，关于九姓达靼与回鹘（西州回鹘）和黠戛斯之间关系的考察，不可或缺。而作为这一考察的前提，有必要就达靼（九姓达靼）向包括西州回鹘在内的蒙古高原以西地区移居之历史做个简要概述，以便做好铺垫。本章就以上问题给出笔者的看法。

第一节 达靼向西方的移居

一 达靼移民在河西地区的出现

笔者在第三章，着重就10世纪时期漠北的九姓达靼与河西地区之联系进行了讨论。不过，笔者不否认当时的河西地区曾有达靼人。据笔者了解，有关河西地区达靼的最早记录，可追溯到吐蕃统治河西地区的中唐时期。如第一章第二节所介绍，武内绍人著《敦煌西域出土的古藏文契约文书》中，写作年代在828年前后的第30号文书记录有人名Khe Rgad Iha Chung。该Khe Rgad即第一章介绍的P. t. 1283文书记录的回鹘东北的蒙古

---

① M. R. Drompp, "Breaking the Orkhon Tradition", pp. 400-402.
② 贾丛江：《黠戛斯南下和北归考辨》，《西域研究》2000年第4期，第36页；劳心：《从敦煌文书文献看9世纪后的西州——兼论吐鲁番出土回鹘文木杵文书年代和沙州回鹘的兴衰》，《敦煌研究》2002年第1期，第84页。

语族部族名称 Khe-rged，亦即克烈。就此而言，达靼人在 9 世纪初期业已与河西地区有过交往，甚至业已进驻河西地区了。

另外，在敦煌莫高窟以众多民族语言文字写成的榜题或游人题记当中，有一藏文题记也反映达靼人在河西地区的早期活动。莫高窟第 365 窟表层壁画是西夏时期壁画，内有中唐时期著名汉僧洪辩建七佛药师坛。据黄文焕研究，其中央部分壁画内层有汉文藏文题记，其中的藏文题记大意如下①［以下引文中，"……"为不明字数，"（ ）"内文字为黄文焕的补充］。

圣神赞普弃宿隶赞之世……（赞普）宏德（广被），垂念众生……（洪辩）……复此佛殿于水鼠（壬子）之年（832）之春（或夏）兴建。…… 木虎（甲寅）年（834）仲秋月开光承礼。塔塔（thatha）及索晟（sag shen）恭敬祈祷。

黄文焕据此题记考证，上述七佛药师坛建于 832—834 年。并指出，据名字来看，上述塔塔不是汉族或藏族，而是其他兄弟民族，索晟或是汉化很久的胡人，上述二人是洪辩修窟活动的重要参与者。考虑到前面介绍的敦煌出土 P. 2125 藏文借贷文书中，作为借贷人员名称出现的 Khe Rgad lha Chung 可视作出自九姓达靼之人，则上述题记中出现的人物 thatha，或即是出自达靼之人。

另，敦煌文书记录有带有汉姓+达靼的人名。如 ДХ2168 第 17 行的"张达坦"、P. 4907 第 10 行的"曹达坦"、S. 4643 第 21 行的"氾达坦"。②据谭蝉雪研究，这些文书年代主要集中在宋开宝年间至太平兴国年间（968—984 年）。③谭蝉雪、冯培红二位认为上述以达靼为名之人，定居于敦煌，受到汉化而取了汉姓，这固然可备一说。④笔者同时以为，也有可

---

① 黄文焕：《跋敦煌 365 窟藏文题记》，《文物》1980 年第 7 期，第 47—49 页。
② 相关图版录文见唐耕耦、陆宏基《敦煌社会经济文献真迹释录》第 2 辑，第 426 页，第 3 辑，第 205 页，第 4 辑，第 12 页。另见冯培红《归义军与达怛的关系》，第 384 页。
③ 谭蝉雪：《〈君者者状〉辨析》，第 111 页。
④ 谭蝉雪：《〈君者者状〉辨析》，第 111 页；冯培红：《归义军与达怛的关系》，第 384 页。不过，谭蝉雪通过对 S. 2241 和 P. 2629 文书的对比研究，得出敦煌文书记录的达家即河西达靼国这一结论。关于见于敦煌文书的达姓，土肥义和认为属于吐谷浑部落。达家与达怛在敦煌文书中互不相混，上述谭氏意见值得商榷。详见［日］土肥义和《归义军唐（後期・五代・宋初）时代》，［日］榎一雄编《講座敦煌 2》（敦煌の歴史），第 255 页。

能是因为某种民俗习惯所致。如，给孩子取低贱或刚强的名字，用以祈求孩子的健康成长这种思想，历史上曾长期存在于包括汉族在内的多种民族中。而作为游牧民族，达靼人生活环境艰苦，不排除他们在当时的敦煌人心目中具有忍耐力强、善于在恶劣条件中生存等印象。或许因此，部分汉人给孩子取名达靼。

关于达靼人在河西地区的存在，P.3579《雍熙五年（988）十一月神沙乡百姓吴保住牒》可给我们提供更加直接的证据。该文书是吴保住在三年前欠赎身钱，把自家土地租给押衙曹闰成，但因未收到租金而上书归义军节度使请求主持公道的牒文。以下是参照前人研究，根据《法藏敦煌》图版给出的相关部分录文。①

P.3679《雍熙五年（988）十一月神沙乡百姓吴保住牒》
¹[ ]负难还，昼夜方求，都无计路。²[ ]差着甘州奉使。当便去来。至³[ ]贼打破，般次驱拽，直到伊州界内。⁴[ ]却后，到十一月，沙州使安都知般次⁵[ ]押衙曹闰成收赎，于柔远家面上，还帛⁶□□□乚疋，熟绢两疋。当下赎得保住身，与押衙曹闰成⁷□□□到路上粮食乏尽，涓涓并乃不到家乡。便乃⁸□□□赎得人主，左于达怛边，买老牛一头，破与作粮。⁹□□□牛价银盆壹枚。到城应是赎人主，并惣各自出银¹⁰□□□他达怛牛价，其他曹押衙遣交纳银价。又赎身价¹¹□□□十三亩，准折绢十疋，其地曹押衙佃种，今经三年。……¹⁹雍熙五年戊子岁十一月 日神沙乡百姓吴保住牒。

词注：

2. 甘州：荣新江作西州。

5. 柔（远）家：唐耕耦、陆宏基二位作柔软家，陆庆夫、谭蝉雪二位遵循此读法。其中，谭蝉雪解释作柔然的部落。敦煌文献中的家通常用来代指某地本土部族。考虑到吴保住是被贼人劫持到伊州，上述带有柔字的家应在伊州附近。鉴于伊州辖下有柔远县，此处复原作柔远家，概指柔

---

① 相关图版录文见唐耕耦、陆宏基《敦煌社会经济文献真迹释录》第2辑，第308页；荣新江《归义军史研究》，第32页；陆庆夫《河西达怛考述》，第559页；谭蝉雪《〈君者者状〉辨析》，第101页。

第五章　九姓达靼与 9 世纪后半叶的漠北草原

远当地的部族。

8. 赎得人主，左于达怛边：唐耕耦、陆宏基二位读作"得人主左，于达坦边"，前人多从此说。据图版，得字前可见赎字。

10. 他达怛：唐耕耦、陆宏基二位读作"氾达怛"。

据上引史料，我们可以得到该文书记录事件的梗概如下：雍熙二年（985），吴保住因负债难还，作为贸易使团成员出使甘州，但在途中被贼人劫持到伊州（今哈密）境内。十一月，隶属沙州使安都知般次的押衙曹闰成当着柔远县当地部族的面，赎出吴保住。之后，二人返回沙州，但在途中食料耗尽，未能抵达。于是，曹闰成获得吴保住同意以赎金换取自由身，从达靼人处买到一头老牛，转卖之后作为盘缠。回到沙州后，吴保住要向曹闰成支付赎金，故各自计算所应相互支付的费用。大概是吴保住从赎金中扣掉了曹闰成应支付的牛价钱，剩余的赎金，曹闰成要吴保住用银钱支付。又因欠赎身钱，吴保住把耕地租给曹闰成耕种。据省略部分，因未收到相应的租金，吴保住上书归义军节度使，请求裁定。

关于上引文第 8 行的"赎得人主，左于达怛边"，陆庆夫读作"得人主左，于达怛边"，解释作吴保住、曹闰成二人在达怛边界买牛，并把文中所见达怛驻地勘定在伊州与沙州之间。因"得"字之前有"赎"字，笔者以为应在"人主"后断开，该处的"左"即"佐"，"边"并非边界之意，而应是"方、侧"之意。即，上述二人并非在达怛边界买牛，而是从达怛人手里买了牛。严格来说，该达怛人应是在柔远至沙州之间。相对于羊而言，牛需要更多饲料，更适宜在定居或半定居状态下的生活。就上文中的达怛人养牛而言，该达怛人极可能处于定居或半定居状态。据第二章第一节介绍的王延德《西州程记》，九姓达怛部族中，有名为托边城的部族位于杭爱山西部一带。此处的达怛人，可能与上述在托边城一带居住的达怛人有关。

二　草头达怛之原委

840 年，漠北回鹘汗国崩溃之际，或有部分达怛人伴随其迁往河西或今新疆地区。贝利曾介绍其刊布的《塞语文献文书卷》（*Saka Documents Text Volume*）第 2 卷收录的 P. 2024 于阗语文书（第 77 页），谈到作者一

· 197 ·

行在前往沙州途中,用丝绸与住在 Kūysa 地方的达靼人首领交换盆钵。[①]笔者查阅施杰我关于 Khot missing frags. 2(即上述 P. 2024 文书)的最新研究,惜未能发现相关叙述。[②] 或许贝利给出的文书编号出现了偏差。总之,上述贝利介绍的文书年代当属于于阗政权覆灭于喀剌汗朝之手的 1006 年之前,则 Kūysa 地方当时当有达靼人居住。关于地名 Kūysa,贝利将其与中亚巴拉沙衮的 Quz 国,即汉籍文献的虎思、谷则(位于今吉尔吉斯共和国楚河州托克马克境内)联系在一起。按前往沙州的于阗使者不可能绕到今中亚吉尔吉斯境内,Kūysa 虽难以确定其具体地理位置,但应在于阗与沙州之间。而于阗语记录的地名 Kūysa 的音值,与突厥语 quz(山的阴面)极其接近。若这一推定无误,则上述达靼人可能是在从于阗到沙州途中的某一山脉,如阿尔金山的阴面活动的游牧集团。

无独有偶,汉籍史料反映 11 世纪时期有达靼部族曾在于阗北面地区活动。《宋会要辑稿》蕃夷 4《拂菻》言:[③]

> 元丰四年(1081)十月六日,拂菻国贡方物。大首领你厮都令厮孟判言:"其国东南至灭力沙,北至大海,皆四十程,又东至西人石及于阗王所居新福州,次至旧于阗,次至约昌城,乃于阗界。次东至黄头回鹘,又东至达靼,次至种榅,又至董毡所居,次至林檎城,又东至青唐,乃至中国界。西至大海约三十程。"

相同史料还见于《续资治通鉴长编》卷 317 神宗元丰四年十月己未条。[④] 另外,《宋会要辑稿》蕃夷 4《于阗》言:[⑤]

> (元丰六年,1083 年)五月一日于阗贡方物,见于延和殿。上问曰:"离国几何",曰:"四年。""在道几何时",曰:"二年。""从何国",曰:"道由黄头回鹘、草头达靼、董毡等国。"又问曰:"留董毡几何时",曰:"一年。""达靼有无酋领部落",曰:"以乏草粟,

---

[①] H. W. Bailey, "Ttattara", pp. 92–94.
[②] P. O. Skjærvø, *Khotanese Manuscripts From Chinese Turkestan in The British Library*, p. 577.
[③] 《宋会要辑稿》,第 7723 页。
[④] 《续资治通鉴长编》,第 7661 页。
[⑤] 《宋会要辑稿》,第 7722 页。

第五章 九姓达靼与 9 世纪后半叶的漠北草原

故经由其地,皆散居也。"又问:"道由诸国有无抄略",曰:"惟惧契丹耳。"又问:"所经由去契丹几何里",曰:"千余里。"四日,诏于阗国大首领画到《达靼诸国距汉境远近图》,降付李宪。尝有朝旨委宪遣人假道董毡使达靼故也。

对比上引《宋会要辑稿·拂菻》与《宋会要辑稿·于阗》相关史料,可以确定拂菻国使者所说的位于黄头回鹘与种榅(仲云)之间的达靼,即是于阗使者所说的位于黄头回鹘与董毡之间的草头达靼。虽然元末编修的《宋史》同一事件的相关叙述中不见达靼之名①,但这不能成为否定草头达靼毗邻黄头回鹘之北的证据。

上引《宋会要辑稿·于阗》相关史料还见于《续资治通鉴长编》卷 335 神宗元丰六年五月丙子朔条与己卯条。② 只是后者在"皆散居也"与"又问:道由诸国"之间多出下文:

> 上顾谓枢密都承旨张诚一曰:"达靼在唐与河西、天德为邻,今河西、天德隔在北境。自太祖朝尝入贡,后道路阻隔,贡奉遂绝。"又问:"尝与夏国战者,岂此达靼乎?"曰:"达靼与李氏世仇也。"

上文所言的唐,相比较 9 世纪末以后的唐王朝,代指五代后唐的可能性更大。结合上引宋神宗之言,以及宋朝此前曾下旨要李宪派人借道董毡出使达靼,我们可以了解到,因契丹的强盛与阻隔,宋朝对达靼了解不多;宋朝希望能够和与西夏交战过的达靼(即漠北的达靼部落)建立联系。恐怕是从宋神宗的言语中了解到了宋朝当局对与达靼建立联系的渴望,以及对达靼的不了解,于阗使者顺水推舟言达靼与西夏是世仇。

关于上述草头达靼,早年的桑田六郎以为不应指阴山的达靼部落,而是指党项西部甘肃方面的达靼。③ 虽然相关汉文的读法有不足之处,但榎一雄根据上引史料,考证出一条宋代从于阗东北行,入柴达木盆地进入青

---

① 《宋史》卷 490《于阗传》,第 14109 页。
② 《续资治通鉴长编》,第 8061 页。
③ [日]桑田六郎:《回鹘衰亡考》,《東洋学报》第 17 卷第 1 号,1928 年,第 128 页。

· 199 ·

唐（今西宁）的路线（即青海路）。① 《中国历史地图集》亦取此说。不过，前田正名以为该达靼当指阴山之北的九姓达靼。② 汤开建主张应为"黄头达靼"，进而将其与《西夏二号陵汉文残碑拓片》上的黄怛怛，以及彭大雅《黑鞑事略》记录的被蒙古所灭的西北方面的撒里鞑联系起来，并结合反映达靼在河西地区之活动的相关敦煌文献，认为上述草头达靼是黄头达靼之讹，是西部达靼的总称，主要在河西走廊北部活动。③ 张久和虽认为上述达靼地在柴达木盆地东缘一带，但同时对上述汤开建意见表示赞同。④

按上述西夏王陵汉字残碑属于西夏仁宗（1139—1193年在位）墓碑文，所记当为12世纪中后期之事。⑤ 据陈得芝考证，《史集》部族志《塔塔尔部》记录漠北克烈部在12世纪40年代前后有汗名为撒里黑汗（Sārïq Khan），是王汗父忽尔札胡思之前的汗，或是忽尔札胡思之号。⑥ Sārïq Khan即来自突厥语 Sarïγ Qan（黄汗）。《金史》卷93《宗浩传》记录的撒里部即指克烈部。⑦ 该撒里部的撒里，当来自上述 Sarïq Qan 之 Sarïq。考虑到漠北克烈部中，王汗弟札阿柑孛等曾被西夏俘获过，即克烈部在12世纪时期与西夏有着直接的接触，⑧ 上述西夏仁宗残碑上的黄怛怛，最大可能是指上述 Sarïq Qan 统领时期的克烈部。而且，《黑鞑事略》的撒里鞑，如王国维考证，指的是《元朝秘史》的回回，即撒儿塔黑惕。⑨ 顾吉辰经

---

① ［日］榎一雄：《王韶の熙河經略に就いて》，《蒙古学报》第1号，1939年，收入氏著《榎一雄著作集》第7卷，（东京）汲古书院1994年版，第345—346页。
② ［日］前田正名：《河西の歴史地理学的研究》，（东京）吉川弘文馆1964年版，第634—637页。
③ 汤开建：《解开"黄头回纥"及"草头鞑靼"之谜——兼谈宋代的"青海路"》，《青海社会科学》1984年第4期，第79—81页。
④ 张久和：《原蒙古人的历史》，第196页。
⑤ 李范文：《西夏陵墓出土残碑粹编》，文物出版社1984年版，第23—24页，图版38、48、53；张久和：《原蒙古人的历史》，第188页。其中，张久和认为该达靼是阴山达靼，值得商榷。
⑥ 陈得芝：《十三世纪以前的克烈王国》，第221—223页。
⑦ 张久和：《原蒙古人的历史》，第197页注3。
⑧ 李范文：《西夏陵墓出土残碑考释》，载氏著《西夏研究论集》，宁夏人民出版社1983年版，第117—118页；孟楠：《论克烈人与西夏的关系》，《内蒙古社会科学》1998年第3期，第38—40页。
⑨ 王国维：《黑鞑事略笺证》，清华学校研究院1926年版，修订稿收入罗振玉编《海宁王忠悫公遗书》，1928年，另收入赵万里编《海宁王静安遗书》，商务印书馆1940年版，胡逢祥点校本收入谢维扬、房鑫亮主编《王国维全集》第11卷，第395—397页。

过对收录《宋会要辑稿》的《永乐大典》编撰过程的严谨性的强调，以及收录《续资治通鉴长编》的《四库全书》不同版本的比对，指出上述草头不应是黄头的讹误。① 此说可从。不过，窃以为草头之名不一定如其所言是宋朝加给达靼部族之名，而应是对于阗使者所言的达靼部族或其部族长名称的意译。

如前所述，10 世纪时期，于阗至沙州途中曾有过达靼部落。就居地的相近而言，11 世纪出现的草头达靼可视作与其一脉相传。至于草头达靼的最终归属，史料并无详细介绍。不过，上文中与草头达靼并列出现的黄头回鹘，居地位于沙州西南、于阗以东，即今柴达木盆地、敦煌与罗布泊之间，② 即是元代史料所见撒里畏吾（Sarïɣ Uyɣur）。③ 学界公认，上述撒里畏吾后东移至沙、瓜二州，成为裕固族重要族源之一。而裕固族包括一部分蒙古语族部落。虽然这些蒙古语族部落主要出自元代的蒙古豳王家族后裔，④ 但也有可能包括一部分上述草头达靼之后。当然，草头达靼势单力薄，更有可能在日后不久即与黄头回鹘结合在了一起。

三　达靼向中亚的移居

众所周知，Ötükän（于都斤）通常指的是漠北杭爱山脉。11 世纪的喀什噶里在《突厥语大辞典》中，介绍 Ötükän（于都斤）是邻近回鹘之地的达靼草原中的一个地名。⑤ 而《突厥语大辞典》所附圆形地图记录的 Ötükän（于都斤）之地，大致处在中亚八剌沙衮东北 45 度的方位上，紧靠额尔齐斯河源头，隔河与 Yemäk（咽蔑）漠野相望。而达靼漠野，则被

---

① 顾吉辰：《也谈"黄头回纥""草头鞑靼"及其"九姓鞑靼"》，《甘肃社会科学》1987 年第 4 期，第 109—111 页。
② 主要参见李符桐《撒里畏吾儿（Sari-vigurs）部族考》，《边政公论》第 3 卷第 8 期，1955 年，收入氏著《李符桐论著全集》，（台北）学生书局 1992 年版，第 45—46 页；高自厚《黄头回纥与河西回鹘的关系》，《西北民族文丛》1984 年第 2 期，收入赞丹卓尔主编《裕固族研究论文续集》上册，兰州大学出版社 2002 年版，第 44—46 页。
③ 相关考证主要参见王国维《黑鞑事略笺证》，第 397—398 页；[日] 佐口透《サリク・ウイグル種族史考》，《山本博士還暦記念東洋史論叢》，（东京）山川出版社 1972 年版，第 191—192 页；李符桐《撒里畏吾儿（Sari-vigurs）部族考》，第 48—51 页。
④ 杨富学：《裕固族东迁地西至哈至为沙瓜二州考》，阿不都热西提·亚库甫主编《西域—中亚语文学研究》，上海古籍出版社 2015 年版，第 379—390 页。
⑤ *CTD*, Vol. 1, p. 159.

标在了额尔齐斯河以西的伊犁河源头之西。上述 Ötükän（于都斤）和达靼漠野的地理方位，与众所周知的于都斤——漠北杭爱山和达靼之地——漠北明显不符。而记录喀喇汗朝与异教徒之间战斗的诗歌①以及喀什噶里自述，均反映其对额尔齐斯河流域比较熟悉，但在相关章节中喀什噶里并未对 Ötükän（于都斤）做过任何介绍。是什么原因促使喀什噶里关于 Ötükän（于都斤）和达靼之地的看法出现了如此偏差呢？

波斯学者葛尔迪吉（Gardīzī）1050 年前后著《记述的装饰》（Zainu' I-Axbār），记录了基马克（Kīmek）部落出自 Tatar（达靼）的传说。其中说到达靼人的首领死后，其二子不和，次子设带着情人逃到了额尔齐斯河流域。之后，七个出自达靼的仆人——Īmī、咽蔑（Īmāk）、塔塔尔（Tatār）、Bayāndur（或 Bilāndir）、钦察（Qifčaq）、Lāniqāz、Ajlād——投奔设。后来，达靼本部遭到敌人攻击后，其他部落也投向他们，进而按上述七人分成七个部落居住在额尔齐斯河地方。② 无疑，达靼部落移居至额尔齐斯河流域的年代，应早于喀什噶里所处的年代。

《世界境域志》还记录钦察是从基马克分出来的一个氏族，但其国王由基马克任命。③ 据高登（P. B. Golden）介绍，④ 俄罗斯编年史记录了 12 世纪时钦察联盟中的众多部族名称，关于其中的 Toqsoba/Toɣsoba 部族，14 世纪后半叶至 15 世纪初的伊斯兰学者伊本·赫勒敦（Ibn Khaldûn）指出"玉里伯里（Ölberli）构成（钦察东部集团）之一部，同样构成钦察东部集团之一部族的 Toqsoba，即露西（俄罗斯）史料所谓的 Polovci Dikii 也源

---

① 相关诗文的归纳与分析，详见 R. Dankoff, "Three Turkic Verse Cycles Relating to Inner Asian Warfare", in S. Tekin and I. Ševčenko, eds. Eucharisterion: Essays Presented to Omeljan Pritsak, Harvard Ukrainian Studies, Vol. 3 - 4, Part 1, Cambridge: Harvard University Press, 1979 - 1980, pp. 152 - 159。

② A. P. Martinez, "Gardīzī's Two Chapters on the Turks", Archinum Eurasiae Medii Aevi, Vol. 2, 1982, pp. 120 - 121；[俄] 巴托尔德：《加尔迪齐著〈记述的装饰〉摘要》，王小甫译，《西北史地》1983 年第 4 期，第 107—108 页；刘迎胜：《9—12 世纪民族迁移浪潮中的一些突厥、达旦部落》，《元史及北方民族史研究集刊》1990 年第 12、13（辑）合期，收入《新疆通史》编撰文员会编《新疆历史研究论文选编》，新疆人民出版社 2008 年版，第 11—13 页；刘迎胜：《蒙古西征历史背景新探》，载氏著《西北民族史与察合台汗国史研究》，第 36—37 页。

③ V. Minorsky, The Regions of The World, p. 100；王治来：《世界境域志》，上海古籍出版社 2010 年版，第 87 页。

④ P. B. Golden, "Cumanica Ⅳ: The Tribes of the Cuman-Qipčaqs", Archivum Eurasiae Medii Aevi, Vol. 9, 1997, pp. 108 - 109, 113 - 115, 119 - 121。

自达靼"。虽然我们还无法确定 Toqsoba/Toγsoba 的真正含义，但重要的是这个氏族出自达靼。

据以上介绍，可知在基马克部落的发展过程中，原属其最初七部族之一的钦察获得了壮大，其中包含出自达靼的部族。高登虽然对库蛮（Cuman，钦察联盟中靠近西部的部分）中的东方要素玉里伯里（Ölberli）进行了系统分析，但对葛尔迪吉关于基马克起源的传说并未给予足够重视。[①]虽难以一一考证，但刘迎胜通过对欧亚草原东西方之间民族移动事例之分析，指出葛尔迪吉关于基马克起源传说的背后应该有真实的历史基础，[②]此说不误。同时，他推定上述达靼人的移居约发生在回鹘西迁之前或以后，足备一说。

在喀什噶里的圆形地图上，钦察之地位于怛逻斯北偏东，与达靼漠野所在地——伊犁河源头之西之间，虽有一不明地理名称，但相距并不遥远。考虑到喀什噶里对中亚地区进行过实地调查，他把达靼漠野标记在伊犁河源头之西，想必不会是空穴来风。这可与前面介绍的基马克源自达靼，钦察部族中包括出自达靼部落的信息相互补。按此分析，那我们就可以了解到喀什噶里把 Ötükän（于都斤）标在西南紧靠额尔齐斯河源头之地的缘由。即，虽然与葛尔迪吉相同——了解到基马克部落源自达靼这一传说的存在——但关于 Ötükän（于都斤），他仅了解到其是邻近回鹘（高昌回鹘）之地的达靼沙漠中的地名。是故，他才把于都斤之地标在与其认为的达靼漠野并不遥远，且与基马克部落的产生有着千丝万缕关系的额尔齐斯河流域。

总之，在回鹘西迁前后，有部分达靼部族曾移居至中亚，他们与基马克部落的产生有着一定关系。

四　九姓达靼与高昌回鹘之关系

980 年前后成书的佚名作者著波斯文《世界境域志》（*Ḥudūd al-*

[①] P. B. Golden, "Cumanica Ⅱ: Ölberlı (Ölperlı): The Fortunes and Misfortunes of an Inner Asian Nomadic Clan", in *Nomads and their Neighbours in the Russian Steppe: Turks, Khazars and Qipchaqs*, Aldershot, Hampshire: Ashgate, 2003, p. 22.

[②] 刘迎胜：《9—12 世纪民族迁移浪潮中的一些突厥、达旦部落》，第 11—36 页；刘迎胜：《蒙古西征历史背景新探》，第 27—58 页。

Ālam），提到达靼也是托古兹古思之种。① 华涛考证，《世界境域志》记录的托古兹古思即西迁后的高昌回鹘。② 看来，在《世界境域志》作者所处的年代，即约10世纪时，达靼与高昌回鹘保持有某种关系。

张铁山、茨默二位解读的中国文化遗产研究院（原中国文物研究所）藏 xj 222—0661.9 文书也给我们提供了这方面的证据。③ 该文书以草书体回鹘文写成，创作于蒙元时期。就文书背面左端写有回鹘文 ötüg（请求、向上级的请愿），④ 紧接着用回鹘文和汉字共同书写的页码 iki otuz（22）而言，该文书应是蒙元时期——极可能是隶属察合台汗国的某一人物向其上级提交的关于高昌回鹘历史的某一文本之一部分。⑤

该文书记录高昌回鹘早期的某位 Tängrikän（国王或可汗）的功绩，其中，第6—16行有如下之文：

06……özi yašï taqï kičig türk yigit 07 oγlan y(a)rlïqar ärkän ök：ač ayan tonga oγlïn-ča turïtmaq⑥türk 08 yüräk-lig yarlïqar üčün kesar arslan änükin č ä keng kögüzlüg 09 kigäy-siz ädräm-lig yarlïqar üčün ata-sï 天 [tängri] elig qutïnga 10 arqa berip alqatmïš el-kä muyγa bolmïš toquz tatar bodunïn 11 ügritrü⑦balïq saqa-sïnda ünärär⑧ čärig urup yatmaq üzä 12 öz-kä sanlïγ qïlu yarlïqap öz eli-ning basïnčïn ketärü yat ellig 13 ayïγ saqïnč-lïγ yaγï-lar-qa ešidmiš-tä ök ičanγuluq äymängülük 14 qïlu yarlïqadï．[on] uyγur elindä ärigmä qamaγ bodun boqun 15 udan qangïmïz oγlï uluγadtï：ondïn sïngar yat yaγï basïnčïn 16 körmägäy biz tep uluγ ögrünčlüg sävinčlüg boltï-lar．

---

① V. Minorsky, *The Regions of The World*, p. 94.
② 华涛：《高昌回鹘在东部天山地区的发展》，氏著《西域历史研究（八至十世纪）》，上海古籍出版社2000年版，第101—123页。
③ Zhang Tieshan and Peter Zieme, "A Memorandum about the King of the On Uygur and His Realm", pp. 129 – 159.
④ *ED*, p. 51.
⑤ 白玉冬：《有关高昌回鹘的一篇回鹘文文献》，第135页。
⑥ turïtmaq – 生成的，张铁山、茨默二位换写作 twrydm'z，转写作 turïtmaz，译作"not-harming。
⑦ ügritrü 使被欺骗，张铁山、茨默二位读作 ögrätgü，同时指出该读法并不确定。
⑧ ünärär – 使升起、让出发，张铁山、茨默二位换写作'wyrk'r，转写作 ürkär，译作 startling。

第五章　九姓达靼与 9 世纪后半叶的漠北草原

他年岁不大，是个强壮有力的孩童。因为带着像 Ājāneya 豹之幼崽一样生成的强有力的心脏，因为带着像 Kesūrin 狮子之幼崽一样宽阔的胸怀、无尽的智慧，所以帮助他父亲天王陛下，愚弄（原意为"使被欺骗"）对神圣的国家（即高昌回鹘）构成威胁的九姓达靼人民，在城下布置伏兵（原意为"让军队出现在城下并布置军队"），因而使他们（即九姓达靼之人民）服属于自己，解除了自己国家的危机，使外王、恶意之人和敌人，躲避（我们），害怕（我们）。十姓回鹘国（即高昌回鹘王国）的所有人民说道："我们的父亲兀单之子长大成人了，我们（今后）不会看到周边外敌的压迫。"他们非常欢喜起来。

接下来记录该国王征服塔里木地方、唆里迷城（焉耆）、怛逻斯城等地，介绍远近包括穆斯林在内的人们歌颂其功绩。之后，文书继续谈道：

³⁹……öz-kä san-lïγ ⁴⁰ yerin suvïn ötükän bodunïn ornatu yarlïqadï

他恩赐于都斤地方（今蒙古杭爱山一带）的人民居住在属于他自己的土地上。

然后继续歌颂该国王的功绩。之后转换话题，歌颂另一位国王道：

⁴⁴ …… on uyγur eli turγalïr-tïn bärü ⁴⁵ ïraq-tïn adï ešidilür: qïday el-kä san-lïγ altï tatar bodunï törüp ⁴⁶ 此［bu］el-kä yaγumadïn toquz buqa bägär: 王［xan］birlä adïnčïγ ïduq alp ⁴⁷ xanïmïz-ning atïn čavïn ešdip tapïnu ögr(ä)nmiš el-in xan-ïn tapla ⁴⁸ - matïn qodup ornanmiš yurt-ïn turuγ-ïn oqsï-ča①titip: udan ⁴⁹ ïduq 天［tängri］känimiz-kä bodun bolup küč bergü tïltaγ-ïntïn qongrulu ⁵⁰ köčüp kälip qutluγ ïduq tängri-känimiz-ning qur-ïnga quurlaγ-ïnga ⁵¹ sïγïnu kälip qudï bay taγ: qum sängir-kä-tägi qonup yurtlap ⁵² 心［könggül］läri ong(a)y kögüz-läri qanmïš täg ädäm (lä)r üküš ay-ta artuq ⁵³ ïduq 天［tängri］kän-ning üdräg-lig känt-läringä känt bulup ičikdi-lär ⁵⁴ ornašdï - lar: öng tegit siravil taisi oγlanï turdï taysi: 七

---

① uqsï-ča，张铁山、茨默二位换写作'wqš'rč'，转写作 oqšar-ča，未译出。

[yeti] buqa ⁵⁵ čangšï bašïn bätägi①tegit-lär：yurtlaγu tüz yurt-larïn nä qodup ⁵⁶ yurtča ürkä kälip ketip yangï balïq altïn-ïn ⁵⁷ yurtlap qonup：el-tä tuγmïš bodun-ta artuq ičikdi-lär ornašdï ⁵⁸ - lar……

　　受人称颂的十姓回鹘王国，自存在以来，名扬远方。归属于契丹国的六姓达靼人兴起，在他们还没有接近这个王国时，听说Toquz Buqa Bägär王以及我们异常神圣英勇的汗的名字与威望时，就不侍奉并抛弃了服侍的国家和汗，如同（飞去的）箭一样，丢掉了他们的家园和故土，成为我们神圣的兀单Tängrikän的属民。自从给了力量，决裂而来的人们移居过来，受我们仁慈神圣的Tängrikän的腰带的庇护，向下方到Bay Taγ（富贵山）、横相乙儿地方为止，他们定居并建立家园。他们心情舒畅，他们胸怀满足，很多月以上，他们朝着我们神圣的Tängrikän的繁荣的城市群，发现城市就进入其内定居下来。王子们——Sirafil太子的儿子们，即Turdi太子和Yeti Buqa长史与其首领（即六姓达靼人首领）成为别贴乞部（Bätägi）的王子们。他们丢掉用于居住的美好家园，就来到作为长期居住的（这里），并出去居住在仰吉八里（今新疆昌吉回族自治州马纳斯西北）的下部地区。比出生在这个王国里的人民更多的他们进入并居住下来。

　　就上面给出的文书内容而言，漠北的达靼部落与高昌回鹘关系相当密切。首先，文书讲述高昌回鹘早期的某位可汗，曾经征服过九姓达靼。笔者以为，上述九姓达靼和高昌回鹘之间的战斗，发生在9世纪下半叶的875年前后。② 付马则认为发生在866—876年，九姓达靼使得回鹘可汗仆固俊身陷重围。③ 付马甚至认为，九姓达靼还有可能曾在866—869年摧毁过高昌回鹘的北庭城。④ 接下来文书谈道"他让于都斤地方的人民居住在属于他自己的土地上"。显然，该句主语"他"仍然是前面介绍的那位曾

---

① 原文换写作b't'ky的文字，也可转写作bätäki，本书稿姑按bätägi转写。张铁山、茨默二位换写作pntky，转写作b(a)nt(')gi，未译出。
② 白玉冬：《有关高昌回鹘的一篇回鹘文文献》，第142页。
③ 付马：《西州回鹘王国建立初期的对外扩张——中国文化遗产研究院藏xj222—0661.09回鹘文书的历史学研究》，《西域文史》第8辑，2013年，第151、153—155页。
④ 付马：《回鹘时代的北庭城——德藏Mainz 354号文书所见北庭城重建年代考》《西域研究》2014年第2期，第22页。

第五章 九姓达靼与9世纪后半叶的漠北草原

经征服九姓达靼的国王。《资治通鉴·唐纪》僖宗乾符二年（875）条言"回鹘还至罗川。十一月，遣使者同罗榆禄入贡。赐拯接绢万匹"。① 胡注视该处"罗川"为隋罗川县，但该史料的罗川，应为"合罗川"之误。森安孝夫进而指出该"合罗川"不应是河西的额济纳河，而是曾为回鹘牙帐所在地的漠北鄂尔浑河流域之"合罗川"。② 如是，我们可以把上述《资治通鉴》内容与上引 xj 222—0661.9 文书所言"他让于都斤地方的人民居住在属于他自己的土地上"联系起来进行考虑。看来，九姓达靼、高昌回鹘二者在上述9世纪后半叶的战争之后重归于好。如第四章第二节所介绍，被李克用称为"懿亲"的"阴山部落"统领有部分"回纥师徒"。虽然李克用所言有夸大之嫌，但亦不能轻易否定该"回纥师徒"中包括高昌回鹘在内的可能性。

无独有偶，张广达、荣新江二位考订其成书年代为10世纪30年代的敦煌出土汉文文书 S.6551 讲经文，也可为 xj 222—0661.9 文书所反映的上述历史事件提供线索。在描述了高昌回鹘的强大、称颂了国王及其一族的伟大之后，S.6551 讲经文提道：③

> 遂得葛禄、药摩、异貌、达怛竟来归伏，争献珠金。独西乃纳驼马，土蕃送宝送金。拔悉密则元是家生，黠戛私则本来奴婢。诸蕃部落，如雀怕鹰；责（侧）近州城，如羊见虎。实称本国，不是虚言。

上引史料所反映的历史背景，学者们已做深入探讨。④ 唯有其中的达靼，据 xj 222—0661.9 文书内容而言，视作漠北的九姓达靼，并不有悖于理。⑤

---

① 《资治通鉴》卷225，第8181页。
② ［日］森安孝夫：《ウィグルの西遷について》，第279—280页。
③ 张广达、荣新江：《有关西州回鹘的一篇敦煌汉文文献》，第155页。另笔者引文标点略有变动。
④ 张广达、荣新江：《有关西州回鹘的一篇敦煌汉文文献》，第173—175页；华涛：《高昌回鹘与契丹的交往》，《西域研究》2000年第1期，第26页；华涛：《西域历史研究（八至十世纪）》，第131—132页。
⑤ 白玉冬：《有关高昌回鹘的一篇回鹘文文献》，第142页；付马：《西州回鹘王国建立初期的对外扩张》，第142—143页。

前面介绍的 xj 222—0661.9 文书最后部分，主要讲述隶属契丹国的六姓达靼人归顺高昌回鹘，他们移居至 Bay Taγ、横相乙儿、仰吉八里（今新疆昌吉回族自治州马纳斯西北）的下部地区。据张铁山、茨默二位之说，Bay Taγ 在世界地图上地理位置为北纬 45°15′0″、东经 90°49′58″，横相乙儿位于北庭北、乌伦古河上游。① 也就是说，六姓达靼人移居在今阿尔泰山南准格尔盆地东缘一带。那这一事件，发生在何时呢？

诚然，创作于蒙元时代的 xj 222—0661.9 文书中的 Qïday El（契丹国），除契丹人所建辽朝之外，不能完全否定代指金朝的可能性。但文书第一部分记录的是 9 世纪后半叶的高昌回鹘建国初期形势，考虑到文书内容的连贯性，第二部分内容不大可能延后到 200 多年之后的金代。故，此处笔者着重对辽代史料给予关注。

关于辽朝对蒙古高原诸部族的征讨及其对蒙古高原统治优势的确立过程，前田直典与陈得芝二位已作详细分析。② 契丹人虽曾在 10 世纪初对蒙古高原腹地的阻卜（九姓达靼）诸部用兵，但其对蒙古高原的实际统治在 10 世纪时并未能够真正确立。直至圣宗统和二十二年（1004），以对阻卜诸部的防御和统治为目的，辽朝才在今蒙古国中部图勒河畔的镇州可敦城设置了镇州建安军。这反映，自此之后，辽朝基本确立起对蒙古高原的统治优势。虽然如此，阻卜诸部在向辽称臣纳贡的同时，亦多次抵抗辽朝统治。《辽史》卷 94《耶律化哥传》记录西北路招讨使耶律化哥经略西境，讨伐阻卜时，有如下内容：

> 开泰元年（1012），伐阻卜，阻卜弃辎重遁走，俘获甚多。帝嘉之，封豳王。后边吏奏，自化哥还阙，粮乏马弱，势不可守，上复遣化哥经略西境。化哥与边将深入。闻蕃部逆命居翼只水，化哥徐以兵进。敌望风奔溃，获羊马及辎重。路由白拔烈，遇阿萨兰回鹘，掠之。都监裹里继至，谓化哥曰："君误矣！此部实孝顺者。"化哥悉还所俘。诸蕃由此不附。③

---

① Zhang Tieshan and Peter Zieme, "A Memorandum about the King of the On Uygur and His Realm", p. 148.
② [日] 前田直典：《十世纪时代の九族達靼》，第 249—256 页；陈得芝：《辽代的西北路招讨司》，第 26—30 页。
③ 《辽史》，第 1381—1382 页。

第五章　九姓达靼与9世纪后半叶的漠北草原

上文言遭到耶律化哥征讨的阻卜部落遁走，寄居翼只水。化哥继续用兵，回师路由白拔烈时，对阿萨兰回鹘进行了掠夺。翼只水，即今额尔齐斯河上游。白拔烈，或为蒙元时期亚美尼亚国王海屯东行时经过的 Ber Balïq（突厥语意为"一城"），位于今新疆木垒哈萨克自治县境内（乌鲁木齐东约200公里），阿萨兰回鹘，即指高昌回鹘。① 换言之，耶律化哥征讨阻卜部落，是由额尔齐斯河上游南下到达今木垒一带。耶律化哥的这一行军路线，正位于准格尔盆地东缘一带。这与前面介绍的六姓达靼人在高昌回鹘境内的移居地点属于同一地域。或许，化哥掠夺高昌回鹘，与高昌回鹘接受达靼人移居有关。刘迎胜则认为，上引史料中的阻卜和蕃部均与散居在今阿尔泰山至额尔齐斯河一带的乃蛮部有关。② 虽不敢断言上文中的阻卜和蕃部即为乃蛮部，但如后所言，这一事件所引起的连锁反应，的确与乃蛮部有关。总之，《辽史》关于耶律化哥征讨阻卜的这一记录，与xj 222—0661.9 文书所言隶属契丹国的六姓达靼人归顺高昌回鹘这一事件，虽不能明断二者之间必定存在直接的因果关系，但就辽军的出征路线而言，至少两起事件之间应有一定的关联。张铁山、茨默二位把该文书中的六姓达靼人与蒙元时代的塔塔儿六部落联系起来，固然可备一说。③ 塔塔儿正是辽金时期阻卜的重要组成部分。④

文书 V 段落还提到，六姓达靼人的首领与高昌回鹘的部分王子一同成了 Bätägi 的王子们。该 Bätägi，笔者以为是乃蛮部之别贴乞部（Betki/Betkin），也即同时期汉文史料记录的隶属高昌回鹘的黠戛斯余部，亦即《世界境域志》记录的 Bek Tegin。⑤ 兹不赘述。

如第二章所介绍，《续资治通鉴长编》卷22记录太平兴国六年（981）西州回鹘使节首次到访宋朝，作为回访使，当年五月王延德一行

---

① 刘迎胜：《蒙古征服前操蒙古语部落的西迁运动》，第38—39页；刘迎胜：《辽与漠北诸部——胡母思山蕃与阻卜》，《欧亚学刊》第3辑，2001年，第214页；华涛：《高昌回鹘与契丹的交往》，第25—29页；华涛：《西域历史研究（八至十世纪）》，第95—101页。
② 刘迎胜：《西北民族与察合台汗国史研究》，第33—34页。
③ Zhang Tieshan and Peter Zieme, "A Memorandum about the King of the On Uygur and His Realm", p. 148. 此处的六姓达靼人，或存在代指其他阻卜部落的可能性。
④ 王国维：《鞑靼考》，第250—251页；亦邻真：《中国北方民族与蒙古族族源》，第576页。
⑤ 白玉冬：《有关高昌回鹘的一篇回鹘文文献》，第144—145页。

被派往西州。① 而王延德一行专门访问了蒙古高原的九姓达靼。而且，当王延德一行身在高昌时，西州回鹘与九姓达靼专此一同派遣使者，朝贡宋朝谢恩。这说明，宋朝有关九姓达靼的情报应来自西州回鹘使节。看来，与达靼使者一同抵达宋朝的西州回鹘使节，视作经由九姓达靼之地，最合情理。

综上，结合以上几点，以及第三章介绍的九姓达靼与西州回鹘出身的回鹘商人的接触，可以说10—11世纪时，九姓达靼与高昌回鹘的联系要比我们所了解的更为密切。

第二节　9世纪后半叶的漠北草原

一　大中十年黠戛斯的来朝

关于9世纪40年代回鹘汗国的崩溃过程以及黠戛斯在中国北方的军事活动等，《旧唐书》《新唐书》《资治通鉴》等多有记录。其中，关于回鹘乌介可汗率领的部分回鹘残众避难于阴山一带，并在与唐朝的交涉、冲突中消亡的历史，时任会昌年间（841—846年）宰相的李德裕其文集《会昌一品集》收录有详细的原始资料。据这些史料，我们可以勾画出回鹘汗国崩溃后不久，在唐朝北部边境所发生的一连串的历史事件。② 笔者在此关注的是黠戛斯的活动情况。

据李德裕起草的有关上述回鹘部众的诏敕、奏文，以及唐廷颁给黠戛斯可汗的国书等，我们可以知道黠戛斯在击溃回鹘汗国后，即在会昌二年

---

① 《续资治通鉴长编》，第490、492页。
② 主要参见［日］山田信夫《遊牧ウイグル国の滅亡》，《古代史講座》第11卷，（东京）学生社1965年版，收入氏著《北アジア遊牧民族史研究》，第129—155页；［日］山田信夫《九世紀ウイグル亡命移住者集団の崩壊》，第157—188页；［日］中島琢美《南走派ウイグルについて》，第1—28页；［日］中島琢美《南走派ウイグル衰滅に関する一試論》，《史游》第5辑，1981年，第1—11页；［日］中島琢美《南走派ウイグル史の研究》，第19—33页。

（842）、① 三年（843）、② 四年（844）、③ 五年（845）分别派遣使者来访唐廷。④ 遗憾的是，关于黠戛斯的出兵，据《会昌一品集》，我们只能了解到黠戛斯在会昌元年前后曾出兵漠北。不过，《旧唐书》卷174《李德裕传》显示，黠戛斯在会昌三年二月以前似乎攻打过安西（今新疆库车一带）、北庭地区（今乌鲁木齐北吉木萨尔县一带）。⑤ 另外，据《旧唐书》卷195《回纥传》，⑥ 可知黠戛斯的七万大军曾在大中二年（848），把避难于七姓室韦部落的回鹘部众掳至漠北。

之后，黠戛斯之名再次出现于汉文史料，据笔者所知，是在大中十年（856）。然相关记录既不载于正史，亦非出现于有关黠戛斯的书文之中，而是出现于唐朝决定册封当时已经立足于安西地区的回鹘首领庞特勤的诏书之中。该诏书作于大中十年（856），⑦ 名为《议立回鹘可汗诏》，收于韩愈文集《樊川集》。上述诏书首先叙述回鹘助唐镇压安史之乱的功绩，之后谈道：

> 会昌中远方丧乱，可汗沦亡，狼顾既困于岁牧，鼠窃或行于边候。时属奸臣作轴，懦将操戈，因乐祸以乘危，遂兴戎而生事。不念救灾之义，尽为助顺之功，驱彼流离，窜为徒隶。情□怀土，自经南冠之悲；迹则乱华，未免北风之思。旧国空瞻其茂草，名王犹困于旅人，相彼穷危，宁无慨叹。朕君临九有，子育兆人，雨露之所濡，日月之所照烛，欲令自遂，必念好还。乃眷朔易之雄，况当勋力之后，

---

① 年代见岑仲勉《李德裕〈会昌伐叛集〉编证》，第422页注1；《资治通鉴》卷246，第7968页。
② 年代见岑仲勉《李德裕〈会昌伐叛集〉编证》，第445页注1；[日]中島琢美《南走派ウイグル史の研究》，表1；傅璇琮、周建国《李德裕文集校笺》，第85—86页注1；《宋本册府元龟》卷972，第3857页。
③ 关于使者入朝年代，文献史料出现混乱，本书从岑仲勉之说。见岑仲勉《李德裕〈会昌伐叛集〉编证》第449页注1，第452页注1。
④ 年代见岑仲勉《李德裕〈会昌伐叛集〉编证》，第449页注1；傅璇琮、周建国《李德裕文集校笺》，第90页注1；《全唐文》卷700，中华书局1987年版，第7187—7188页。
⑤ 《旧唐书》，第4522页。
⑥ 同上书，第5213页。
⑦ [日]安部健夫：《西ウイグル国史研究》，第259—260页；华涛：《回鹘西迁及东部天山地区的政治局势》，《西北民族研究》1990年第1期，第113页；华涛：《西域历史研究（八至十世纪）》，第39—40页。

每思报德，实用疚怀。所以频遣诏书，俾勤寻访，穹庐莫睹，瓯脱已平。万骑岂无其忠臣，六角冀存其贵种，颇劳癐痞，屡阅岁时，沙漠既空，井邑犹在。近有回鹘，来款朔方，帅臣得之，送至阙下。又有回鹘，随黠戛斯李兼至朝廷。各令象胥，徵其要领。音尘可访，词旨必同，愿复本邦，仍怀化育。皆云庞特勤今为可汗，尚寓安西，众所悦附，飒宰相以忠事上，誓复龙庭。杂虏等以义向风，颇闻麏至。契素愿，慰悦良多。俟其归还衙帐，当议特举册命。今遣使臣，且往慰谕。况情深振抚，道既切於怀来；而功济艰难，义岂忘於继绝。至如待呼韩以殊礼，约冒顿以和亲，止于嘉其来朝，亦或虑其为患。今则因此离散，追彼功勋，俾立国于狼居，稍聚人于乌合。再寻旧好，宜举良图，报告天下，咸知朕意。①

上引诏书，按内容可划分为两部分。第一部分介绍了会昌年间回鹘汗国的崩溃，谴责奸臣（即李德裕）采取的讨伐回鹘残众政策，第二部分表达了宣宗对回鹘的怜悯，以及唐朝希望册封庞特勤的原委。对比第一、二部分内容，可知唐朝册封庞特勤的缘由，不仅是其已经自立，而且还是对前代"奸臣"所采取政策的否定。在此，我们着重关注一下第二部分内容。

据第二部分重点号文字内容，可知在该诏书颁布之前，共有两批回鹘人来访唐朝廷。其一是抵达朔方节度使（治所在灵武）后，由唐朝边将转送至朝廷者，其二是随黠戛斯人李兼抵达唐廷者。据《资治通鉴》卷249《唐纪65》大中十年十月条，②唐朝在颁布完《议立回鹘可汗诏》之后，即派遣使者册封庞特勤，但在灵武遇见回鹘使者，返回长安。就庞特勤所派遣使者经由灵武而言，上引诏书中提到的来到朔方的回鹘人，大概是庞特勤所派遣之人。但关于随黠戛斯人李兼一同来到唐朝廷的回鹘人之所属，我们不得而知。唐朝对上述两批人员均给予重视，"各令象胥，徵其要领"，得知回鹘"音尘可访，词旨必同，愿复本邦，仍怀化育"。更难得的是，唐廷从他们口中获悉久未得知音讯的回鹘动静。即，庞特勤已经在

---

① 《唐大诏令集》卷128，商务印书馆1959年版，第692—693页。另相关朝贡亦见于《资治通鉴》卷249《唐纪65》大中十年三月条，第8059页，但未出现黠戛斯之名。
② 《资治通鉴》卷249《唐纪65》，第8061页。

安西称汗，众人归向，发誓要夺回漠北之地。唐朝廷则对庞特勤的行动表示理解与支持，勉励其再接再厉，达成霸业。

关于随黠戛斯人李兼一同来访唐朝廷的回鹘人，因其带来了关于庞特勤已经称汗的消息，故有意见认为是来自安西地区。[①] 此意见固然可成一说。不过，李德裕作于会昌四年（844）九月的《论回鹘事宜状》言"（乌介）可汗欲得投安西"。即，即便是当时在唐朝北部边境活动的乌介可汗，亦有可能业已了解到庞特勤已经在安西自立。[②] 故，带来庞特勤在安西自立的消息，不能成为确定与李兼同行的回鹘人来历的必要条件。同时笔者注意到，这批使节的重点人物是黠戛斯人李兼，而并非回鹘人。我们知道，西州回鹘属下包括一部分黠戛斯人。[③] 然西州回鹘的母胎北庭回鹘，其势力得到强化是在866年前后。[④] 而大中十年（856），当时回鹘与黠戛斯仍处于敌对战争状态。此时来访唐朝廷的黠戛斯人，很难说是隶属回鹘。

反观这一时期的回鹘，呈现出部族离散、诸部争强的局面。杜牧写于大中五年（851）冬的《西州回鹘授骁卫大将军制》反映，西州回鹘牧守安宁也曾来唐朝廷请命。[⑤] 荣新江考证出西州安宁不是庞特勤属部，推定其是漠北回鹘汗国时期以来实际保有西州的遗臣。[⑥]《唐大诏令集》卷128所收《遣使册回鹘可汗诏》言，在大中十年（856）拟册封已在安西称汗的庞特勤为"嗢禄登里逻汨没密施合俱录毗伽怀建可汗"，任命检校监兼御史中丞王端章为册立使。[⑦] 据《资治通鉴》卷249《唐纪65》唐宣宗大中十一年（857）十月条，王端章一行在途中被"黑车子"族所掠，未能成行。[⑧] 敦煌出土P.2962《张议潮变文》记录王端章一行是在雪山南被袭

[①] 贾丛江：《黠戛斯南下和北归考辨》，第37页；华涛：《回鹘西迁及东部天山地区的政治局势》，第116页；华涛：《西域历史研究（八至十世纪）》，第42页。
[②] 相关内容见傅璇琮、周建国《李德裕文集校笺》，第336—337页。
[③] 张广达、荣新江：《有关西州回鹘的一篇敦煌汉文文献》，第175页。
[④] ［日］森安孝夫：《ウィグルの西遷について》，第287—291页；荣新江：《归义军史研究》，第357页；华涛：《西域历史研究（八至十世纪）》，第87—90页。
[⑤] 杜牧：《樊川文集》，上海古籍出版社1978年版，第305页。
[⑥] 荣新江：《归义军史研究》，第354—355页。
[⑦]《唐大诏令集》，第692—693页。
[⑧]《资治通鉴》卷249《唐纪65》，第8061页。

击。① 该处的雪山，森安孝夫认为是伊州（今哈密）南部的天山东端。② 荣新江利用西安出土的《李浔墓志》，对王端章一行遇袭一事进行了最新考证，表明是"背乱回鹘"劫夺唐朝国信，进一步补充了上述森安孝夫的主张。③《李浔墓志》言："北狄乱，其种争立……未至庐帐，遇他庐遮我，留碛中，欲尽杀汉使者，劫取一切物，且伪言我为当立者，索展礼。"上面介绍的这些史料透露，漠北回鹘政权崩溃后，直至北庭回鹘强大为止，并未呈现出统一的回鹘政权。当时，回鹘的不同势力分帮化派，谋求获得唐朝册封，以便在竞争中获取有利地位。是故，上述随黠戛斯人李兼一同来访唐朝廷的回鹘人，存在时属分散后隶属于黠戛斯的某部回鹘之可能性。退一步而言，若李兼果真来自安西地区，那么最大可能是由庞特勤派遣，其目的在于与久疏音讯的唐朝廷取得联系。即便这一推测成立，出使唐朝廷这种重要的外交活动，庞特勤是否相信一位族属摧毁自己故国的黠戛斯人来担任全权代表，颇令人怀疑。笔者的看法是，在不悖于诏书所言各方面内容的前提下，李兼可按诏书所言视作隶属黠戛斯政治集团的人物。

据《新唐书》卷217下《回鹘传下》，黠戛斯在开成四年（839）出兵攻打回鹘汗国之际，原本是与回鹘将军句录莫贺联手里应外合。④ 而且，回鹘汗国灭亡之后，并非所有回鹘人均消亡流散，仍有部分回鹘人留居在漠北。随黠戛斯人李兼到访唐廷的回鹘人，存在属于黠戛斯治下的漠北回鹘人集团的可能。如是，该回鹘人所言"愿复本邦，仍怀化育"的主体，可理解作黠戛斯治下的漠北回鹘人集团。

据汉籍得知，黠戛斯在摧毁回鹘政权后至咸通年间为止，曾数次向唐朝派遣使者。除上面介绍的会昌二年至五年（842—845年）的4次，以及大中十年（856）的李兼以外，还曾在咸通四年（863）、咸通七年（866）遣使。其中，最初的四次遣使，均与回鹘汗国的灭亡或黠戛斯的祈求册封有关。而且，唐朝给予黠戛斯可汗的回信反映出当时的唐王朝与黠戛斯间

---

① 录文见王重民等编《敦煌变文集》上，人民出版社1957年版，第115—117页。
② ［日］森安孝夫：《ウイグルと敦煌》，载氏著《東西ウイグルと中央ユーラシア》，第300—302页；荣新江：《归义军史研究》，第355页。
③ 荣新江：《大中十年唐朝遣使册立回鹘史事新证》，《敦煌研究》2013年第3期，第128—132页。
④ 《新唐书》，第6130页。

的国际关系。① 而咸通四年与咸通七年的遣使，内容分别如下：

> 黠戛斯遣其臣合伊难支表求经籍及每年遣使走马请历，又欲讨回鹘，使安西以来悉归唐，不许。②
> 黠戛斯遣将军乙支连几入贡，奏遣鞍马迎册立使及请亥年历日。③

可见，李兼除外，黠戛斯其余的遣使均为政治目的。而关于李兼出使唐朝的原委，上引诏书并未直接记录。不过，鉴于其朝贡正处于黠戛斯与回鹘在漠北的统治交替时期，且此次来朝涉及回鹘首领庞特勤在安西的自立而言，李兼的来朝恐怕不能不视作出于政治目的。

二 黠戛斯的蒙古高原统治理念

黠戛斯在摧毁回鹘汗国之后，频繁遣使唐朝，一方面是致力于修复长年断绝的两国关系，另一方面是希望唐朝承认其取代回鹘成为漠北盟主，给予册封。针对黠戛斯的册封请求，唐朝廷最终采纳了李德裕的意见。在黠戛斯的第二位使者温仵合到达唐廷之后，李德裕作于会昌四年（844）夏天的《与黠戛斯可汗书》，首先提到黠戛斯与唐朝间的友好关系，并以南匈奴与汉朝的关系进行喻示，之后言：

> 近则回鹘结大国之援，雄长北蕃，诸部率从，莫敢不服，一隅安乐，百有余年。此事昭然，可汗所睹。况今回鹘种类未尽，介居蕃汉之间，爱及黑车子，久畏其威，素服其信，虑彼再振，常持两端。须令小蕃知朕亲厚可汗，弃绝回鹘。实在和好分定，内附约盟，则邪计奸谋，无由而入，故欲显加册命，昭示万方。况登里可汗回鹘旧号，是国家顷年所赐，非回鹘自制此名，今回鹘国已破亡，理当嫌避。朕以可汗先祖，往在贞观，身自入朝，太宗授以左卫将军坚昆都督。朕

---

① 相关讨论见［日］中岛琢美《会昌年间におけるキルギス使節団の到来について——》，《史游》第10辑，1983年，第11—14页；［日］金子修一《隋唐の国際秩序と東アジア》，（东京）名著刊行会2001年版，第135—142页。
② 《资治通鉴》卷250《唐纪66》咸通四年八月条，第8107页。
③ 《资治通鉴》卷250《唐纪66》咸通七年十二月条，第8117页。

思欲继太宗之旧典，彼亦宜遵先祖之明诚，便以坚昆为国，施于册命，更加美号，以表懿亲。[1]

据上引史料，可知黠戛斯可汗曾向唐朝要求册封其为登里可汗（täŋri qaɣan）。登里为古突厥语 täŋri（天）的音译，除"天"之外，还有"神""神圣"等意义。如唐太宗李世民，曾被漠北游牧民称为"天可汗"（täŋri qaɣan）。与此相同，可汗号前加上修饰语登里（täŋri "天、神、神圣"），无疑会进一步强化黠戛斯在漠北的宗主地位，以及在诸蕃中的威信。而唐王朝并不希望在紧邻本国的漠北地区重新出现一个潜在的敌人——焕然一新的黠戛斯帝国。故唐朝决定虽给予册封，但以回鹘国家已经败亡为借口，要求黠戛斯嫌避登里可汗称号。意外的是，因武宗故去，此次册立不了了之。

据黠戛斯可汗要求唐朝册封其为登里可汗而言，似乎黠戛斯非常介意代替回鹘成为蒙古高原新的霸主，在漠北充分行使主权。然上引《与黠戛斯可汗书》提到"又闻合罗川回鹘牙帐，未尽毁除"。看来，黠戛斯在会昌四年尚未完全毁掉回鹘可汗牙帐。而在黠戛斯第二位使者谛德伊斯难珠到访长安后，李德裕作于会昌五年（845）秋的《赐黠戛斯书》则言"又闻今秋欲移就回鹘牙帐，灭其大国，便保旧居，足使诸蕃畏威，回鹘绝望"。[2] 可见，黠戛斯可汗至迟在会昌五年秋为止，尚未移至回鹘都城所在的鄂尔浑河流域，且似乎尚未灭掉回鹘"大国"。而《新唐书》卷217下《回鹘传下》黠戛斯条介绍道，黠戛斯可汗阿热在击溃回鹘后，将牙帐自叶尼塞河上游迁至距回鹘旧牙马行15日的牢山之南。[3] 牢山，据贾丛江之说，是指今蒙古国西部的唐努山脉。[4]

前面介绍过，黠戛斯曾在咸通七年（866）派遣使者，"奏遣鞍马迎册立使及请亥年历日"。遗憾的是，唐朝究竟是否册封了黠戛斯可汗，仅据

---

[1] 引自傅璇琮、周建国《李德裕文集校笺》，第83—86页。年代考证见岑仲勉《李德裕〈会昌伐叛集〉编证》，第445页注1；[日]中岛琢美《南走派ウイグル史の研究》，表1；傅璇琮、周建国《李德裕文集校笺》，第85—86页注1。

[2] 傅璇琮、周建国：《李德裕文集校笺》，第89页。年代考证见岑仲勉《李德裕〈会昌伐叛集〉编证》，第449页注1；傅璇琮、周建国《李德裕文集校笺》，第90页注1。

[3] 《新唐书》，第6150页。

[4] 贾丛江：《黠戛斯南下和北归考辨》，第31页。

汉籍编撰文献，我们无法得知。幸运的是，日本学者枡本哲首次解读介绍的俄罗斯哈卡斯共和国乡土博物馆所藏玉册断片，可为我们提供有力线索。据他研究，上述玉册断片含有"贡""封疆""大唐咸通七年"等文字。枡本哲指出该玉册反映了唐代的册封体制，但同时认为自唐朝受赐玉册的人物应属于黠戛斯政权内汉人。① 考虑到前面介绍的黠戛斯可汗对获得唐朝册封的执着，以及黠戛斯咸通七年的遣使，笔者以为，上述得到唐朝册封的人物，还是应该比定为当时的黠戛斯可汗为好。参考该玉册的出土地点是阿巴坎河（叶尼塞河上游支流）沿岸而言，② 当时的黠戛斯可汗牙帐，与其说是在漠北，毋宁认为是位于黠戛斯本土更具说服力。

众所周知，在黠戛斯控制蒙古高原之前，匈奴、柔然、突厥、回鹘等立国于蒙古高原的游牧国家，均将其统治核心置于蒙古高原中部的鄂尔浑河流域。然成功挑战回鹘霸权的黠戛斯并未把可汗牙帐移至此处。而且，在唐朝进行册封的咸通七年，黠戛斯可汗牙帐更应该是在叶尼塞河上游的黠戛斯本土。总之，纵观黠戛斯对蒙古高原的统治，笔者的感觉是黠戛斯出兵漠北，其最终目的是摧毁回鹘的统治，而并非一定要建立根基于蒙古高原的黠戛斯帝国。

三 黠戛斯对蒙古高原统治的终结

有关黠戛斯对蒙古高原进行有效统治的记录并不多见，③ 我们只能根据零散的史料，进行最大限度的复原。

关于大中十年入贡唐朝的黠戛斯人李兼，笔者推定存在隶属黠戛斯政权的可能。如是，其朝贡目的，有可能是防范唐朝廷对回鹘庞特勤部的重视与示好。咸通四年，黠戛斯遣使臣合伊难支上表求经籍，并请求每年派遣使者入唐，奉唐正朔，进而表示出兵攻打回鹘，将安西以内地区交付唐朝。黠戛斯这一举动的背景是漠北尚未出现其他敌手，回鹘仍然是其心头

---

① ［日］枡本哲：《南シベリアアバカン近郊発見の玉冊片について》，《大阪府埋葬文化財協会研究紀要——設立10周年記念論集——》3，1995年，第347—348、359页。
② ［日］枡本哲：《南シベリアアバカン近郊発見の玉冊片について》，第347—348页。
③ 有学者主张突厥鲁尼文《苏吉碑》反映的是黠戛斯在蒙古高原的统治。然笔者持不同意见。详见白玉冬《苏吉碑纪年及其记录的十姓回鹘》，《西域研究》2013年第3期，第112—113页。

大患。黠戛斯希望通过进一步加强与唐朝的关系，打击压制回鹘，防止其卷土重来。而唐政府对讨伐回鹘明确表示反对。时隔三年，黠戛斯另一使者将军乙支连几又出现在唐朝廷。这次的目的是派遣军队迎接唐朝册立使，并请下一年历日。唐政府对黠戛斯的请求表现得颇为大度，就前面介绍的阿巴坎河流域出土的玉册而言，唐政府确实册封了黠戛斯可汗。黠戛斯可汗的受封号中，是否带有其刻意追求的"登里"（tängri）字样，不得而知。即便未带"登里"二字，此举已充分说明，黠戛斯梦寐以求的代替回鹘称霸漠北，终成现实。

正当黠戛斯对唐朝展开一系列外交活动时，天山南北的回鹘各派势力间涌起了新一轮的兼并潮。史载咸通七年（866），北庭回鹘仆固俊克西州、轮台等地。《旧唐书》卷 19《懿宗本纪》咸通七年条、《新唐书》卷 216《吐蕃传》、《新唐书》卷 217《回鹘传》均言仆固俊当时是与吐蕃交战。但诚如前人所言，将仆固俊克西州一事与吐蕃相联系起来，是对史料记载的混淆。① 总之，如华涛所言，史载咸通七年的事件虽有不明之处，但仆固俊占领了西州是毫无疑问的。同时期，北庭回鹘还向东发展，与沙州归义军政权间围绕伊州主权展开了争夺。② 森安孝夫利用波斯学者伽尔迪齐（Gardīzī）书中关于托古兹古思（高昌回鹘）的 Panjīkath（五城，即北庭）首领 Kūr Tegīn 击灭在首都 Azal（Ark，即焉耆）居住的可汗兼其兄长这一记录，③ 提出北庭回鹘仆固俊最终战胜了安西一带的庞特勤这一观点。④ 前面介绍的 xj 222—0661.9 回鹘文书支持上述森安孝夫意见。该文书记录了高昌回鹘建国初期的某位国王的成长经历。其中第 18—21 行提到：⑤

18……qutluγ koĉo uluš nung yaγï-sï bolmïš 19 tarïm-lïγ bodunïn yanč qalïr üčün qop qamaγ süsi čärigi birlä 20 atlanu yarlïqap solmï balïqqa qudu-

---

① ［日］藤枝晃：《沙州帰義軍節度使始末（二）》，第 54—55 页；［日］森安孝夫：《ウィグルの西遷について》，第 287—289 页；荣新江：《归义军史研究》，第 357 页。
② 相关讨论见荣新江《归义军史研究》，第 351—397 页；华涛《西域历史研究（八至十世纪）》，第 90—92 页。
③ Azal 应视作 Ark，即焉耆。见［日］森安孝夫《ウィグルの西遷について》，第 283—284 页。
④ ［日］森安孝夫：《ウィグルの西遷について》，第 282—285、290—291 页。
⑤ Zhang Tieshan and Peter Zieme, "A Memorandum about the King of the On Uygur and His Realm", pp. 137, 141；白玉冬：《有关高昌回鹘的一篇回鹘文文献》，第 136、138 页。

lap tägimlig čärigin²¹ tarayu sačïp yer yüdüki qamaɣ bodunïn enčkä tïnčqa tägürü yarlïqadï.

为了打击成为神圣的高昌国之敌人的塔里木地方的人民，他（文书歌颂的国王）和其所有的军队一起出征。对唆里迷城（焉耆）进行攻击后，他把高贵的军队分散开来，使得大地上的所有人民获得了和平。

关于上文所言高昌回鹘国王出征焉耆一事，笔者笼统指出发生在893年之前。① 付马以为是在876年以后发生，9世纪90年代完成。② 总之，势力逐渐增强的北庭回鹘，咸通七年（866）攻下高昌后不久，即兴师南下，征服了塔里木盆地北缘的焉耆。③

正当北庭回鹘势力得到进一步增强的时候，回鹘却出现在了漠北。《资治通鉴》卷252《唐纪68》乾符二年（875）十月条言"回鹘还至罗川，十一月，遣使者同罗榆禄入贡，赐拯接绢万匹"。④ 上述史料，并不见于同时期其他文献。胡三省认为上文之"罗川"指隋代的罗川县（在今河西走廊一带）。不过，考虑到"还"字，森安孝夫认为此处"罗川"应为"合罗川"之误，进而指出该"合罗川"不应是河西的额济纳河，而是曾为回鹘牙帐所在地的漠北鄂尔浑河流域之"合罗川"。⑤

据《新唐书·回鹘传》黠戛斯条，黠戛斯在咸通年间（860—873年）3次朝贡后，与唐朝失去了联系。黠戛斯中断与唐朝联系的咸通十三年（873），与上面介绍的可视作来自漠北的回鹘入贡唐朝的乾符二年（875）间，年代极其接近。推定上述两起事件之间存在一定关联，在xj 222—0661.9文书被公布之前略显仓促。如上一节所介绍，该文书歌颂尚未登上王位的年轻时代的可汗功绩时，第9—12行言："他帮助他父亲天王陛下，愚弄对神圣的国家（高昌回鹘）构成威胁的九姓达靼人民，在城下布置伏兵，因而使他们（九姓达靼之人民）服属于自己，解

---

① 白玉冬：《有关高昌回鹘的一篇回鹘文文献》，第140—142页。
② 付马：《西州回鹘王国建立初期的对外扩张》，第155—156页。
③ 有关这一时期仆固俊的势力变化过程，详见付马《唐咸通乾符年间的西州回鹘政权——国图藏BD11287号敦煌文书研究》，《敦煌研究》2014年第2期，第76—81页。
④ 《资治通鉴》卷225，第8181页。
⑤ ［日］森安孝夫：《ウィグルの西遷について》，第279—280页。

除了自己国家的危机，使外国国王、恶意之人和敌人，躲避（我们），害怕（我们）。"按 xj 222—0661.9 文书介绍的可汗功绩时序而言，上文所言高昌回鹘与九姓达靼间的冲突，应发生在高昌回鹘攻陷焉耆之前。其上限不会早至北庭回鹘势力开始强大并攻取高昌的咸通七年（866），下限则不会晚至攻陷怛逻斯的 893 年。付马则依据国家图书馆藏 BD11287 号敦煌文书谈到仆固俊独守西州，认为这一冲突年代可缩小至 866—876 年。①

关于上述与高昌回鹘发生冲突的九姓达靼，付马认为是当时占据漠北的九姓达靼，也有可能是指 840 年后追随回鹘西迁到塔里木盆地的达靼部落。② 笔者承认，回鹘西迁时曾有部分达靼民众一同西迁。而且，10 世纪的于阗语文书记录，在从于阗到沙州的路途中有达靼人存在。③ 但没有史料证明，西迁的达靼人当时构成了一大势力，且能够对西州回鹘构成威胁。考虑到乾符二年（875）回鹘曾还至漠北合罗川地带，笔者以为，恰恰是因为西州回鹘在冲突中胜出，使得九姓达靼重新服属于自己，才使得回鹘人在 875 年时出现在了漠北。

如前文所介绍，广明年间追随李克用父子南下镇压黄巢起义的达靼可视作九姓达靼，李克用写给朱温的信函中谈到的"阴山部落，是仆懿亲；回纥师徒，累从外舍"的回纥师徒，存在包括高昌回鹘的可能性。而且，980 年前后成书的佚名作者著波斯文《世界境域志》（Ḥudūd al-ʿĀlam），提到达靼也是托古兹古思（高昌回鹘）之种，④ 敦煌出土汉文 S.6551 讲经文中记录的服属于高昌回鹘的达靼，也可以视作漠北的九姓达靼。

综上几点，关于 9 世纪后半叶的漠北草原历史发展进程，笔者得出的最终结论是，高昌回鹘在与九姓达靼发生冲突后，与其保持友好关系，并曾进军漠北。黠戛斯在漠北的统治，极可能在这一时期已被终结。那黠戛斯之后占据漠北核心地区的九姓达靼，当时充当了什么角色呢？

---

① 付马：《西州回鹘王国建立初期的对外扩张》，第 151 页。
② 同上书，第 153—155 页。
③ 见本书第五章第一节，第 199—200 页。
④ V. Minorsky, *The Regions of The World*, London, p. 94.

四　叶尼塞碑铭威巴特第九碑译注[①]

反映九姓达靼与黠戛斯之关系的史料，少之又少。据笔者了解，叶尼塞碑铭中的威巴特（Ujbat）第九碑是为数不多的一个。该碑1976年由苏联考古学者库兹拉索夫（И. Л. Кызласов）发现，出土地位于威巴特河（自北流入叶尼塞河上游支流阿巴坎河）河谷地带。1987年，库兹拉索夫在《苏联突厥学报》"辩论与争鸣"栏目中，在探讨黠戛斯社会问题的论文中，公开了照片与录文。[②] 同年，克里亚施托尔内（С. Г. Кляшторный）在同一杂志同一栏目，以《威巴特第九碑》为题目，发表了新的录文，并进行了年代考证。[③] 下面，笔者在上述研究基础上，根据库兹拉索夫提供的照片，给出威巴特第九碑摹写（见图5—1、图5—2）、转写以及词注。

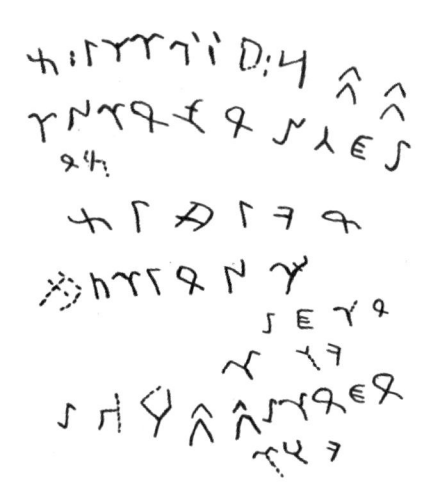

图5—1　威巴特第九碑摹写

注：据 И. Л. Кызласов, "Земледельческое жертвоприношение древне Хакасской общины", *ST*, No. 1, 1987, p. 22 图版扩大修正后图版。

---

① 详见白玉冬《叶尼塞碑铭威巴特第九碑浅释》，《民族古籍研究》第2辑，2014年，第143—149页。
② И. Л. Кызласов, "Земледельческое жертвоприношение древне Хакасской общины", *ST*, No. 1, 1987, pp. 21-22.
③ С. Г. Кляшторный, "Девятая надпись с Уйбата", *ST*, No. 1, 1987, pp. 33-36.

图 5—2　威巴特第九碑图版

注：据 И. Л. Кызласов, "Земледельческое жертвоприношение древне Хакасской общины", ST, No.1, 1987, p.22 图版扩大修正。

1. tatar: yaγï eli ečisin	敌国达靼国，把少男
2. ägäčin beš berür	少女送来五人。
3. bän	我
4. ///ekimin	＊＊＊把我自己的两人，
5. //šü birtim	我＊＊＊＊［了］。
6. bilgä/////	毗伽＊＊＊
7. kälür/////	带来＊＊＊
8. bäg bilgä tatarqa///	匐毗伽向达靼＊＊＊＊＊＊
9. /// kälür/////	带来＊＊＊＊＊

第五章 九姓达靼与9世纪后半叶的漠北草原

词注

1. tatar yaγï eli ečisin：库兹拉索夫与克里亚施托尔内分别正确解读了 tatar 与 yaγï eli，笔者读出了第 6、8、10 号文字 i、ič、n。其中，i 的长牙向左方突出，伸入左侧 r 顶端的右下方。这种写法，多见于叶尼塞碑铭。① 之后的 ič，在库兹拉索夫给出的照片上可裸眼观察到。最后的 n，写法接近于突厥、回鹘碑铭的 z，② 亦见于叶尼塞碑铭。另名词 eči（小伙、少男）与表示第三人称客体格的接尾辞 +in 之间，刻有 ¦。③ 此文字若按停顿符号：来处理，则有悖于古突厥语语法。考虑到碑铭年代久远，且受到风化等因素，此处读作 ¦ > s，解释作 eči 与 +in 之间应有的中介辅音 s。

2. ägäcin：关于前人读作 i 的第 1 个文字，根据照片发现其下端带有伸向左上方的小钩，实应读作 a。如此，该行 a g č 三字，可复原作 ägäč。喀什噶里《突厥语大辞典》以及克劳森《13 世纪以前突厥语语源词典》均未收入该词。然克劳森收有 äkäč 一词，是 äkä（姐姐）的昵称。④ 如回鹘文字不区分 k 与 g 的写法，古突厥语中 k 音与 g 音似比较容易混淆。而且，同属叶尼塞碑铭的 E11（Begre）碑铭中，表示名词与格词缀的 +qa/kä 均变成了浊音 +γa/gä。⑤ 这些现象不应被视作单纯的笔误，更应该被视作语言上的更发达形式。考虑到第 1 行末尾 ečisin 的 eči 是"哥哥、小伙、少男"之意，且古突厥语多存在近义词重叠现象，此处的 ägäč 视作 äkäč 的讹化音，概无问题。

2. beš：笔者最新读法。其中，š 向左上方倾斜。

3. bän：前人未注意到此行。从左端开始，能够见到小于同一碑铭其他文字的 b 与 n 的残余笔画。

4. ekimin：克里亚施托尔内解释作 ekimiz"我们两人"。然其读作 z 的文字，虽不如前面第 2 行 ägäcin 的 n 长大，但与第 1 行行末的 n 相同。

5. šü birtim：克里亚施托尔内读作 külür，解释作 külür（笑、高

---

① Д. Д. Васильев, *Корпус тюркских рунических памятников бассейна Енисея*, p. 7; И. В. Кормушин, *Тюркские енисейские эпитафии*, p. 18.

② Ibid..

③ eči 见 *ED*, p. 20。

④ *ED*, p. 102.

⑤ 如第 3 行的 ürüngümgä 的 +gä，qaramγa 的 +γa，第 9 行 tabγač qanγa 的 +γa 均是名词与格词缀 +qa/kä 所对应的浊音。详见白玉冬《E11 贝格烈（Бегре）碑铭研究》，第 242—245 页。

兴）。然按此读法，文意难通。能够确认到的第 3、4 个文字 š ü，一般可复原作 äsü/ăšü，① 但也有可能与前面的破损部分构成某一词汇，此处留待存疑。

6—9. 第 6—9 行前人未能识读。其中，第 6、7 行较为模糊，第 9 行文字很小。幸运的是，第 8 行较为清晰。其中，tatar（达靼）后面的 Q 字，只能见到下半部。不过，Q 后面的文字，确切无疑应是 a。据此，接在 tatar（达靼）后面的 + qa，应是表示名词与格的词缀。按整体内容而言，第 8 行出现的 bäg bilgä（匐毗伽）应为碑铭主人。看来，该人物负责与达靼间的事务往来，是其让敌国达靼带来了 5 名少男少女。

关于上引威巴特第九碑第 2 行，克里亚施托尔内复原作 yig üčün berür，并与第 1 行结合起来，解释作"达靼为了更好，支付了（税金、贡物）"。进而认为，该碑铭反映达靼与黠戛斯处于敌对关系，达靼对黠戛斯承担赋税。② 据笔者的最新读法，碑铭主人叫 bäg bilgä（匐毗伽），他让敌国达靼给黠戛斯送来了 5 名青年男女，而他对属于自己的 2 人，采取了某种措施。总之，虽整体内容不尽明了，但该碑铭确切告诉我们，达靼国曾与黠戛斯有过接触，二者间曾存在敌对关系。

五　碑铭纪年及其记录的"敌国达靼国"

威巴特第九碑第 1 行中，出现 tatar yaγï eli（敌国达靼国）。关于 el，克劳森认为是由独立的统治者所统辖的政治集团，简言之，相当于英语的 realm。③ 特勤译作 people、state，④ 护雅夫则曾专做讨论。⑤ 护氏认为，el（国）具备两种含义，其一为可汗所统治的国家，其二为可汗一族以封建诸侯的形式占有的采邑。笔者则曾提出，在古突厥语中，部族集团名称后

---

① *ED*, pp. 240–241, 255–256.
② С. Г. Кляшторный, "Девятая надпись с Уйбата", p. 35; S. G. Klyashtorny, "Das Reich der Tataren in der Zeit vor Činggis Khan", p. 83;［苏］克里亚施托尔内：《12 世纪前中央亚细亚草原的鞑靼人及其国家》，丁淑琴译，《民族研究》2009 年第 1 期，第 85—91 页。
③ *ED*, p. 121.
④ T. Tekin, *A Grammar of Orkhon Turkic*, pp. 330–331.
⑤ ［日］護雅夫：《古代チュルクの社会構造》，第 97—98 页。

第五章 九姓达靼与9世纪后半叶的漠北草原

续 el 时，el 可考虑为代指由某部族集团构成的"国家"。①

不可否认，如特勤译作 people，el 有"民众、人民"之意。不过，在 tatar yaɣï eli 中，eli 的 +i 为第三人称所属词缀，此处代指前面的 yaɣï（敌人）。若单纯表示敌方民众，此处不附加 el，仅仅以 tatar yaɣï 即可表达清楚。笔者以为，此处的 el，与其解释作"民众、人民"，毋宁视作"国家"。那 tatar yaɣï eli（敌国达靼国），究竟是个什么样的"国家"呢？

据瓦西里耶夫提供的叶尼塞碑铭分布图，② 可知包括威巴特河谷在内的阿巴坎河流域为叶尼塞碑铭的一大集中地。在古代中国，死后能够被立碑颂德，说明该人物生前具有较高的社会地位。叶尼塞碑铭的情况基本上与此相同。作为叶尼塞碑铭主要分布地的阿巴坎河流域，在古代黠戛斯社会中绝对不会处于边缘地带。换言之，阿巴坎河流域无疑为古代黠戛斯政治中心地区。考虑到此点，笔者以为，与黠戛斯本土保持关系，且能够发展到被黠戛斯本土视作敌国程度的达靼人所建之"国家"，不应是达靼人之小集团。

作为中国北方古老部族名称，达靼始见于后突厥汗国时代的突厥鲁尼文碑铭。阙特勤碑（建于732年）与毗伽可汗碑（建于734年）记录有三十姓达靼（Otuz Tatar）与九姓达靼（Toquz Tatar）。③ 稍后的回鹘碑铭亦有记录。④ 开成五年（840），黠戛斯大军南下，终结了回鹘汗国在蒙古高原的统治，回鹘部众迁往天山南北、河西走廊以及阴山地区。之后，经过黠戛斯的短暂统治，至迟在10世纪初，漠北草原的历史主角转变成九姓达靼。⑤ 10—11世纪时期，九姓达靼除与契丹以及中原王朝保持直接的朝贡关系外，⑥ 还与沙州归义军政权、甘州回鹘政权等保持通

---

① 白玉冬：《十至十一世纪漠北游牧政权的出现》，第80—81页。
② Д. Д. Васильев, Корпус тюркских рунических памятников бассейна Енисея, p. 10.
③ 三十姓达靼见阙特勤碑东面第4、14行，毗伽可汗碑东面第5、12行，九姓达靼见毗伽可汗碑东面第34行。参见 T. Tekin, A Grammar of Orkhon Turkic, pp. 232 – 233，243 – 244，247，264 – 265；耿世民《古代突厥文碑铭研究》，第121、124、151、154、162页。
④ 三十姓达靼见特斯碑东面第3行，参见［日］大泽孝《テス碑銘》，第160页。九姓达靼见塔利亚特碑北面第2、4行，希内乌苏碑东面第1、3、6、8行。参见［日］片山章雄《タリアト碑銘》，第170，173—174页；［日］森安孝夫等《シネウス碑銘訳注》，第12—14、35—36页；白玉冬《〈希内乌苏碑〉译注》，第85—87页。
⑤ 相关考证见［日］前田直典《十世紀時代の九族達靼》，第248—257页。
⑥ 白玉冬：《十至十一世纪漠北游牧政权的出现》，第80—86页。

使关系。①

以此视角重新审视达靼，笔者不得不把目光转向另一叶尼塞碑铭，即前面介绍过的哈尔毕斯·巴里（Herbis Baary）碑铭。该碑铭又称额列格斯特（Elegest）碑，属于墓志铭。瓦西里耶夫在《叶尼塞河流域突厥鲁尼文文献汇编》中，按 E59 的序号收录了该碑铭。该碑铭第 4 行中，出现 toquz tatar（九姓达靼）字样。以往，学者们虽读出了 toquz tatar（九姓达靼），但对之后的文字未能进行进一步解读。笔者经过慎重分析，发现 toquz tatar（九姓达靼）之后的原字为 l k a B，第 4 行整体可复原作 yäti：otuz：yašïmda：elim：üčün：toquz tatarelikä bardïm（在我 27 岁时，为了我的国家，[我] 去了九姓达靼王国）。另通过印记的对比分析，笔者推定哈尔毕斯·巴里碑铭镌刻年代应在 10 世纪。②虽不能详细得知哈尔毕斯·巴里碑铭主人前往九姓达靼王国是为了何种目的，③但该碑铭明确告知我们一个史实：10 世纪时期，黠戛斯汗国与九姓达靼王国保持有关系。更值得我们注意的是，黠戛斯之后，占据蒙古高原核心地区的正是九姓达靼。故笔者以为，威巴特第九碑铭中，给黠戛斯本土送去 5 名青年男女的 tatar yaɣï eli（敌国达靼国），视作九姓达靼王国，最符合史实。

840 年南下的黠戛斯，其主要攻击对象是回鹘汗国。不过，当时的黠戛斯亦曾与达靼发生过接触，甚至敌对。如会昌二年（842），来访唐廷的黠戛斯使者踏布合祖云："发日，纥扢斯即移就合罗川，居回鹘旧国，兼以得安西、北庭、达怛等五部落。"④虽然如此，笔者仍不敢相信当时的达靼已经发展壮大到能够被黠戛斯本土视作"敌国"的程度。而且，如前面介绍，唐朝曾在 866 年册封黠戛斯可汗。这说明，866 年时，黠戛斯仍然是唐朝北部边疆地区的代表势力。

综上，关于威巴特第九碑铭的纪年，笔者不赞成克里亚施托尔内关于回鹘与黠戛斯战争期间（9 世纪 40—60 年代）的看法。考虑到九姓达靼与黠戛斯在蒙古高原的势力交替，威巴特第九碑的镌刻年代至早不会早于 9 世纪末期。同时，参考哈尔毕斯·巴里碑铭中出现 toquz tatar eli（九姓达靼王国）而言，其下限不会降至 11 世纪。

---

① 白玉冬：《十世紀における九姓タタルとシルクロード貿易》，第 1—36 页。
② 白玉冬：《十至十一世纪漠北游牧政权的出现》，第 76—80 页。
③ 学者们多认为碑主人是因参加对九姓达靼的战争而战死，墓志发现地为其衣冠冢。
④ 李德裕：《代刘沔与回鹘宰相书意》，载傅璇琮、周建国《李德裕文集校笺》，第 143 页。

第五章　九姓达靼与 9 世纪后半叶的漠北草原

小　结

达靼人向蒙古高原以南的河西地区、以西的中亚地区的移动，以及新出土 xj222—0661.9 回鹘文书等资料反映，九姓达靼与高昌回鹘有着较为密切的关系。叶尼塞河上游出土的威巴特第九碑铭记录，10 世纪时九姓达靼王国曾与黠戛斯有过敌对关系。按第二章第二节介绍的反映九姓达靼与黠戛斯之间关系的哈尔毕斯·巴里碑铭墓葬是碑主人的衣冠冢而言，其墓主或可能是在与九姓达靼的战争中阵亡。考虑到黠戛斯之后占据漠北核心地区的势力正是九姓达靼，那我们似乎可以得到这样一个结论：黠戛斯放弃漠北，是因为九姓达靼的势力壮大。

不过，考虑到 xj 222—0661.9 回鹘文书记录建国初期的高昌回鹘曾与九姓达靼发生冲突，笔者更倾向于如下看法：约在 9 世纪 70 年代，北庭回鹘开始向漠北进军。原本属于回鹘汗国属部的九姓达靼，此时积极响应北庭回鹘的军事行动，有可能与其结为同盟共同抵御黠戛斯。不以统治蒙古高原为终极目标的黠戛斯，无奈之下放弃了漠北草原。其结果是，九姓达靼最终在 9 世纪 70 年代末控制了漠北草原核心地域。不过，相比与黠戛斯间的紧张关系而言，九姓达靼与高昌回鹘看来保持着良好关系。总之，虽回鹘人在 840 年离弃了漠北草原，但 9—10 世纪时期的漠北草原历史，依然与回鹘人保持着高度联系。

第六章　10—11世纪的西域中亚与北部中国

第一节　丝路景教与汪古渊流——从呼和浩特白塔回鹘文题记 Text Q 谈起[①]

金元之世，以阴山南北为中心，活跃着一个名族大姓——汪古部，又称白达靼。考古学、历史学、宗教学等多项领域研究表明，汪古人操突厥语，笃信景教，即基督教聂斯托里派。辽末耶律大石西行，获白达靼首领床古儿接济。金代，汪古部为女真统治者驻守阴山北麓的界壕。13世纪初蒙古崛起，汪古部首领阿剌兀思惕吉忽里审时度势，投身蒙古。本节结合笔者对呼和浩特市东郊万部华严经塔（通称白塔）回鹘文题记所做的调查成果，[②] 厘清汪古部五大代表性集团的源流，进而就景教在汪古部内的流传问题略表拙见。

一　呼和浩特白塔回鹘文题记 Text Q 释读

建于辽代的呼和浩特白塔，位于辽金元三代丰州城址，七层八面。塔内至今仍保留有包括汉文、叙利亚文、回鹘文、蒙古文、八思巴文等

[①] 详见《中山大学学报》（哲学社会科学版）2018年第2期，第141—153页。
[②] 调查日期为2014年4月27日，2015年4月5—6日、8月19日、12月5—6日。白塔文管所杜建中所长对笔者调查给予大力关照，特此致谢。

在内的一批金元明等代游人题记。关于这些题记，李逸友、曹永年二位就汉文部分进行了相关介绍与研究。① 牛汝极则对 2 条叙利亚文突厥语题记进行了解读。② 波旁（P. G. Borbone）除对牛汝极研究进行补充外，③还通过对 9 条叙利亚文题记的释读，对汪古部的景教信仰和见于题记的人物名 Särgis（习里吉思）进行了探讨。④ 茨默则解读了与 Särgis 相关的另一条叙利亚文突厥语题记。⑤ 笔者与松井太就回鹘文题记进行了释读。⑥ 另，松井太在考察蒙元时期景教徒编织的网络时，转引了部分上述回鹘文题记。⑦

下面，笔者依据与松井太的合作研究成果，给出题记 Text Q 的图版（见图 6—1）、转写、中译文及简单词注，再作讨论。⑧ 有关该题记的详细词注，另请参见笔者与松井太的研究成果。转写中，第 5—6 行为叙利亚文，其中的［…］表示未能释读的欠损文字。

---

① 李逸友：《呼和浩特市万部华严经塔的金元明各代题记》，《文物》1977 年第 5 期，第 57—64 页；《呼和浩特市万部华严经塔的金代碑铭》，《考古》1979 年第 4 期，第 365—374 页。曹永年：《从白塔题记看明初丰州地区的行政建置——呼和浩特市万部华严经塔明代题记探讨之三》，《内蒙古师大学报》（哲学社会科学版）1992 年第 3 期，第 91—99 页；《呼和浩特万部华严经塔明代题记探讨》，《内蒙古大学学报》1981 年（S1），第 11—27 页。
② Niu Ruji, "Nestorian Inscriptions from China (13th – 14th Centueies)"，《文化的绿洲——丝路语言与西域文明》，新疆人民出版社 2006 年版，第 321—323 页。
③ P. G. Borbone, "Syroturcica 2: The Priest särgis in the White Pagoda", *Monumenta Serica*, Vol. 56, 2008, pp. 487 – 503.
④ P. G. Borbone, "More on the Priest Särgis in the White Pagoda: The Syro-Turkic Inscriptions of the White Pagoda, Hohhot", in L. Tang and D. W. Winkler, eds. *From the Oxus River to the Chinese Shores: Studies on East Syriac Christianity in China and Central Asia*, Berlin: Lit Verlag, 2013, pp. 51 – 65.
⑤ P. Zieme, *Altuigurische Texte der Kirche des Ostensaus Zentralasien: Old Uigur Texts of the Church of the East from Central Asia*, Gorgias Eastern Christian Studies, Vol. 41, 2015, pp. 175 – 176.
⑥ 白玉冬、［日］松井太：《フフホト白塔のウイグル語題記銘文》，《内陸アジア言語の研究》第 31 辑，2016 年，第 29—77 页。
⑦ ［日］松井太：《蒙元时代回鹘佛教徒和景教徒的网络》，白玉冬译，载徐忠文、荣新江主编《马可·波罗 扬州 丝绸之路》，北京大学出版社 2016 年版，第 283—293 页。
⑧ 白玉冬、［日］松井太：《フフホト白塔のウイグル語題記銘文》，第 42—44 页。

图 6—1　呼和浩特白塔回鹘文题记 Text Q 图版
（白玉冬摄于 2015 年 4 月 6 日）

题记 Text Q（第 7 层藏经阁廊道内壁西南面，西南楼梯右上方，中段左起第 3 题记。草书体，书写工整，近半楷书体，文字漫漶。共 5 行，第 5 行为叙利亚文。左、右侧有汉文题记，第 5 行下部可见似为"申"的汉字，但均与本铭文无关）

    1. küsgü yïl toquzunč ay yiti ot[uz]qa
    2. [bi]z pilipoẓ · yošimut · qïraqïz? y-a-čï b[ačaγ?]
    3. [mon]gol-ṭay? munčaγu bu soburγan-nï körgäli
    4. [kälü?] täginip bitiyü tägintimiz čin ol
    5.   LŠ[…] ʻbdk pl（ypws?）
    6.   P[…]V?

¹鼠年九月二十七日。²⁻⁴［我们］菲利浦思（Pilipoẓ）、药失谋（yošimut）、吉剌吉思（Qïraqïz）?、雅赤（y-a-čï）、［八察］（Bač aγ）?、［蒙］古台（Mongol-ṭay）?，这些人来看此塔谨书。是真的。⁵（叙利亚文）＊＊＊＊您的仆人菲利浦思（?）⁶＊＊＊＊＊

词注：

2. pilipoẓ：打头的 P 重复书写，疑为笔误或强调。基督教徒常用人名，现代英语作 Philip（菲利普）。粟特文作 pylypws，出现于吐鲁番出土粟特文基督教文献第 5 号教规文书第 56 叶背面第 7 行，① E29 丹尼尔传说文书第 7 叶背面。② 景教墓碑中，多以"马其顿城菲利普汗王之子亚历山大纪年"的形式出现。③

2. yošimut：基督教徒人名。据塞尔特卡亚（O. F. Sertkaya）介绍，④ 来自伊朗语 ywšmbd（每周第一日，即礼拜日），基督教徒书信文书中，U5293 作 YWSWMWD > yošumud，U5963 作 YWSWMWT > yošumut。yošimut 应为 yošumud/yošumut 的变体。元代汉文史料记作"要束谋""药束谋"等。⑤ 马晓林在张佳佳研究基础上，依据济宁出土元代按檀不花家族碑刻材料，指出赤峰松州城遗址出土的叙利亚文、回鹘文双语瓷质景教碑主人为中亚阿力麻里出身的岳难（Yoxnan）。⑥ 岳难家族后移居济宁，其第

---

① N. Sims-Williams, *The Christian Sogdian Manuscript C 2*, *BT*, Vol. 12, 1985, p. 105.
② N. Sims-Williams, *Biblical and other Christian Sogdian Texts from the Turfan Collection*, *BT*, Vol. 32, 2014, pp. 92 – 93, 105.
③ 主要参见牛汝极《十字莲花》，上海古籍出版社 2008 年版，第 129 页第 5 行、第 135 页第 5 行、第 140 页第 4 行、第 148—149 页第 4 行；S. N. C. Lieu, L. Eccles, M. Franzmann, I. Gardner and K. Parry, eds., *Medieval Christian and Manichaean Remains from Quanzhou (Zayton)*, *Corpus Fontium Manichaeorum Series Archaeologica et Iconographica*, Turnhout: Brepols, 2012, p. 162, *l.* 6, p. 164, *l.* 1, p. 168, *l.* 2, p. 196, *l.* 5, p. 205, *l.* 4, p. 211, *l.* 6。
④ O. F. Sertkaya, "Zu den Name türkischer Christen in verlorengegangenen altuigurischen Urkunden", in T. Pang, Simone-Christiane Raschmann, and G. Winkelhane, eds. *Unknown Treasures of the Altaic World in Libraries, Archives and Museums: 53rd annual meeting of the Permanent International Altaistic Conference*, institute of Oriental Manuscripts, Berlin: Klaus Schwarz, 2013, pp. 385, 388 – 389.
⑤ P. Zieme, *Altuigurische Texte der Kirche des Ostens aus Zentralasien*, pp. 188 – 189.
⑥ 张佳佳：《元济宁路景教世家考论——以按檀不花家族碑刻材料为中心》，《历史研究》2010 年第 5 期，第 42—46 页；马晓林：《元代景教人名学初探——以迁居济宁的阿力麻里景教家族为中心》，《北京大学学报》第 53 卷第 1 期，2016 年，第 136—137 页。

4代有名为岳出谋（Yočumud）者，此岳出谋即源自 Yošumud。① 此处，不能完全排除 yošimut 为上述岳出谋之可能。

2. qïraqïz：可能是基督教徒名 Qïryaquẓ（< Sogd. qwryqws < Syr. qûryâqûs）的变体。②

4. čin ol：čin 为汉语"真"借词，ol 表示断定，直译作"是真的"。白塔第7层廊道内壁北面回鹘文题记 Text T 第4行存在同样表达方式。③

上引 Text Q 题记以景教教会用文字叙利亚文结尾，作者一行中包括基督教徒。虽有部分人名尚难以断定，但上述基督教徒人名的释读确切无误。可以肯定的是，能够把握到的上引题记信息，足以让我们了解到书写上述铭文的人物确实在使用回鹘文。

白塔回鹘文题记，多以蒙元时期常见的草书体回鹘文写成。其书写者，包括来自今新疆哈密、昌吉、托克逊等地的畏兀人。④ 而上引题记以 Z 代写 S（pilipoẓ），喻示该题记应属于晚期（大体与蒙元时期接近）。据松井太考证，蒙元时期，包括畏兀人在内的突厥人景教徒编织的网络，自东部天山地区直至甘肃、内蒙古，甚至泉州。⑤ 另，如前介绍，赤峰松州城遗址出土的叙利亚文、回鹘文双语景教碑主人为中亚阿力麻里出身的岳难，其后代移居济宁。如是，上述 Text Q 题记作者，存在来自原西州回鹘之地或上述其他地区之可能。不过，白塔所在丰州天德城一带是汪古部的核心之地。马可·波罗（Marco Polo）介绍，汪古部所在的天德省存在大量景教徒。⑥ 而且，汪古部核心城市敖伦苏木故城，以及四子王旗王墓梁

---

① 马晓林：《元代景教人名学初探》，第139页。
② ［日］松井太：《蒙元时代回鹘佛教徒和景教徒的网络》，第289页。
③ 白玉冬、［日］松井太：《フフホト白塔のウイグル語題記銘文》，第45页。
④ 如 Text E 与 Text J 为哈密人所写，Text K 与 Text L 出自托克逊人之手，Text T 为彰八里人所留。详见白玉冬、［日］松井太《フフホト白塔のウイグル語題記銘文》，第37、39、40、45页。
⑤ ［日］松井太：《蒙元时代回鹘佛教徒和景教徒的网络》，第287—290页。
⑥ 主要参见冯承钧译《马可波罗行纪》，上海书店出版社1999年版，第164—165页；A. C. Moule and P. Pelliot, *Marco Polo: The Description of the World*, New York: Ams Press, 1976, Vol. 1, pp. 181–183。

陵园等地曾出土大量元代叙利亚文突厥语墓碑铭文等。① 其中，牛汝极甄别出敖伦苏木故城出土的阿兀剌编帖木剌思墓碑使用文字除汉文、叙利亚文外，还有回鹘文。② 据13世纪的叙利亚哲学家、神学家把·赫卜烈思著《马·雅巴拉哈三世与拉班·扫马传》，③ 元代自大都前往巴格达拜会景教大主教的景教师扫马（Savma）和马古斯（Marqus）中，马古斯出自汪古部辖下东胜。把·赫卜烈思认为马古斯是"回鹘人"。二人在西行途中，在天德城内外的景教寺院受到景教徒的热烈欢迎，并得到爱不花、君不花二位汪古部王子的挽留与接济。而且，据波旁介绍，梵蒂冈图书馆藏有以叙利亚文突厥语写成的、汪古部高唐王阔里吉思之妹萨拉公主于1298年为基督教东方教会所写的福音书。④ 即，笃信景教的汪古人不仅使用景教教会用叙利亚文字，而且还使用回鹘文字。鉴于汪古人的上述文化特点，

---

① 主要参见［日］佐伯好郎《内蒙百灵庙付近に於ける景教徒の墓石》，载氏著《支那基督教の研究》第2卷，（东京）春秋社1943年版，第414—473页；［日］江上波夫《オロン・スム遺跡調査日記》，（东京）山川出版社2005年版；盖山林《阴山汪古》，内蒙古人民出版社1991年版，第191—199、270—288页；牛汝极《十字莲花》，第21、67—102页；Tjalling H. F. Halbertsma, "Nestorian Grave Sites and Grave Material from Inner Mongolia", "Characteristics of Nestorian Grave Material from Inner Mongolia", in *Early Christian remains of Inner Mongolia: Discovery, Reconstruction and Appropriation*, Leiden, Boston: Brill, 2008, pp. 159 – 213, 219 – 345; Li Tang, "Nestorian Relics in Inner Mongolia", in *East Syriac Christianity in Mongol-Yuan China*, Wiesbaden: Otto Harrassowitz Verlag, 2011, pp. 76 – 80; 对唐莉论著的书评，见马晓琳《评〈蒙元时代中国的东方叙利亚基督教〉》，《国际汉学研究通讯》2014年第9期，第466—477页。

② 牛汝极：《十字莲花》，第67—72页，"Nestorian Inscription from China (13th – 14th Centueies)", pp. 311 – 316。盖山林、唐莉、魏坚与张晓玮认为该墓碑使用文字除汉文、叙利亚文外，第三种文字为蒙古文。见盖山林《元代汪古部地区的景教遗迹与景教在东西文化交流中的作用》，载张海斌主编《包头文物考古文集》下，内蒙古大学出版社2009年版，第690页；Li Tang, "Nestorian Relics in Inner Mongolia", p. 77；魏坚、张晓玮：《阴山汪古与景教遗存的考古学观察》，《边疆考古研究》第14辑，2013年，第193—194页。笔者确认牛汝极给出的图版当为回鹘文。

③ 主要参见［日］佐伯好郎《元主忽必烈が欧洲に派遣したる景教僧の旅行誌》，（东京）春秋社1943年版，第216—219页；罗香林《唐元二代之景教》，第232—233页；P. G. Borbone, "Some Aspects of Turco-Mongol Christianity in the Light of Literary and Epigraphic Syriac Sources", *Journal of Assyrain Academic Studies*, Vol. 19, No. 2, 2005, pp. 12 – 14。

④ P. G. Borbone, "I Vangeli per la Principessa Sara, Un Manoscritto Siriaco Crisografato, Gli Öngut Cristani e Il Principe Giorgio", *Egitto e Vicino Oriente*, Vol. 26, 2003, pp. 63 – 82; P. G. Borbone, "Some Aspects of Turco-Mongol Christia-nity in the Light of Literary and Epigraphic Syriac Sources", p. 18.

笔者以为，以草书体回鹘文写成，同时出现基督教人名，且以景教教会文字叙利亚文结尾的上述 Text Q 题记，出自丰州天德城一带的景教徒汪古人之手的可能性最大。

综上，Text Q 题记现有的信息，尚不足以断定其作者一行之所属。不过，结合白塔保留的众多叙利亚文突厥语题记，可以说丰州城内的白塔，不仅是佛教徒，而且还是景教徒的崇尚之地。总之，该题记准确无误地告诉我们——作为景教徒，作者一行通回鹘文。结合敖伦苏木故城阿兀剌编帖木剌思墓碑与赤峰松州城出土的叙利亚文、回鹘文双语景教碑，以及泉州等地出土的景教徒墓碑等，[1] 我们可以确信，蒙元时期活动在中国境内的景教徒在使用叙利亚文字的同时，确实在使用回鹘文字。

诚然，五代宋元时期，回鹘文字通行于中亚、西北多地。即便是景教徒，仅依据其使用回鹘文字，仍无法判断其族属。但前面介绍的关于汪古部的信息足以表明，金元时期构成景教社会重要一员的汪古人，同时属于回鹘文字文化圈。[2] 而地处丝路要冲的包括原西州回鹘（高昌回鹘）之地在内的西域地区，不仅是回鹘文字文化最繁盛之地，更是景教向东发展的一大基地。看来，在探讨汪古部景教渊流时，有必要把目光投向包括西州回鹘在内的西域地区。

二　汪古部五大代表性集团渊流

关于汪古族源，以往有王国维、白鸟库吉的达靼—蒙古说，箭内亘、樱井益雄所持突厥说，小野川秀美的羌族说等。[3] 系统研究汪古历史的周清澍的结论是，汪古同克烈、乃蛮是族属接近的突厥语族集团，是由残留

---

[1] 关于泉州地区的景教墓碑等，主要参见 S. N. C. Lieu, L. Eccles, M. Franzmann, I. Gardner and K. Parry, eds., *Medieval Christian and Manichaean Remains from Quanzhou (Zayton)*；牛汝极《福建泉州景教碑铭的发现及其研究》，《海交史研究》2007 年第 2 期，第 1—48 页。

[2] 不否认部分回鹘人或汪古人还具备汉语、契丹语、女真语、蒙古语等其他语言文字的能力。如白塔 Text N 回鹘文题记在正文 taqïγu yïl törtünč ay nïng biš y[a]ngïqa tonga ạrs[la]n bitidim "我同娥阿萨兰写于鸡儿年 4 月 5 日"后，写有汉字"戏笔"。见白玉冬、［日］松井太《フフホト白塔のウイグル語題記銘文》，第 9 页。

[3] 相关归纳与介绍，见周清澍《汪古的族源——汪古部事辑之二》，《文史》第 10 辑，1981 年，第 101、116 页注释 2—5；盖山林《阴山汪古》，第 3—5 页；魏坚、张晓玮《阴山汪古与景教遗存的考古学观察》，第 193—194 页。兹不赘述。

在阴山一带的漠北回鹘汗国余部、沙陀人、金初释放的回鹘俘虏及其他民族成分组成，但以回鹘可汗统治下的操突厥语部落遗裔占主要地位。① 盖山林最初通过对汪古领地与新疆等地的景教铭文遗迹的对比，推定汪古部主要是辽金以来来自新疆的回鹘人，② 惜未提供确凿证据及相关考证。后来，他对史料记录的汪古部四大部落来源逐一进行了分析，强调阴山南北的汪古人有可能"系出沙陀"，同时认为原住于阴山南的突厥和沙陀与唐末由漠北而来的回鹘人，共同组成了汪古部。③ 唐莉（Li Tang）、保利洛（M. Paolillo），以及魏坚与张晓玮的研究亦注意到了上述周清澍提出的汪古与回鹘之间的关系，其中保利洛还推定沙陀突厥中的景教徒粟特人与汪古人之间存在渊源关系。④

诚如前文介绍，笃信景教的汪古人在使用回鹘文字与叙利亚文字。虽然不敢肯定使用回鹘文字者定为回鹘人，但无疑，汪古部的主体是突厥语族景教徒。是故，关于汪古渊源的上述学界主流观点，笔者大体表示赞同，然以为相关细节仍有探讨余地。此处，笔者按金元时期史料记录的汪古部五大代表性集团分类稍加讨论。

（1）黑水汪古：即以阴山南北的天德军丰州城、敖伦苏木故城为主要活动中心的汪古本部。其代表家族是阿剌兀思剔吉忽里家族，也即汪古部统治家族。⑤ 元成宗大德九年（1305）阎复作《驸马高唐忠献王碑》言："谨按家传，系出沙陀雁门节度之后。始祖卜国，汪古部人，世为部长。"⑥ 高唐忠献王即阔里吉思，是阿剌兀思剔吉忽里曾孙，"沙陀雁门节度"是指沙陀突厥首领李克用。上文所言"家传"，是否包括文字资料，不得而知。在探讨汪古部与沙陀突厥间关系时，建于至正十五年（1355）的山西

---

① 周清澍：《汪古的族源——汪古部事辑之二》，第108—116页。
② 盖山林：《元代汪古部地区的景教遗迹与景教在东西文化交流中的作用》，第691—692页。
③ 盖山林：《阴山汪古》，第4—20页。
④ Li Tang, "The Turkic-Speaking Ongut Area", in *East Syriac Christianity in Mongol-Yuan China*, pp. 98–105; M. Paolillo, "White Tatars: The Problem of the Origin of the Öngüt Conversion to Jingjiao and the Uighur Conection," in *From the Oxus River to the Chinese Shores: Studies on East Syriac Christianity in China and Central Asia*, pp. 240-249；魏坚、张晓玮：《阴山汪古与景教遗存的考古学观察》，第194—196页。
⑤ 关于汪古部政治中心变迁之研究，见石坚军、张晓非《元初汪古部政治中心变迁考》，《中国历史地理论丛》2014年第3期，第112—122页。
⑥ 《元人文集珍本丛刊》第2卷，（台北）新文丰出版公司1985年版，第546—547页。又见《元史》卷118《阿剌兀思剔吉忽里传》，第2923页。

代县《柏林寺晋王影堂碑》，可给予我们更多启发。该碑文谈到汪古首领奉李克用为远祖，并对晋王陵与晋王影堂加以维护。在介绍完李克用父子功绩，以及李克用葬于该地后言："皇元启祚朔庭，太祖皇帝天兵南征，王□□阿剌忽思惕吉忽里主□□□□□□，敬阅谱谍，知王□□□祖，遂□□祭祀，□□□功德主焉。"① 《元史·阿剌兀思剔吉忽里传》言："既平乃蛮，从下中原，复为向导，南出界垣。"对比上引二文，不难发现，前者"敬阅谱谍"当是阿剌兀思"从下中原，复为向导"之结果。其敬阅的谱谍，恐怕是记录李克用家族世系的材料，应包括在中原流传的关于李克用出自沙陀突厥的相关资料。看来，在"从下中原"之前，阿剌兀思并不了解沙陀与汪古之关系，其手上并无有关李克用后人流入阴山并发展壮大的相关记录。《元史·阿剌兀思剔吉忽里传》明记其从征南下、归镇本部后，"为其部众昔之异议者所杀，长子不颜昔班并死之"。可见，在"从下中原"前后，阿剌兀思在汪古部内的统治难言安稳。鉴于此点，属于孤证的"系出沙陀雁门节度之后"亦存在是"从下中原""敬阅谱谍"之后阿剌兀思，为提高其在汪古部中的统治优势而夸大其词的可能性。或许，诚如保利洛所推测，笃信景教的汪古人与沙陀突厥中的景教徒粟特人之间存在某种渊源。

显然，周清澍意识到上述"系出沙陀雁门节度之后"存在疑点，故对"始祖卜国"格外关注，并将其视作回鹘祖源传说中的卜古可汗，进而将汪古与南迁回鹘后裔联系在一起。不过，以西州回鹘祖源传说最具代表性的卜古可汗传说，很难肯定在漠北回鹘汗国时期即已经开始流传。② 笔者并非断然否定汪古人与南迁回鹘部落之间存在的潜在关系。笔者的看法是，以西州回鹘为主要流传地的卜古可汗传说渗透到汪古部内，其背景是西州回鹘与汪古部内占据统治地位的阿剌兀思剔吉忽里家族之间有着密切关系。

（2）东胜汪古：元东胜州故城位于今呼和浩特南托克托县。如前所述，朝圣巴格达的景教僧马古斯为东胜人，同时他还被记录作"回鹘人"。

---

① 俞廉三纂修、杨笃参订《代州志》光绪卷6，第19叶。感谢北京大学历史系曹金成博士专为查找核对。又清胡聘之《山右石刻丛编》卷39，山西人民出版社1988年版，第5—6叶内容大同小异。录文又见周清澍《汪古的族源——汪古部事辑之二》，第101—102页。
② 白玉冬：《契丹祖源传说的产生及其与回鹘之关系考辨》，*Journal of Sino-Western Communications*, Vol. 5, 2013, pp. 28-30。

马古斯西行时,曾受汪古部首领君不花和爱不花接见。看来,东胜汪古与黑水汪古保持有密切联系,至少有部分东胜汪古人肯定属于突厥语族。

(3)耶律氏汪古:20世纪20年代末,西北科学考察团曾对四子王旗王墓梁陵园景教古墓群进行调查,并在此地发现元代耶律公神道碑。此碑现存内蒙古博物院,共28行,字迹漫漶。现从盖山林的研究成果中,转录第6—11行:①

> ⁶耶律[ ]之祖□尉公讳保,[ ]西域帖里薛人[ ],当辽圣宗朝,授官不拜[ ]加太尉开府仪同三司,改姓曳剌氏[ ]。⁷□壳□居则以[ ]耶律氏附[ ]⁸□既得彼国之[ ]中[ ]可遂盛[ ]进封[ ]正隆间生孙子春子成[ ]⁹国朝阿□□延□□咸[ ]中[ ]尽拔之,遂以[ ],太¹⁰祖诏复耶律氏,[ ]公主闻其贤[ ]遣使召至位下,授以官,辞不就,□。¹¹年七十二无病而卒,生平[ ]月二十三日之[ ]人当[ ]公讳子成[ ]

从上引文可知,墓主为耶律子成,其祖先为西域帖里薛人,即迭屑,亦即基督教徒。② 在辽圣宗朝(983—1031年)到契丹,并被赐契丹国姓曳剌(耶律)。王墓梁陵园景教古墓所见叙利亚文又多见于中亚七河流域与阿力麻里。③ 耶律子成祖先故里,自然让我们联想起中亚的七河流域与阿力麻里。

(4)马氏汪古:金元之际,净州(静州,遗址在今内蒙古四子王旗乌兰花镇)天山县出身马庆祥家族信奉景教,经伯希和、陈垣等详考,④ 已

---

① 盖山林:《元"耶律公神道之碑"考》,《内蒙古社会科学》1981年第1期,第78—80页。
② 迭屑指基督教徒,主要参见伯希和《唐元时代中亚及东亚之基督教徒》,第62页;Li Tang, "The Term "Diexie"(Persian:Tarsā;迭屑), in *East Syriac Christianity in Mongol-Yuan China*, pp.52—53。
③ 关于中亚地区景教墓碑的介绍,主要参见牛汝极《中亚七河地区突厥语部族的景教信仰》,《中国社会科学》2012年第7期,第163—181页;科科夫措夫《阿力麻里出土的叙利亚基督教徒墓碑铭文考释》,陈开科译,《西域文史》第2辑,2007年,第245—254页;牛汝极《新疆阿力麻里古城发现的叙利亚文景教碑铭研究》,《西域研究》2007年第1期,第74—80页;牛汝极《十字莲花》,第57—66页;刘迎胜《蒙元时代中亚的聂思脱里教分布》,《元史及北方民族史研究集刊》1983年第7辑,第67页。
④ 伯希和:《唐元时代中亚及东亚之基督教徒》,第55—56页;陈垣:《元西域人华化考》,上海古籍出版社2000年版,第18—23页。

成学界定论。元好问《恒州刺史马君神道碑》载："君讳庆祥，字瑞宁，姓马氏，以小字习里吉思行。出于花门贵种，宣政之季，与种人居临洮之狄道，盖已莫知所从来矣。金兵略地陕右，尽室迁辽东……又迁净州之天山。"① 上文中，"出于花门贵种"的花门视作回鹘，不悖于理。② 元人黄溍《马氏世谱》云："马氏之先，出西域聂思脱里贵族。始来中国者和录罙思……辽主道宗咸雍（1065—1074年）年间，奉大珠九以进。道宗欲官之，辞不就，但请临洮之地以畜牧。许之。遂家临洮之狄道，和录罙思生帖木尔越歌，以军功累官马步军指挥使。为政廉平而有威望，人不敢斥其名，惟称之曰马元帅，因以为氏。帖穆尔越歌生伯索麻也里束，年十四而辽亡，失父母所在，为金兵所掠，迁之辽东，久乃放还，居静州之天山……"云云。③

据上引黄溍文，可知马氏祖先为西域景教贵族出身。"花门贵种"之花门可理解作回鹘，故马氏祖先视作西州回鹘属下景教贵族最合文义。陈垣以为"曰'出于花门贵种'是误以聂斯脱利为回鹘"，或是未注意到西州回鹘辖下景教徒的存在。而关于其马姓，盖山林主张来自帖木尔越歌官职马步军指挥使，窃以为应来自叙利亚语 Mar（主教）。④ 结合元好问与黄溍之文，可知马氏祖先是在11世纪中后期移居到临洮一带，宋徽宗政和（1111—1118年）、宣和（1119—1125年）年间，与同部落人住临洮，后被金人迁往辽东，最后放归在四子王旗一带。

临洮自古为西北名邑，陇右重镇，北连兰州，西通西宁（时称青唐城），进而经丝路南线河南路西入今新疆，或北上入河西走廊。可推定为出自西域景教贵族的马氏先人与同部落人入居临洮，应与西州回鹘等西域地区居民利用河南路前往内地有关。

（5）巩昌汪古：金设巩州置（治所在今甘肃陇西县），其辖境内亦有汪古人。《元史》卷155《汪世显传》载："巩昌盐川人，系出汪古族。仕

---

① 《遗山先生文集》第27卷，《四部丛刊初编缩本》，（台北）台湾商务印书馆1965年版，第272—273页。相关描述亦见于《金史》卷124《马庆祥传》，中华书局1975年版，第2695页。
② 殷小平：《元代也里可温考述》，兰州大学出版社2012年版，第162页。
③ 《金华黄先生文集（元刻本）》第43卷《世谱》，（台北）台湾商务印书馆1965年版，第1—2叶。
④ ［日］佐伯好郎：《支那基督教の研究》第2卷，第150页；殷小平：《元代也里可温考述》，第182—185页。

金，屡立战功，官至镇运军节度使，巩昌便宜总帅。金平……始率众降。"① 盐川，即今甘肃漳县盐川镇。元姚燧为汪世显子汪忠臣所撰《便宜副总帅汪公神道碑》云："公王姓，由大父彦忠世汪骨族，故汪姓。"② 至元初王鹗为汪世显次子汪德臣所撰《汪忠烈公神道碑》言："汪本姬姓，宋末金初，世掌盐川之一隅汪古族，因氏焉"，末尾铭文又云"西州著姓，因官氏汪"③。此处，姚燧与王鹗虽云汪姓之本姓为王姓或姬姓，但二者均把汪姓视作汪古之汪，不谋而合。虽然汪彦忠上世情况不详，④ 但至少其本人在金初即为巩昌汪古部族之首领，即巩昌一带当存在汪古人，此点无疑。而巩昌与众所周知的阴山地区的汪古部之间，五代宋辽时期间隔有党项与吐蕃残部。若西夏时期曾被移民另当别论，否则，巩昌汪古人出自阴山地区的可能性不大。

对比发现，巩昌汪古人所在地与前面介绍的马氏汪古原居地临洮同属洮河流域，二者紧邻。汪世显父汪彦忠系宋末金初之人，与马庆祥祖父迭不儿越哥系同时代人。而迭不儿越哥"以军功累官马步军指挥使"。或许，正是迭不儿越哥在金初的战乱中战败，家族被遣散之后，汪彦忠才崭露头角，一跃而成金代巩昌汪古部族之首领。至于其家族"西州著姓"的"西州"虽存在代指陇西的可能，但也不能完全排除代指唐代以来的西州，即西州回鹘之西州的可能。如是，即便汪世显家族原本不是汪古人，但其属下的汪古人，与其视作出自阴山一带的汪古部，毋宁视作与马氏汪古先人同出自西域，更合情理。

以上，笔者对黑水汪古、东胜汪古、耶律氏汪古、马氏汪古与巩昌汪古的来源进行了分析。其中，黑水汪古，虽然其"系出沙陀雁门节度之后"的"家传"存在夸大之嫌，但其家族流传的始祖卜国即是以西州回鹘祖源传说为最具代表性的卜古可汗传说之卜古。而东胜汪古看起来属于黑水汪古统辖。耶律氏汪古与马氏汪古的族源，如史料所述，来自西域。至

---

① 《元史》，第3649页。
② 苏天爵编：《元文类》下册，第62卷，商务印书馆1958年版，第898页。
③ 《陇右金石录（十卷附校补一卷）》卷5，甘肃省文献征集委员会1943年版，第601、603页。
④ 有学者认为汪氏非汪古族。相关介绍及批判见汪楷《元朝巩昌汪氏的族属探秘》，《内蒙古社会科学》2000年第5期，第47—52页；汪受宽、汪小红《可信与不可信——对漳县〈汪氏族谱〉的剖析》，《天水师范学院学报》第28卷第6期，2008年，第42—48页；汪受宽《巩昌汪氏的族属及其与徽州汪氏的通谱》，《民族研究》2006年第2期，第72—77页。

于巩昌地区的汪古人，与其近邻临洮马氏汪古同出自西域的可能性更大。

总之，笔者对汪古五大代表性集团渊流的分析，或多或少都反映出他们与包括今新疆在内的西域地区有着一定的联系。这与第一小节得出的结论——探讨汪古人景教渊流时有必要把目光转向西域——殊途同归。那么，金元之前，汪古先人有无从西域迁入内地的可能呢？

三　宋辽之际西域景教的向东发展

西域（此处指以今新疆、中亚为主的狭义上的西域）地处丝路要冲。与历史上的佛教、摩尼教、祆教等相同，景教在唐元时期前后两度传入中原之前，首先是在西域扎根发芽。关于包括景教在内的基督教向东方的传播，伯希和早年进行了系统介绍。[1] 明甘那（A. Mingana）依据东方教会相关叙利亚文材料，最早给出了基督教在内亚突厥人中传播的大致情景；[2] 汗塔，以及玛丽亚（A. Maria）等进行了补充。[3] 而且，据伊朗学百科辞典，以及刘迎胜等学者的研究，我们已经充分了解到蒙元及其之前景教在中亚与新疆、河西地区、宁夏以及中国北方草原地区的流传及其分布情况。[4] 即，关于景教在中国北方草原地区的传播，我们已经"知其然"。在此基础上，透过表面现象，尽可能达到"知其所以然"，这是当前景教传播问题研究的关键所在。就此点而言，笔者以为，汪古部的景教信仰是一极佳的例子。

---

[1] 伯希和：《唐元时代中亚和东亚之基督教徒》，《通报》第28卷，1914年，第623—644页，收入冯承钧译《西域南海史地考证译丛一编》，商务印书馆1962年版，第49—70页。

[2] A. Mingana, "The Early Spread of Christianity in Central Asia and the Far East: A NewDocument", reprinted from *The Bulletin of the John Rylands Library*, Vol. 9, No. 2, 1925, pp. 297 – 371。中译文见牛汝极、王红梅、王菲合译《基督教在中亚和远东的早期传播》，收入牛汝极《十字莲花》，第163—211页。

[3] Erica C. D. Hunter, "The Church of the East in Central Asia, *Bulletin of the John Rylands University*", pp. 138 – 140; A. Maria, L. Comneno, "Nestorianism in Central Asia during the First Millennium: Archaeological Evidence", *Journal of the Assyrian Academic Society*, 2011, pp. 20 – 53.

[4] "Christianity iii. In Central Asia And Chinese Turkestan", *Encyclopædia Iranica*, pp. 531 – 534；刘迎胜：《蒙元时代中亚的聂思脱里教分布》，第66—73页；盖山林：《元代汪古部地区的景教遗迹与景教在东西文化交流中的作用》，第689—698页；陈玮：《公元7—14世纪景教在宁夏区域发展史研究》，《敦煌研究》2014年第1期，第109—114页；李荣辉、袁刚：《9—14世纪北方草原地区基督教初探》，《宗教学研究》2016年第3期，第230—235页。

第六章 10—11世纪的西域中亚与北部中国

作为宋辽之际西域新疆的主体民族，回鹘西迁后，其王室初期仍信奉漠北以来的国教摩尼教。不过，在与新疆当地的佛教、祆教等的同生共处之中，10世纪以后，回鹘王室逐渐改信佛教。西州回鹘景教正是在上述多元宗教的旋涡之中得以生存发展。

关于西州回鹘的景教教团及其宗教礼仪，与东西方景教徒之间的联系，以及敦煌吐鲁番出土基督教文献等，陈怀宇做了详细考察，[①] 荣新江则就相关文献进行了补述。[②] 而西姆斯·威廉姆斯（N. Sims-Williams）在对敦煌吐鲁番出土相关基督教文献进行考察后指出，当时可能存在使用粟特语与突厥（回鹘）语双语的基督教（景教）教团，当时的粟特人基督教徒正处于突厥化之中。[③] 总之，粟特人也好，突厥回鹘人也罢，当时西域的景教徒，在政治上大多隶属西州回鹘王国。在探讨汪古部景教源流时，我们应该考虑到出自西域景教核心地区的西州回鹘景教徒的向东发展。

五代宋辽时期，虽然中国内地政权分立，但丝路贸易依然延续着之前的辉煌。这一时期，往返于西北地区与契丹或中原天朝之间的商人、班次，往往与其所隶属的政治集团的使次并行。[④]《宋会要辑稿》载太平兴国元年（976）五月，西州龟兹遣使易难，与婆罗门、波斯外道来贺。[⑤] 宋太平兴国九年（984）五月，"西州回鹘与波斯外道来贡"[⑥]。上文的"波斯外道"，实为隶属西州回鹘的景教徒。[⑦] 敦煌出土回鹘语文书P.2988+

[①] 陈怀宇：《高昌回鹘景教研究》，《敦煌吐鲁番研究》第4卷，1999年，收入氏著《景风梵声——中古宗教之诸相》，宗教文化出版社2012年版，第58—103页。

[②] 荣新江：《九、十世纪西域北道的粟特人》，载吐鲁番学研究院编《第三届吐鲁番学暨欧亚游牧民族的起源与迁徙国际学术研讨会论文集》，上海古籍出版社2010年版，收入氏著《中古中国与粟特文明》，生活·读书·新知三联书店2014年版，第139—142页。

[③] ［英］西姆斯·威廉姆斯：《从敦煌吐鲁番出土写本看操粟特语和突厥语的基督教徒》，陈怀宇译，《敦煌学辑刊》1997年第2期，第138—142页。

[④] 张广达：《唐末五代宋初西北地区的班次和使次》，第183—187页。

[⑤] 《宋会要辑稿》蕃夷4《龟兹》，第7720页；郭声波点校《宋会要辑稿·蕃夷道释》，四川大学出版社2010年版，第131页。部分学者认为龟兹回鹘有别于西州回鹘。如钱伯权《龟兹回鹘国始末》，《新疆社会科学》1987年第2期，第100—110页。然引文之前，《宋会要辑稿》言"或称西州回鹘，或称西州龟兹，又称龟兹回鹘，其实一也"，这是时人的理解。关于龟兹回鹘隶属西州回鹘的考证，主要参见田卫疆《北宋时期西州回鹘相关史实考述》，《西域研究》2003年第1期，第8—15页。

[⑥] 《宋史》卷4《太宗纪4》，第72页。

[⑦] 陈怀宇：《高昌回鹘景教研究》，第89页；王媛媛：《五代宋初西州回鹘"波斯外道"辨释》，《中国史研究》2014年第2期，第75—86页。

P. 2909 号，是 10 世纪曹氏归义军时期出使敦煌的西州回鹘使臣书写的发愿文。其第 7—8 行言 tängri tavγač qan tängri u(y)γur qan yarlïγïnga（奉神圣的桃花石汗与神圣的回鹘汗之圣旨），之后列举使节姓名。其中，与 Yaramïš Ïnanč 都督、Maukä 地略、Uluγ 将军、Mayaq 啜等并列，出现 Yoxnan 特勤、Yoxnan Maxu 啜、Yoxnan Birgä、Yoxnan Manyaq 啜等人名。① 这里的 Yoxnan 即约翰，来自叙利亚语 Yohanān，是景教徒常用姓名。② 景教徒出现在西州回鹘对外使团不足为奇，因为在西州回鹘境内，景教生存于受王室尊崇的摩尼教或佛教的阴影之下。不论从景教的弘扬，抑或从景教徒在王国内地位的提高而言，充当信使出使他国，均是一个良好的润滑剂。

这一时期，活跃于内亚广袤地域的粟特系商人还从事非官方贸易，其足迹遍及漠北与契丹。③ 作为记录丝路商人鲜活贸易画面的资料，敦煌出土文献中包括一批回鹘文与粟特文的书信、账本、笔记等。关于这批文献，森安孝夫与吉田丰最早向学界进行了介绍。④ 翌年，哈密顿著《敦煌出土 9—10 世纪回鹘语文书》，及其与辛姆斯·威廉姆斯的合著《敦煌出土 9—10 世纪突厥粟特语文书》正式出版。⑤ 前者共收入回鹘文书信、账单等 36 篇，后者共收入包括两篇基督教徒手稿（P. 28 文书与 P. 3134 背面文书）在内的粟特文书信等 8 篇。现介绍转引部分文书。

前者《敦煌出土 9—10 世纪回鹘语文书》所收第 20 号文书，即伯希和藏第 15 号回鹘文书，是 10 世纪回鹘商人从外地寄往沙州，或从沙州寄往外地的信函手稿。⑥ 该封信是希力克（Silig）以希力克、葛啜（Qar Čor）、瓦兹（Vazïr）三人名义写给其嫂子阿勒屯（Altun）的。此前，希

---

① J. Hamilton, *Manuscripts Ouïgours du IXe-Xe siècle de Touen-Houang*, Textes Établis, Traduits, pp. 84 – 86.

② O. F. Sertkaya, "Zu den Name türkischer Christen in verlorengegangenen altuigurischen Urkunden", pp. 385，392 – 392；P. Zieme, *Altuigurische Texte der Kirche des Ostens aus Zentralasien*, p. 187.

③ ［日］森安孝夫：《シルクロードのウイグル商人》，第 110—111 页；荣新江：《九、十世纪西域北道的粟特人》，第 132—135 页。

④ ［日］森安孝夫：《ウイグル語文献》，第 1—98 页；［日］吉田丰：《ソグド語文献》，第 187—204 页。

⑤ J. Hamilton, *Manuscripts Ouïgours du IXe-Xe siècle de Touen-Houang*；N. Sims-Williams and J. Hamilton, *Doc-uments Turco-Sogdiens du IXe-Xe Siècle de Touen-Houang*.

⑥ 相关释读参见 J. Hamilton, *Manuscripts Ouïgours du IXe-Xe siècle de Touen-Houang*, pp. 109 – 110；牛汝极、杨富学《敦煌出土早期回鹘语世俗文献译释》，《敦煌研究》1994 年第 4 期，第 17—19 页。笔者对上述释读大体表示赞同，个别细微差异，容另文详述，兹不赘述。

力克、葛啜，可能还包括其死去的哥哥一起到达于都斤（Ötkän，即 Ötükän）地方。之后，瓦兹也赶到于都斤地方与他们会合。接下来，希力克、葛啜要前往沙州西南的仲云（Čungul，即 Čüngül），之后从仲云赶往甘州（Q̌amčïu）。就该封信出自敦煌而言，最大可能是希力克一行从于都斤前往仲云时途经沙州，并在沙州写下了这封信。而于都斤（Ötükän > Ötkän）是指漠北杭爱山一带。前辈学者早已指出，于都斤山在10世纪时期应在九姓达靼居地范围内。①

另，哈密顿编号为23的回鹘文书，是 Bäg Yegän（匐易言）与 Bay Totoq（白都督）写给他岳父 Soγdu Bäg（粟特匐）及其家人的。其中提到 baban čor elitmiš tavar üčün baban čor qïtay qa barïr ärmiš（巴班啜由于带来的财物，巴班啜去了契丹）。这说明，巴班啜前往契丹是为了销售其带来的财物。

后者《敦煌出土9—10世纪突厥粟特语文书》所收 P.28 粟特语文书，是从外地送达敦煌或从敦煌送往外地的书信之一部分。笔者此前介绍了其大意，兹不赘述。② 考虑到前面介绍的伯希和藏第15号回鹘文书记录10世纪时期回鹘商人前往漠北达靼之地于都斤，且很难认为10世纪时期曾存在"河西达靼国"，③ 笔者以为，P.28 粟特语文书记录的回鹘商人去过的达靼视作漠北的达靼部落，于理不悖。

而 P.3134 背面粟特语文书是有关粟特语称为 raγzi、突厥语称为 qars、汉语称为褐子的毛织品账本。④ 据其第7行"在神的名义下"（r βγ' yn' mδ' βrw），文书作者被认为是景教徒。⑤ 文书中作者所接触的交易对象，除带有突厥语名称的人物之外，还包括汉人以及来自达靼的押牙、焉耆的粟特人和于阗都督等。其中，来自达靼的押牙在第22行以回鹘文回鹘语记作 tatar dïn kälmiš amγa da säkiz qars alt[ïm]［从来自达靼的押牙处，

---

① ［日］前田直典：《十世纪时代の九族达靼》，第239页；陈得芝：《十三世纪以前的克烈王国》，第215—218页。
② 本书第三章第二节，第154—155页。
③ 相关论述参见白玉冬《于阗文 P.2741 文书所见达靼驻地 Buhäthum 考》，第235—238页；白玉冬：《十至十一世纪漠北游牧政权的出现》，第83—84页。
④ N. Sims-Williams, J. Hamilton, *Documents Turco-Sogdiens du IXe-Xe Siècle de Touen-Houang*, pp. 23–25.
⑤ N. Sims-Williams, J. Hamilton, *Documents Turco-Sogdiens du IXe-Xe Siècle de Touen-Houang*, p. 23.

[我]获得了8个（红色？）毛织品］。张广达指出，唐末至宋初西北地区的班次贸易，其重要的从事者一般为官员或使节。① 极可能，上述达靼押牙是代表达靼国从事公务贸易的使节。重要的是，我们在这里能够确认到，粟特系景教徒商人确实在与当时的草原游牧民之代表达靼人进行着交易。

综上，笔者介绍的文书，虽然只是敦煌出土粟特文与回鹘文贸易相关文书的一小部分，但这并不妨碍我们通过这些文书了解到：10世纪时期，包括景教徒粟特系回鹘人在内的回鹘商人，与达靼和契丹保持着联系。《辽史》记录不带有所属地的单独的回鹘频繁入贡。这些回鹘，应视作从事官私朝贡贸易的丝路贸易回鹘商人。② 把·赫卜烈思著《教会编年史》(*Gregorii Barhebraei Chronicon Ecclesiasticum*)，记录到漠北的克烈国王在11世纪初带领部众改信聂斯脱里派基督教。③ 笔者的看法是，对克烈部改信基督教而言，如上述粟特文 P. 28 文书与 P. 3134 背面文书所反映，西州回鹘出身的景教徒回鹘商人所起的作用更大。反观汪古部中的耶律汪古，无疑是辽代来自西域的景教徒后裔。至于阴山地区的阿剌兀思剔吉忽里家族与东胜汪古，很难确定他们的确切来源。相反，上引敦煌出土粟特文、回鹘文文书表明，以西州回鹘出身者为代表的、活跃在内亚丝路贸易舞台的粟特系回鹘商人确切在包括达靼、契丹等在内的广袤地区从事着丝路贸易。而且，阴山一带的汪古人行叙利亚文，同时通回鹘文。参此而言，完全存在这种可能——上述前往东方的粟特系回鹘商人最终落脚在阴山一带。

不过，关于西州回鹘景教势力的向东发展，还没有资料证明这一行动是在王国统治阶层的推动下完成的——如同安史之乱后摩尼教在中国内地的扩张。虽然如此，就元代畏兀人中存在不少景教徒而言，景教在西州回鹘境内并未受到限制，相反，还获得过某些支持。看来，西州回鹘景教教团的活动，与西州回鹘部众的向东发展，难言不无关系。

关于西州回鹘（史料又称为龟兹回鹘）使团利用河南道，即柴达木盆地东经青唐（今西宁）、秦州（今天水）通使中原，甚至入居的史料，主

---

① 张广达：《唐末五代宋初西北地区的班次和使次》，第183—187页。
② ［日］代田贵文：《カラハン朝の東方発展》，第257、268—269页尾注6。
③ 有关改宗，主要参见 D. M. Dunlop, "The Karaits of Eastern Asia", pp. 277-278；罗香林《唐元二代之景教》，第156—157页。

要见于《续资治通鉴长编》卷80真宗大中祥符六年（1013）六月条，卷126仁宗康定元年（1040）三月条，卷127仁宗康定元年（1040）四月丁亥条，卷128仁宗康定元年（1040）八月癸卯条，卷131仁宗庆历元年（1041）四月壬午条、甲申条，卷135仁宗庆历二年（1042）二月庚辰条，以及《宋会要辑稿》蕃夷4《龟兹》。西州回鹘的上述活动，与宋朝、吐蕃唃厮罗政权、西夏三者间错综复杂的相互关系密切相关；同时，亦与沙州回鹘集团的出现干系极大。关于该问题的讨论有偏离本文主旨之嫌，笔者只能割爱，此处仅给出笔者的看法。洪浩《松漠纪闻》云："回鹘自唐末浸微，本朝盛时，有入居秦川为熟户者。女真破陕，悉徙之燕山。"[①] 这是对以西州回鹘为主的西域移民主要利用河南道迁入宋朝内地的高度概括。当然，上述回鹘移民的内迁应与宋朝针对西北各部族所采取的招诱等政治军事政策密切相关。就前面介绍的马氏汪古是在11世纪时移入临洮而言，自包括西州回鹘在内的西域抵达河湟地区甚至内地的这些回鹘移民中，应当包括马氏汪古、巩昌汪古等部分景教人物。而马氏汪古先祖在辽道宗朝进贡辽朝，当与当时契丹向河湟地区的势力渗透有关。[②] 至于其被女真迁往辽东，亦与洪浩所述相符。

综上，10—11世纪，包括景教徒在内的西州回鹘辖下粟特系回鹘商人，积极参与到丝路官私贸易中，其足迹遍及河西、漠北、契丹、陇西、宋朝内地等。景教在汪古部中的流传，与西州回鹘辖下景教徒商人的活动和景教教团势力的向东发展，应有密切关系。就渊源而言，汪古部中虽包括部分沙陀突厥人与回鹘人之后裔，但其统治阶层视作出自西域的景教贵族，更合情理。

小　结

关于汪古之名，有意见认为出自蒙古人对金界壕的称呼 Ongou，或蒙古

[①]《松漠纪闻》卷1，《文渊阁四库全书》第407册，第696—697页。
[②] 相关讨论参见［日］長澤和俊《遼代吐蕃遣使考》，载氏著《シルクロード史研究》，第340—346页。

语神之意的 Ongon（翁衮）。① 不过，距离黑水汪古相当遥远的陇右的巩昌汪古，亦被称为汪古。显然，巩昌汪古之汪古，难以用上述蒙古语 Ongou 或 Ongon 来解释。笔者注意到，马可·波罗记录天德州的人们自称 Ung，叙利亚语文献记录汪古人为 'wyngy' = Öngāyē，其中的 -āyē 为复数词缀。② 参笔者意见，汪古统治阶层可视作留居在东方的、出自包括西州回鹘在内的西域景教贵族。而且，如周清澍所考证，汪古部中当包括时属东部突厥语族的沙陀突厥与回鹘之后裔。尤其是，相对西州回鹘等西面的突厥语族集团而言，阴山地区与陇右同属于东方。笔者推测，汪古名称或源自回鹘语 öng（东方、前方），巩昌汪古"因官氏汪"的"汪"，或出自此 öng。如此，则笼罩在巩昌汪古与黑水汪古之间的地理空间上的龃龉，也就迎刃而解。

关于五代宋辽金时期丝路沿线内亚不同地域间的宗教文字文化的交流本相，因史料欠缺，难言得到了充分研究。本节旨在抛砖引玉，谨望学界同人不吝赐教，推陈出新。

第二节　Qatun Sïnï（可敦墓）考——兼论 11 世纪初期契丹与中亚之交通③

Qatun Sïnï（可敦墓）是见于突厥语、阿拉伯语文献中的中国北方地区古地名。相比西北地区丝路沿线的著名城镇，历史上的可敦墓可谓默默无闻。笔者之所以对其进行讨论，是由于它与沟通 11 世纪初期的北部中国和中亚地区的交通路线走向有关。

在麻赫穆德·喀什噶里于 11 世纪 70 年代编纂的《突厥语大辞典》所附圆形地图上，Khātūn Sīni（即 Qatun Sïnï）远远位于 Māsīn［马秦（宋）］

---

① 相关介绍见盖山林《阴山汪古》，第 1—2 页；魏坚、张晓玮《阴山汪古与景教遗存的考古学观察》，第 193—194 页。
② P. G. Borbone, "I Vangeli per la Principessa Sara. Un ManoscrittoSiriacoCrisografato, Gli Öngut Cristani e Il Principe Giorgio", p. 75；P. G. Borbone, "Some Aspects of Turco-Mongol Christianity in the Light of Literary and Epigraphic Syriac Sources", p. 18；伯希和：《唐元时代中亚和东亚之基督教徒》，第 62—63 页。
③ 参见白玉冬《"可敦墓"考——兼论十一世纪初期契丹与中亚之交通》，《历史研究》2017 年第 4 期，第 158—170 页。

第六章　10—11世纪的西域中亚与北部中国

西北方向。① 据《突厥语大辞典》相关词目，Qatun Sïnï（可敦墓）是位于"西夏与契丹"之间的某座城市，那里的居民曾与唐古特族（党项）发生战斗（详见后文）。另，马卫集于1120年完成的《动物的自然属性》（Ṭabā'i' al-ḥayawān）记录有自沙州经 Khātūn-san、Ūtkīn 到达契丹首都 Ūjam 的路程（详见后文）。系统研究马卫集书的米诺尔斯基（V. Minorsky）指出，上述马卫集记录的 Khātūn-san 来自比鲁尼（Bīrūnī）在《麻苏迪宝典》（al-Qānūn al-Mas'ūdī，1030年后不久成书）中记录的 Khātūn-sïn［贵妇人墓（可敦墓）］，并将《突厥语大辞典》的 Qatun Sïnï 与马卫集记录的 Khātūn-san 分别视作内蒙古额济纳河流域的可敦城与乌拉特中旗阴山北麓的可敦城。② 英文版《突厥语大辞典》编者之一的丹柯夫（R. Dankoff）受米氏影响，亦把 Qatun Sïnï 勘定在额济纳河流域。③ 1979年，张广达在系统介绍《突厥语大辞典》时，给出了中文版地图，并在紧靠 Khātūn Sīni 的左上方与右上方分别标出"可敦城"与"可敦墓"，④ 但未指明具体位置。这一地图此后为汉文版《突厥语大辞典》所沿用（见图6—2）。⑤ 杨富学、陈爱峰二位在讨论大食与契丹关系时指出大食经由西夏地入贡契丹，上述马卫集书中的 Khātūn-san 为可敦城，位于今杭爱山支系乌德鞬山，惜未进行深入考证。⑥ 笔者在考察10世纪时期漠北的九姓达靼部落与丝路贸易关系时，提出10—11世纪时期虽然存在穿行于漠南、连接河西至契丹本土的交通线，但上述 Qatun Sïnï 与 Khātūn-san 均为漠北达靼地内的可敦城，即位于杭爱山（历史上的 Ötūkän Yïš 于都斤山）以东、图勒河畔的镇州可敦城。⑦ 钟焓力陈 Qatun Sïnï 与 Khātūn-san 指的是漠南的昭君墓，并论证11

---

① 阿拉伯文版彩色地图载麻赫穆德·喀什噶里：《突厥语大词典》第1卷，校仲彝等译，民族出版社2002年版，卷首版权页后地图专页背面；英文版黑白地图载 CTD, Vol. 3，索引后尾页所附黑白地图。
② V. Minorsky, Sharaf al-Zamān Ṭāhir Marvazī on China, the Turks and India, pp. 68 – 69, 73 – 74.
③ R. Dankoff, "Three Turkic Verse Cycles Relating to Inner Asian Warfare", pp. 164 – 165.
④ 张广达：《关于马合木·喀什噶里的〈突厥语词汇〉与见于此书的圆形地图》，《中央民族学院学报》（哲学社会科学版）1978年第2期，增订后收入氏著《西域史地丛稿初编》，上海古籍出版社1995年版，另收入氏著《文书典籍与西域史地》，广西师范大学出版社2008年版，第53页。
⑤ 麻赫穆德·喀什噶里：《突厥语大词典》第1卷，卷首版权页后地图专页正面。
⑥ 杨富学、陈爱峰：《辽朝与大食帝国关系考论》，《河北大学学报》2007年第5期，第37页。
⑦ 白玉冬：《十世纪における九姓タタルとシルクロード貿易》，第11—18页，尤见第15、18页。

世纪时存在沙州—丰州—契丹本土这一东西交通线。① 其主要依据是 Qatun Sïnï 是"可敦墓",非"可敦城",漠北镇州一带的突厥回鹘时期草原石人多为男性,且距离西夏遥远,未标出唐古特与契丹的上述圆形地图让人误以为可敦墓位于畏兀儿与宋之间,圆形地图记录的 Ötükän(于都斤)之地与可敦墓地望相差极大,与西夏发生战事的达靼应为夏国近边的达靼。②

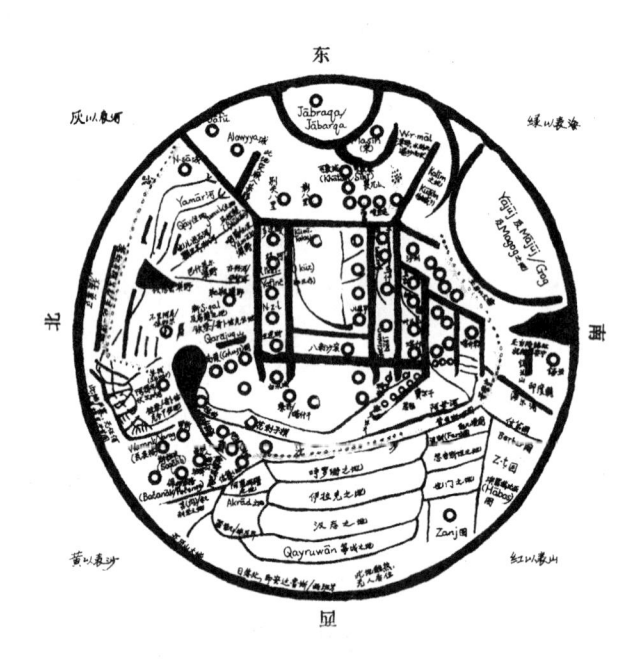

图 6—2 《突厥语大辞典》所附圆形地图(张广达给出的中文版)

注:转引自麻赫穆德·喀什噶里《突厥语大词典》第 1 卷,校仲彝等译,民族出版社 2002 年版,卷首版权页后地图专页正面。

概言之,关于 Qatun Sïnï(可敦墓)的地望及其与可敦城间的关系,学术界观点不一。其中,额济纳河流域存在可敦城的看法,经由前田直典与岑仲勉二位考证,难以立足。③

---

① 钟焓:《辽代东西交通路线的走向》,第 39—49 页。
② 同上书,第 36—39 页。
③ [日]前田直典:《十世紀時代の九族達靼》,第 237—239 页;岑仲勉:《达怛问题》,第 122 页;白玉冬:《十世紀における九姓タタルとシルクロード貿易》,第 13 页;钟焓:《辽代东西交通路线的走向》,第 35—36 页。

有古突厥语知识的人都知道，sïn 确有坟墓之意。笔者视 Qatun Sïnï（可敦墓）为"可敦城"，自然是基于前辈学者的研究，尤其是承袭了张广达之意见。至于昭君墓与阴山北麓的可敦城，笔者在进行相关论证时自然做过一番比较。只是因拙文旨意所在，① 相关问题未能详尽。故撰此稿，并附于此。

一 《突厥语大辞典》圆形地图所见 Qatun Sïnï 地望

《突厥语大辞典》作者喀什噶里出生在今新疆喀什，是喀喇汗朝著名学者。他根据自己多年的实地调查，晚年在巴格达以阿拉伯语来注释突厥语词汇，编纂成《突厥语大辞典》。如图6—2所示，《突厥语大辞典》所附圆形地图有着丰富的历史学研究价值。关于此点与圆形地图的渊源，张广达早已做了精辟的分析与介绍。② 他指出，该图是作者本人在突厥诸部多年访问调查的实际情况的真实反映，就中亚地区的内涵之丰富而言，该地图是前此任何伊斯兰舆图所望尘莫及的。这一点可从地图记录的中亚与新疆的地理名称与部族名称的分布情况上充分了解到。

图6—2中，地图正中央是喀喇汗朝都城之一的八剌沙衮（Balāsāɣūn，遗址在今吉尔吉斯斯坦托克马克东南），其正北方是怛逻斯（Tarāz，遗址在今哈萨克斯坦塔拉斯市）。自怛逻斯至别失八里（Bēš Baliq，遗址在今新疆吉木萨尔县），自西向东排列有6个地名，其中包括双河（Ekki Ögüz，今新疆博乐市东约20公里处的双河市）。虽部分地名尚有待勘同，但该路程无疑应是小亚美尼亚国王海屯在1254—1255年出使大蒙古国首都哈喇和林后返程经过的草原丝路之一段。③ 而八剌沙衮东南的八尔思罕（Barsqān）往东的4个地名虽未被标出，但其南侧的乌什（Uč）、Barman（应即王延德《使高昌记》记录的高昌回鹘辖下的末蛮）、库车（Kuča）、

---

① 白玉冬：《十世纪における九姓タタルとシルクロード贸易》，第3—7、19—29页。
② 张广达：《关于马合木·喀什噶里的〈突厥语词汇〉与见于此书的圆形地图》，第52—61页。
③ 乞剌可思·刚扎克赛：《海屯行纪》，何高济译，载《〈海屯行纪〉、〈鄂多立克东游录〉、〈沙哈鲁遣使中国记〉》，中华书局2002年版，第15—19页；J. A. Boyle, "The Journey of Het'um I, King of Little Armenia, to the court of the great khanmöngke", *CAJ*, Vol. 9, No. 3, 1964, pp. 181-184。

唆里迷（Sulmi，即焉耆）一线，①喀什（Kāšγar）、叶尔羌（Yārkānd）、和田（Khotan）、且末（Jurčān）一线，与塔里木盆地北南两侧丝路交通主干线城镇排列顺序相一致。至于高昌回鹘境内的唆里迷、高昌、彰八里（Janbaliq）、别失八里等6地则自南向北排列，其中唆里迷南侧的城镇，以及高昌与彰八里之间的城镇未标名称。按焉耆在高昌西南，彰八里在别失八里西，则按南北向排列的上述六城在相互间地理方位上出现了些许偏差。同样，位于八剌沙衮西面的怛逻斯被标在其正北方——这相比今日的地图同样存在偏差。但瑕不掩瑜，作为时人之描绘，其关于新疆和中亚的记录有着极大的可靠性，反映出作者对上述地区的熟知程度。

　　在图6—2圆形地图上，Qatun Sïnï（可敦墓）被远远标于Māsīn［马秦（宋）］西北方向，其东、南、北三面近旁并无任何其他地理名称。而且，由于该地图并未标出唐古特与契丹，故被作者记作位于"唐古特与契丹之间"的Qatun Sïnï（可敦墓）实际上并无直接的参照物。幸运的是，虽未标上地名，但喀什噶里在Qatun Sïnï紧正西方东西向标注有两座城市，其纬度与Qatun Sïnï（可敦墓）保持一致。东面的邻近可敦墓的城市右侧标注有"畏兀儿之地"，而西面的城市位于高昌与彰八里之间，也即上面介绍的高昌与彰八里之间的不知名城市。因该地图缺少唐古特与契丹，故上述畏吾儿之城市实际上成为确定Qatun Sïnï位置的最重要参照物。

　　因地图并未标出唐古特与契丹，故钟焓以为该地图容易使人误以为可敦墓位于畏兀儿与宋（即桃花石）之间。如喀什噶里在相关序文中所介绍，畏兀儿以东，依次是唐古特、契丹、桃花石（宋）。依此而言，即便地图上标出唐古特和契丹（秦），也不会影响到上述高昌回鹘之地成为确定Qatun Sïnï（可敦墓）纬度的关键参照物。何况在地图上，Qatun Sïnï（可敦墓）距宋相当遥远，我们根本无法判断其应位于畏兀儿与宋之间。

　　图6—2所标畏兀儿自然是指高昌回鹘。据该书Uyγur（畏兀儿）条，畏兀儿著名城市包括唆里迷、高昌、彰八里、别失八里、仰吉八里五城。②不过，仰吉八里位于别失八里西，地理位置与上述不知名二城不符。如是，上述不知名二城中西面的城市，即位于高昌与彰八里之间的城市，最大可能

---

① 唆里迷即焉耆，见张广达、耿世民《唆里迷考》，第37—41页。
② CTD, Vol. 1, pp. 139-140；麻赫穆德·喀什噶里：《突厥语大词典》第3卷，第120—122页。

第六章 10—11世纪的西域中亚与北部中国

是在今乌鲁木齐附近。写于925年的于阗文钢和泰（Staël-Holstein）藏卷记录的西州回鹘地名中有乌鲁木齐之名。① 而东面的邻近可敦墓的不知名城市，应为高昌东、今乌鲁木齐东偏南的哈密、纳职或蒲昌等。于阗文钢和泰藏卷同样记录有这些地名。另，982年佚名作者著波斯文地理著作《世界境域志》（Ḥudūd al-'Ālam）记录的西州回鹘的17个地名中，第9个为Kh. mud。② 虽米诺尔斯基对视作哈密存有顾虑，但华涛肯定该地就是哈密。③ 写作年代为1019年的德藏第3号回鹘文木杵文书是Tängrikän Körtlä可敦夫人一家捐资兴建寺院时的纪念文，其中记录的捐资者名单中，排在宰相之后的是Qamïl Ögä（哈密立于越）Ïnal Bürt（亦难Bürt）。④ 考虑到哈密不仅是高昌回鹘重要城市之一，更是其通往东方的门户，位置险要，图6—2记录的高昌回鹘域内最靠东的城市视作哈密，应最合理。

综上，Qatun Sïnï（可敦墓）之西不论为畏兀儿之地，抑或哈密、唐古特，该图Qatun Sïnï（可敦墓）相关地理方位反映的都是Qatun Sïnï（可敦墓）所在地区位于高昌回鹘之东，与可敦墓处于同一纬度的高昌回鹘城市是在哈密一带。就此而言，Qatun Sïnï（可敦墓）难言是与高昌回鹘之间间隔有西夏，且位置偏南的呼和浩特南郊的昭君墓。而且，据Qatun Sïnï（可敦墓）与哈密一带处于同一纬度而言，难以想象二者之间会有位置偏南的唐古特存在。相反，连接漠北与今新疆的通路在历史上发挥着重要作用。草原游牧政权，如突厥、回鹘、契丹、蒙古的大军都是从漠北向西方的哈密、北庭、阿尔泰山一带出征。特殊情况下，今新疆地区与中原政权间会通过漠北取得联系。其中，众所周知的是，当吐蕃侵占唐河西地区时，留守今北庭的唐朝驻军是先东行抵达漠北回鹘之地，即先利用"回鹘路"后再折向南。981年，出使高昌回鹘的宋使王延德亦经由漠北的九姓达靼之地前往高昌回鹘；契丹与高昌回鹘的交往，也多经由漠北的可敦城

---

① H. W. Bailey, "The Staël-Holstein Miscellany", p. 14；[日]森安孝夫：《ウイグルの西遷について》，第291—292页；年代考订见E. G. Pullyblank, "The Date of the Staël-Holstein Roll", p. 90。
② V. Minorsky, The Regions of The World: a Persian geography, London: Messrs, Luzac, 1937, p. 95；王治来：《世界境域志》，第78页及其注8。
③ 华涛：《高昌回鹘在东部天山地区的发展》，第134页。
④ 国内外关于德藏回鹘文木杵文书的研究成果众多，兹不赘述。作为包括相关研究史归纳在内的最新最翔实的研究，见[日]森安孝夫《西ウイグル王国史の根本史料としての棒杭文書》，年代考证见第683—689页，相关研究史归纳见第679—683页。

之地。① 如此，位于回鹘（高昌回鹘）之东的 Qatun Sïnï（可敦墓）完全存在位于漠北的可能。

史载唐朝曾有和亲公主下嫁回鹘。其中的小宁国公主"历配英武、英义二可汗"，②终死在回鹘。王延德《使高昌记》介绍其本人在漠北九姓达靻经过时云"次历拽利王子族，有合罗川，唐回鹘公主所居之地，城基尚在"③。前田氏考证，上述拽利王子族居地内的"唐回鹘公主所居之地"，即是契丹为了加强对阻卜诸部的防御和统治，于统和二十二年（1004）设置的镇州建安军治所，即镇州可敦城。④镇州可敦城遗址在今蒙古国布尔根省南部喀鲁河下游之南、哈达桑之东20公里的青托罗盖地方。⑤该地位于杭爱山脉东端的鄂尔浑河以东，图勒河附近。小宁国公主或其他公主等死后，被埋葬在其生前居住地，即回鹘时期的可敦城附近，这是个自然的选择。契丹的镇州可敦城即是对包括上述唐和亲公主墓地在内的其生活过的城池进行整修后所建，契丹人称之为可敦城，极其自然。当然，也有可能把比较拗口的四字"可敦墓城"简称为可敦城。而突厥语 Qatun Sïnï，无疑是其忠实的译名。

综上，笔者得出的结论是，视 Qatun Sïnï（可敦墓）为漠北的可敦城，即契丹的镇州可敦城，自无问题。唯镇州可敦城地理方位，与位于"西夏与契丹"之间，即喀什噶里所言 Qatun Sïnï 的位置略有出入。笔者将在文末给出意见。

---

① 《辽史》卷82《耶律隆运传》（第1424页）言其孙涤鲁重熙（1032—1054）年初任西北路招讨使，"后以私取回鹘使者獭毛裘，及私取阻卜贡物"云云。当时的辽西北路招讨司位于阻卜地域内的镇州可敦城。见陈得芝《辽代的西北路招讨司》，第25—38页。关于契丹通过漠北之地与西方间的贸易往来，参见[日]长泽和俊《辽の西北路经营について》，第312—330页；[日]长泽和俊《辽代回鹘路考》，载早稻田大学文学部东洋史研究室编《中国正史の基础的研究》，（东京）早稻田大学出版部1984年版，第335—356页。另关于高昌回鹘与契丹之间的密切联系，详见华涛《高昌回鹘与契丹的交往》，第23—32页；[日]松井太《契丹とウイグルの関係》，《契丹（辽）と10—12世纪の东部ユーラシア》（《アジア遊学》第160辑），第56—69页。
② 《旧唐书》卷195《回纥传》，第5210页；《新唐书》卷217上《回鹘传上》，第6125页。
③ 见本书第二章第一节，第60—61页。
④ [日]前田直典：《十世纪时代の九族达靻》，第235—242页。
⑤ 陈得芝：《辽代的西北路招讨司》，第32—33页；[日]白石典之：《9世纪後半から12世纪のモンゴル高原》，第592页。

二 《突厥语大辞典》圆形地图所见 Ötükän（于都斤）

关于漠北的 Ötükän（于都斤），喀什噶里言是邻近回鹘之地的达靼草原中的一个地名。① 而圆形地图记录的 Ötükän（于都斤）之地大致处在八刺沙衮东北 45 度的方位上，与可敦墓地望相差极大。是故，钟焓以为"喀什噶里根本就不认为郁督军山以北地区和可敦墓之地是在同一地理单元内，故在漠北腹地去寻觅可敦墓的位置无异于缘木求鱼"。笔者对此说法不敢苟同。

圆形地图标注的 Ötükän（于都斤），西南紧靠额尔齐斯河源头，隔河与 Yemäk（咽蔑）漠野相望。上述 Ötükän（于都斤）的地理方位，与通常所知的于都斤——漠北达靼地内的杭爱山明显不符。而记录喀喇汗朝与异教徒之间战斗的诗歌，② 以及喀什噶里自述，均反映其对额尔齐斯河流域比较熟悉，但在相关章节中喀什噶里并未对 Ötükän（于都斤）做过任何介绍。而达靼漠野，则被标在了额尔齐斯河以西的伊犁河源头之西，这与为人所知的漠北达靼之地截然不同。是什么原因促使喀什噶里关于 Ötükän（于都斤）和达靼之地的看法，出现了如此偏差呢？

波斯学者葛尔迪吉（Gardīzī）1050 年前后著《记述的装饰》（*Zainu' l-Axbār*），记录了基马克（Kīmek）部落出自 Tatar（达靼）的传说。其中说到达靼人的首领死后，其二子不和，次子设带着情人逃到了额尔齐斯河流域。之后，七个出自达靼的仆人——Īmī、咽蔑（Īmāk）、塔塔尔（Tatār）、Bayāndur（或 Bilāndir）、钦察（Qifčaq）、Lāniqāz、Ajlād——投奔设。后来，达靼本部遭到敌人攻击后，其他部落也投向他们，进而按上述七人分成七个部落居住在额尔齐斯河地方。③ 无疑，达靼部落移居至额尔齐斯河流域的年代，至少要早于喀什噶里所处的年代。

《世界境域志》还记录钦察是从基马克分出来的一个氏族，但其国王

---

① *CTD*, Vol. 1, p. 159.
② 相关诗文的归纳与分析，详见 R. Dankoff, "Three Turkic Verse Cycles Relating to Inner Asian Warfare", pp. 152 – 159。
③ A. P. Martinez, "Gardīzī's Two Chapters on the Turks", pp. 120 – 121；[俄] 巴托尔德：《加尔迪齐著〈记述的装饰〉摘要》，第 107—108 页。刘迎胜：《9—12 世纪民族迁移浪潮中的一些突厥、达旦部落》，第 11—13 页；刘迎胜：《蒙古西征历史背景新探》，第 36—37 页。

由基马克任命。① 据高登（P. B. Golden）介绍，② 俄罗斯编年史记录了12世纪时钦察联盟中的众多部族名称，关于其中的 Toqsoba/Toɣsoba 部族，14世纪后半叶至15世纪初的伊斯兰学者伊本·赫勒敦（Ibn Khaldûn）指出"玉里伯里（Ölberli）构成（钦察东部集团）之一部，同样构成钦察东部集团之一部族的 Toqsoba，即露西（俄罗斯）史料所谓的 Polovci Dikii 也源自达靼"。虽然我们还无法确定 Toqsoba/Toɣsoba 的真正含义，但重要的是这个氏族出自达靼。

据以上介绍，可知在基马克部落的发展过程中，原属其最初七部族之一的钦察获得了壮大，其中包含出自达靼的部族。高登虽然对库蛮（Cuman，钦察联盟中靠近西部的部分）中的东方要素玉里伯里（Ölberli）进行了系统分析，但对葛尔迪吉关于基马克起源的传说，并未给予足够重视。虽难以一一考证，但刘迎胜通过对欧亚草原东西方之间民族移动事例之分析，指出葛尔迪吉关于基马克起源传说的背后应该有真实的历史基础，并推定上述达靼人的移居约发生在回鹘西迁之前或以后，足备一说。③

在喀什噶里的圆形地图上，钦察之地位于怛逻斯北偏东，与达靼漠野所在地——伊犁河源头之西之间，虽有一不明地理名称，但相距并不遥远。考虑到喀什噶里对中亚地区进行过实地调查，他把达靼漠野标记在伊犁河源头之西，想必不会是空穴来风。这可与前面介绍的基马克源自达靼，钦察部族中包括出自达靼部落的信息相互补。按此分析，那我们就可以了解到喀什噶里把 Ötükän（于都斤）标在西南紧靠额尔齐斯河源头之地的缘由。即，虽然与葛尔迪吉相同——了解到基马克部落源自达靼这一传说的存在，但关于 Ötükän（于都斤），他仅了解到其是邻近回鹘（即高昌回鹘）之地的达靼沙漠中的地名。是故，他才把于都斤之地标在与其认为的达靼漠野并不遥远，且与基马克部落的产生有着千丝万缕关系的额尔齐斯河流域。

综上，以圆形地图所给出的于都斤的地理方位为参照物，借以探讨包

---

① V. Minorsky, *The Regions of The World*, p. 100；王治来：《世界境域志》，第87页。
② P. B. Golden, "CumanicaⅡ: The Ölberli (Ölperli): The Fortunes and Misfortunes of an Inner Asian Nomadic Clan", p. 22；P. B. Golden, "CumanicaⅣ: The Tribes of the Cuman-Qipčaqs", pp. 119-120.
③ 刘迎胜：《9—12世纪民族迁移浪潮中的一些突厥、达旦部落》，第11—36页；刘迎胜：《蒙古西征历史背景新探》，第27—58页。

括 Qatun Sïnï（可敦墓）在内的其他相关地理名称的位置这一做法的前提充满危险性，其结论难言公允。

三　可敦墓即青塚说之质疑

喀什噶里在《突厥语大辞典》sïn（身长）词目中介绍道，[①] 墓穴被称为 sïn，是因为其根据人的身长而制作。之后，作为 sïn（墓穴）的用例，引用了 Qatun Sïnï（可敦墓），并言 Qatun Sïnï 是位于党项与 Ṣīn［秦（中国）］之间的一座城市。[②] 而 Ṣīn 在 Tawɣač［桃花石（中国）］词目下作如下介绍：现在 Tawɣač 指的是 Māsīn［马秦（宋）］，而契丹指的是 Sīn（秦）。[③] 看来，位于党项与 Ṣīn（秦）之间的 Qatun Sïnï 城，实际上位于"西夏与契丹"之间。

米氏与张广达视 Qatun Sïnï（可敦墓）为可敦城，或源自把 sïn 视作汉语的"城"。笔者曾就此讨教阿拉伯语专家，得到的反馈是存在这一可能。钟焓指出，视 sïn 为汉语"城"的借词的观点，就韵尾 –n 与 –ng（–ŋ）而言，远不能视作可以接受的定论。[④] 笔者此处无意对这一问题进行进一步讨论，唯想补充的是，在讨论汉语"城"与突厥语中的汉语借词之对音关系时，钟焓未考虑到中古汉语的西北方音。若从西北方音着手进行论证，恐怕更具说服力。[⑤]

巴托尔德（W. Barthold）早已介绍，在比鲁尼著《麻苏迪宝典》中可见与 Qatun Sïnï（可敦墓）相同的地名。[⑥] 据米氏转引，比鲁尼书中确有地

---

① *CTD*, Vol. 2, p. 218；麻赫穆德·喀什噶里：《突厥语大词典》第 3 卷，第 134 页。
② *CTD*, Vol. 2, p. 21，另见 315 页所引关于唐古特与 Qatun Sïnï 间战斗的诗文；麻赫穆德·喀什噶里：《突厥语大词典》第 3 卷，第 314—315 页。
③ *CTD*, Vol. 1, p. 341；麻赫穆德·喀什噶里：《突厥语大词典》第 1 卷，第 479 页。
④ 钟焓：《辽代东西交通路线的走向》，第 36—37 页。
⑤ 据语言学方面的研究，唐五代西北方音中，鼻收声韵尾 –ŋ 已经出现脱落或鼻化成 –m 的现象，参见罗常培《唐五代西北方音》，第 38—42、145—146 页；［日］高田时雄《コータン文书中的漢語語彙》，第 126 页；［日］高田时雄《ウイグル字音史大概》，第 336—337 页。而且，鼻收声韵尾的消失可能从五代起就扩展到了 –n 与 –m 中，参见罗常培同书第 146 页。高田时雄则认为西北方言的主要语音特点中包括鼻韵尾 –ŋ、–m、–n 的弱化或消失，参见 T. Takata, "Phonological Variation among Ancient North-Western Dialects in Chinese," pp. 244–245。
⑥ ［俄］巴托尔德：《中亚突厥史十二讲》，罗致平译，中国社会科学出版社 1984 年版，第 102 页。

名 Khātūn-sïn（贵妇人墓）。① 鉴于此点，喀什噶里把 Qatun Sïnï 解释作"可敦墓"是有其缘由的。

古今中外，名胜古迹成为其所在地的代名词（地理名称）之例并不少见。Qatun Sïnï（可敦墓）之得名应属此例。大概在喀什噶里生活的年代，东方某地存在一个贵妇人（可敦）之墓。在突厥语和阿拉伯语文献中，该墓成为其所在地的地理名称。就"西夏与契丹之间"这一地理位置而言，钟焓提议的昭君墓（青塚）固然可备一说，不过，仍有不少问题有待解决。

首先，存在名称上的龃龉。检《辽史》，青塚之名共出现7次。其中《辽史》卷41《地理志5》西京道丰州条云："丰州，天德军，节度使。……有大盐泺、九十九泉、没越泺、古磧口、青塚——即王昭君墓。兵事属西南面招讨司。"② 而昭君墓之名仅出现1次，即上述地理志天德军条。与喀什噶里所处时代最为接近的上述《辽史》之记录反映，当时的人们更多是以青塚之名来称呼昭君墓。而且，诚如钟焓所言，诗文中经常可见青塚之名。假定昭君墓为远在中亚的喀什噶里所知，那在突厥语中相应地以青塚的音译或直译出现的概率无疑会更高。更何况，王昭君仅是匈奴单于阏氏（yančï，妻子）之一，非正室，③ 青塚从未被称为皇后墓或可敦墓。昭君墓果真出现于突厥语中，那以 yančï sïnï 出现的概率无疑要高于 qatun sïnï。因为，yančï（妻子）一词仍然在10世纪时期的突厥语族黠戛斯人中得以使用。④

其次，出现逻辑思维上的本末倒置。昭君墓位于今呼和浩特南郊，地属辽西京道丰州天德军。辽丰州天德军治所位于今呼和浩特，地理位置上虽与唐五代天德军治所不同，但名称无疑袭自唐代。⑤ 降至13世纪后半

---

① V. Minorsky, *Sharaf al-Zamān Ṭāhir Marvazī on China, the Turks and India*, p. 69.
② 第508页。相关考证见李逸友《〈辽史〉丰州天德军条证误》，《内蒙古文物考古》1995年Z1期，第37—40页。
③ 阏氏并非专指皇后，见兰殿君《"阏氏"并非匈奴皇后的专称》，《文史杂志》1989年第2期，第36页。
④ 阏氏无疑与叶尼塞碑铭中的 yančï（妻子）有着密切联系，如笔者介绍过的哈尔毕斯·巴里碑铭即出现此词。见白玉冬《十至十一世纪漠北游牧政权的出现》，第76页碑铭南1行。
⑤ 关于辽天德军治所参见李逸友《〈辽史〉丰州天德军条证误》，第37—40页；何天明《辽代西南面招讨司探讨》，《内蒙古社会科学》1990年第6期，第66—70页。唐天德军治所参见张郁《唐王逆修墓发掘纪要》，第514—515页。

叶，经由西亚中亚来华的马可·波罗（Marco Polo），仍然把包括今呼和浩特在内的汪古部辖地称为天德（Tenduc）州，介绍其主城名曰天德（当时已改称丰州）。① 若马可·波罗来华之际北方汉语入声韵尾已经彻底消失，则马可·波罗所记 Tenduc 来自汪古人所操突厥语的可能性更大。总之，这些均表明，无论从战略地位，还是从历史渊源而言，历史上天德军之名都远超青冢。尤其是，写作年代约在大中五年（851）的日本杏雨书屋藏敦煌出土文书《驿程记》记录了由西受降城经天德军、中受降城（位于今包头市南郊）、振武（位于今呼和浩特南土城子古城）等前往雁门关的行程。其中，自中受降城至振武的驿站分别是神山关、云迦关、长平驿、宁人驿、子河驿，但并未出现青冢或昭君墓之类的驿站名称。② 这从侧面反映，历史上的青冢虽然多次出现于诗文之中，但它仅仅是一个文人墨客抒发情怀的风景雅致之地。而且，晚唐时期，其重要性远没有达到丰州天德军的程度，甚至还未及边陲驿站的程度。换言之，辽代的青冢，根本无法替代丰州天德军从而成为今呼和浩特一带的代名词。Qatun Sïnï 之所以以"可敦墓"之名而为人所知，定是在其周边并无其他知名城镇。

综上，若我们仅把目光聚焦到 sïn（墓）而忽略对 qatun sïnï 内涵的分析，并试图探寻出一个与墓相关的地名来解决这一问题，此类研究固然有规有矩，但无异于刻舟求剑。

四　唐古特与 Qatun Sïnï（可敦墓）间战事的背景

喀什噶里在《突厥语大辞典》čoγïla－[（水）汨汨流]词目明确记

---

① 主要参见 H. Yule, *The Book of Ser Marco Polo: the Venetian Concerning the Kingdoms and Marvels of the East*, 2vols., London: John Murray, 1903, Vol. 1, pp. 284－285; P. Pelliot, *Notes on Marco Polo*, 3vols., Paris: ImprimerieNationale, 1959－1963, Vol. 2, pp. 849－851; 冯承钧译《马可波罗行纪》，第150—151页。
② [日]高田时雄：《李盛铎旧藏写本〈驿程记〉初探》，《敦煌写本研究年报》第5辑，2011年，第2—3页；陈国灿：《读〈杏雨书屋藏敦煌秘笈〉札记》，《史学史研究》2013年第1期，第118—120页；[日]齊藤茂雄：《唐後半期における陰山と天德軍——敦煌発見〈駅程記断簡〉羽〇三三文書の検討を通じて》，《関西大学東西学術研究所紀要》第47卷，2014年，第79—82页；白玉冬：《沙州归义军政权大中五年入朝路再释》，《内蒙古社会科学》2016年第1期，第85—86页。

录 Qatun Sïnï（可敦墓）的人们与唐古特族间发生战斗:①

¹ qatun sïnï čoɣïladï ² tangut bägin yaɣïladï ³ qanï aqïp žaɣïladï ⁴ boyïn suvïn qïzïl saɣdï

> Qatun sïnï 沸腾了。他们（即 Qatun sïnï 的人们）与唐古特族（即党项族）的伯克（即匐，部族首领）成了敌人。他们（即 Qatun sïnï 的人们）的鲜血汩汩流淌。他们（即 Qatun sïnï 的人们）从颈部流了血水。

上文所见 Qatun Sïnï 中，末尾的 -ï 是表示第三人称所有的附加词缀。Qatun Sïnï 为 Qatun 之那 Sïn 之意；与 Qatun Sïn 寓意相同。以诗文形式流传于突厥语族人口之间的上述战斗，无疑要早于《突厥语大辞典》的成书时间，且有一段时间上的距离。

记录同时期西夏历史的《宋史·夏国传》载有李元昊占据河西地区后呈给宋廷的奏文，其中提到"吐蕃、张掖、交河、塔塔（即达靼），莫不从服"②。同时，作为反映同时期西夏与达靼之关系的辽朝方面史料，《辽史》卷36《兵卫志下》云"元昊、谅祚智勇过人，能使党项、阻卜掣肘大国"，《辽史》卷19《兴宗纪2》言"重熙十三年（1044）六月甲午，阻卜酋长乌八遣其子执元昊所遣求援使窊邑改来，乞以兵助战，从之"③。而《宋会要辑稿·蕃夷4》记录"至道二年（996）十月，甘州可汗附达怛国贡方物，因上言愿与达靼同率兵助讨李继迁，优诏答之"④。孙修身指出，这是由于党项的隔断，甘州回鹘才北同达靼（即漠北的九姓达靼，亦即阻卜）联手，附之而走草原路朝贡于宋⑤。按此而言，似乎漠北的阻卜—达靼部落最初曾对抗党项，但后来有一部分达靼人受控于西夏。

关于漠北的达靼部落在10世纪初期即已深入河西地区，笔者曾专做考释⑥。而且，拙文《10世纪时的九姓达靼与丝路贸易》正是论证敦煌文

---

① *CTD*, Vol. 2, pp. 314 – 315；麻赫穆德·喀什噶里：《突厥语大词典》第 3 卷，第 313—315 页。čoɣïladï 原文作čaɣïladï。另，中英文译注者在词目 yopïla –（欺骗）之下，补注唐古特人的可汗曾欺骗 Qatun Sïnï 之王并以死攻击。分别见上引二书同卷第 163 页与第 316—317 页。
② 《宋史·夏国传》，第 13995 页。
③ 《辽史》卷19《兴宗纪2》，第 263、489 页。
④ 第 7714 页。年代据元马端临《文献通考》卷 347《四裔24·回纥》，第 2721 页。
⑤ 孙修身：《试论甘州回鹘和北宋王朝的交通》，第 47 页。
⑥ 白玉冬：《于阗文 P. 2741 文书所见达靼驻地 Buhäthum 考》，第 231—243 页。

第六章　10—11世纪的西域中亚与北部中国

书记录的10世纪时期与沙州归义军政权之间有过使节往来或冲突关系的达靼是出自漠北，11世纪初期契丹与沙州之间的密切往来应视作此前的沙州与九姓达靼间使者往来之延续。① 钟焓关注到 Qatun Sïnï（可敦墓），以及辽夏之间达成和解的11世纪后期的情况，而忽略了对上述拙文重点讨论的10世纪末至11世纪初期的情况，是顾此失彼。尤其是，虽史料明确记载重熙十八年（1049）十月，附属于辽朝西北路招讨司的达靼部落参加了辽兴宗亲征西夏之役，② 但仍然执着认为这些达靼部落是活动在西夏近边地带的达靼，③ 有失公允。其作为证据引用的西夏王陵汉字残碑记录的"北塞鞑靼""变俗用夏""贺兰马蹄峰"等内容，恰恰说明西夏曾征服过部分漠北的达靼部落。因为这些残碑属于西夏仁宗（1139—1193年在位）墓碑文，所记当为12世纪中后期之事。④ 而且，上述残碑文字，更让人联想起漠北克烈部中，王汗弟札阿柑孛等曾被西夏俘获过的人物。⑤ 是故，笔者以为，《突厥语大辞典》记录的 Qatun Sïnï（可敦墓）视作漠北达靼地内的镇州可敦城，最具说服力。

值得一提的是，笔者虽主张10世纪时期漠北的达靼部落与河西走廊不同政治体间发生联系，但并非断然否定当时的河西地区曾存在达靼人。随着时间的推移，上述达靼人或因冲突、或因贸易等，部分进入河西地区实属情理之中。如敦煌文献 P.3579《宋雍熙五年（988）十一月神沙乡百姓吴保住牒》谈到吴保住被贼人打劫到伊州，后被沙州使安都知般次押衙曹闰成从伊州柔远县当地部族"柔远家"处赎买，二人返回沙州途中"左（佐）于达怛边，买老牛一头，破与作粮"。⑥ 上文"达怛"即达靼人，应在柔远至沙州之间。另，敦煌出土于阗文文书记录，10世纪时期在于阗和

---

① 白玉冬：《十世紀における九姓タタルとシルクロード貿易》，第19—22页。
② 《辽史》卷20《兴宗纪3》，第275页。
③ 钟焓：《辽代东西交通路线的走向》，第36—37页。
④ 见本书第五章第一节，第202页。
⑤ 李范文：《西夏陵墓出土残碑考释》，载氏著《西夏研究论集》，宁夏人民出版社1983年版，第117—118页；孟楠：《论克烈人与西夏的关系》，《内蒙古社会科学》1998年第3期，第38—40页。
⑥ 录文及关于"柔远家"的解释，详见本书第五章第一节，第198—199页。录文另参见唐耕耦、陆宏基编《敦煌社会经济文献真迹释录》第2辑，第308页；陆庆夫《河西达怛考述》，第559页。

沙州之间确有达靼人在活动。① 笔者想要强调的是，这些达靼人或是随回鹘移居的随波逐流者，或是游牧集团的前哨末端，不太可能替代达靼本部而成为历史的主角。

五　11世纪初期契丹与中亚之交通

马卫集著《动物的自然属性》记录有通往东方之旅程。该书第19节中介绍有由喀喇汗朝首都喀什噶尔经由于阗到达沙州后，通往Ṣīn（中国）、契丹和回鹘（西州回鹘）的三条路线。② 其中，契丹介绍作"从沙州往东约两个月到达Khātūn-san，③ 然后一个月到达Ūtkīn，再需要一个月到达契丹首都Ūjam"。米诺尔斯基认为，上述有关从沙州到达契丹首都之路程的原始情报，当来自马卫集书中第22节所介绍的、于牛年（1027）同西州回鹘使者一同访问哥疾宁王朝，并递交国书（以回鹘文写成）的契丹使者。

据巴托尔德介绍，葛尔迪吉书中记录两位非穆斯林的突厥汗在1026年遣使访问哥疾宁王朝，但因文本问题，突厥汗的称号并不能确定。④ 米氏在《动物的自然属性》译注中指出，葛尔迪吉与马卫集记录的为同一事件，派遣使者的突厥汗是契丹可汗与西州回鹘可汗。⑤ 另，据马卫集提供的契丹国书内容，可知当时的契丹希望与哥疾宁王朝结成友好关系，而且辽圣宗太平元年（1021）契丹可老公主下嫁的大食太子册割即为喀喇汗朝

---

① H. W. Bailey, "Ttattara", pp. 92 – 94 介绍其刊布的《塞语文献文书卷》（*Saka Documents Text Volume*）第2卷第77页 P. 2024 文书提到于阗使者曾与 Kūysa 地方的达靼人首领进行物物交换。笔者查阅 P. O. Skjærvø, *Khotanese Manuscripts From Chinese Turkestan in The British Library*, p. 577 关于 Khot missing frags. 2 的最新研究，惜未能发现存在相关叙述。或许贝利所言文书编号出现了偏差。

② V. Minorsky, *Sharaf al-Zamān Ṭāhir Marvazī on China, the Turks and India*, pp. 18 – 19.

③ 关于 Khātūn-san 与 Khātūn-sīnī 之讨论，见 V. Minorsky, *Sharaf al-Zamān Ṭāhir Marvazī on China, the Turks and India*, p. 74。

④ 相关介绍见［俄］巴托尔德《蒙古入侵时期的突厥斯坦》上册，张锡彤、张广达译，上海古籍出版社2007年版，第329页及其注3；［俄］巴托尔德《中亚突厥史十二讲》，第91页。

⑤ V. Minorsky, *Sharaf al-Zamān Ṭāhir Marvazī on China, the Turks and India*, pp. 76 – 77.

卡迪尔汗（Qadir Khān）之子 Chaghri Tegin。① 此处，笔者关注的是契丹使者是与西州回鹘使者一同出使哥疾宁王朝。

统和二十二年（1004），在可敦城设置镇州建安军后，契丹无疑加强了对漠北达靼—阻卜诸部的控制，其对蒙古高原的统治优势得到了极大保证。此后，契丹以镇州可敦城为据点，依托镇州建安军的军事威慑力，增强了对沙州归义军政权之影响。其直接结果是，带来了1006—1020年沙州与契丹间的6次使者往来。② 而出使哥疾宁朝的契丹使者，显然是经由漠北可敦城之地后与西州回鹘使者会合。考虑到当时喀喇汗朝的势力扩张，以及喀喇汗朝与高昌回鹘、哥疾宁朝间的紧张关系，③ 上述使者虽然有可能抵达沙州与西州，但能否经由喀喇汗朝之地前往哥疾宁朝，在马卫集书获得刊布之前确实是个未知数。幸运的是，马卫集记录的契丹使者带给哥疾宁朝统治者的国书中明言"今有贵主下嫁于卡迪尔汗之子察格里特勤，结成盟好，故命卡迪尔汗开通道路，庶几此后聘使往还无碍"。④ 看来，1021年可老公主下嫁喀喇汗朝册割太子后，契丹与喀喇汗朝得以保持友好关系，才使得契丹与回鹘使者经由喀喇汗朝前往哥疾宁朝成为可能。

关于上述沙州至中国、契丹的路程，米氏进行了详细分析。他介绍了比鲁尼《麻苏迪宝典》的相关记录，并进行了对比。据其介绍，比鲁尼当时正奉职于哥疾宁王朝宫廷，且直接接触过契丹使者。米氏指出，比鲁尼书中相关地名之说明，与马卫集书中所言一致。进而认为，马卫集笔下的地名 Khātūn-san 与比鲁尼记录的 Khātūn-sïn（可敦墓）实为同地。⑤ 考虑到比鲁尼曾直接与契丹使者见面，而马卫集很可能利用了哥疾宁王朝的官方记录。而且，就相关派遣使者之事还为1050年成书的葛尔迪吉书所记录

---

① ［日］代田贵文：《カラハン朝の東方発展》，第261—263页；黄时鉴：《辽与"大食"》，《新史学》第3卷第1期，1992年，收入氏著《黄时鉴文集》第2册，中西书局2011年版，第23—26页；胡小鹏：《辽可老公主出嫁"大食"史实考辨》，《西北师大学报》（社会科学版）1995年第6期，收入氏著《西北民族文献与历史研究》，甘肃人民出版社2007年版，第77—82页。
② 白玉冬：《十世紀における九姓タタルとシルクロード貿易》，第20—21页。
③ ［日］代田贵文：《カラハン朝の東方発展》，第255—264页。
④ V. Minorsky, *Sharaf al-Zamān Ṭāhir Marvazī on China, the Turks and India*, pp. 19 - 21；中译文参见周一良《新发现十二世纪初阿拉伯人关于中国之记载》，《思想与时代》1947年第41期，收入氏著《魏晋南北朝史论集》，中华书局1963年版，第410—411页；陈述校《全辽文》，中华书局1982年版，第15—16页。
⑤ V. Minorsky, *Sharaf al-Zamān Ṭāhir Marvazī on China, the Turks and India*, pp. 68 - 70.

而言，上述有关从沙州前往契丹首都之路程的情报，诚如米氏所言，无疑来自1027年与西州回鹘使者一同访问哥疾宁朝的契丹使者。米氏虽认为马卫集记录的 Ūtkīn 的音值与漠北的 Ötükän（于都斤）相近，但因于都斤之地距契丹使者的出使路途过于遥远，故主张 Ūtkīn 应为《辽史》记录的南京（今北京市）西北的武定军。[①] 米氏按武定军的现代音 Wu-ting-kiun 与 Ūtkīn 进行比定，凸显其意见的勉强之处。相反，笔者以为，马卫集记录的 Ūtkīn 应即 Ötükän（于都斤）。[②] 钟焓亦与笔者持相同意见。[③]

不过，钟焓以为马卫集书中虽然保留了更早时候辽朝致中亚国家的国书，但上述喀喇汗朝前往契丹的路程不应是反映至少一个多世纪前相对滞后的信息，并论证连接着漠北草原的丰州在辽金元时期的丝路贸易上发挥着东西南北间交通枢纽作用。需要补充的是，笔者虽然主张上述喀喇汗朝至契丹的路程记录的是11世纪初期的情况，且经由漠北之地，但笔者并未否定当时漠南地区亦存在沟通东西方的通道。而且，辽夏关系趋于友好的11世纪下半叶以降，辽朝与西夏自然可以经由今河套一带进行交流。故笔者对上述钟焓有关东西方间的交流之考证大体赞同，唯以为其有关上述路程年代之考释难以服众。众所周知，转引或"剽窃"前辈学者著述而不标明出处，是伊斯兰学者的通病。何况，马卫集著书中关于一个多世纪以前，甚至更为陈旧的内容比比皆是。

关于上述喀喇汗朝至契丹路程的走向，钟焓基于 Qatun Sïnï（可敦墓）为昭君墓，主张"符合实际的情形应当是从可敦墓（即其主张的昭君墓）向北经行月余可达漠北郁督军（即 Ötükän，于都斤）之地，同时从可敦墓向东行进在一月内即可到达 Ūjam，并认为这是由于缺乏实际旅行经历的《马卫集》作者所发生的地点方位间的舛乱，"以致将丰州、郁督军之地、Ūjam 误解为一条全长两月行程的东西要道上三个里程碑似的节点"。鉴于钟焓并未对 Ūtkīn、Qatun Sïnï（可敦墓）与 Ūjam 三地间相互位置关系给予更多关注，此处略加讨论。

据米氏介绍，比鲁尼书中，契丹、Qatun Sïn、Ūtkīn 三地地理坐标如下。

---

① 武定军见《辽史》卷41《地理志5·西京道》奉圣州条，第582页。另米氏相关考证见 V. Minorsky, *Sharaf al-Zamān Ṭāhir Marvazī on China, the Turks and India*, pp. 73–74。
② 白玉冬：《十世紀における九姓タタルとシルクロード貿易》，第9、16页。
③ 钟焓：《辽代东西交通路线的走向》，第43—45页。

契丹：经度为158度40分，纬度为21度40分；Qatun Sïn：经度为129度40分，纬度为31度50分；Ūtkīn：经度为136度30分，纬度为26度0分。① 据此可知，Qatun Sïn、Ūtkīn均位于契丹西北。就上述Ūtkīn与契丹间的位置关系而言，Ūtkīn无疑应为漠北的Ötükän（于都斤）。不过，上述三地地理坐标同时反映，Qatun Sïn又位于Ūtkīn（于都斤）之西北。显然，这一地理分布与镇州可敦城位于于都斤山之东这一实际位置相矛盾。米氏根据比鲁尼记录的一系列地理坐标，推定沙州与Qatun Sïn间距离为1610公里，Qatun Sïn与Ūtkīn间距离为925公里，Ūtkīn与契丹间距离为2253公里。据《中国历史地图集》得知，沙州与杭爱山脉东南部，即Ūtkīn（于都斤）间直线距离800—900公里，杭爱山脉东南部与Qatun Sïn，即镇州可敦城间300—400公里，镇州可敦城与契丹上京间约1200公里。② 显而易见，米氏根据比鲁尼的坐标计算出来的四地间的相互距离，与现代地图所反映的实际距离不符。但若将比鲁尼记录的Qatun Sïn与Ūtkīn位置互换，则发现沙州、Ūtkīn、Qatun Sïn、契丹四者相互之间的位置与现在的实际地理位置基本一致。看来，比鲁尼混淆了Qatun Sïn与Ūtkīn的经度，而马卫集记录的从沙州先到达Khātūn-san然后再到达Ūtkīn这一路程，是沿袭了比鲁尼的错误。

综上，关于马卫集记录的由喀喇汗朝前往契丹的交通线，笔者以为是从沙州经由漠北的于都斤与镇州可敦城之地后抵达契丹。不过，这反映的应该是11世纪初期的情况。同时，笔者并不否认当时的漠南地区存在连接契丹与西夏、喀喇汗朝的通路。喀什噶里言Qatun Sïnï（可敦墓）是位于党项与Sïn［秦（中国，此处指契丹）］之间的一座城市，这是因为其依据的相关材料里包括西夏占领沙州之后的内容，且当时的喀喇汗朝经由西夏入贡契丹，致使其作出上述推断。

小　结

综上，笔者以为《突厥语大辞典》圆形地图所见Qatun Sïnï（可敦墓）

---

① V. Minorsky, *Sharaf al-Zamān Ṭāhir Marvazī on China, the Turks and India*, p. 69.
② 谭其骧主编：《中国历史地图集》第5册，第3—4页。

代指漠北的镇州可敦城,马卫集记录的喀喇汗朝前往契丹的路程经由漠北于都斤地区和镇州可敦城。不可否认的是,如喀喇汗朝的优素甫·哈斯·哈吉甫(Yūsaf Khāṣṣ Ḥājib)于1070年创作的《福乐智慧》(Qutadɣu Bilig)言"契丹的商队带来了桃花石(宋——笔者注)的商品"云云。[①] 有辽一带,漠南地区还应当存在连接喀喇汗朝与契丹、宋之间的贸易路。而上面介绍的途经漠北的情况,当属于10世纪末至11世纪初期的情况。

[①] R. Dankoff, *Wisdom of Royal Glory Kutadgu Bilig: A Turko-Islamic Mirror for Princes*, p. 41.

参考文献

一 中文部分（按拼音字母表顺序排列）

阿不都热西提·亚库甫主编：《西域—中亚语文学研究》，上海古籍出版社 2015 年版。

巴哈提·依加汗：《辽代的拔悉密部落》，《西北民族研究》1992 年第 1 期。

巴托尔德：《加尔迪齐著〈记述的装饰〉摘要》，王小甫译，《西北史地》1983 年第 4 期。

巴托尔德：《中亚突厥史十二讲》，罗志平译，中国社会科学出版社 1984 年版。

巴托尔德：《蒙古入侵时期的突厥斯坦》上下册，张锡彤、张广达译，上海古籍出版社 2007 年版。

白玉冬：《于阗文 P.2741 文书所见达靼驻地 Buhäthum 考》，《西域文史》第 2 辑，2007 年。

白玉冬：《回鹘碑文所见八世纪中期的九姓达靼（Toquz Tatar）》，《元史及民族与边疆研究集刊》第 21 辑，2009 年。

白玉冬：《"阴山达靼"考辨》，《西域历史语言研究集刊》第 4 辑，2010 年。

白玉冬：《鄂尔浑突厥鲁尼文碑铭的 čülgl (čülgil)》，《西域研究》2011 年第 1 期。

白玉冬：《十至十一世纪漠北游牧政权的出现——叶尼塞碑铭记录的九姓达靼王国》，《民族研究》2013 年第 1 期。

白玉冬：《〈希内乌苏碑〉译注》，《西域文史》第 7 辑，2013 年。

白玉冬：《回鹘王子葛啜墓志鲁尼文志文再释读》，《蒙古史研究》第 11 辑，2013 年。

白玉冬:《苏吉碑纪年及其记录的十姓回鹘》,《西域研究》2013年第3期。

白玉冬:《契丹祖源传说的产生及其与回鹘之关系考辨》,《中西文化交流报》2013年第2期。

白玉冬:《有关高昌回鹘的一篇回鹘文文献——xj222—0661.9文书的历史学考释》,《中国边疆史地研究》2014年第3期。

白玉冬:《叶尼塞碑铭威巴特第九碑浅释》,《民族古籍研究》第2辑,2014年。

白玉冬:《沙州归义军政权大中五年入朝路再释》,《内蒙古社会科学》2016年第1期。

白玉冬:《回鹘语文献中的 Il Ötükän Qutï》,《唐研究》第22辑,2016年。

白玉冬:《P. T. 1189〈肃州领主司徒上河西节度天大王书状〉考述》,《丝路文明》第一辑,2016年。

白玉冬:《E11贝格烈(Берре)碑铭研究》,《北方文化研究》,(韩国)檀国大学,2016年12月。

白玉冬:《钩稽索隐 开陈出新——9世纪中期至11世纪漠北草原历史研究》,《中国社会科学报》2017年8月9日。

白玉冬:《"可敦墓"考——兼论十世纪初期契丹与中亚之交通》,《历史研究》2017年第4期。

白玉冬:《丝路景教与汪古渊流——从呼和浩特白塔回鹘文题记Text Q谈起》,《中山大学学报》(哲学社会科学版)2018年第2期。

白玉冬:《关于王延德〈西州程记〉记录的漠北部族》,《中国边疆史地研究》,2018年,待刊。

白玉冬、包文胜:《内蒙古包头市突厥鲁尼文查干敖包铭文考释——兼论后突厥汗国"黑沙南庭"之所在》,《西北民族研究》2012年第1期。

白玉冬、杨富学:《新疆和田出土突厥卢尼文木牍初探》,《西域研究》2016年第3期。

伯希和:《唐元时代中亚及东亚之基督教徒》,冯承钧译,载冯承钧著《西域南海史地考证译丛一编》,商务印书馆1962年版。

蔡美彪:《辽金石刻中的鞑(达)靼》,《学原》第3卷第3、4期合刊,1951年,第59—63页,修订稿《辽金石刻中的"鞑靼"》载《北京大学国学季刊》第7卷第3号,1952年,收入史卫民编《辽金时代蒙古考》,内蒙古自治区文史研究馆1984年版。

曹永年:《从白塔题记看明初丰州地区的行政建置——呼和浩特市万部华

严经塔明代题记探讨之三》,《内蒙古师大学报》(哲学社会科学版) 1992 年第 3 期。

曹永年:《呼和浩特万部华严经塔明代题记探讨》,《内蒙古大学学报》 1981 年(S1)。

岑仲勉:《李德裕〈会昌伐叛集〉编证 上》,《史学专刊》(中山大学)第 2 卷第 1 期,1937 年,收入作者著《岑仲勉史学论文集》,中华书局 1990 年版。

岑仲勉:《达怛问题》,《中山大学学报》1957 年第 3 期。

岑仲勉:《突厥集史》下册,中华书局 2004 年版。

岑仲勉:《岑仲勉史学论文集》,中华书局 1990 年版。

陈大为:《论敦煌净土寺对归义军政权承担的世俗义务(一)》,《敦煌研究》2006 年第 3 期。

陈得芝:《辽代的西北路招讨司》,《元史及北方民族史研究丛刊》第 2 辑, 1978 年,收入作者著《蒙元史研究丛稿》,人民出版社 2005 年版。

陈得芝:《蒙古部何时迁至斡难河源头》,《南京大学学报》1981 年第 2 期,收入作者著《蒙元史研究丛稿》。

陈得芝:《耶律大石北行史地杂考》,《历史地理》第 2 辑,1982 年,收入作者著《蒙元史研究丛稿》。

陈得芝:《十三世纪以前的克烈王国》,《元史论丛》1986 年第 3 期,收入作者著《蒙元史研究丛稿》。

陈得芝:《蒙元史研究丛稿》,人民出版社 2005 年版。

陈国灿:《读〈杏雨书屋藏敦煌秘笈〉札记》,《史学史研究》2013 年第 1 期。

陈怀宇:《高昌回鹘景教研究》,《敦煌吐鲁番研究》第 4 卷,1999 年,收入作者著《景风梵声——中古宗教之诸相》,宗教文化出版社 2012 年版。

陈怀宇:《景风梵声——中古宗教之诸相》,宗教文化出版社 2012 年版。

陈恳:《漠北瀚海都督府时期的回纥牙帐——兼论漠北铁勒居地的演变》,《中国边疆史地研究》2016 年第 1 期。

陈乃雄、包联群编:《契丹小字研究论文选编》,内蒙古人民出版社 2005 年版。

陈述:《全辽文》,中华书局 1982 年版。

陈玮:《公元 7—14 世纪景教在宁夏区域发展史研究》,《敦煌研究》2014 年第 1 期。

陈垣：《元西域人华化考》，上海古籍出版社2000年版。
成吉思：《〈葛啜墓志〉突厥文铭文的解读》，《唐研究》第19卷，2013年。
戴应新：《折氏家族史略》，三秦出版社1989年版。
敦煌研究院编：《敦煌莫高窟供养人题记》，文物出版社1986年版。
敦煌研究院编：《段文杰敦煌研究五十年纪念文集》，世界图书出版公司1996年版。
敦煌研究院编：《1994年敦煌学国际研讨会文集：纪念敦煌研究院成立五十周年》上下册，甘肃民族出版社2000年。
樊文礼：《唐末五代的代北集团》，中国文联出版社2000年版。
樊文礼：《试论唐末五代代北集团的形成》，《民族研究》2002年第2期。
方壮猷：《室韦考》，《辅仁学志》第2卷第2期，1931年。
冯承钧：《辽金北边部族考》，《辅仁学志》第8卷第12期，1931年，收入史卫民编《辽金时代蒙古考》，内蒙古自治区文史研究馆1984年版。
冯承钧：《西域南海史地考证译丛一编》，商务印书馆1962年版。
冯承钧译：《马可波罗行纪》，上海书店出版社1999年版。
冯培红：《晚唐五代宋初归义军武职军将研究》，载郑炳林编《敦煌归义军史专题研究》，兰州大学出版社1997年版。
冯培红：《论晚唐五代的沙州（归义军）与凉州（河西）节度使》，载张涌泉、陈浩编《浙江与敦煌学——常书鸿先生诞辰一百周年纪念文集》，浙江古籍出版社2004年版。
冯培红：《归义军镇制考》，《敦煌吐鲁番研究》第9卷，2006年。
冯培红：《归义军节度观察使官印问题申论》，载刘进宝、高田时雄编《转型期的敦煌学》，上海古籍出版社2007年版。
冯培红：《归义军与达怛的关系》，载作者著《敦煌的归义军时代》，甘肃教育出版社2013年版。
冯培红：《敦煌的归义军时代》，甘肃教育出版社2013年版。
付马：《西州回鹘王国建立初期的对外扩张——中国文化遗产研究院藏xj222—0661.09回鹘文书的历史学研究》，《西域文史》第8辑，2013年。
付马：《回鹘时代的北庭城——德藏Mainz 354号文书所见北庭城重建年代考》，《西域研究》2014年第2期。
付马：《唐咸通乾符年间的西州回鹘政权——国图藏BD11287号敦煌文书研究》，《敦煌研究》2014年第2期。

傅璇琮、周建国：《李德裕文集校笺》，河北教育出版社 2000 年版。

傅璇琮等主编：《五代史书汇编》第 4 卷，顾薇薇校，杭州出版社 2004 年版。

盖山林：《元代汪古部地区的景教遗迹与景教在东西文化交流中的作用》，《中国蒙古史学会论文选集》，内蒙古人民出版社 1981 年版，收入张海斌主编《包头文物考古文集》下，内蒙古大学出版社 2009 年版。

盖山林：《元"耶律公神道之碑"考》，《内蒙古社会科学》1981 年第 1 期。

盖山林：《阴山汪古》，内蒙古人民出版社 1991 年版。

高自厚：《黄头回纥与河西回鹘的关系》，《西北民族文丛》1984 年第 2 期，收入赞丹卓尕主编《裕固族研究论文续集》上册，兰州大学出版社 2002 年版。

葛承雍：《西安出土西突厥三姓葛逻禄炽俟弘福墓志释证》，载荣新江、李孝聪主编《中外关系史：新史料与新问题》，科学出版社 2004 年版。

耿世民：《古代突厥文碑铭研究》，中央民族大学出版社 2005 年版。

耿世民：《古代维吾尔文献教程》，民族出版社 2006 年版。

顾吉辰：《也谈"黄头回纥""草头鞑靼"及其"九姓鞑靼"》，《甘肃社会科学》1987 年第 4 期。

郭锡良：《汉字古音手册》，北京大学出版社 1986 年版。

哈密顿：《五代回鹘史料》，耿昇译，新疆人民出版社 1982 年版。

哈密顿：《仲云考》，耿昇译，《西域史论丛》第 2 辑，1985 年。

韩儒林：《唐努都波》，《中国边疆》第 34 辑，1943 年，收入作者著《韩儒林文集》，江苏古籍出版社 1985 年版。

韩儒林主编：《元朝史》上下卷，人民出版社 1986 年版。

荒川正晴：《西突厥汗国的 Tarqan 达官与粟特人》，载荣新江、罗丰主编《粟特人在中国——考古发现与出土文献的新印证》上册，科学出版社 2016 年版。

何高济：《〈海屯行纪〉、〈鄂多立克东游录〉、〈沙哈鲁遣使中国记〉》，中华书局 2002 年版。

贺世哲：《从供养人题记看莫高窟部分洞窟的营建年代》，敦煌研究院编《敦煌莫高窟供养人题记》，文物出版社 1986 年版。

何天明：《辽代西南面招讨司探讨》，《内蒙古社会科学》1990 年第 6 期。

呼和浩特市蒙古语文历史学会编：《蒙古史论文选集》第 1 辑，呼和浩特市蒙古语文历史学会1983年版。

胡小鹏：《辽可老公主出嫁"大食"史实考辨》，《西北师大学报》（社会科学版）1995年第6期，收入作者著《西北民族文献与历史研究》，甘肃人民出版社2007年版。

胡小鹏：《西北民族文献与历史研究》，甘肃人民出版社2007年版。

胡耀飞：《吴、南唐政权境内沙陀人考》，《唐史论丛》第14辑（新出土唐墓志与唐史研究国际学术研讨会专集），2012年。

华涛：《回鹘西迁及东部天山地区的政治局势》，《西北民族研究》1990年第1期。

华涛：《高昌回鹘与契丹的交往》，《西域研究》2000年第1期。

华涛：《高昌回鹘在东部天山地区的发展》，载作者著《西域历史研究（八至十世纪）》，上海古籍出版社2000年版。

华涛：《西域历史研究（八至十世纪）》，上海古籍出版社2000年版。

霍加阿合买提·优努斯：《〈突厥语词典〉所载地名的历史价值》，《中国突厥语研究会第8次学术研讨会论文集》，1996年，收入校仲彝主编《〈突厥语词典〉研究论文集》，新疆人民出版社2006年版。

黄时鉴：《辽与"大食"》，《新史学》第3卷第1期，1992年，收入作者著《黄时鉴文集》第2册，中西书局2011年版。

黄盛璋：《敦煌于阗文P.2741，Ch.00296，P.2790文书疏证》，《西北民族研究》1989年第2期。

黄盛璋：《敦煌于阗文书中的河西部族考证》，《敦煌学辑刊》1990年第1期。

黄文焕：《跋敦煌365窟藏文题记》，《文物》1980年第7期。

黄征、吴伟：《敦煌愿文集》，岳麓书社1995年版。

即实：《〈糺邻墓志〉释读》，载作者著《谜林问径——契丹小字解读新径》，辽宁民族出版社1989年版。

即实：《谜林问径——契丹小字解读新径》，辽宁民族出版社1989年版。

贾丛江：《黠戛斯南下和北归考辨》《西域研究》2000年第4期。

贾敬颜：《五代宋金元人边疆行记十三种疏证稿》，中华书局2004年版。

金乌兰：《〈使高昌记〉拽利王子族考》，《纪念成吉思汗诞辰850周年学术研讨会论文集》，额尔古纳，2012年7月。

蒋礼鸿主编：《敦煌文献语言词典》，杭州大学出版社1994年版。

科科夫措夫：《阿力麻里出土的叙利亚基督教徒墓碑碑文考释》，陈开科译，《西域文史》第2辑，2007年。

克里亚施托尔内：《12世纪前中央亚细亚草原的鞑靼人及其国家》，丁淑琴译，《民族研究》2009年第1期。

拉施特：《史集》第一卷一分册，余大钧、周建奇译，商务印书馆1983年版。

兰殿君：《"阏氏"并非匈奴皇后的专称》，《文史杂志》1989年第2期。

兰州大学敦煌学研究所编：《敦煌吐鲁番文献研究》，兰州大学出版社1995年版。

劳心：《从敦煌文书文献看9世纪后的西州——兼论吐鲁番出土回鹘文木杵文书年代和沙州回鹘的兴衰》，《敦煌研究》2002年第1期。

李范文：《西夏陵墓出土残碑考释》，载作者著《西夏研究论集》，宁夏人民出版社1983年版。

李范文：《西夏陵墓出土残碑粹编》，文物出版社1984年版。

李符桐：《撒里畏吾儿（Sari-vigurs）部族考》，《边政公论》第3卷第8期，1955年，收入作者著《李符桐论著全集》，（台北）学生书局1992年版。

李符桐：《李符桐论著全集》，（台北）学生书局1992年版。

李军：《晚唐五代肃州相关史实考述》，《敦煌学辑刊》2005年第3期。

李军：《晚唐政府对河西东部地区的经营》，《历史研究》2007年第4期。

李军：《清抄本〈京兆翁氏族谱〉与晚唐河西历史》，《历史研究》2014年第3期。

李荣辉、袁刚：《9—14世纪北方草原地区基督教初探》，《宗教学研究》2016年第3期。

李逸友：《呼和浩特市万部华严经塔的金元明各代题记》，《文物》1977年第5期。

李逸友：《呼和浩特市万部华严经塔的金代碑铭》，《考古》1979年第4期。

李逸友：《〈辽史〉丰州天德军条证误》，《内蒙古文物考古》1995年Z1期。

李正宇：《晚唐五代甘州回鹘重要汉文文献之佚存》，《文献》1989年第4期。

刘浦江：《再论阻卜与鞑靼》，《历史研究》2005年第2期，收入作者著《松漠之间——辽金契丹女真史研究》，中华书局2008年版。

刘浦江：《松漠之间——辽金契丹女真史研究》，中华书局2008年版。
刘慧琴、陈海涛：《唐末五代沙陀集团中的粟特人及其汉化》，《烟台师范学院学报》（哲学社会科学版）第18卷第2期，2001年。
刘进宝、高田时雄编：《转型期的敦煌学》，上海古籍出版社2007年版。
刘迎胜：《蒙元时代中亚的聂思脱里教分布》，《元史及北方民族史研究集刊》第7辑，1983年。
刘迎胜：《9—12世纪民族迁移浪潮中的一些突厥、达旦部落》，《元史及北方民族史研究集刊》第12、13辑合期，1990年，收入《新疆通史》编撰委员会编《新疆历史研究论文选编》，新疆人民出版社2008年版。
刘迎胜：《蒙古征服前操蒙古语部落的西迁运动》，《欧亚学刊》第1期，1999年。
刘迎胜：《辽与漠北诸部——胡母思山蕃与阻卜》，《欧亚学刊》第3辑，2001年。
刘迎胜：《蒙古西征历史背景新探》，载作者著《西北民族史与察合台汗国史研究》，中国国际广播出版社2012年版。
刘迎胜：《西北民族史与察合台汗国史研究》，中国国际广播出版社2012年版。
刘永明：《散见敦煌历朔闰辑考》，《敦煌研究》2002年第2期。
陆庆夫：《河西达怛考述》，郑炳林主编《敦煌吐鲁番文献研究》，兰州大学出版社1995年版。
卢向前：《金山国立国之我见》，《敦煌学辑刊》1990年第2期。
罗常培：《唐五代西北方音》，国立中央研究院历史语言研究所1933年版。
罗新：《葛啜的家世》，《唐研究》第19卷。
罗香林：《唐元二代之景教》，（香港）中国学社1966年版。
麻赫穆德·喀什噶里：《突厥语大词典》全3卷，校仲彝等译，民族出版社2002年版。
马晓林：《评〈蒙元时代中国的东方叙利亚基督教〉》，《国际汉学研究通讯》2014年第9期。
马晓林：《元代景教人名学初探——以迁居济宁的阿力麻里景教家族为中心》，《北京大学学报》（哲学社会科学版）第53卷第1期，2016年。
孟楠：《论克烈人与西夏的关系》，《内蒙古社会科学》1998年第3期。
孟松林：《成吉思汗与蒙古高原》，新世界出版社2009年版。

米文平：《妪厥律即今颚温克》，《北方文物》1988年第2期，收入作者著《鲜卑史研究》，中州古籍出版社2000年版。

牛汝极：《文化的绿洲——丝路语言与西域文明》，新疆人民出版社2006年版。

牛汝极：《福建泉州景教碑铭的发现及其研究》，《海交史研究》2007年第2期。

牛汝极：《新疆阿力麻里古城发现的叙利亚文景教碑铭研究》，《西域研究》2007年第1期。

牛汝极：《十字莲花——中国元代叙利亚文景教碑铭文献研究》，上海古籍出版社2008年版。

牛汝极：《中亚七河地区突厥语部族的景教信仰》，《中国社会科学》2012年第7期。

牛汝辰、牛汝极：《〈突厥语词典〉第一卷新疆地名研究》，《西北史地》1987年第4期，收入校仲彝主编《〈突厥语词典〉研究论文集》，新疆人民出版社2006年版。

牛汝辰、牛汝极：《〈突厥语词典〉第三卷地名译释》，《西北史地》1990年第2期，收入《〈突厥语词典〉研究论文集》。

牛汝极、杨富学：《敦煌出土早期回鹘语世俗文献译释》，《敦煌研究》1994年第4期。

齐达拉图：《十至十二世纪蒙古高原部族史探究》，博士学位论文，内蒙古大学，2015年。

乞剌可思·刚扎克赛：《海屯行纪》，载何高济译《〈海屯行纪〉、〈鄂多立克东游录〉、〈沙哈鲁遣使中国记〉》，中华书局2002年版。

齐木德道尔吉：《从原蒙古语到契丹语》，《中央民族大学学报》（哲学社会科学版）2002年第3期。

齐木德道尔吉等编：《亦邻真蒙古学文集》，内蒙古人民出版社2001年版。

钱伯权：《龟兹回鹘国始末》，《新疆社会科学》1987年第2期。

丘古耶夫斯基：《俄藏敦煌汉文写卷中的官印及寺院印章》，魏迎春译，《敦煌学辑刊》1999年第1期。

饶宗颐：《敦煌邈真赞校录并研究》，《香港敦煌吐鲁番研究中心丛刊》第3辑，（台北）新文丰出版公司1994年版。

任小波：《唐宋之际河西地区的部族关系与护国信仰——敦煌PT1189.r号

〈肃州府主致河西节度书状〉译释》，《西域历史语言研究集刊》第 7 辑，2014 年。

荣新江：《归义军及其与周边民族的关系初探》，《敦煌学辑刊》1986 年第 2 期。

荣新江：《敦煌文献所见晚唐五代宋初中印文化交往》，《季羡林教授八十华诞纪念论文集》，江西人民出版社 1991 年版。

荣新江：《曹议金征甘州回鹘史事表微》，《敦煌研究》1991 年第 2 期。

荣新江：《英国图书馆藏敦煌汉文非佛教文献残卷目录 S6981 – S13624》，（台北）新文丰出版公司 1994 年版。

荣新江：《归义军史研究——唐宋时代敦煌历史考索》，上海古籍出版社 1996 年版。

荣新江：《曹氏归义军与中原的文化交往》，载作者著《归义军史研究——唐宋时代敦煌历史考索》。

荣新江：《北朝隋唐粟特人之迁徙及其聚落》，《国学研究》第 6 卷，1999 年，收入作者著《中古中国与外来文明》，三联书店 2001 年版。

荣新江：《中古中国与外来文明》，三联书店 2001 年版。

荣新江：《〈西州回鹘某年造佛塔功德记〉小考》，载张定京、阿不都热西提·亚库甫编《突厥语文学研究——耿世民教授 80 华诞纪念文集》，中央民族大学出版社 2009 年版。

荣新江：《9、10 世纪西域北道的粟特人》，吐鲁番学研究院编《第三届吐鲁番学暨欧亚游牧民族的起源与迁徙国际学术研讨会论文集》，上海古籍出版社 2010 年版，收入作者著《中古中国与粟特文明》，三联书店 2014 年版。

荣新江：《大中十年唐朝遣使册立回鹘史事新证》，《敦煌研究》2013 年第 3 期。

荣新江：《中古中国与粟特文明》，三联书店 2014 年版。

荣新江、罗丰主编：《粟特人在中国——考古发现与出土文献的新印证》上下册，科学出版社 2016 年版。

荣新江、朱丽双：《一组反映 10 世纪于阗与敦煌关系的藏文文书研究》，载作者著《于阗与敦煌》，甘肃教育出版社 2013 年版。

荣新江、朱丽双：《于阗与沙州归义军的交往》，载作者著《于阗与敦煌》，甘肃教育出版社 2013 年版。

荣新江、朱丽双：《于阗与敦煌》，甘肃教育出版社2013年版。

芮跋辞、吴国圣：《西安新发现唐代葛啜王子古突厥鲁尼文墓志之解读研究》，《唐研究》第19卷，2013年。

芮传明：《古突厥碑铭研究》，上海古籍出版社1998年版。

森安孝夫：《回鹘汗国葛啜王子墓志再解读及其历史意义》，白玉冬译，《唐研究》第21卷，2015年。

施安昌：《故宫藏敦煌己巳年樊定延酒破历初探》，《故宫博物院院刊》2000年第3期。

石坚军、张晓非：《元初汪古部政治中心变迁考》，《中国历史地理论丛》2014年第3期。

史卫民编：《辽金时代蒙古考》，内蒙古自治区文史研究馆1984年版。

孙秀仁等：《室韦史研究》，北方文物杂志社1985年版。

孙修身：《试论甘州回鹘和北宋王朝的交通》，《敦煌研究》1994年第4期。

松井太：《蒙元时代回鹘佛教徒和景教徒的网络》，白玉冬译，载徐忠文、荣新江主编《马可·波罗 扬州 丝绸之路》，北京大学出版社2016年版。

谭蝉雪：《〈君者者状〉辨析——河西达怛国的一份书状》，载敦煌研究院编《1994年敦煌学国际研讨会文集：纪念敦煌研究院成立五十周年》下册宗教文史卷，甘肃民族出版社2000年版。

谭其骧主编：《中国历史地图集》全8册，（香港）三联书店1992年版。

汤开建：《解开"黄头回纥"及"草头鞑靼"之谜——兼谈宋代的"青海路"》，《青海社会科学》1984年第4期。

田卫疆：《北宋时期西州回鹘相关史实考述》，《西域研究》2003年第1期。

吐鲁番学研究院编：《第三届吐鲁番学暨欧亚游牧民族的起源与迁徙国际学术研讨会论文集》，上海古籍出版社2010年版。

王重民等编：《敦煌变文集》上，人民出版社1957年版。

王弘力：《契丹小字墓志研究》，《民族语文》1986年第4期，收入陈乃雄、包联群编《契丹小字研究论文选编》，内蒙古人民出版社2005年版。

王国维：《长春真人西游记校注》，清华学校研究院1925年版，修订稿收入罗振玉编《海宁王忠悫公遗书》，1928年，另收入赵万里编《海宁王静安先生遗书》，商务印书馆1940年版，胡逢祥点校本收入谢维扬、房鑫亮主编《王国维全集》第11卷，浙江教育出版社2009年版。

王国维：《鞑靼考》，《清华学报》第3卷第1期，1926年，收入《观堂集林》第14卷，中华书局1957年版，另收入谢维扬、房鑫亮主编《王国维全集》第14卷。

王国维：《黑鞑事略笺证》，清华学校研究院，1926年，修订稿收入罗振玉编《海宁王忠悫公遗书》，1928年，另收入赵万里编《海宁王静安先生遗书》，商务印书馆1940年版，胡逢祥点校本收入谢维扬、房鑫亮主编《王国维全集》第11卷。

王国维：《金界壕考》，1927年，收入《观堂集林》第15卷，中华书局1957年版，另收入谢维扬、房鑫亮主编《王国维全集》第14卷。

王国维：《古行记校录》，罗振玉编《海宁王忠悫公遗书》，1928年，王东点校本收入谢维扬、房鑫亮主编《王国维全集》第11卷。

谢维扬、房鑫亮主编：《王国维全集》全20卷，浙江教育出版社2009年版。

王冀青：《有关金山国史的几个问题》，《敦煌学辑刊》第3辑，1982年。

王静如：《突厥文回纥英武威远毗伽可汗碑译释》，《辅仁学志》第7卷第1—2期合本，1938年。

汪楷：《元朝巩昌汪氏的族属探秘》，《内蒙古社会科学》2000年第5期。

汪受宽：《巩昌汪氏的族属及其与徽州汪氏的通谱》，《民族研究》2006年第2期。

汪受宽、汪小红：《可信与不可信——对漳县〈汪氏族谱〉的剖析》，《天水师范学院学报》第28卷第6期，2008年。

王天顺：《西夏地理研究》，甘肃文化出版社2002年版。

王小甫：《则可汗与车毗尸特勤》，《唐研究》第19卷，2013年。

王尧：《敦煌古藏文本〈北方若干国君之王统叙记〉文书》，《敦煌学辑刊》第2辑，1980年。

王尧：《法藏敦煌藏文文献解题目录》，民族出版社1999年版。

王尧：《敦煌吐蕃文书译释》，《王尧藏学文集》第4卷，中国藏学出版社2012年版。

王尧、陈践：《P. T1189〈肃州长官向天德王禀帖〉》，《敦煌吐蕃文书论文集》，四川人民出版社1988年版，收入王尧著《敦煌吐蕃文书译释》，《王尧藏学文集》第4卷，中国藏学出版社2012年版。

王媛媛：《中古波斯文〈摩尼教赞美诗集〉跋文译注》，《西域文史》第2辑，2007年。

王媛媛：《五代宋初西州回鹘"波斯外道"辨释》，《中国史研究》2014年第2期。

王治来：《世界境域志》，上海古籍出版社2010年版。

魏坚主编：《内蒙古文物考古文集》第2辑，1994年。

魏坚、张晓玮：《阴山汪古与景教遗存的考古学观察》，《边疆考古研究》第14辑，2013年。

乌兰：《〈蒙古源流〉研究》，辽宁民族出版社2000年版。

乌瑞：《吐蕃统治结束后甘州和于阗官府中使用藏语的情况》，耿昇译，《敦煌译丛》第1辑，1985年。

吴英喆：《契丹小字〈耶律仁先墓志〉补释》，《内蒙古大学学报》（哲学社会科学版）2002年第5期，收入陈乃雄、包联群编《契丹小字研究论文选编》，内蒙古人民出版社2005年版。

吴玉贵：《突厥第二汗国汉文史料编年辑考》全3册，中华书局2009年版。

西姆斯·威廉姆斯：《从敦煌吐鲁番出土写本看粟特语和突厥语的基督教徒》，陈怀宇译，《敦煌学辑刊》1997年第2期。

校仲彝主编：《〈突厥语词典〉研究论文集》，新疆人民出版社2006年版。

谢维扬、房鑫亮主编：《王国维全集》全20卷，浙江教育出版社2009年版。

《新疆通史》编撰委员会编：《新疆历史研究论文选编》，新疆人民出版社2008年版。

严耕望：《长安西北通灵州驿道及灵州四达交通线》，载作者著《唐代交通图考》第1卷（中央研究院历史语言研究所专刊），1985年。

严耕望：《唐通回纥三道》，载作者著《唐代交通图考》第2卷《河陇碛西区》（《中央研究院历史语言研究所专刊》），1985年。

严耕望：《唐代交通图考》全六册，《中央研究院历史语言研究所专刊》，1985年。

阎凤梧：《全辽金文》，山西古籍出版社2002年版。

杨宝玉、吴丽娱：《梁唐之际敦煌地方政权与中央关系研究——以归义军入贡活动为中心》，《敦煌学辑刊》2010年第2期。

杨宝玉、吴丽娱：《跨越河西与五代中原世界的梯航——敦煌文书P.3931校注与研究》，《中国社会科学院历史研究所学刊》第6集，2010年。

杨富学：《回鹘景教研究百年回顾》，《敦煌研究》2001年第2期。
杨富学：《裕固族东迁地西至哈至为沙瓜二州考》，阿不都热西提·亚库甫主编《西域—中亚语文学研究》，上海古籍出版社2015年版。
杨富学、陈爱峰：《辽朝与大食帝国关系考论》，《河北大学学报》2007年第5期。
杨秀清：《敦煌西汉金山国史》，甘肃人民出版社1998年版。
姚从吾：《张德辉〈岭北纪行〉足本校注》，《台大文史哲学报》第11期，1951年，收入作者著《姚从吾先生全集》第七册，（台北）正中书局1982年版。
亦邻真：《中国北方民族与蒙古族族源》，《内蒙古大学学报》（哲学社会科学版）1979年第3—4期，收入齐木德道尔吉等编《亦邻真蒙古学文集》，内蒙古人民出版社2001年版。
殷小平：《元代也里可温考述》，兰州大学出版社2012年版。
余大钧：《论阻卜与鞑靼之异同》，《历史研究》1981年第6期。
余大钧：《阻卜考》，《中国蒙古史学会1981年年会论文集》，收入《蒙古史论文选集》第1辑，呼和浩特市蒙古语文历史学会1983年版。
余大钧：《9世纪末至12世纪初鞑靼与契丹的关系》，中国民族史学会编《中国民族关系史论集》，青海人民出版社1988年版。
赞丹卓尕主编：《裕固族研究论文续集》上下册，兰州大学出版社2002年版。
张定京、阿不都热西提·亚库甫编：《突厥语文学研究——耿世民教授80华诞纪念文集》，中央民族大学出版社2009年版。
张广达：《关于马合木·喀什噶里的〈突厥语词汇〉与见于此书的圆形地图》，《中央民族学院学报》（哲学社会科学版）1978年第2期，修订本收入作者著《西域史地丛稿初编》，上海古籍出版社1995年版，另收入作者著《文书典籍与西域史地》，广西师范大学出版社2008年版。
张广达：《唐末五代宋初西北地区的班次和使次》，载《季羡林教授八十华诞纪念论文集》下，江西人民出版社，1991年，收入作者著《西域史地丛稿初编》，另收入作者著《文书典籍与西域史地》。
张广达：《西域史地丛稿初编》，上海古籍出版社1995年版。
张广达：《文书典籍与西域史地》，广西师范大学出版社2008年版。
张广达、耿世民：《唆里迷考》，《历史研究》1980年第2期，收入张广达著《西域史地丛稿初编》，另收入张广达著《文书典籍与西域史地》。

张广达、荣新江：《有关西州回鹘的一篇敦煌汉文文献——S.6551讲经文的历史学研究》，《北京大学学报》（哲学社会科学版）1989年第2期，收入张广达著《西域史地丛稿初编》，另收入张广达著《文书典籍与西域史地》。

张广达、荣新江：《于阗史丛考》，上海书店出版社1993年版。

张海斌主编：《包头文物考古文集》上下册，内蒙古大学出版社2009年版。

张佳佳：《元济宁路景教世家考论——以按檀不花家族碑刻材料为中心》，《历史研究》2010年第5期。

张久和：《原蒙古人的历史：室韦—达怛研究》，高等教育出版社1998年版。

张铁山：《〈故回鹘葛啜王子墓志〉之突厥如尼文考释》，《西域研究》2013年第4期。

张文生：《东突厥建牙漠南小考》，《中国边疆史地研究》2007年第3期。

张涌泉、陈浩编：《浙江与敦煌学——常书鸿先生诞辰一百周年纪念文集》，浙江古籍出版社2004年版。

张郁：《唐王逆修墓发掘纪要》，魏坚主编《内蒙古文物考古文集》第2辑，1994年。

赵国华：《中国兵学史》，福建人民出版社2004年版。

赵和平：《后唐时代甘州回鹘表本及相关汉文文献的初步研究——以P.3931号写本为中心》，载周一良、赵和平著《唐五代书仪研究》，中国社会科学出版社1995年版。

赵和平：《敦煌表状笺启书仪辑校》，江苏古籍出版社1997年版。

浙藏敦煌文献编纂委员会编：《浙藏敦煌文献》，浙江教育出版社2000年版。

郑炳林：《敦煌地理文书汇辑校注》，甘肃教育出版社1989年版。

郑炳林：《敦煌碑铭赞辑释》，甘肃教育出版社1992年版。

郑炳林：《唐五代敦煌金山国征伐楼兰史事考》，载敦煌研究院编《段文杰敦煌研究五十年纪念文集》，世界图书出版公司1996年版。

郑炳林：《晚唐五代归义军疆域演变研究》，载郑炳林主编《敦煌归义军史专题研究续编》，兰州大学出版社2003年版。

郑炳林：《晚唐五代归义军行政区划制度研究》，载郑炳林主编《敦煌归义军史专题研究续编》。

郑炳林主编：《敦煌归义军史专题研究》，兰州大学出版社1997年版。

郑炳林主编：《敦煌归义军史专题研究续编》，兰州大学出版社2003年版。

中国民族史学会编：《中国民族关系史论集》，青海人民出版社1988年版。

钟焓：《黑车子室韦问题重考》，《西北民族研究》2000年第2期。

钟焓：《辽代东西交通路线的走向——以可敦墓地望研究为中心》，《历史研究》2014年第4期。

周良霄：《达靼杂考》，《文史》第8辑，1980年。

周清澍：《汪古的族源——汪古部事辑之二》，《文史》第10辑，1981年。

周一良：《新发现十二世纪初阿拉伯人关于中国之记载》，《思想与时代》1947年第41期，收入作者著《魏晋南北朝史论集》，中华书局1963年版。

周一良：《魏晋南北朝史论集》，中华书局1963年版。

周一良、赵和平：《唐五代书仪研究》，中国社会科学出版社1995年版。

二 西文部分（包括英文、俄文、法文、蒙古文，按英语字母表顺序排列）

Aisin Gioro Ulhicun（爱新觉罗·乌拉熙春），"The Stone-Carved Jurchen Inscription on the Nine Peaks Cliff of Mongolia"，载白石典之编《モンゴル国所在の金代碑文遺跡の研究》，平成16—17年度科学研究費補助金基盤研究（C）研究成果報告書，新潟大学人文学部2006年版。

Аманжолов, А. С. *История и теория древнетюркского письма*, Алматы: Мектеп, 2003.

Aydin, E., Alimov, R. and Yıldırım, F. *Yenisey-Kırgızistan Yazıtları ve Irk Bitig*, Ankara: Bilge Su, 2013.

Bacot, J. "Reconnaissance en Haute Asie Septentrionale par Cinq Envoyès Ouigours au VIIIe Siècle", *JA*, Vol. 244, 1956.

Bailey, H. W. "Irano-Indica", *BSOAS*, Vol. 7, 1947, repr 1964.

Bailey, H. W., "The Seven Princes", *BSOAS*, Vol. 12, No. 3-4, 1948, repr 1964.

Bailey, H. W. "The Staël-Holstein Miscellany", *AM*. n. s., Vol. 2, No. 1, 1951.

Bailey, H. W. "Śri Viśa Śūra and the Ta—uang", *AM*. n. s., Vo. 11, No. 1, 1964.

Bailey, H. W. *Saka Documents Text Volume* (Corpus Inscriptionum Iranic-arum, Pt. 2: Inscriptions of the Seleucid and Parthian Period and of Eastern Iran and Central Asia, Vol. 5: Saka), London: Lund Humphries, 1968.

Bailey, H. W. *The Culture of the Sakas in Ancient Iranian Khotan* (Columbia Lecture on Iranian Studies, No. 1), New York: Caravan Books, 1982.

Bailey, H. W. "Ttattara", *Indo-Scythian Studies being Khotanese Texts*, Vol. 7, London: Cambridge University Press, 1985.

Батсүрэн, Б. "Уйгүр ба Байырку, Есөн татар нар 747 – 751 онд", *Journal of Eurasian Studies*, Vol. 2, 2010.

Borbone, P. G. "I Vangeli per la Principessa Sara, Un Manoscritto Siriaco Crisografato, Gli Öngut Cristani e Il Principe Giorgio", Egitto e Vicino Oriente, Vol. 26, 2003.

Borbone, P. G. "Some Aspects of Turco-Mongol Christianity in the Light of Literary and Epigraphic Syriac Sources", *Journal of Assyrain Academic Studies*, Vol. 19, No. 2, 2005.

Borbone, P. G. "Syroturcica 2: The Priest särgis in the White Pagoda", *Monumenta Serica*, Vol. 56, 2008.

Borbone, P. G. "More on the Priest Särgis in the White Pagoda: The Syro-Turkic Inscriptions of the White Pagoda, Hohhot", in L. Tang and D. W. Winkler, eds. *From the Oxus River to the Chinese Shores: Studies on East Syriac Christianity in China and Central Asia*, Berlin: Lit Verlag, 2013.

Boyle, J. A. "The Journey of Het' um I, King of Little Armenia, to the court of the great khanmöngke", *CAJ*, Vol. 9, No. 3, 1964.

Clauson, G. "À Propos du Manuscript Pelliot Tibétain 1283", *JA*, Vol. 245, 1957.

Clauson, G. *An Etymological Dictionary of Pre-Thirteenth Century Turkish*, Oxford: Clarendon Press, 1972.

Czeglédy, K. K. "Čoγay-quzï, Qara-qum, Kök-öng", *AOH*, Vol. 15, No. 1 – 3, 1962.

Czeglédy, K. K. "On the Numerical Composition of the Ancient Turkish Tribal Confederations", *AOH*, Vol. 25, 1972.

Czeglédy, K. K. "Gardīzī on the History of Central Asia (746 – 780 A. D.)", *AOH*, Vol. 27, 1973.

Dankoff, R. *Wisdom of Royal Glory (Kutadgu Bilig)*: *A Turko-Islamic Mirror for Princes*, by Yūsuf Khāṣṣ Ḥājib, Chicago: University of Chicago Press, 1983.

Dankoff, R. "Three Turkic Verse Cycles Relating to Inner Asian Warfare", in S. Tekin and I. Ševčenko, eds. *Eucharisterion*: *Essays Presented to Omeljan Pritsak*, Harvard Ukrainian Studies, Vol. 3 – 4, Part 1, Cambridge: Harvard University press, 1979 – 1980.

Dobrovits, M. "The Tölis and Tarduš in Turkic Inscriptions", in S. Grivelet, R. Meserve, A. Birtalan, and G. Stary, eds. *The Black Master*, *Essays on Central Eurasia in Honor of György Kara on His 70th Birthday*, Wiesbaden: Harrassowitz, 2005.

Drompp, M. R. *The Writings of Li Te-Yu as Sources for the History of T'ang Inner Asian Relations*, Ann Arbor, Michigan: University Microfilms International, 1986.

Drompp, M. R. "Breaking The Orkhon Tradition: Kirghiz Adherence to the Yenise Region after A. D. 840", *JAOS*, Vol. 119, No. 3, 1999.

Drompp, M. R. "The Uighur-Chinese Conflict of 840 – 848", in N. di Cosmo, ed. *Warfare in Inner Asian History* (500 – 1800), Leiden, Boston, Köln: Brill, 2002.

Dunlop, D. M. "The Karaits of Eastern Asia", *BSOAS*, Vol. 11, No. 2, 1944.

Emmerick, R. E. "The Consonant Phonemes of Khotanese", *Acta Iranica*, Vol. 7 (Monumentum Georg Morgensterne I, Leiden), 1981.

Geng Shimin and Klimkeit, H. J. *Das Zusammentreffen mit Maitreya*: *Die ersten fünf Kapitel der Hami-Version der Maitrisimit*, Teil I, Wiesbaden: Harrassowitz, 1988.

Golden, P. B. "Tatar", *The Encyclopaedia of Islam*, n. ed., Vol. 10, Leiden: Brill, 1960.

Golden, P. B. Cumanica Ⅳ: "The Tribes of the Cuman-Qipčaqs", *Archivum*

Eurasiae Medii Aevi, Vol. 9, 1997.

Golden, P. B. Cumanica Ⅱ: "Ölberlı (Ölperlı): The Fortunes and Misfortunes of an Inner Asian Nomadic Clan", in *Nomads and their Neighbours in the Russian Steppe: Turks, Khazars and Qipchaqs*, Aldershot, Hampshire: Ashgate, 2003.

Golden, P. B. *Nomads and their Neighbours in the Russian Steppe: Turks, Khazars and Qipchaqs*, Aldershot, Hampshire: Ashgate, 2003.

Gumilevs, L. N. *Searches for an Imaging kingdom: The Legend of the Kingdom of Prester John*, trans. R. E. F. Smith, New York: Cambridge University Press, 1987.

Halbertsma, T. H. F., "Nestorian Grave Sites and Grave Material from Inner Mongolia", in *Early Christian remains of Inner Mongolia: Discovery, Reconstruction and Appropriation*, Leiden, Boston: Brill, 2008.

Halbertsma, T. H. F., "Characteristics of Nestorian Grave Material from Inner Mongolia", in *Early Christian remains of Inner Mongolia: Discovery, Reconstruction and Appropriation.*

Halbertsma, T. H. F., *Early Christian remains of Inner Mongolia: Discovery, Reconstruction and Appropriation*, Leiden, Boston: Brill, 2008.

Hambis, L. "Deux Noms Chrètiens Chez les Tatar", *JA*, Vol. 241, 1953.

Hamilton, J. *Manuscripts Ouïgours du IXe-Xe siècle de Touen-Houang: Textes Établis, Traduits*, Paris: Peeters France, 1986.

Hamilton, J. "Le pays des Tchong-yun, Čungul, ou Cumuda au X Siècle", *JA*, Vol. 265, 1977.

Hamilton, J. "Nasales instables en turc khotanais du Xe siècle", *BSOAS*, Vol. 40, No. 3, 1977.

Hovdhaugen, E. "Turkish Words in Khotanese Texts: A Linguistic Analysis", *Norsk Tidsskrift for Sprogvidenskap*, Vol. 24, 1971.

Hunter, E. C. D. "The Conversion of the Kerait to Christianity in A. D. 1007", *Zentral Asiatische Studien*, Vol. 22, 1991.

Hunter, E. C. D. "The Church of the East in Central Asia", *Bulletin of the John Rylands University Library of Manchester*, Vol. 78, 1996.

Kamalov, A. "The Moghon Shine Usu Inscription as the Earliest Uighur Historical Annals", *CAJ*, Vol. 11, 2003.

Karlgren, B. *Analytic Dictionary of Chinese and Sino-Japanese*, Paris: Library Orientaliste Paul Geuthner, 1923.

Karlgren, B. *Grammata Serica Recensa*, Stockholm: Museum of Far Eastern Antiquities, 1957.

Kasai, Y. *Die Uigurischen Buddhistischen Kolophone*, *BT*, Vol. 26, Turnhout, 2008.

Kenneth Ch'en. "A Possible Source for Ricci's Notices on Regions Near China", *TP*, Vol. 34, 1938.

Кызласов, Л. Р. "Новая датировка памятников енисейской письменности", *Советская Археология*, No. 3, 1960.

Кызласов, Л. Р. "Земледельческое жертвоприношение древне Хакасской общины", *ST*, No. 1, 1987.

Klyashtorny, S. G. "The Terkhin Inscription", *AOH*, Vol. 36, No. 1–3, 1982.

Klyashtorny, S. G. "The Tes Inscription of the Uighur Bögü Qaghan", *AOH*, Vol. 39, No. 1, 1985.

Klyashtorny, S. G. "Девятая надпись с Уйбата", *ST*, No. 1, 1987.

Klyashtorny, S. G. "Das Reich der Tataren in der Zeit vor Ćinggis Khan", *CAJ*, Vol. 36, No. 1–2, 1992.

Кормушин, И. В. *Тюркские енисейские эпитафии: тексты и исследования*, Москва: Наука, 1997.

Kumamoto, H. "Two Khotanese Fragments Concerning Thyai Padä-tsā", *Tokyo University Linguistics Papers*, Vol. 11, 1991.

Lalou, M. *Inventaire des Manuscripts tibétains de Touen-houang conservés à la Bibliothèque Nationale* (Fonds Pelliot tibétain), 3 Vols., Paris: Bibliotheque Nationale de France, 1939–1961.

Le Coq, A. von. *Türkische Manichaica aus Chotscho*, Vol. 3, *APAW*, 1922.

Lieu, S. N. C., Eccles, L., Franzmann, M., Gardner, I. and Parry, K. eds., *Medieval Christian and Manichaean Remains from Quanzhou (Zayton), Corpus Fontium Manichaeorum Series Archaeologica et Iconographica*, Turnhout: Brepols, 2012.

Ligeti, L. "À propos du 《Rapport sur les rois demeurant dans le Nord》", in

Études tibétaines dédiées àlamémoire de Marcelle Lalou, Paris: Adrien Maisonneuve, 1971.

Maḥmūd el-Kāšġarī, *Compendium of the Turkic Dialects*, Edited and Translated with Introduction and Indices by Robert Dankoff, in Collaboration with James Kelly, Cambridge: Harvard University Printing Office, 3 Vols, 1982 – 1985.

Малов, С. Е. *Енисейская письменность тюрков: тексты ипереводы*, Москва: Изд-во Академии Наук СССР, 1952.

Martinez, A. P. "Gardīzī's Two Chapters on the Turks", *Archinum Eurasiae Medii Aevi*, Vol. 2, 1982.

Maria, A., Comneno, L. "Nestorianism in Central Asia during the First Millennium: Archaeological Evidence", *Journal of the Assyrian Academic Society*, 2011.

Matsui, D. "Old Uigur Toponyms of the Turfan Oases", in E. Ragagnin, J. Wilkens and G. Şilfeler, eds. *Kutadgu Nom Bitig: Festschrift für Jens Peter Laut zum 60. Geburtstag*, Wiesbaden: Harrassowitz Verlag, 2015.

Minorsky, V. *The Regions of The World: a Persian geography*, London: Messrs, Luzac, 1937.

Minorsky, V. *Sharaf al-Zamān Ṭāhir Marvazī on China, the Turks and India*, London: Royal Asiatic Society, 1942.

Mingana, A. "The Early Spread of Christianity in Central Asia and the Far East: A NewDocument", reprinted from *The Bulletin of the John Rylands Library*, Vol. 9, No. 2, 1925.

Moriyasu, T. "La Nouvelle Interprétation des Mots Hor et Ho-Yo-Hor dans le Manuscript Pelliot Tibétain 1283", *AOH*, Vol. 34, No. 1 – 3, 1980.

Moule, A. C. and Pelliot, P. *Marco Polo: The Description of the World*, Vol. 1, New York: Ams Press, 1976.

Müller, F. W. K. "Ein Doppelblatt aus einem Manichäischen Hymnenbuch (Mahrnâmag)", *APAW* 1912, nr. 5, 40 p. + 2 pls.

Orkun, H. N. *Eski Türk Yazıtları*, 4 Vols., İstanbul: Devlet Basımevi, 1936 – 1940, Vol. 3, 1940.

Paolillo, M. "White Tatars: The Problem of the Origin of the Öngüt Conversion to Jingjiao and the Uighur Conection", in L. Tang and D. W. Winkler, eds. *From the Oxus River to the Chinese Shores: Studies on East Syriac Christianity in China and Central Asia*, Berlin: Lit Verlag, 2013.

Pelliot, P. *Notes on Marco Polo*, 3vols. , Paris: Imprimerie Nationale, 1959 – 1963.

Pullyblank, E. G. "The Date of the Staël-Holstein Roll", *AM*. n. s. , Vol. 4, No. 1, 1954.

Radloff, W. *Die Alttürkischen Inschriften der Mongolei*, 3Vols. , St. Petersburg, 1894 – 1899, repr. 2Vols. , Osnabrück: Otto Zeller, 1987, Vol. 1.

Ragagnin, E. , Wilkens J. and Şilfeler, G. eds. , *Kutadgu Nom Bitig: Festschrift für Jens Peter Laut zum 60. Geburtstag*, Wiesbaden: Harrassowitz Verlag, 2015.

Ramstedt, G. J. "Zwei Uigurische Runenin Schriften in der Nord-Mongolei", *Journal de la Société Finno-Ougrienne*, Vol. 30, No. 3, 63 p + 3 pls.

Seaman, G. and Marks, D. eds. , *Rulers from the Steppe State Formation on the Eurasian Periphery*, Los Angeles: Ethnographics Press, 1991.

Sertkaya, O. F. "Zu den Name türkischer Christen in verlorengegangenen altuigurischen Urkunden", in T. Pang, Simone-Christiane Raschmann and G. Winkelhane, eds. *Unknown Treasures of the Altaic World in Libraries, Archives and Museums: 53rd annual meeting of the Permanent International Altaistic Conference, institute of Oriental Manuscripts*, Berlin: Klaus Schwarz, 2013.

Sims-Williams, N. *The Christian Sogdian Manuscript C 2*, *BT*, Vol. 12, 1985.

Sims-Williams, N. *Biblical and other Christian Sogdian Texts from the Turfan Collection*, *BT*, Vol. 32, 2014.

Sims-Williams, N. and Hamilton, J. *Documents Turco-Sogdiens du IXe-Xe Siècle de Touen-Houang* (*Corpus Inscriptionum Iranicarum*, Pt. 2: Inscriptions of the Seleucid and Parthian Periods and of Eastern Iran and Central Asia, Vol. 3: Sogdian, 3), London: School of Oriental and African Studies, 1990.

Skjærvø, P. O. *Khotanese Manuscripts from Chinese Turkestan in the British Librarym, A Complete Catalogue with Texts and Translations*, with contribution by U. Sims-Williams, London: British Library Publishing, 2002.

Шинэхуу, М. *Тариатын Орхон бичгийн шинэ дурсгал*, Улаанбаатар: Шинжлэх Ухааны Академийн Хэвлэл, 1975.

Ščerbak, A. "L'inscription Runique d'Oust-Elégueste (Touva)", *UAJ*, Vol. 35, 1963.

Takata, T. "Phonological Variation among Ancient North-Western Dialects in Chinese", in I. Popova and Y. Liu eds. *Dunhuang Studies: Prospects and Problems for the Coming Sencond Century of Research*, St. Petersburg: Institute of Oriental Manuscripts, Russian Academy of Sciences, 2012.

Takeuchi, T. "A Group of Old Tibetan Letters Written Under Kuei-i-chün: a Preliminary Study for the Classification of Old Tibetan Letters", *AOH*, Vol. 44, 1990.

Takeuchi, T. *Old Tibetan Contracts from Central Asia*, Tokyo: Daizo Shuppan, 1995.

Tang, L. *East Syriac Christianity in Mongol-Yuan China*, Wiesbaden: Otto Harrassowitz Verlag, 2011.

Tang, L. "Nestorian Relics in Inner Mongolia", in *East Syriac Christianity in Mongol-Yuan China*.

Tang, L. "The Turkic-Speaking Ongut Area", in *East Syriac Christianity in Mongol-Yuan China*.

Tang, L. "The Term 'Diexie' (Persian: Tarsā; 迭屑)", in East Syriac Christianity in Mongol-Yuan China.

Tekin, T. *A Grammar of Orkhon Turkic*, Bloomington: Indiana University, 1968.

Tekin, T. "The Tariat (Terkhin) Inscription", *AOH*, Vol. 37, No. 1-3, 1983.

Tekin, T. "Nine Notes on the Tes Inscription", *AOH*, Vol. 42, No. 1, 1988.

Tekin, T. *Orhon Yazıtları*, Ankara: Türk Dil Kurumu yayınları, 2014.

Togan, I. *Flexibility and Limitation in Steppe Formations, The Kereit Khanate and Chinggis Khan*, (*The Ottoman Empire and its Heritage*, Vol. 15), Leiden, New York, Köln: Brill, 1998.

Uray, G. "L'emploi du Tibétain dans les Chancelleries des États du Kan-Sou et de Kotan Postérierurs à la Domination Tibétaine", *JA*, Vol. 269, 1981.

Васильев, Д. Д. *Корпус тюркских рунических памятников бассейна Енисея*,

Ленинград: Наука, 1983.

Vasilyev, D. D. "New Finds of Old Turkic Inscriptions in Southern Siberia", in G. Seaman and D. Marks, eds., *Rulers from the Steppe State Formation on the Eurasian Periphery*, Los Angeles: Ethnographics Press, 1991.

Vasiliyev, D. ed., *Orhun, The Atlas of Historical Works in Mongolia*, Ankara: Turkish International Cooperation Agency, 1995.

Venturi, F. "An Old Tibetan Document on the Uighurs: A New Translation and Interpretation", *Journal of Asian History*, Vol. 42, 2008.

Yoshida, Y. "Some Reflections about the Origin of Čamūk", 载森安孝夫主编《中央アジア出土文物論叢》,（京都）朋友书店 2004 年版。

Yule, H. *The Book of Ser Marco Polo: the Venetian Concerning the Kingdoms and Marvels of the East*, 2vols., London: John Murray, 1903.

Zhang Tieshan and Peter Zieme, "A Memorandum about the King of the On Uygur and His Realm", *AOH*, Vol. 64, No. 2, 2011.

Zieme, P. *Altuigurische Texte der Kirche des Ostens aus Zentralasien: Old Uigur Texts of the Church of the East from Central Asia*, Gorgias Eastern Christian Studies, Vol. 41, 2015.

三　日文部分（按日语五十音图顺序排列）

赤木崇敏：《曹氏帰義軍時代の外交関係文書》，载森安孝夫主编《シルクロードと世界史》，大阪大学 21 世纪 COE プログラム〈インターフェイスの人文学〉，（2002—2003 年度报告书），（丰中）大阪大学文学研究科 2003 年版。

赤木崇敏：《帰義軍時代チベット文手紙文書 P. T. 1189 訳註稿》，载荒川正晴编《東トルキスタン出土〈胡漢文書〉の総合調査》，平成 15—17 年度科学研究费补助金研究成果报告书，（丰中）大阪大学文学部 2006 年版。

赤木崇敏：《唐代前半期の地方文書行政——トゥルファン文書の検討を通じて》，《史学雑誌》第 117 编第 11 号，2009 年。

赤木崇敏：《十世紀敦煌の王権と転輪聖王観》，《東洋史研究》第 69 卷第 2 号，2010 年。

安部健夫：《西ウィグル国史の研究》，（京都）汇文堂书店1955年版。
荒川正晴：《唐朝の交通システム》，《大阪大学大学院文学研究科紀要》第40卷，2000年。
荒川正晴：《東トルキスタン出土〈胡漢文書〉の総合調査》，平成15—17年度科学研究費補助金研究成果報告書，（丰中）大阪大学文学部2006年版。
荒川正晴：《ユーラシアの交通・交易と唐帝国》，（名古屋）名古屋大学出版会2010年版。
荒松雄編：《内陸アジア世界の形成》（岩波講座世界歴史6），（东京）岩波书店1971年版。
池田温：《沙州図経略考》，《榎博士還暦記念東洋史論叢》，（东京）山川出版社1975年版。
岩佐精一郎：《突厥毗伽可汗碑文の紀年》，載和田清編《岩佐精一郎遺稿》，（东京）三秀舎1936年版。
岩佐精一郎：《突厥の復興に就いて》，載和田清編《岩佐精一郎遺稿》。
石見清裕：《羈縻支配期の唐と鐵勒僕固部——新出「僕固乙突墓誌」から見て》，《東方学》第127辑。
江上波夫：《オロン・スム遺跡調査日記》，（东京）山川出版社2005年版。
榎一雄：《王韶の熙河經略に就いて》，《蒙古学報》第1号，1939年，收入作者著《榎一雄著作集》第7卷，（东京）汲古书院1994年版。
榎一雄：《榎一雄著作集》第7卷，（东京）汲古书院1994年版。
榎一雄編：《講座敦煌2》（敦煌の歴史），（东京）大东出版社1980年版。
大澤孝：《北モンゴリア・テス碑文の諸問題》（第38届日本阿尔泰学会報告要旨），《東洋学報》第77卷第3—4号，1995年。
大澤孝：《テス碑文》，載森安孝夫、敖其尔編《モンゴル国現存遺跡・碑文調査研究報告》，（丰中）中央ユーラシア学研究会1999年版。
大澤孝：《ホル・アスガト（Хөл Асгат）碑銘再考》，《内陸アジア言語の研究》第25辑，2010年。
岡田英弘：《モンゴルの統一》，載護雅夫、神田信夫編《北アジア史（新版）》（世界各国史12），（东京）山川出版社1981年版。
小野川秀美：《汪古部の一解釈》，《東洋史研究》第2卷第4号，1938年。

小野川秀美：《突厥碑文譯註》，《満蒙史論叢》第 4 辑，1943 年。
片山章雄：《Toquz Oγuz と「九姓」の諸問題について》，《史学雑誌》第 90 编第 12 号，1981 年。
片山章雄：《突厥第二可汗国末期の一考察》，《史朋》第 17 号，1984 年。
片山章雄：《シネ＝ウス碑文における748 年》，《迴纥タリアト・シネ＝ウス両碑文（8 世紀中葉）のテキスト復原と年代記載から見た北・東・中央アジア》，（平塚）東海大学文学部 1994 年版。
片山章雄：《タリアト碑文》，載森安孝夫、敖其尔编《モンゴル国現存遺跡・碑文調査研究報告》，（丰中）中央ユーラシア学研究会 1999 年版。
金子修一：《隋唐の国際秩序と東アジア》，（东京）名著刊行会 2001 年版。
樺山紘一等编：《中央ユーラシアの統合》（岩波講座世界歴史 11），（东京）岩波书店 1997 年版。
川崎浩孝：《カルルク西遷年代考——シネウス・タリアト両碑文の再検討による》，《内陸アジア言語の研究》第 8 辑，1993 年。
桑田六郎：《回鹘衰亡考》，《東洋学報》第 17 卷第 1 号，1928 年。
吴英喆：《契丹小字史料における「失（室）韋」》，《日本モンゴル学会紀要》第 45 号，2015 年。
齊藤茂雄：《唐代單于都護府考——その所在地と成立背景について》，《東方学》第 118 辑，2009 年。
齊藤茂雄：《唐後半期における陰山と天徳軍——敦煌発見〈駅程記断簡〉（羽〇三三）文書の検討を通じて》，《関西大学東西学術研究所紀要》第 47 卷，2014 年。
坂尻彰宏：《敦煌判憑文書考序論》，載森安孝夫主编《シルクロードと世界史》，大阪大学 21 世纪 COE プログラム〈インターフェイスの人文学〉，（2002—2003 年度报告书）。
坂尻彰宏：《大英図書館蔵五代敦煌帰義軍酒破歴的 S.8426》，《大阪大学大学院文学研究科紀要》第 50 卷，2010 年。
佐口透：《サリク・ウイグル種族史考》，《山本博士還暦記念東洋史論叢》，（东京）山川出版社 1972 年版。
櫻井益雄：《怯烈考》，《東方学報（東京）》第 7 卷，1936 年。
佐藤長：《古代チベット史研究》上册，（京都）東洋史研究会 1958 年版。

佐伯好郎：《内蒙百靈廟付近に於ける景教徒の墓石》，載作者著《支那基督教の研究》第2卷，（东京）春秋社1943年版。

佐伯好郎：《元主忽必烈が欧洲に派遣したる景教僧の旅行誌》，（东京）春秋社1943年版。

佐伯好郎：《支那基督教の研究》第2卷，（东京）春秋社1943年版。

白石典之：《モンゴル部族の自立と成長の契機——十一—十二世紀の考古学資料を中心に》，《人文科学研究》第86辑，1994年。

白石典之：《9世紀後半から12世紀のモンゴル高原》，《東洋学報》第82卷第4号，2001年。

白石典之：《モンゴル帝国史の考古学的研究》，（东京）同成社2002年版。

白鳥庫吉：《東胡民族考》，《史学雑誌》第21卷第4、7、9号，第22卷第1、5、11、12号，第23卷第2、3、10、11、12号，第24卷第1、7号，1910—1913年，收入作者著《白鳥庫吉全集》第4卷，（东京）岩波书店1970年版。

白鳥庫吉：《室韋考》，《史学雑誌》第30卷第1、2、4、6、7、8号，1919年，收入作者著《白鳥庫吉全集》第4卷。

白鳥庫吉：《白鳥庫吉全集》第4卷，（东京），岩波书店1970年版。

代田貴文：《カラハン朝の東方発展》，《中央大学大学院研究年報》第5辑，1976年。

鈴木宏節：《突厥可汗國の建國と王統觀》，《東方学》第105辑，2008年。

鈴木宏節：《唐代漠南における突厥可汗國の復興と展開》，《東洋史研究》第70卷第1号，2011年。

鈴木宏節：《内モンゴル自治区発現の突厥文字銘文と陰山山脈の遊牧中原》，《内陸アジア言語の研究》第28辑，2013年。

鈴木宏節：《唐の羈縻支配と九姓鉄勒の思結部》，《内陸アジア言語の研究》第30辑，2015年。

杉山正明：《モンゴル帝国と大元ウルス》，（京都）京都大学学術出版会2004年版。

高田時雄：《ウイグル字音考》，《東方学》第70辑，1985年。

高田時雄：《コータン文書中の漢語語彙》，載尾崎雄二郎、平田昌司編《漢語の諸問題》，（京都）京都大学人文科学研究所1988年版。

高田時雄：《敦煌資料による中国語史の研究——九、十世紀の河西方言》，（东京）创文社1988年版。

高田時雄：《ウイグル字音史大概》，《東方学報（京都）》第62卷，1990年。

高田時雄：《李盛鐸舊藏寫本〈驛程記〉初探》，《敦煌寫本研究年報》第5輯，2011年。

武内紹人：《敦煌・トルキスタン出土チベット語手紙文書の研究序説》，載山口瑞鳳編《チベットの仏教と社会》，（东京）春秋社1986年版。

武内紹人：《歸義軍期から西夏時代のチベット語文書とチベット語使用》，《東方学》第104輯，2002年。

田中峰人：《甘州ウイグル政権の左右翼体制》，載森安孝夫編《ソグドからウイグルへ》，（东京）汲古書院2011年版。

田村実造：《モンゴル族の始祖説話と移住の問題》，《東洋史研究》第23卷第1号，1963年，收入作者著《中国征服王朝の研究》中册，（京都）東洋史研究会1971年版。

田村実造：《中国征服王朝の研究》中册，（京都）東洋史研究会1971年版。

チュグイェフスキー：《ソ連邦科学アカデミー東洋学研究所所藏敦煌写本における官印と寺印》，荒川正晴译，《吐魯番出土文物研究会会報》第98、99号合刊，1994年。

津田左右吉：《遼代烏古敵烈考》，《満鮮地理歴史研究報告》第2卷，1916年，收入作者著《津田左右吉全集》第12卷，（东京）岩波書店1964年版。

土肥義和：《帰義軍（唐後期・五代・宋初）時代》，榎一雄編《講座敦煌2》（敦煌の歴史），（东京）大東出版社1980年版。

土肥義和：《敦煌発見唐・回鶻間交易関係漢文文書断簡考》，《中国古代の法と社会——栗原益男先生古希記念論集》，（东京）汲古書院，1988年。

内藤みどり：《東ローマと突厥との交渉に関する史料——Menandri Protectori Fragmenta 訳註》，《遊牧社会史探究》第22輯，1963年，收入作者著《西突厥史の研究》，（东京）早稲田大学出版部1988年版。

内藤みどり：《西突厥史の研究》，（东京）早稲田大学出版部1988年版。

中島琢美：《南走派ウイグルについて》，《史游》第2辑，1980年。
中島琢美：《南走派ウイグル史の研究》，《史游》第12辑，1983年。
中島琢美：《会昌年間に於けるキルギス使節団の到来に就いて（一）》，《史游》第10辑，1983年。
中島琢美：《南走派ウイグル衰滅に関する一試論》，《史游》第5辑，1981年。
中田裕子：《唐代六胡州におけるソグド系突厥》，《東洋史苑》第72卷，2009年。
長澤和俊：《遼の西北路経営について》，《史学雑誌》第66卷第8号，1957年，収入作者著《シルクロード史研究》，（东京）国书刊行会1979年版。
長澤和俊：《王延徳の〈使高昌記〉について》，《東洋学術研究》第14卷第5号，1975年，収入作者著《シルクロード史研究》。
長澤和俊：《遼代吐蕃遣使考》，載作者著《シルクロード史研究》。
長澤和俊：《シルクロード史研究》，（东京）国书刊行会1979年版。
長澤和俊：《遼代回鶻路考》，載早稲田大学文学部東洋史研究室編《中国正史の基礎的研究》，（东京）早稲田大学出版部1984年版。
長田夏樹：《十二世紀における蒙古諸部族の言語— Mongolo— Turcica 2》，《東方学》第5辑，1952年，収入作者著《長田夏樹論述集》下，（京都）ナカニシヤ2001年版。
長田夏樹：《長田夏樹論述集》下，（京都）ナカニシヤ2001年版。
西村陽子：《唐末五代の代北における沙陀集団の内部構造と代北水運使——〈契苾通墓誌銘〉の分析を中心として》，《内陸アジア史研究》第23辑，2008年。
西村陽子：《唐末〈支謨墓誌銘〉と沙陀の動向》，《史学雑誌》第118編第4号，2009年。
白玉冬：《東ウイグル可汗国時代の九姓タタル——特にウイグルのルーン文字碑文から》，*Quaestiones Mongolorum Disputatae*，Vol. 5，2009年。
白玉冬：《8—10世紀における三十姓タタル=室韋史研究——モンゴル民族勃興前史として》，博士学位論文，大阪大学，2009年。
白玉冬：《8世紀の室韋の移住から見た九姓タタルと三十姓タタルの関係》，《内陸アジア史研究》第25辑，2011年。

白玉冬：《内モンゴル発見突厥ルーン文字チャガンオボー銘文について》，*Quaestiones Mongolorum Disputatae*, Vol. 6, 2011 年。

白玉冬：《10 世紀から11 世紀における九姓タタル国》，《東洋学報》第 93 巻第 1 号，2011 年。

白玉冬：《十世紀における九姓タタルとシルクロード貿易》，《史学雑誌》第 120 編第 10 号，2011 年。

白玉冬：《沙陀後唐・九姓タタル関係考》，《東洋学報》第 97 巻第 3 号，2015 年。

白玉冬、松井太：《フフホト白塔のウイグル語題記銘文》，《内陸アジア言語の研究》第 31 輯，2016 年。

羽田亨：《唐光啓元年書寫沙州・伊州地志残卷に就いて》，《池内博士還暦記念東洋史論叢》，（东京）座右宝刊行会1940 年版，收入作者著《羽田博士史学論文集》上卷历史篇，（京都）同朋社1957 年版。

羽田亨：《唐代回鶻史の研究》，《羽田博士史学論文集》上卷历史篇。

羽田亨：《羽田博士史学論文集》上卷历史篇，（京都）同朋社1957 年版。

林俊雄：《2013 年西安発見迴鶻王子墓誌》，《創価大学人文論集》第 26 輯，2014 年。

藤枝晃：《沙州帰義軍节度使始末（二）》，《東方学報（京都）》第 12 巻第 4 号，1942 年。

前田正名：《河西の歴史地理学的研究》，（东京）吉川弘文館1964 年版。

前田直典：《十世紀時代の九族達靼——蒙古人の蒙古地方の成立》，《東洋学報》第 32 巻第 1 号，1948 年，收入作者著《元朝史の研究》，（东京）东京大学出版会1973 年版。

前田直典：《元朝史の研究》，（东京）东京大学出版会1973 年版。

枡本哲：《南シベリアアバカン近郊発見の玉冊片について》，《大阪府埋葬文化財協会研究紀要——设立10 周年记念论集》第 3 辑，1995 年。

松井太：《契丹とウイグルの関係》，《契丹（遼）と10—12 世紀の東部ユーラシア》（《アジア遊学》第 160 辑），2013 年。

松井等：《契丹可敦城考——附阻卜考》，《満鮮地理歴史研究報告》第 1 卷，1915 年。

松田寿男、森鹿三主编：《アジア歴史地図》，（东京）平凡社1984 年版。

村上正二：《モンゴル秘史——チンギス・カン物語》第 2 册，（东京）平凡社 1972 年版。

村上正二：《モンゴル秘史——チンギス・カン物語》第 3 册，（东京）平凡社 1976 年版。

室永芳三：《唐代の代北の李氏について——沙陀部族考その3》，《有明工業高等専門学校紀要》第 7 辑，1971 年。

森部豊：《唐末五代の代北におけるソグド系突厥と沙陀》，《東洋史研究》第 62 卷第 4 号，2004 年。

森部豊、石見清裕：《唐末沙陀〈李克用墓誌〉訳注・考察》，《内陸アジア言語の研究》第 18 辑，2003 年。

護雅夫：《突厥第一帝国における qaγan 号の研究》，原名《東突厥官稱号考序説》，《東洋学報》第 37 卷第 3 号，1954 年，修订后收入作者著《古代トルコ民族史研究》第 1 卷，（东京）山川出版社 1967 年版。

護雅夫：《イェニセイ碑文に見える qu（o?）y, öz 両語について》，《東洋学報》第 45 卷第 1 号，1962 年，修订稿《イェニセイ碑文に見える qu（o?）y, öz 両語の意義》收入作者著《古代トルコ民族史研究》第 1 卷。

護雅夫：《突厥の国家——〈オルホン碑文〉を中心に》，载《古代史講座》第 4 册，（东京）学生社 1962 年版，修订稿《突厥の国家構造》，收入作者著《古代トルコ民族史研究》第 1 卷。

護雅夫：《古代チュルクの社会に関する覚書——〈イェニセイ碑文〉を中心に》，载石母田正等编《古代史講座》第 6 卷，（东京）学生社 1962 年版，修订稿《古代チュルクの社会構造》收入作者著《古代トルコ民族史研究》第 1 卷。

護雅夫：《古代トルコ民族史研究》第 1 卷，（东京）山川出版社 1967 年版。

護雅夫：《イェニセイ銘文に見える "säkiz adaqlïγ barïm" について》，《日本大学人文科学研究所研究紀要》第 32 辑，1986 年，收入作者著《古代トルコ民族史》第 2 卷，（东京）山川出版社 1992 年版。

護雅夫：《アルトゥン＝キョル第二銘文考釈》，《東方学会創立 40 周年記念東方学論集》，（东京）東方学会 1987 年版，收入作者著《古代トルコ民族史研究》第 2 卷，（东京）山川出版社 1992 年版。

護雅夫：《古代トルコ民族史研究》第 2 卷，（东京）山川出版社 1992 年版。

森安孝夫：《ウイグル仏教史史料としての棒杭文書》,《史学雑誌》第 83 編第 5 号, 1974 年, 修订稿《西ウイグル王国史の根本史料としての棒杭文書》収入作者著《東西ウイグルと中央ユーラシア》, 名古屋, 名古屋大学出版会 2015 年版。

森安孝夫：《ウイグルの西遷について》,《東洋学報》第 59 巻第 1 号, 1977 年, 収入作者著《東西ウイグルと中央ユーラシア》。

森安孝夫：《チベット語史料中に現れる北方民族——DRU-GU と HOR》,《アジア・アフリカ言語文化研究》第 14 輯増刊, 1977 年。

森安孝夫：《ウイグルと敦煌》, 載榎一雄編《講座敦煌 2》（敦煌の歴史）,（東京）大東出版社 1980 年版, 修订稿収入作者著《東西ウイグルと中央ユーラシア》。

森安孝夫：《イスラム化以前の中央アジア史研究の現況について》,《史学雑誌》第 89 巻第 10 号, 1980 年。

森安孝夫：《ウイグル語文献》, 載山口瑞鳳編《講座敦煌 6》（敦煌胡語文献）,（東京）大東出版社 1985 年版。

森安孝夫：《トルコ仏教の源流と古トルコ語仏典の出現》,《史学雑誌》第 98 編第 4 号, 1989 年, 修订后収入作者著《東西ウイグルと中央ユーラシア》。

森安孝夫：《ウイグル文書劄記（その二）》,《内陸アジア言語の研究》第 5 輯, 1990 年。

森安孝夫：《ウイグル＝マニ教史の研究》,（京都）朋友書店 1991 年版。

森安孝夫：《オルトク（斡脱）とウイグル商人》,《近世・近代中国及び周辺地域における諸民族の移動と地域開発》, 平成 7—8 年度科学研究費补助金研究成果報告書,（丰中）大阪大学文学部 1997 年版。

森安孝夫：《シルクロードのウイグル商人——ソグド商人とオルトク商人の間》, 載樺山紘一等編《中央ユーラシアの統合》（岩波講座世界歴史 11）,（東京）岩波书店 1997 年版。

森安孝夫：《河西帰義軍節度使の朱印とその編年》,《内陸アジア言語の研究》第 15 輯, 2000 年, 第 1—121 頁, +1 table, +10 pls.

森安孝夫：《ウイグル文字文化からモンゴル文字文化へ》,《日本モンゴル学会紀要》第 31 輯, 2001 年。

森安孝夫：《シルクロードと唐帝国》,《興亡の世界史 5》,（東京）讲谈社 2007 年版。

森安孝夫：《東西ウイグルと中央ユーラシア》，（名古屋）名古屋大学出版会 2015 年版。

森安孝夫主編：《シルクロードと世界史》，大阪大学 21 世紀 COE プログラム《インターフェイスの人文学》，（2002、2003 年度报告书），（丰中）2003 年。

森安孝夫、敖其尔編：《モンゴル国現存遺跡・碑文調査研究報告》，（丰中）中央ユーラシア学研究会 1999 年版。

森安孝夫、吉田豊：《モンゴル国内突厥ウイグル時代遺跡・碑文調査報告》，《内陸アジア言語の研究》第 13 辑，1998 年。

森安孝夫等：《シネウス碑文訳注》，《内陆アジア言語の研究》第 24 辑，2009 年。

山口瑞鳳：《吐蕃支配期以後の諸文書》，载作者編《講座敦煌 6》（敦煌胡語文献），（东京）大东出版社 1985 年版。

山口瑞鳳編：《講座敦煌 6》（敦煌胡語文献），（东京）大东出版社 1985 年版。

山口瑞鳳編：《チベットの仏教と社会》，（东京）春秋社 1986 年版。

山田信夫：《トルキスタンの成立》，载荒松雄編《内陸アジア世界の形成》（岩波講座世界歴史 6），（东京）岩波书店 1971 年版，收入作者著《北アジア遊牧民族史研究》，（东京）东京大学出版会 1989 年版。

山田信夫：《九世紀ウイグル亡命移住者集団の崩壊》，《史窓》第 42 辑，1986 年，收入作者著《北アジア遊牧民族史研究》。

山田信夫：《北アジア遊牧民族史研究》，（东京）东京大学出版会 1989 年版。

箭内亘：《韃靼考》，《満鮮地理歴史研究報告》第 5 卷，1919 年，收入作者著《蒙古史研究》，（东京）刀江书院 1930 年版。

吉田豊：《ソグド語文献》，载山口瑞鳳編《講座敦煌 6》（敦煌胡語文献），（东京）大东出版社 1985 年版。

吉田豊、森安孝夫：《ブグド碑文》，载森安孝夫、奥其尔編《モンゴル国現存遺跡・碑文調査研究報告》，（丰中）中央ユーラシア学研究会 1999 年版。

和田清編：《岩佐精一郎遺稿》，（东京）三秀舎 1936 年版。

四 文献典籍部分（按责任者名称中文拼音字母表顺序排列）

董浩：《全唐文》，中华书局1987年版。
杜牧：《樊川文集》，上海古籍出版社1978年版。
甘肃省文献征集委员会编：《陇右金石录》，甘肃省文献征集委员会1943年版。
高楠顺次郎等辑：《大正新修大藏经》，（台北）新文丰出版公司1973年版。
国家图书馆善本金石组编：《辽金元石刻文献全编》全3册，北京图书馆出版社2003年版。
国家图书馆善本金石组编：《历代石刻史料汇编》全16册，北京图书馆出版社2000年版。
胡聘之：《山右石刻丛编》，山西人民出版社1988年版。
黄溍：《金华黄先生文集（元刻本）》，（台北）台湾商务印书馆1965年版。
黄勇武主编：《敦煌宝藏》全140卷，（台北）新文丰出版公司1981—1986年版。
洪浩：《松漠纪闻》，《文渊阁四库全书》第407册，（台北）台湾商务印书馆1983年版。
乐史：《太平寰宇记》，（台北）文海出版社1963年版。
郦道元：《水经注》，上海古籍出版社1990年版。
李吉甫：《元和郡县图志》，贺次君点校，中华书局1983年版。
李筌：《神机制敌太白阴经》，《丛书集成新编》第32册，（台北）新文丰出版公司1985年版。
李焘：《续资治通鉴长编》，中华书局1980年版。
李心传：《建炎以来朝野杂记》，中华书局2000年版。
李贤等：《大明一统志》，（台北）台联国风出版社1977年版（天顺五年御制序刊本景印）。
刘昫：《旧唐书》，中华书局1975年版。
马端临：《文献通考》，中华书局1999年版。

欧阳修：《新五代史》，中华书局1974年版。

欧阳修、宋祁等：《新唐书》，中华书局1975年版。

欧阳修、宋祁等：《新唐书》（武英殿本），（台北）艺文印书馆1953年版。

上海古籍出版社、法国国家图书馆合编：《法藏敦煌西域文献》全34卷，上海古籍出版社1995—2005年版。

司马光：《资治通鉴》，中华书局1956年版。

司马迁：《史记》，中华书局1959年版。

苏天爵编：《元文类》，商务印书馆1958年版。

宋濂：《元史》，中华书局1976年版。

宋敏求：《唐大诏令集》，商务印书馆1959年版。

唐耕耦、陆宏基：《敦煌社会经济文献真迹释录》全5辑，数目文献出版社1986—1990年版。

脱脱等：《宋史》，中华书局1977年版。

脱脱等：《辽史》，中华书局2016年版。

脱脱等：《金史》，中华书局1975年版。

王明清：《挥麈录》，上海书店出版社2015年版。

王钦若：《宋本册府元龟》，中华书局1989年版。

王钦若：《册府元龟（明本）》，中华书局1960年版。

魏收：《魏书》，中华书局1974年版。

魏征：《隋书》，中华书局1973年版。

吴钢主编：《全唐文补遗》全10辑，三秦出版社1994—2003年版。

新文丰出版编辑部：《丛书集成新编》第32册，（台北）新文丰出版公司1985年版。

徐松：《宋会要辑稿》，中华书局1957年版。

徐松：《宋会要辑稿·蕃夷道释》，郭声波点校，四川大学出版社2010年版。

薛居正：《旧五代史》，中华书局1976年版。

阎凤梧：《全辽金文》，山西古籍出版社2002年版。

阎复：《驸马高唐忠献王碑》，《元人文集珍本丛刊》第2卷，（台北）新文丰出版公司1985年版。

耶律楚材：《湛然居士文集》，谢方电校，中华书局1986年版。

俞廉三纂：《代州志（清刻本）》，代山书院1882年版。

元好问：《遗山先生文集》，《四部丛刊初编缩本》，（台北）台湾商务印书馆 1965 年版。

曾公亮等：《武经总要全集》，《中国兵书集成》委员会编，解放军出版社、辽沈书社 1988 年版。

张德辉：《岭北纪行》，姚从吾《张德辉〈岭北纪行〉足本校注》，《台大文史哲学报》第 11 期，1951 年，收入作者著《姚从吾全集》第七册，（台北）正中书局 1982 年版。

张穆：《蒙古游牧记》，《亚洲民族考古丛刊》第 6 辑，（台北）南天书局 1981 年版。

中国社会科学院历史研究所等编：《英藏敦煌文献（汉文佛经以外部分）》全 15 卷，四川人民出版社 1990—1995、2009 年版。

五　西文缩略语

AM. n. s = Asia Major（New Series）.

AOH = Acta Orientalia Academiae Scientiarum Hungaricae.

APAW = Abhandlungen der Preussischen Akademie der Wissenschaften.

BSOAS = Bulletin of the School of Oriental and African Studies.

BT = Berliner Turfantexte.

CAJ = Central Asiatic Journal.

CTD = Maḥmūd el-Kāšġarī, Compendium of the Turkic Dialects, Edited and Translated with Introduction and Indices by Robert Dankoff, in Collaboration with James Kelly, Cambridge, Harvard University Prin-ting Office, 3vols, 1982－1985.

ED = Clauson, G. An Etymological Dictionary of Pre-Thirteenth Century Turkish, Oxford：Clarendon Press, 1972.

JA = Journal Asiatique.

JAOS = Journal of the American Oriental Society.

ST = Советская Тюркология.

TP = T'oung Pao（《通报》）.

UAJ = Ural-Altaische Jahrbücher.

索　引

Buhäthum　59，89 - 91，96 - 99，101 - 103，105，124，125，127，140，147，154，155，159，243，258

Ch. 00269　98，100，122 - 128

Čik 族　24，26，27，39，40，47，54

Khātūn-san　140 - 142，145，147，148，160，247，260，261，263

Khe-rged 族　30 - 34，37，55，183

Ötükän　62，104，141，147，149，160，181，243，262，263

P. 28　89，115，118 - 120，153 - 155，242 - 244

P. 2629　98，133，195

P. 2741　59，89 - 91，96 - 101，105，122 - 128，133，140，147，154，155，159，185，243，258

P. 2790　90，97 - 101，123 - 126，128

P. 3579　136，196，259

P. 3931　182，186，189 - 192

P. 4061　139，153

P. t. 1189　106 - 112，114 - 116，120 - 123，125，126，128，129，133，135，159，160

P. t. 1190　112，114 - 116

P. t. 1283　23 - 31，33，34，55，67，70，158，169，183，194

Qatun Sïnï　142 - 145，149，246 - 252，255 - 259，262，263

S. 389　112，113，115 - 117

S. 2241　98，133，195

S. 6452（2）　139，152

Ūtkīn　140 - 142，146 - 148，160，247，260，262，263

xj 222—0661.9　11，57，204，207 - 209，218 - 220

Ye-dre 七族　30 - 34，37，55，63

比鲁尼　141，146，148，247，255，261 - 263

敦煌出土文献　6，8，10，94，96，137，153，160，242

甘　州　59，61，68，86，89 - 91，

94，97－101，104－111，114－136，138，139，143，150－152，154，159，160，182，186，189－191，196，197，225，243，258

高昌回鹘　11，34，48，57，58，65，66，74，86－88，91－93，105，130，144，150，175，187，203－210，218－220，227，234，241，249－252，254，261

葛尔迪吉　47，202，203，253，254，260，261

哈尔毕斯·巴里碑铭　75－77，79，81，82，85，226，227，256

杭爱山　32，40，41，43，45－47，55，56，58，62，63，71－75，95，141，145，148，160，162，181，184，197，201，202，205，243，247，252，253，263

回鹘文　5，10，57，86，96，104，105，147，150，153，155，156，158，159，194，204，206，207，209，218，219，223，227－235，242－244，251，260

基马克　202，203，253，254

九姓达靼　1－13，15－17，23，31－34，37－41，43－57，59，60，63，66，67，70，75，77，80，81，85，87，89－96，105，106，125，128，129，133，135－137，140，144，145，147，149－153，155，157－161，171，174，175，183－189，192－195，197，200，203，205－208，210，219，220，225－227，243，247，251，252，258，259

鞠　18－24，27－30，52，54，78，79

喀喇汗朝　140，148，149，202，249，253，260－264

喀什噶里　60，78，141－145，201－203，223，246－250，252－257，263

可敦墓　141，143－145，149，160，246－253，255－257，259，261－263

李克用　10，59，67，161，162，172，173，175－180，182－189，192，207，220，235，236

马卫集　11，140－143，145，147－149，160，247，260－264

契丹　2－8，10，11，14，15，35，46，54，58，60－64，66，69－72，74，93，94，104，129，130，135－137，140－151，155，160，162，164，166－172，174－176，181，183，185－189，191－193，199，206－209，225，234，236，237，241－248，250－252，255，256，259－264

色楞格河　17，19－21，27，29－33，38，42－46，48，53，55，158，183－185

沙陀　6，10－12，59，67，161，162，171－173，175，177－180，183，185－189，192，235，236，239，245，246

沙州　11，28，59，74，89，91，98－101，106－120，122－129，131－133，136－142，145－156，160，191，194，196－198，201，218，220，225，242，243，245，247，257，259－263

塔利亚特碑　13，15，38－40，42，43，46，50，52，53，85，225

特斯碑　13，36－39，55，225

突厥鲁尼文　5－15，23，27，31，33，34，36，37，39，41，51，55，69，75－77，85，105，167，181，217，225，226

突厥语大辞典　60，78，141－143，145，147，149，201，223，246－249，252，255，257－259，263

图勒河　5，16，17，38，43，48，56，63，71，72，75，95，134，145，148，151，160，208，247，252

汪古　11，17，63，67，174，181，228，229，232－241，244－246，257

王延德　34，48，57－68，70－75，91－93，96，97，137，144，145，157，175，197，209，210，249，251，252

威巴特第九碑　10，220－222，224，226，227

乌德鞬山　18，19，38－40，247

西州回鹘　57，58，66，87，88，116，118，121，126，137，140，141，143，153，157－160，186，194，206，207，209，210，213，219，220，232，234，236，238，239，241，242，244－246，251，260－262

希内乌苏碑　13，16，23，24，26，27，30－32，34，37－43，45，47，49－53，55，85，225

黠戛斯　2－5，7，10，14，15，22，24－27，33，35，52，55，56，69，75，76，81，83，84，94，104，163，168，172，184，185，193，194，209－221，224－227，256

叶尼塞碑铭　7，9，10，59，69，75－78，80－85，95，220，221，223，225，226，256

阴山　8，10，15，18，62，67，74，129，134，142，144，146，162－168，170－183，185，186，189，192，193，199，200，207，210，220，225，228，232－236，239，244－247，249

于都斤　13，62，64，71，141，147－150，155，158，160，181，

184，201－203，205－207，243，247，248，252－254，262－264

于阗文　59，89－92，96－102，109，122－128，140，147，154，243，251，258，259

俞折　18－22，27－32，37，54，55，63

郁督军　71，253，262

镇州　54，69，72，134，135，144－151，160，165，166，208，247，248，251，252，259，261，263，264

后　记

　　毫不夸张地说，在9世纪中期至11世纪的蒙古高原历史舞台上，漠北游牧集团九姓达靼发挥着重要作用。九姓达靼之历史，对蒙古高原历史研究而言，既是重点，又是难点。

　　说其是重点，是因为10—11世纪的蒙古高原正处于主体民族由突厥语族民族转变为蒙古语族民族的关键时期。蒙元帝国对今日世界之形成曾发挥过巨大影响，而蒙古族勃兴之前的历史，与9世纪中期至11世纪漠北草原历史发展情况密不可分。某一方面而言，笔者探讨的九姓达靼游牧王国的历史，实际上是蒙古族先人，室韦—达靼人向戈壁大漠南北移居过程之梳理，及其之后在蒙古高原中部成长壮大过程之论证。回鹘汗国崩溃之后，直至成吉思汗创建的大蒙古国出现为止，在长达三个半世纪的岁月中，蒙古高原的游牧政权传统是否间断——这更是历史学界的一大疑问。笔者的研究，正是针对上述这些问题提交的一份答案。成绩如何，有待史学界专家同仁和热心的读者给予评判。本稿中，笔者提出了一些有别于以往研究的新的见解，主要表现在如下三个方面。

　　第一，阐明10世纪九姓达靼的社会发展已经达到"王国"阶段。

　　第二，指明10世纪时期的九姓达靼，与周边政权保持互动关系，与宋王朝保持直接的朝贡关系。

　　第三，考证9世纪末至10世纪初期的九姓达靼与沙陀后唐保持有密切关系，甚至于姻亲关系。

　　依据笔者的研究结论而言，部分学者坚持的"阴山达靼"与"河西达靼"这种提法值得认真考虑。笔者看来，"阴山达靼"与"河西达靼"还可以视作九姓达靼向阴山地区与河西地区的渗透结果。另外，值得强调的是，九姓达靼极可能与沙陀后唐保持有姻亲关系，他们曾归附于后唐。就此点而言，五代宋辽时期，中原王朝与漠北草原民族的兴衰息息相关，当时的漠北草原历史应该被视为中国史的有机组成部分。今后，我们更应该把蒙古高原史地研究归入中国史范畴，进一步深入进行下去。

说其是难点，是因为该领域研究所能利用的史料，量少且分散。除汉文史料外，涉及突厥鲁尼文、回鹘文、粟特文、于阗文、藏文、阿拉伯文等史料。笔者研究对象的主体——九姓达靼，自身并未留下任何文献史料。上述史料，均出自九姓达靼的周边政权留下的官私文献，史源与出土地点不同，部分史料年代不明。如何对这些鱼目混杂的史料进行科学辨析，再把这些史料有机地结合起来，使之超越原有的局限性，借以达到更高层次的意境，是笔者所从事研究的根本要求所在。"巧妇难为无米之炊"，史料是史学研究的根本所在。不过，史料仅仅是一块璞玉，还有待研究人员的细心雕琢。笔者的研究中，史料分析占据了很大比重，耗去了笔者大部分时光。汉文除外，笔者虽粗通突厥鲁尼文、回鹘文、蒙古文，但对本书中引用到的其他民族古语言文字文献完全是个门外汉。幸好，众多热心的专家学者对我伸出了援助之手，使我摆脱了困境。京都大学吉田丰教授为我解答了粟特文文献的疑难问题，南京大学华涛教授为我释清了阿拉伯文的不明之处，大阪大学坂尻彰宏教授、东京女子大学赤木崇敏教授，帮助笔者一同探讨了于阗文、藏文文献。正因为有了这么多无私的帮助，笔者才有幸将这些不同年代、不同地域、不同语言文字的文献史料，糅合在一起，得以付梓。除此之外，在日常的接触交流中，浙江大学冯培红教授、沈阳师范大学宫海峰教授曾多次对笔者的研究提出诚恳的意见。

值得一提的是，日本学术振兴会为我提供的两年（2013年11月18日至2015年11月19日，大阪大学）外籍特别研究员工作，使得我在保证搞好学术振兴会奖励金项目（"丝路史观下的高昌回鹘史研究"，批准号为2503305）的前提下，能够抽出时间对本书稿进行修改。在日期间，大阪大学松井太教授、东京外国语大学荒川慎太郎教授等众多学者给予了无私的帮助。北京大学荣新江教授、南京大学刘迎胜教授专为本书稿撰写推荐信。辽宁师范大学袁波教授协助作好英文摘要和目录。另外，还有众多专家领导，为笔者的研究工作提供了便捷的条件与热情的支持，兹不一一指明。谨对上述各位，一并表示衷心的感谢。

最后，我还要对我的导师森安孝夫教授与荒川正晴教授表示深深的感谢。没有他们二位的谆谆教诲，就不会有此书。

后　记

　　谨以此书献给常年支持我进行学习与研究的爱人高雪辉。正因为有了她辛勤的工作，才使得我专心在大阪大学求学深造。

白玉冬
2017 年吉日于兰州大学专家楼

第六批《中国社会科学博士后文库》专家推荐表 1

推荐专家姓名	刘迎胜	行政职务	教授
研究专长	西北民族史、内陆亚洲研究	电话	
工作单位	南京大学 历史学院	邮编	210023
推荐成果名称	九姓达靼游牧王国史研究（八至十一世纪）		
成果作者姓名	白玉冬		

（对书稿的学术创新、理论价值、现实意义、政治理论倾向及是否达到出版水平等方面做出全面评价，并指出其缺点或不足）

　　白玉冬先生的书稿《九姓达靼游牧王国史研究（八至十一世纪）》，是其 2009 年向大阪大学提交的博士学位申请论文《三十姓达靼——室韦史研究》（日文）的修订本，同时也是他主持的国家社科基金项目"九世纪中期至十一世纪漠北草原历史研究：以鲁尼文碑刻与敦煌文献为核心"（编号 12XMZ010，成果鉴定为优秀）研究成果的扩张版。该研究是他本人在获得日本学术振兴会奖励金资助，在大阪大学进行博士后研究期间（2013 年 11 月 18 日至 2015 年 11 月 18 日，课题编号 A25033050，研究题目为"丝路史观下的西州回鹘史研究：以人、物的流动与文化的传播为核心"），修改完成的。

　　自漠北回鹘汗国崩溃的 840 年，至成吉思汗创建的大蒙古国产生的十三世纪初为止，由于文献分散且涉及文种复杂，蒙古高原历史不明之处尚多，甚至于十世纪时期的历史一度呈"空白"状态。而这一时期恰为蒙古高原主体民族由操突厥语族民族转变为操蒙古语族民族的关键时期。蒙元帝国对今日世界之形成，曾发挥过巨大影响。而蒙古族形成之前的历史，与九世纪中期至十一世纪漠北草原历史密不可分。白玉冬所研究的九姓达靼历史，聚集了蒙古族先人，室韦——达靼人向蒙古高原核心地区移居并成长壮大过程之梳理与考证。相关研究资料，除传统的汉文史料外，主要有突厥鲁尼文碑刻，以及敦煌出土回鹘文、粟特文、于阗文、藏文文书，甚至阿拉伯文、契丹文史料，研究难度高。是故，该研究要求熟练掌握突厥鲁尼文碑刻文献与西域出土回鹘语文献，并能正确利用敦煌出土文献。从本书稿可以看出，白玉冬完全具备该方面的攻关能力。

　　本书稿的学术创新之处主要体现在，作者自主解读突厥鲁尼文叶尼塞碑铭，考证出十世纪时期的漠北存在"九姓达靼王国"，并与宋中央王朝保持朝贡关系；利用敦煌出土文书等多语种文献，阐明十世纪时期的九姓达靼与西北地区保持密切联系；论证出晚唐五代时期，九姓达靼与沙陀后唐保持密切关系，甚至于姻亲关系。该研究的理论价值体现在，明确指出五代、宋时期，漠北草原民族的兴衰与中原中央王朝息息相关，这一时期的蒙古高原历史，是中国史的重要组成部分。现实意义在于可以为民族史研究领域提供一个值得借鉴的历史学研究资料，为构建蒙古高原通史提供重要支撑，弥补学术界以往研究上的不足与缺环。政治理论倾向体现在，能够为"中华民族多元一体"理论与"一带一路"战略构想的诠释添砖加瓦。

白玉冬的上述书稿，相关部分成果曾刊载于《民族研究》《中国边疆史地研究》《元史及民族与边疆研究集刊》《西域文史》《史学杂志》（日本）、《东洋学报》（日本）、《内陆亚细亚史研究》（日本）、《内陆亚细亚言语研究》（日本）等专业学术期刊，代表这一领域的最新研究成果，在国内外相关研究领域处于领先地位，受到广泛关注与重视。虽然其关于九世纪后半叶漠北草原历史进程的考察结果尚需要新的资料支撑，关于九姓达靼与沙陀后唐、汪古部之间的关系尚有继续探讨的余地，但瑕不掩瑜，该书稿已经达到出版水平。

建议在出版交稿前，在文稿参引书目部分增加：（1）西文部分：加注说明包括俄文文献，西文与俄文字母混编。（2）日文部分，加注说明排列顺序。（3）中文部分，加注说明依作者名称首字汉语拼音字母排列为序。作者不明者，以书名首字为序，以利读者查核。

特此郑重推荐。

签字：

2016 年 12 月 25 日

说明：该推荐表由具有正高职称的同行专家填写。一旦推荐书稿入选《博士后文库》，推荐专家姓名及推荐意见将印入著作。

第六批《中国社会科学博士后文库》专家推荐表 2

推荐专家姓名	荣新江	行政职务	
研究专长	西北民族史、隋唐史、敦煌学	电　话	
工作单位	北京大学历史系	邮　编	100871
推荐成果名称	九姓达靼游牧王国史研究（八至十一世纪）		
成果作者姓名	白玉冬		

（对书稿的学术创新、理论价值、现实意义、政治理论倾向及是否达到出版水平等方面做出全面评价，并指出其缺点或不足）

　　白玉冬博士毕业于日本大阪大学，获得博士学位，回国任教后，又获得日本学术振兴会的资助，在大阪大学从事博士后研究。大阪大学是目前国际上研究内亚史的中心之一，白玉冬博士在此受到严格的学术训练，并收集大量资料，对于有关自己研究课题及相关问题的东西方史料，有着充分的把握和熟练的运用。他不仅能够驾驭日文、英文等工具语言，还学习过古代突厥、回鹘文等，能够直接使用汉文以外的原始材料，并旁及相关的各种胡语材料，使他能够胜任这项研究课题。

　　他所从事的这项研究——九姓达靼游牧王国，是十分重要的课题，因为九到十一世纪的内亚，唐朝衰退，蒙古未兴，史料记载较少，民族纷争，复杂多变。而九姓达靼作为蒙古的先民，是内亚史研究中最为重要的课题之一。白玉冬博士知难而进，收集涉及达靼的各种史料，排比疏通，给予合理的解释，不仅梳理出九姓达靼在漠北核心地带的发展脉络，还把达靼与河西甘州回鹘、沙州归义军政权、西域西州回鹘政权，以及五代沙陀王朝、契丹、北宋等各方的关系史，也给出了清晰的解说，把这个扑朔迷离的漠北游牧王国，放到整个中国历史的宏大背景中去叙述。

　　白玉冬博士的这部书稿，不仅在学术上新意迭出，而且对于今天"一带一路"倡议下的丝绸之路研究，也多有贡献。同时，学术界现在对于"新清史"有种种不同的看法，其实像白玉冬博士这样的研究成果，才是更具有理论和方法意义的佳作。

　　本书完全达到出版水平，特此推荐出版。

签字：荣新江

2017 年 1 月 4 日

说明：该推荐表由具有正高职称的同行专家填写。一旦推荐书稿入选《博士后文库》，推荐专家姓名及推荐意见将印入著作。